Die Zusatzverantwortlichkeit im Gefahrenabwehrrecht

Von

Matthias Peine

Duncker & Humblot · Berlin

Die Juristische Fakultät
der Europa-Universität Viadrina in Frankfurt (Oder)
hat diese Arbeit im Jahre 2011
als Dissertation angenommen.

Bibliografische Information der Deutschen Nationalbibliothek

Die Deutsche Nationalbibliothek verzeichnet diese Publikation in
der Deutschen Nationalbibliografie; detaillierte bibliografische Daten
sind im Internet über http://dnb.d-nb.de abrufbar.

Alle Rechte vorbehalten
© 2012 Duncker & Humblot GmbH, Berlin
Fremddatenübernahme: Werksatz, Berlin
Druck: Berliner Buchdruckerei Union GmbH, Berlin
Printed in Germany

ISSN 0582-0200
ISBN 978-3-428-13662-9 (Print)
ISBN 978-3-428-53662-7 (E-Book)
ISBN 978-3-428-83662-8 (Print & E-Book)

Gedruckt auf alterungsbeständigem (säurefreiem) Papier
entsprechend ISO 9706 ♾

Internet: http://www.duncker-humblot.de

Meinen Eltern

Vorwort

Die Juristische Fakultät der Europa-Universität Viadrina in Frankfurt (Oder) hat die vorliegende Arbeit im Wintersemester 2010/11 als Dissertation angenommen.

An dieser Stelle möchte ich meinem verehrten Doktorvater, Herrn Professor Dr. Dr. h.c. Lothar Knopp, Geschäftsführender Direktor des Zentrums für Rechts- und Verwaltungswissenschaften, zugleich Inhaber des Lehrstuhls für Staatsrecht, Verwaltungsrecht und Umweltrecht an der Brandenburgischen Technischen Universität Cottbus sowie Geschäftsführender Direktor des German-Polish Centre for Public Law and Environmental Network (GP PLEN) für die Betreuung dieser Arbeit danken. Herr Professor Knopp stand mir in jedem Zeitpunkt mit wertvoller Kritik und Anregung zur Seite. Herrn Professor Dr. Heinrich Amadeus Wolff danke ich für das Interesse an der Arbeit und die schnelle Erstellung des Zweitgutachtens.

Zutiefst dankbar bin ich Frau Konstanze Gagas. Sie hat mich durch alle Hochs und Tiefs aufmunternd begleitet und mit ihrer Liebe und Geduld zur Entstehung dieser Arbeit beigetragen. Zuletzt danke ich meiner Familie, besonders meinen Eltern. Sie haben mich auf meinem Lebensweg immer bedingungslos unterstützt, ermutigt und gefördert. Bei der Erstellung dieser Arbeit haben sie mir mit Rat und Tat aufmunternd und liebevoll zur Seite gestanden. Für ihr Vorbild bin ich ihnen dankbar. Ihnen ist diese Arbeit gewidmet.

Berlin, im November 2011 *Matthias Peine*

Inhaltsverzeichnis

Einleitung: Gegenstand und Aufbau der Untersuchung   27

A. Zusatzverantwortlichkeit im geltenden Recht 27
    I. Zusatzverantwortlichkeit im Gefahrenabwehrrecht 27
    II. Haftungserweiterungen im Zivilrecht und im Strafrecht 32
    III. Vergleichende Betrachtungen zur Haftung für Dritte 37
B. Problembeschreibung 40
C. Gang der Untersuchung 43

Kapitel 1
Entstehung und Entwicklung der
gefahrenabwehrrechtlichen Zusatzverantwortlichkeit   44

A. Entstehung des gesetzlichen Verantwortlichkeitstatbestands 44
    I. Rechtsnormen 45
       1. Preußisches Allgemeines Landrecht vom 1. 6. 1794 45
          a) Gründe für diesen Ausgangspunkt 45
          b) Zivil- und strafrechtliche Zusatzverantwortlichkeit 48
          c) Polizeirechtliche Zusatzverantwortlichkeit 50
          d) Ergebnis 52
       2. „Gesetz zum Schutze der persönlichen Freiheit" vom 12. 2. 1850 . 52
       3. „Gesetz über die Polizeiverwaltung" vom 11. 3. 1850 52
       4. Süddeutsche Polizeistrafgesetzbücher 53
          a) Gründe für die Behandlung 53
          b) Zusatzverantwortlichkeit 53
              aa) Bayern 53
              bb) Baden 57
              cc) Zwischenergebnis 58
          c) Ergebnis 58
       5. Bürgerliches Gesetzbuch vom 1. 1. 1900 58
          a) Gründe für diesen Endpunkt 58
          b) Zivilrechtliche Zusatzverantwortlichkeit 59

		c) Ergebnis	62
	6.	Zusammenfassende Bewertung der Aussagen in Rechtsnormen	62
II.	Rechtsprechung		63
	1.	Entscheidungen des Preußischen Oberverwaltungsgerichts	64
		a) Entscheidung des Zweiten Senats vom 18. 1. 1886	64
		b) Entscheidung des Ersten Senats vom 21. 4. 1888	64
		c) Entscheidung des Ersten Senats vom 23. 11. 1889	66
		d) Entscheidung des Dritten Senats vom 10. 9. 1891	67
		e) Entscheidung des Vierten Senats vom 17. 5. 1897	68
		f) Entscheidung des Ersten Senats vom 14. 12. 1906	69
		g) Entscheidung des Dritten Senats vom 13. 5. 1912	70
		h) Entscheidung des Neunten Senats vom 25. 9. 1914	72
	2.	Entscheidung des Ersten Senats des Königlich Sächsischen Oberverwaltungsgerichts vom 30. 7. 1904	74
	3.	Entscheidung des Vierten Strafsenats des Reichsgerichts vom 30. 6. 1896	76
	4.	Rechtsprechung des Kammergerichts	77
		a) Entscheidung vom 4. 11. 1901 (unbekannter Senat)	77
		b) Entscheidung des Ersten Senats vom 19. 4. 1906	78
	5.	Zusammenfassende Bewertung der Aussagen in der Rechtsprechung	79
III.	Literatur		80
	1.	Otto Mayer	80
	2.	Gerhard Anschütz	82
	3.	Oskar von Arnstedt	83
	4.	Heinrich Konrad Studt und Otto von Braunbehrens	83
	5.	Maximilian Schultzenstein	85
	6.	Karl Friedrichs	86
	7.	Walter Jellinek	88
	8.	Heinrich Rosin	90
	9.	Kurt Wolzendorff	91
	10.	Julius Hatschek	92
	11.	Otto Scholz-Forni	95
	12.	Bill Drews und Gerhard Lassar	101
	13.	Bill Drews	102
	14.	Ferdinand Finke und Wilhelm Messer	104
	15.	Walter Jellinek	106
	16.	Carl Schaeffer und Wilhelm Albrecht	108
	17.	Helmut Oehler und Wilhelm Albrecht	109
	18.	Friedrich Giese, Erhard Neuwiem und Ernst Cahn	110
	19.	Zusammenfassende Bewertung der Aussagen in der Literatur	111

IV.	Normierung in deutschen Polizeiverwaltungsgesetzen	114
	1. Landesverwaltungsordnung für den Freistaat Thüringen vom 10. 6. 1926	114
	2. Gesetz über die Polizei für Mecklenburg-Strelitz (Polizeiverwaltungsgesetz) vom 8. 3. 1930	118
	3. Gesetz über die Polizeiverwaltung für Lippe vom 4. 4. 1930	119
	4. Preußisches Polizeiverwaltungsgesetz vom 1. 6. 1931	120
	a) Entwicklung der Zusatzverantwortlichkeit in den Entwürfen .	120
	aa) Erster Vorentwurf	120
	bb) Referentenentwurf	121
	cc) Abgeänderter Referentenentwurf	127
	dd) Weiterer Entwurf	128
	ee) Letzter Entwurf	129
	b) Ergebnis	130
	5. Zusammenfassende Bewertung der Normierung in den deutschen Polizeiverwaltungsgesetzen	131
B.	**Entwicklung nach Erlass des § 19 PrPVG**	131
I.	Erste Gesetzgebung in Bund und Ländern	133
	1. Bundesrecht	133
	2. Landesrecht	135
	a) Baden-Württemberg	135
	b) Bayern	136
	c) Berlin	138
	d) Bremen	139
	e) Hamburg	140
	f) Hessen	141
	aa) Hessisches Polizeigesetz von 1954	141
	bb) Hessisches Gesetz über die öffentliche Sicherheit und Ordnung von 1964	142
	g) Niedersachsen	143
	h) Nordrhein-Westfalen	144
	aa) Ordnungsbehördengesetz von 1956	144
	bb) Polizeigesetz von 1969	145
	i) Rheinland-Pfalz	146
	j) Saarland	146
	k) Schleswig-Holstein	147
	3. Zusammenfassende Bewertung der ersten Gesetzgebung in Bund und Ländern	148
II.	Musterentwurf eines einheitlichen Polizeigesetzes	151
III.	Nachfolgende Gesetze in Bund und Ländern	153
	1. Gesetzesänderungen bis zum Erlass des Betreuungsgesetzes	153

			a) Änderungsgesetze	153
			b) Inhalte in Relation zum MEPolG	154
		2.	Gesetzesänderungen nach dem Erlass des Betreuungsgesetzes	156
			a) Änderungsgesetze	156
			b) Inhalte in Relation zum MEPolG	158
			aa) Bestimmung des Verhaltens- und des Geschäftsherrnverantwortlichen	158
			bb) Bestimmung des Aufsichtsverantwortlichen und des Betreuers	160
			(1) Bundesrecht	160
			(2) Landesrecht	163
			(a) Baden-Württemberg	163
			(b) Bayern	163
			(c) Berlin	165
			(d) Brandenburg	165
			(e) Bremen	167
			(f) Hamburg	168
			(g) Hessen	169
			(h) Mecklenburg-Vorpommern	170
			(i) Niedersachsen	171
			(j) Nordrhein-Westfalen	171
			(k) Rheinland-Pfalz	172
			(l) Saarland	173
			(m) Sachsen	173
			(n) Sachsen-Anhalt	174
			(o) Schleswig-Holstein	174
			(p) Thüringen	175
		3.	Zusammenfassende Bewertung der nachfolgenden Gesetzgebung in Bund und Ländern	176
C.	**Gesamtergebnis**			178

Kapitel 2
Recht und Praxis der Zusatzverantwortlichkeit — 182

A.	**Bestandsaufnahme und Fragen**			182
	I. Gesetze			182
	II. Vollzug			182
		1.	Theoretisch denkbare „Einsatzmöglichkeiten"	182
		2.	Darstellung	183
			a) Gefahrenbeseitigungsmaßnahmen – Erste Ebene	184

		b)	Verwaltungsvollstreckungsmaßnahmen – Zweite Ebene	185
		c)	Kostenbeitreibung – Dritte Ebene	186
	3.	Analyse und Fragen		186
		a)	Anwendungsbereich – rechtstatsächliche Fragen	186
		b)	Anwendungsbereich – rechtsdogmatische Fragen	187
			aa) Tatbestandsmerkmale	187
			bb) Notwendigkeit einer gesetzlichen Ermächtigungsgrundlage	187

III. Literatur ... 187
　1. Unterschiedliche Stufen der Befassung ... 187
　2. Darstellung ... 188
　　a) Erste Stufe ... 188
　　b) Zweite Stufe ... 188
　　c) Dritte Stufe ... 189
　　d) Vierte Stufe ... 189
　3. Analyse und Fragen ... 192
　　a) Fragen zur Nichtbehandlung ... 192
　　b) Anwendungsbereich – rechtsdogmatische Fragen ... 193
　　　aa) Tatbestandsmerkmale ... 193
　　　bb) Notwendigkeit einer gesetzlichen Ermächtigungsgrundlage ... 196
　　　cc) Einzelfragen ... 196
IV. Strukturierter Zusammenhang zur Beantwortung der Fragen ... 196

B. Beantwortung der Fragen ... 197
　I. Gesetze ... 197
　　1. Differenzen betreffend die Aufsichtsverantwortlichkeit ... 197
　　　a) Lebensalter ... 197
　　　b) Verpflichtete ... 199
　　　c) Rechtspolitischer Vorschlag ... 203
　　2. Differenzen betreffend die Betreuerverantwortlichkeit ... 203
　　　a) Regelungsverzicht ... 203
　　　　aa) Erwägung des Rheinland-Pfälzischen Gesetzgebers ... 203
　　　　bb) Weitere Erwägungen ... 205
　　　　cc) Zwischenergebnis ... 206
　　　b) Gesetzliche Ausgestaltung ... 206
　　　　aa) Betreuerverantwortlichkeit und Aufsichtsverantwortlichkeit ... 206
　　　　bb) Ansatzpunkt ... 208
　　　　cc) Umfang ... 211
　　　　dd) Zwischenergebnis ... 213
　　　c) Rechtspolitischer Vorschlag ... 213
　　3. Zusammenfassende Bewertung der Gesetze ... 213
　II. Dogmatik ... 214

1. Verantwortlichkeitstatbestand 214
   a) Aufsichtsverantwortlichkeit 214
      aa) Beteiligte Personen 214
      bb) Verantwortlichkeit auslösende oder beseitigende „Umstände" 218
      cc) „Erfolgsbeitrag" der beteiligten Personen 220
         (1) „Erfolgsbeitrag" der beaufsichtigten Person 220
            (a) Entfallende Inanspruchnahme der beaufsichtigten Person 220
            (b) Verpflichtung zur Vornahme einer unvertretbaren Handlung 221
         (2) „Erfolgsbeitrag" des Aufsichtspflichtigen 222
         (3) Zusammenfassung 230
      dd) Gefahrenabwehrmaßnahmen – erste Ebene 230
         (1) Beaufsichtigte Person als Adressat 230
            (a) Materiell-rechtliche Verpflichtung 231
            (b) Handlungsfähigkeit 231
            (c) Rechtsschutz 234
         (2) Aufsichtspflichtiger als Adressat 235
         (3) Auswahlermessen 235
         (4) Mehrere Verantwortliche 237
         (5) Zusammenfassung 237
      ee) Verwaltungsvollstreckungsmaßnahmen – zweite Ebene .. 238
         (1) Direkte Verwaltungsvollstreckungsmaßnahmen gegen die beaufsichtigte Person 238
         (2) Verwaltungsvollstreckungsmaßnahmen gegen die gesetzlich vertretene beaufsichtigte Person 239
         (3) Verwaltungsvollstreckungsmaßnahmen gegen den Zusatzverantwortlichen 241
         (4) Zusammenfassung 241
      ff) Kostenbeitreibung – dritte Ebene 241
      gg) Zwischenergebnis 242
   b) Betreuerverantwortlichkeit 244
      aa) Beteiligte Personen 244
      bb) Verantwortlichkeit auslösende oder beseitigende „Umstände" 245
      cc) „Erfolgsbeitrag" der beteiligten Personen 245
      dd) Gefahrenabwehrmaßnahmen – erste Ebene 245
      ee) Verwaltungsvollstreckungsmaßnahmen – zweite Ebene .. 246
      ff) Kostenbeitreibung – dritte Ebene 246
      gg) Zwischenergebnis 246

	c) Geschäftsherrnverantwortlichkeit	246
	aa) Beteiligte Personen	246
	bb) Verantwortlichkeit auslösende oder beseitigende „Umstände"	249
	cc) „Erfolgsbeitrag" der beteiligten Personen	250
	dd) Gefahrenbeseitigungsmaßnahmen – erste Ebene	251
	ee) Verwaltungsvollstreckungsmaßnahmen – zweite Ebene	251
	ff) Kostenbeitreibung – dritte Ebene	251
	gg) Zwischenergebnis	251
	d) Ergebnis	252
2.	Zusatzverantwortlichkeit und Zustandsverantwortlichkeit	252
3.	Zusatzverantwortlichkeit als ungeschriebenes Recht	254
	a) Bestimmung des Einsatzbereichs	254
	b) Begründungsmöglichkeiten	255
	aa) Element einer allgemeinen Verursacherhaftung	255
	bb) Gewohnheitsrecht	258
	cc) Rechtsgrundsatz	259
	dd) Ergänzende Geltung der landesrechtlichen Zusatzverantwortlichkeit	260
	ee) Anwendung der §§ 25 ff. StGB	261
	ff) Analog anwendbares Recht	261
	gg) Wirkung des Analogieverbots	264
	c) Ergebnis	265
4.	Zweck der Zusatzverantwortlichkeit	266
5.	Verfassungsmäßigkeit der unterschiedlichen Verantwortlichkeitstatbestände	269
	a) Aufsichtsverantwortlichkeit	272
	aa) Verfassungsmäßigkeit der Haftung des „Nur-Aufsichtspflichtigen"	274
	(1) Spezialfall Aufsicht als Beruf – Art. 12 Abs. 1 GG	274
	(2) Normalfall der Zusatzhaftung des „Nur-Aufsichtspflichtigen" – Art. 2 Abs. 1 GG	278
	(3) Zwischenergebnis	282
	bb) Verfassungsmäßigkeit der Haftung des Sorgeberechtigten	282
	(1) Haftung der Eltern und Adoptiveltern als Sorgeberechtigte	283
	(a) Art. 6 Abs. 2 Satz 1 GG	283
	(b) Art. 6 Abs. 1 GG	287
	(c) Art. 2 Abs. 1 GG	288
	(d) Art. 2 Abs. 1 GG i. V. m. Art. 1 Abs. 1 GG	288
	(2) Haftung der übrigen Sorgeberechtigten	288

			(3) Zwischenergebnis	289
		b)	Betreuerverantwortlichkeit	289
		c)	Geschäftsherrnverantwortlichkeit	289
		d)	Ergebnis	291
	6.		Zusammenfassende Bewertung der Dogmatik	291
III.	Praxis			292
	1.		Aufsichtsverantwortlichkeit	292
	2.		Betreuerverantwortlichkeit	293
	3.		Geschäftsherrnverantwortlichkeit	294
	4.		Zusammenfassende Bewertung der Praxis	294
C.	**Gesamtergebnis**			294

Kapitel 3
**Zusammenfassendes Ergebnis
und Schlussbetrachtung** 296

Literaturverzeichnis 305

Personen- und Sachregister 330

Abkürzungsverzeichnis

a. A.	anderer Ansicht
a. a. O.	am angegebenen Ort
a. E.	am Ende
a. F.	alte Fassung
AbfallR	Zeitschrift für Abfallrecht
AbfG	Abfallgesetz
AbfVerbrG	Gesetz über die Verbringung von Abfällen
ABl.	Amtsblatt
abl.	ablehnend
Abs.	Absatz
AG	Ausführungsgesetz
AG-BtG	Ausführungsgesetz zum Betreuungsgesetz
ALR	Allgemeines Landrecht für die preußischen Staaten
Änd.	Änderung
Anh.	Anhang
Anm.	Anmerkung
AöR	Archiv des öffentlichen Rechts
Art.	Artikel
AT	Allgemeiner Teil
Aufl.	Auflage
ausf.	ausführlich
Az.	Aktenzeichen
BaPolStGB	Badisches Polizei-Strafgesetzbuch
BaRegBl.	Badisches Regierungsblatt
BaVGH	Badischer Verwaltungsgerichtshof
BaWüFeuerwG	Baden-Württembergisches Feuerwehrgesetz
BaWüGBl.	Baden-Württembergisches Gesetzblatt
BaWüGVBl.	Gesetz- und Verordnungsblatt von Baden-Württemberg
BaWüLAbfG	Baden-Württembergisches Landesabfallgesetz
BaWüLT-Drs.	Drucksachen des Baden-Württembergischen Landtags
BaWüPolG	Baden-Württembergisches Polizeigesetz
BaWüVGH	Verwaltungsgerichtshof Baden-Württemberg
BayAbfG	Bayerisches Abfallgesetz
BayGVBl.	Bayerisches Gesetz- und Verordnungsblatt

BayLT-Drs.	Drucksachen des Bayerischen Landtags
BayObLG	Bayerisches Oberstes Landesgericht
BayOLGE	Entscheidungen des Bayerischen Oberlandesgerichts
BayPAG	Bayerisches Polizeiaufgabengesetz
BayPolStGB	Polizeistrafgesetzbuch für das Königreich Bayern
BayVBl.	Bayerische Verwaltungsblätter
BayVGH	Bayerischer Verwaltungsgerichtshof
BayWG	Bayerisches Wassergesetz
BB	Der Betriebs-Berater
BbgBKG	Brand- und Katastrophenschutzgesetz des Landes Brandenburg
BbgBO	Bauordnung des Landes Brandenburg
BbgGVBl.	Gesetz- und Verordnungsblatt des Landes Brandenburg
BbgKostO	Kostenordnung des Landes Brandenburg
BbgLT-Drs.	Drucksachen des Landtags von Brandenburg
BbgLTPlPr	Plenarprotokolle des Landtags von Brandenburg
BbgOBG	Ordnungsbehördengesetz des Landes Brandenburg
BbgPolG	Polizeigesetz des Landes Brandenburg
BbgSchulG	Gesetz über die Schulen im Land Brandenburg
BbgVwVG	Verwaltungsverfahrensgesetz des Landes Brandenburg
BbgWG	Wassergesetz des Landes Brandenburg
BBodSchG	Bundes-Bodenschutzgesetz
Bd.	Band
Bearb.	Bearbeiter(in)
Begr.	Begründer(in)
Beil.	Beilage
Bek.	Bekanntmachung
BerlAH-Drs.	Drucksachen des Berliner Abgeordnetenhauses
BerlASOG	Allgemeines Gesetz zum Schutz der öffentlichen Sicherheit und Ordnung in Berlin
BerlGVBl.	Berliner Gesetz- und Verordnungsblatt
BerlWG	Berliner Wassergesetz
BesVR	Besonderes Verwaltungsrecht
BGB	Bürgerliches Gesetzbuch
BGBl.	Bundesgesetzblatt
BGH	Bundesgerichtshof
BGHSt	Entscheidungen des Bundesgerichtshofs in Strafsachen
BGHZ	Entscheidungen des Bundesgerichtshofs in Zivilsachen
BGS	Bundesgrenzschutz
BGSG	Bundesgrenzschutzgesetz
BGSG/BPolG	Bundesgrenzschutzgesetz/Bundespolizeigesetz
BImSchG	Bundes-Immissionsschutzgesetz

BImSchV	Bundes-Immissionsschutzverordnung
Bl.	Blatt
BNatSchG	Bundes-Naturschutzgesetz
BR-Drs.	Bundesratsdrucksache
BReg.	Bundesregierung
BremBü-Drs.	Drucksachen der Bremer Bürgerschaft
BremGBl.	Bremisches Gesetzblatt
BremGVBl.	Bremisches Gesetz- und Verordnungsblatt
BremPolG	Bremisches Polizeigesetz
BSeuchenG	Bundesseuchengesetz
BSGNeuRegG	Gesetz zur Neuregelung der Vorschriften über den Bundesgrenzschutz
BT	Besonderer Teil
BT-Drs.	Bundestagsdrucksache
BtG	Betreuungsgesetz
BtPrax	Betreuungsrechtliche Praxis
BVerfG	Bundesverfassungsgericht
BVerfGE	Amtliche Sammlung der Entscheidungen des Bundesverfassungsgerichts
BVerwG	Bundesverwaltungsgericht
BVerwGE	Amtliche Sammlung der Entscheidungen des Bundesverwaltungsgerichts
BWahlG	Bundeswahlgesetz
bzw.	beziehungsweise
DB	Der Betrieb
d. h.	das heißt
d. i.	das ist
ders.	derselbe
dies.	dieselbe
Diss.	Dissertation
DJZ	Deutsche Juristenzeitung
Dok.	Dokument
DÖV	Die Öffentliche Verwaltung
Drs.	Drucksache
DStR	Deutsches Steuerrecht
DVBl.	Deutsches Verwaltungsblatt
DVP	Deutsche Verwaltungspraxis
ebd.	ebenda
EG	Europäische Gemeinschaft
EGAbfVerbrVO	Europäische Verordnung über die Verbringung von Abfällen
EnWG	Energiewirtschaftsgesetz
et al.	et aliae = und andere

etc.	et cetera = und so weiter
EU	Europäische Union
EuGH	Gerichtshof der Europäischen Union
EuR	Europarecht
EurUP	Zeitschrift für europäisches Umwelt- und Planungsrecht
EUV	Vertrag über die Europäische Union
EuZW	Europäische Zeitschrift für Wirtschaftsrecht
EWG	Europäische Wirtschaftsgemeinschaft
EWiR	Europäisches Wirtschaftsrecht
f.	folgende
FamFG	Gesetz über das Verfahren in Familiensachen und in den Angelegenheiten der freiwilligen Gerichtsbarkeit
FamRZ	Familienrechtszeitschrift
FernStrG	Bundesfernstraßengesetz
ff.	fortfolgende
Fn.	Fußnote
FS	Festschrift
G.	Gesetz
GA	Goldammers Archiv
gem.	gemäß
GewArch	Gewerbearchiv
GewO	Gewerbeordnung
GG	Grundgesetz für die Bundesrepublik Deutschland
G-S	Gesetzessammlung
GS	Gedächtnisschrift
GStA	Geheimes Staatsarchiv Preußischer Kulturbesitz
GVBl.	Gesetz- und Verordnungsblatt
GVBl. MV	Gesetz- und Verordnungsblatt von Mecklenburg-Vorpommern
GVBl. NRW	Gesetz- und Verordnungsblatt des Landes Nordrhein-Westfalen
HA	Hauptabteilung
HdB	Handbuch
HeimG	Heimgesetz
HessGVBl.	Hessisches Gesetz- und Verordnungsblatt
HessLT-Drs.	Drucksachen des Hessischen Landtags
HessPolG	Hessisches Polizeigesetz
HessSOG	Hessisches Gesetz zum Schutz der öffentlichen Sicherheit und Ordnung
HessVGH	Hessischer Verwaltungsgerichtshof
HessWG	Hessisches Wassergesetz
h.M.	herrschende Meinung
HGB	Handelsgesetzbuch

Hk-BGB	Handkommentar zum Bürgerlichen Gesetzbuch
HmbBü-Drs.	Drucksachen der Bürgerschaft der Freien und Hansestadt Hamburg
HmbGVBl.	Hamburgisches Gesetz- und Verordnungsblatt
HmbOVG	Oberverwaltungsgericht Hamburg
HmbSOG	Hamburgisches Gesetz zum Schutz der öffentlichen Sicherheit und Ordnung
HmbVG	Verwaltungsgericht Hamburg
HmbWegeG	Hamburgisches Wegegesetz
HmbWG	Hamburgisches Wassergesetz
Hrsg.	Herausgeber
HSOG	Hessisches Gesetz über die öffentliche Sicherheit und Ordnung
i. d. F.	in der Fassung
i. d. F. d. B.	in der Fassung der Bekanntmachung
i. S.	im Sinne
i. S. d.	im Sinne der/des
i. S. v.	im Sinne von
i. V. m.	in Verbindung mit
insb.	insbesondere
JA	Juristische Arbeitsblätter
Jg.	Jahrgang
Jh.	Jahrhundert
JuS	Juristische Schulung
JuSchG	Jugendschutzgesetz
JZ	Juristenzeitung
Kap.	Kapitel
KG	Kammergericht
KGE	Entscheidungen des Kammergerichts
Komm.	Kommentar
krit.	kritisch
KrW-/AbfG	Kreislaufwirtschafts- und Abfallgesetz
Lfg.	Lieferung
LG	Landgericht
lit.	litera = Buchstabe
LKV	Landes- und Kommunalverwaltung
LKW	Lastkraftwagen
LSAGVBl.	Gesetz- und Verordnungsblatt des Landes Sachsen-Anhalt
LSALT-Drs.	Drucksachen des Landtags von Sachsen-Anhalt
LSA SOG	Gesetz über die öffentliche Sicherheit und Ordnung des Landes Sachsen-Anhalt
LTM-V-Drs.	Drucksachen des Landtags von Mecklenburg-Vorpommern
LTNRW-Drs.	Drucksachen des Landtags von Nordrhein-Westfalen

LVO	Landesverwaltungsordnung
LVwG	Landesverwaltungsgesetz
m. a. W.	mit anderen Worten
M. E.	meines Erachtens
m. w. N.	mit weiteren Nachweisen
MDR	Monatsschrift für Deutsches Recht
MEPolG	Musterentwurf eines einheitlichen Polizeigesetzes
M-V	Mecklenburg-Vorpommern
n. F.	neue Fassung
NdsGVBl.	Niedersächsisches Gesetz- und Verordnungsblatt
NdsLT-Drs.	Drucksachen des niedersächsischen Landtags
NdsMBl.	Niedersächsisches Ministerialblatt
NdsSOG	Niedersächsisches Gesetz über die öffentliche Sicherheit und Ordnung
neugef.	neu gefasst
NGefAG	Niedersächsisches Gefahrenabwehrgesetz
NJW	Neue Juristische Wochenschrift
NJW-RR	Neue Juristische Wochenschrift-Rechtsprechungsreport
NL	Nachlass
No.	Nummer (numero)
NordÖR	Zeitschrift für öffentliches Recht in Norddeutschland
Nr.	Nummer
NStZ	Neue Zeitschrift für Strafrecht
NStZ-RR	Neue Zeitschrift für Strafrecht-Rechtsprechungsreport
NuR	Natur und Recht (Zeitschrift)
NVwZ	Neue Zeitschrift für Verwaltungsrecht
NVwZ-RR	Neue Zeitschrift für Verwaltungsrecht-Rechtsprechungsreport
o. Fn.	oben Fußnote
o. V.	ohne Vorname
OBG	Ordnungsbehördengesetz
OBG NRW	Ordnungsbehördengesetz des Landes Nordrhein-Westfalen
OLG	Oberlandesgericht
OVG	Oberverwaltungsgericht
OVGE	Entscheidungen des Oberverwaltungsgerichts
OVG NRW	Oberverwaltungsgericht von Nordrhein-Westfalen
OWiG	Ordnungswidrigkeitengesetz
PAG	Polizeiaufgabengesetz
PolDVG	Gesetz über die Datenverarbeitung durch die Polizei
PolG NRW	Polizeigesetz des Landes Nordrhein-Westfalen
POR	Polizei und Ordnungsrecht
pp.	perge, perge = und so weiter

Abkürzungsverzeichnis

PrOVG	Preußisches Oberverwaltungsgericht
PrOVGE	Entscheidungen des Preußischen Oberverwaltungsgerichts
PrPVG	Preußisches Polizeiverwaltungsgesetz
PrVBl.	Preußische Verwaltungsblätter
PVG	Polizeiverwaltungsgesetz
RdJB	Recht der Jugend und des Bildungswesens (Zeitschrift)
Rdnr(n)	Randnummer(n)
RegBl.	Regierungsblatt
Rep.	Reposituren
RG	Reichsgericht
RGBl.	Regierungsblatt
RGSt	Entscheidungen des Reichsgerichts in Strafsachen
RGZ	Entscheidungen des Reichsgerichts in Zivilsachen
RL	Richtlinie
RLP	Rheinland-Pfalz
RLPGVBl.	Gesetz- und Verordnungsblatt von Rheinland-Pfalz
RLPLT-Drs.	Drucksachen des Landtags von Rheinland-Pfalz
RLPPVG	Polizeiverwaltungsgesetz von Rheinland-Pfalz
RLPWG	Wassergesetz von Rheinland-Pfalz
Rs.	Rechtssache
Rspr.	Rechtsprechung
RuPrVBl.	Reichsverwaltungsblatt und Preußisches Verwaltungsblatt
S.	Seite/Siehe
s.	siehe
s. o.	siehe oben
s. u.	siehe unten
SaarlABl.	Saarländisches Amtsblatt
SaarlLT-Drs.	Drucksachen des saarländischen Landtags
SaarlPolG	Saarländisches Polizeigesetz
SächsGVBl.	Sächsisches Gesetz- und Verordnungsblatt
SächsLT-Drs.	Drucksachen des sächsischen Landtags
SächsOVG	Sächsisches Oberverwaltungsgericht
SächsPolG	Polizeigesetz des Landes Sachsen
SeemannsG	Seemannsgesetz
S-HGVBl.	Gesetz- und Verordnungsblatt des Landes Schleswig-Holstein
S-HLT-Drs.	Drucksachen des Landtags von Schleswig-Holstein
S-HLVwG	Allgemeines Verwaltungsgesetz für Schleswig-Holstein
SK	Systematischer Kommentar
Slg.	Sammlung
SOG	Gesetz über die öffentliche Sicherheit oder Ordnung
sog.	so genannt

SOG M-V	Sicherheits- und Ordnungsgesetz von Mecklenburg-Vorpommern
Sp.	Spalte
StGB	Strafgesetzbuch
StPO	Strafprozessordnung
StV	Strafrechtliche Vierteljahresschrift
TBd.	Teilband
ThürGVBl.	Gesetz- und Verordnungsblatt für Thüringen
ThürLT-Drs.	Drucksachen des Landtags von Thüringen
ThürLVO	Thüringische Landesverwaltungsordnung
ThürOBG	Thüringisches Ordnungsbehördengesetz
ThürPAG	Thüringisches Polizeiaufgabengesetz
ThürWG	Thüringisches Wassergesetz
Tit.	Titulatur
u. a.	und andere
UGB	Umweltgesetzbuch
UPR	Umwelt- und Planungsrecht (Zeitschrift)
Urt.	Urteil
usw.	und so weiter
v.	von / vom
VBlBW	Verwaltungsblätter für Baden-Württemberg
Verf.	Verfasser / Verfasserin
VersR	Versicherungsrecht (Zeitschrift)
VerwArch	Verwaltungsarchiv (Zeitschrift)
VG	Verwaltungsgericht
vgl.	vergleiche
VO	Verordnung
Vorb.	Vorbemerkung
VVDStRL	Veröffentlichungen der Vereinigung der Deutschen Staatsrechtslehrer
VwGO	Verwaltungsgerichtsordnung
VwVfG	Verwaltungsverfahrensgesetz
VwVfG NRW	Verwaltungsverfahrensgesetz für Nordrhein-Westfalen
VwVG	Verwaltungsvollstreckungsgesetz
VwVG-Bund	Verwaltungsvollstreckungsgesetz des Bundes
WaStrG	Bundeswasserstraßengesetz
WHG	Wasserhaushaltsgesetz
WP	Wertpapiermitteilungen
WRV	Weimarer Reichsverfassung
WüPolStGB	Württembergisches Polizeistrafgesetzbuch
WüRegBl.	Württembergisches Regierungsblatt
WStG	Wehrstrafgesetz

z. B.	zum Beispiel
ZfW	Zeitschrift für Wasserrecht
ZG	Zeitschrift für Gesetzgebung
Ziff.	Ziffer
ZRP	Zeitschrift für Rechtspolitik
ZUR	Zeitschrift für Umweltrecht

Einleitung: Gegenstand und Aufbau der Untersuchung

A. Zusatzverantwortlichkeit im geltenden Recht

I. Zusatzverantwortlichkeit im Gefahrenabwehrrecht

Im deutschen Recht – im Zivilrecht, im Strafrecht und im Öffentlichen Recht – haftet bei Verletzung eines Rechtsguts grundsätzlich die Person, die die Verletzung des Rechtsguts verursacht hat – Verursacherprinzip. Bekanntlich wird dieses Prinzip in Abhängigkeit von dem Rechtsgebiet, in dem es Verwendung findet, unterschiedlich verstanden. Hingewiesen sei auf das Verständnis im Umweltrecht, in dem es als ein Kostenzurechnungsprinzip interpretiert wird.[1] In diesem Sinn wird hier das Verursacherprinzip nicht verstanden, sondern es dient im Folgenden dazu, den Tatbestand zu beschreiben, dass einer bestimmten Person ein spezifisches Ergebnis als Folge ihres Tuns, Duldens oder Unterlassens zugerechnet wird.[2] Die Richtigkeit der Ausgangsaussage sei zunächst am Strafrecht gezeigt. Dieses bedient sich unter anderem zur Feststellung, ob das Handeln eines Menschen ursächlich für einen „Erfolg" war, der Bedingungstheorie (Äquivalenzformel).[3] Nach dieser Theorie sind alle Erfolgsbedingungen gleichwertig. Die Rechtsprechung wendet die auf der Grundlage dieser Theorie gebildete „Conditio[4]-sine-qua-non-Formel" an.[5] Nach dieser Formel ist als Ursache jede Bedingung eines Erfolgs anzusehen, die nicht hinweggedacht werden kann, ohne dass der konkrete Erfolg entfiele.[6] Auch im Zivilrecht muss das Verhalten des Schädigenden für den Schaden (= die infolge eines bestimmten Ereignisses sich ergebende Einbuße an bestimmten Lebensgütern wie Gesundheit, Ehre oder Eigentum[7]) kausal sein.[8] Hier wird mit Blick auf die Begründung der

---

[1] s. zu den unterschiedlichen Begriffsverständnissen z. B. *Kloepfer*, S. 189 ff.; ferner BT-Drs. VI/2710, S. 6: „Jeder, der die Umwelt belastet oder sie schädigt, soll für die Kosten dieser Belastung oder Schädigung aufkommen."

[2] *Gusy*, Rdnr. 330.

[3] *Wessels/Beulke*, Rdnr. 156.

[4] Gelegentlich findet sich auch die Schreibweise condicio, s. *Grüneberg*, in: Palandt, Vorb. vor § 249, Rdnr. 25.

[5] *Frister*, Rdnr. 5.

[6] *Roxin*, Strafrecht AT 1, A § 11 Rdnr. 6.

Kausalität ebenfalls mit der Äquivalenztheorie und der Conditio-sine-qua-non-Formel gearbeitet. Zusätzlich sind Adäquanzerwägungen anzustellen.[9] Im Öffentlichen Recht geht es nicht (jedenfalls nicht im Wesentlichen) wie im Zivilrecht um Schaden und Schadensersatz, obwohl die Begriffe auch in dieses Rechtsgebiet „Einzug" gehalten haben (z. B. Umweltschaden) und sogar im Titel eines Gesetzes steht: „Umweltschadensgesetz".[10] Es besteht im Öffentlichen Recht vielmehr die Pflicht zur Gefahrenvermeidung/Gefahrenabwehr und Schadensbeseitigung.[11] Diese Pflicht besteht zunächst für den, der durch eigenes Verhalten eine Gefahr verursacht.[12] Die Zurechnung einer Gefahr zu einem Verursacher erfolgt nach herrschender Meinung aufgrund der Lehre von der unmittelbaren Verursachung.[13]

Im Gefahrenabwehrrecht im weiteren Sinn[14] – erfasst sind alle öffentlich-rechtlichen Normen mit der Funktion Gefahrenabwehr[15] – können die zuständigen

---

[7] Vgl. *Grüneberg*, in: Palandt, Vorb. vor § 249 Rdnr. 9.

[8] Ebd., Rdnrn. 25 ff.

[9] *Deutsch/Ahrens*, Rdnrn. 42 f., 50 ff.

[10] Vgl. hierzu Gesetz über die Vermeidung und Sanierung von Umweltschäden – Umweltschadensgesetz v. 10. 5. 2007, BGBl. I S. 666. Zu diesem Gesetz s. *Becker*, NVwZ 2007, 1105 ff.; *Cosack/Enders*, DVBl. 2008, 405 ff. *Diederichsen*, NJW 2007, 3377 ff.; *Knopp*, UPR 2007, 414 ff.; *Knopp/Wiegleb*, passim; *Knopp/Wiegleb/Piroch*, NuR 2008, 745 ff.; Das Umweltschadensgesetz geht zurück auf die EG-Umwelthaftungsrichtlinie – RL 2004/35/EG des Europäischen Parlaments und des Rates v. 24. 1. 2004 über Umwelthaftung zur Vermeidung und Sanierung von Umweltschäden, ABl. EG Nr. L 143 v. 30. 4. 2004, S. 56. Zu dieser RL s. *Becker*, NVwZ 2005, 371 ff.; *Duikers*, NuR 2006, 623 ff.; *ders.*, Umwelthaftungsrichtlinie; *Holger Schmidt*, NVwZ 2006, 635 ff.; *Knopp*, UPR 2005, 361 ff.; *Müggenborg*, NVwZ 2009, 12 ff.; *Muth/Heinze*, UPR 2005, 367 ff.; Beiträge, in: *Oldiges/Degenhart/Enders/Köck*.

[11] Eine Gefahr liegt vor, wenn eine Sachlage oder ein Verhalten bei ungehindertem Ablauf des objektiv zu erwartenden Geschehens mit hinreichender Wahrscheinlichkeit ein polizeilich geschütztes Rechtsgut schädigen wird. Ein Schaden ist jede sozial inadäquate Beeinträchtigung von Rechtsgütern, s. z. B. § 2 Nr. 1 lit. a NdsSOG; *Gusy*, Rdnrn. 105 ff. – Aus Gründen sprachlicher Verkürzung wird im Folgenden anstelle von Gefahrenvermeidung/Gefahrenabwehr und Schadensbeseitigung zusammenfassend der Begriff *Gefahrenabwehr* benutzt.

[12] *Denninger*, in: Lisken/Denninger, E Rdnr. 100.

[13] Ebd., Rdnr. 77. Ausführlich und neue Wege bei der Gefahrenzurechnung im Polizeirecht gehend *Hollands*, passim.

[14] Die im Folgenden durchgeführte Unterscheidung zwischen Gefahrenabwehrrecht im weiteren und im engeren Sinn teilt die einschlägige Literatur, s. z. B. *Poscher*, S. 11. Für die Dogmatik des Rechts der Gefahrenabwehr ist diese Differenzierung folgenlos, s. *Breuer*, in: GS Martens, S. 315; *Schenke*, in: FS Friauf, S. 455 f.; *Schmitz*, S. 33.

[15] Diesem Ansatz liegt der sog. materielle Polizeibegriff zugrunde, der die gesamte der Gefahrenabwehr dienende staatliche Tätigkeit umfasst, im Gegensatz zum institutionellen/organisatorischen Polizeibegriff, der an die Gefahrenabwehraufgabe der Polizei im formellen Sinn anknüpft, s. *Schenke*, S. 8. Die Entwicklung des materiellen Polizeibegriffs schildert *Vieth*, S. 13 ff.

A. Zusatzverantwortlichkeit im geltenden Recht

Behörden, regelmäßig die sog. Polizei- und Ordnungsbehörden einschließlich der Sonderordnungsbehörden, in zwei Weisen tätig werden, um eine Gefahr abzuwehren oder um eine Störung der öffentlichen Sicherheit oder Ordnung zu beseitigen. Entweder sie beseitigen die Gefahr oder die Störung selbst (Eigenvornahme durch eigenes Personal oder durch einen beauftragten Dritten) oder sie nehmen einen Pflichtigen in Anspruch (Fremdvornahme). Diesem Pflichtigen kann ein Handeln, Dulden oder Unterlassen auferlegt werden.

Das Gefahrenabwehrrecht im engeren Sinn – erfasst ist das im Allgemeinen sog. Polizei- und Ordnungsrecht[16] – kennt als Pflichtigen zunächst entsprechend dem genannten Verursacherprinzip den *Verhaltensstörer*. Verhaltensstörer ist derjenige, der durch sein Verhalten eine Gefährdung oder Störung der öffentlichen Sicherheit oder Ordnung[17] verursacht.[18] Verhaltensstörer sind grundsätzlich nur für eigenes Verhalten verantwortlich.[19]

Das Ordnungsrecht kennt einen weiteren Störer, den *Zustandsstörer*. Zustandsstörer ist eine Person, wenn von Sachen oder Tieren, über die sie die tatsächliche Gewalt oder an denen sie das Eigentum hat, eine Gefahr ausgeht.[20]

Das Ordnungsrecht kennt schließlich den *Nichtstörer*, der aber nur unter der Voraussetzung des polizeilichen Notstands in Anspruch genommen werden darf.[21]

Das Polizeigesetz des Bundes und die Polizei- und Ordnungsbehördengesetze der Länder[22] erweitern die Verhaltensverantwortlichkeit um die Haftung für das Verhalten bestimmter Dritter und weichen somit von dem dargestellten Verursacherprinzip ab. Die Haftung für das Verhalten Dritter wird im Öffentlichen Recht als Zusatzverantwortlichkeit[23] oder Zusatzhaftung[24] bezeichnet, weil diese Haftung neben die Verantwortlichkeit/die Haftung des Verursachers der Störung

---

[16] Die Begriffsbildung geht über das Gefahrenabwehrrecht im institutionellen Sinn hinaus, weil auch das Recht der Ordnungsbehörden erfasst ist.

[17] Die Diskussion um die öffentliche Ordnung als polizeiliches Schutzgut sei hier nur kurz erwähnt, nicht aber als Diskussionsgegenstand aufgenommen. Bekanntlich haben einige Bundesländer dieses Schutzgut aus ihren Polizeigesetzen gestrichen; das Saarland und Niedersachsen haben die Gesetzesänderung rückgängig gemacht, Nachw. bei *Baumann*, S. 47ff. Literatur zur Frage der Verfassungsmäßigkeit dieses Schutzguts: *Achterberg/Baumann*, S. 27ff.; *dies.*, DVP 2008, 450ff.; *Erbel*, DVBl. 1972, 475ff.; *ders.*, DVBl. 2001, 1714ff.; *Fechner*, JuS 2003, 734ff.; *Klein*, DVBl. 1971, 233ff.; *Mußgnug*, passim; *Nolte*, NordÖR 1999, 52ff.; *Peine*, Die Verwaltung 1979, 25ff.; *Sander*, NVwZ 2002, 832ff.; *Schloer*, BayVBl. 1991, 257ff.; *Störmer*, Die Verwaltung 1997, 233ff.; *Thiele*, ZRP 1999, 7ff.; *Waechter*, NVwZ 1997, 729ff.

[18] *Pieroth/Schlink/Kniesel*, § 9 Rdnr. 5.

[19] *Gusy*, Rdnr. 346.

[20] *Pieroth/Schlink/Kniesel*, § 9 Rdnr. 33.

[21] s. *Gusy*, Rdnrn. 380ff., *Schenke*, S. 202ff.

[22] Nachweis dieser Gesetze in Kapitel 1 B.

oder der Gefahr tritt.[25] Diese Verantwortlichkeit/Haftung ist ein besonderer Verantwortlichkeits-/Haftungstatbestand. Die unterschiedlichen Bezeichnungen dieses Tatbestands entweder als Zusatzverantwortlichkeit oder als Zusatzhaftung beschreiben den Gedanken, der „hinter" dem Tatbestand steht: die zusätzliche Haftung (= Zusatzhaftung) für einen anderen, für den eine Person die Verantwortung trägt/verantwortlich ist. Das Bestehen zweier unterschiedlicher Begriffe „Zusatzhaftung" und „Zusatzverantwortlichkeit" für denselben Verantwortlichkeitstatbestand erklärt sich damit, dass der Terminus „Haftung", s. die Begriffe Verhaltens- und Zustandshaftung[26], einer älteren Begriffsbildung entstammt[27], die eine neue nicht vollständig ersetzt hat. Der allgemeine juristische Sprachgebrauch versteht unter „Haftung" das Einstehenmüssen für eigene und fremde Schuld.[28] Es kommt in diesem Begriff nicht zum Ausdruck, dass die Polizeipflicht[29] primär auf die Gefahrenabwehrleistung/Schadensbeseitigung[30] und erst sekundär – wenn überhaupt – auf eine finanzielle Haftung gerichtet ist. Ferner ist im Gefahrenabwehrrecht ein Verschulden als subjektiver Tatbestand bedeutungslos.[31] Schließlich erfasst der Begriff „Verantwortlichkeit" bloßes Untätigbleiben. Dieser Begriff ist der einzige, der alle Wirkfaktoren zwischen einer Person und

---

[23] Vgl. zur Verwendung des Begriffs „Zusatzverantwortlichkeit" z.B.: *Götz*, §9 Rdnr. 40; *Gusy*, Rdnr. 346; *Haus/Wohlfarth*, Rdnr. 381; *Ipsen*, Rdnr. 185; *Knape/Kiworr*, S. 189; *Kugelmann*, Kap. 6 Rdnr. 40; *Denninger*, in: Lisken/Denninger, E Rdnr. 100; *Mußmann*, Rdnr. 276; *Peine*, Klausurenkurs, Rdnr. 904; *Pieroth/Schlink/Kniesel*, §9 Rdnr. 6; *Schenke*, Rdnr. 265; *Suckow/Hoge*, S. 151; *Waechter*, S. 265 (verwendet beide Begriffe); *Wehr*, Rdnr. 119.

[24] Vgl. zur Verwendung des Begriffs „Zusatzhaftung" z.B.: *Prümm/Sigrist*, Rdnr. 98; *Niehörster*, S. 30.

[25] *Mußmann*, Rdnr. 276.

[26] Die Verwendung dieser Begriffe findet sich durchgehend in der polizeirechtlichen Literatur, die vor dem Musterentwurf eines einheitlichen Polizeigesetzes erschienen ist, s. *Scholler/Schloer*, S. 240. Beispiele für die Handlungshaftung: *Hurst*, AöR 1958, 43 ff.; ders., Die Polizei 1961, 15 ff.; Beispiele für die Zustandshaftung: *Quaritsch*, DVBl. 1959, 455 ff.; *Huber*, S. 14.

[27] Vgl. *Denninger*, in: Lisken/Denninger, E Rdnr. 70.

[28] s. zu diesem Verständnis und zu dem abweichenden im öffentlichen Recht *Knopp*, in: Knopp/Löhr, S. 48 ff.

[29] Die materielle Polizeipflicht beinhaltet die für jedermann bestehende Pflicht, Gefahren und Störungen für die öffentliche Sicherheit oder Ordnung zu beseitigen, die durch sein Verhalten entstanden sind oder von einer unter seiner Obhut stehenden Person oder Sache ausgehen. Die Pflicht mit diesem Inhalt hat das PrOVG entwickelt. Sie ergibt sich heute aus den Gefahrenabwehrgesetzen, ist also eine „ex lege" bestehende Pflicht. Der sog. Polizeiverwaltungsakt legt lediglich die Modalitäten der Erfüllung dieser Pflicht fest. S. zum Vorstehenden *Czeczatka*, S. 55, 58. Die materielle Polizeipflicht beinhaltet deshalb weit mehr als die sog. Nichtstörungspflicht. Ausführliche Diskussion mit Nachweisen bei *Waechter*, S. 274 ff., *Lindner*, S. 18 ff., *Peine*, DVBl. 1980, 948.

[30] Aus Gründen sprachlicher Vereinfachung wird beides im Folgenden mit Gefahrenabwehr bzw. Gefahrenabwehrleistung abgekürzt.

[31] Vgl. *Denninger*, in: Lisken/Denninger, E Rdnr. 70.

einem gefahrenabwehrrechtlichen Sachverhalt lückenlos abdeckt.[32] Der Begriff „Verantwortlichkeit" trägt diesen Erwägungen Rechnung und verdient deshalb den Vorzug.[33]

Im Folgenden wird deshalb der Terminus „Zusatzverantwortlichkeit" gebraucht. Daneben finden die Wörter „Zusatzhaftung" bzw. „zusatzhaften" „Haftungstatbestand" und „Haftungserweiterung" i. S. v. Verpflichtung zur Gefahrenabwehrleistung aus Gründen sprachlicher Varianz Verwendung.

Gegen die Verwendung der Begriffe „Zusatzhaftung" bzw. „Zusatzverantwortlichkeit" wird vorgebracht, dass sie den Eindruck erweckten, die Verantwortlichkeit greife nur zusätzlich ein.[34] Das sei nicht der Fall. Nach den gesetzlichen Vorschriften[35] sollen beide, der Verursacher und der Zusatzhaftende, gleichrangig in Anspruch genommen werden können. Der Zusatzhaftende sei in eigener Person für seine Pflichtverletzung verantwortlich. Seine Pflichten seien die in seiner Person begründeten Rechtspflichten nach dem BGB oder anderen Gesetzen. Diese Auffassung ist falsch. Es wird sich zeigen, dass die Zusatzverantwortlichkeit in der weit überwiegenden Literatur Fälle betrifft, in denen ein eigener Beitrag des Zusatzhaftenden zur Verursachung der Gefahr nicht vorhanden ist.[36] Nur für diese Fälle ist, so wird erarbeitet werden, die Zusatzverantwortlichkeit als Instrument einer effektiven Gefahrenabwehr notwendig.[37] Deshalb sind die Begriffe „Zusatzverantwortlichkeit" bzw. „Zusatzhaftung" bestens geeignet, das Gewollte zu benennen. Ferner fehlt ein Vorschlag für eine andere Bezeichnung des Sachverhalts.[38]

Keine Verwendung findet im Weiteren der Begriff „mittelbarer Verhaltensstörer".[39] Die Literatur nutzt diesen Begriff lediglich vereinzelt. Der Verzicht auf ihn liegt deshalb nahe, weil er das gesetzlich Gewollte nicht plastisch ausdrückt. Ferner ist eine Verwechselung mit dem Begriff „mittelbarer Störer" sehr leicht möglich.[40] Nicht gebraucht wird auch der Begriff „Zusatzhafter".[41] Diese Entscheidung ist Folge der Aussage, dass der Begriff „Haftung" einer älteren Sprache entstammt und durch eine neue abgelöst worden ist. Damit erledigt sich auch der Begriff „Zusatzhafter".

---

[32] *Scholler/Schloer*, S. 240.
[33] Vgl. *Denninger*, in: Lisken/Denninger, E Rdnr. 70.
[34] *Scholler/Schloer*, S. 249.
[35] Zu den Gesetzen s. Kapitel 1 B.
[36] Nachweis der Literatur in Kapitel 2 A III 2.
[37] s. Kapitel 2 A II 1 a) cc).
[38] Zum Vorstehenden s. *Scholler/Schloer*, S. 249.
[39] *Frings/Spahlholz*, S. 123.
[40] Davor warnen *Frings/Spahlholz*, S. 124, ausdrücklich. Zur Vermeidung der Verwechselung sollte die Begriffswahl einen Teilbeitrag leisten.
[41] *Klapper*, S. 35.

Nach dem Tatbestand „Zusatzverantwortlichkeit" können Maßnahmen auch gegen die Person gerichtet werden, die zur Aufsicht über eine Person verpflichtet ist, die noch nicht 14 Jahre[42] alt ist. Ist für eine Person ein Betreuer bestellt[43], so können die Maßnahmen auch gegen den Betreuer im Rahmen seines Aufgabenkreises gerichtet werden. Dieses gilt auch, wenn der Aufgabenkreis des Betreuers die in § 1896 Abs. 4 und § 1905 BGB bezeichneten Angelegenheiten nicht erfasst.[44] Verursacht eine Person, die zu einer Verrichtung bestellt ist, die Gefahr in Ausführung der Verrichtung, so können Maßnahmen auch gegen die Person gerichtet werden, die die andere zu der Verrichtung bestellt hat.[45] Es gibt somit drei Fälle der gesetzlich geregelten Zusatzverantwortlichkeit im Polizei- und Ordnungsrecht:

- die Verantwortlichkeit einer Aufsichtsperson über einen Minderjährigen bis zu einem bestimmten Alter (= Aufsichtsverantwortlichkeit),
- die Verantwortlichkeit des Betreuers für einen Betreuten (= Betreuerverantwortlichkeit),
- die Verantwortlichkeit des Geschäftsherrn für den Verrichtungsgehilfen (= Geschäftsherrnverantwortlichkeit)

für die Gefahren oder Schäden, die der Minderjährige, der Betreute oder der Verrichtungsgehilfe verursacht hat.

Die Haftung des Zusatzverantwortlichen tritt immer zu der Haftung des „eigentlichen" Störers hinzu – so die durchgängig in der Literatur zu findende Aussage.[46] Diese Haftungserweiterung bezieht sich immer auf das Handeln oder Unterlassen einer bestimmten anderen Person.

II. Haftungserweiterungen im Zivilrecht und im Strafrecht

Ein Abweichen von dem Verursacherprinzip wie zuvor dargestellt gibt es nicht nur im Öffentlichen Recht. Das deutsche Recht kennt in jedem seiner schon benannten drei Rechtsgebiete diese Haftungserweiterung. Es geht um die Haftung für das Tun, Dulden oder Unterlassen Dritter. Die Haftungserweiterungen im Zivil- und Strafrecht sollen hier dargestellt werden, um die Zusatzverant-

---

[42] Das Alter ist different geregelt, s. Kapitel 2 A I 1.
[43] Die Betreuerhaftung ist different geregelt, s. Kapitel 2 A I 1.
[44] Vgl. § 5 Abs. 2 BbgPolG.
[45] Vgl. § 5 Abs. 3 BbgPolG.
[46] Aus der älteren Literatur z.B. *Friauf*, in: Schmidt-Aßmann, S. 151: „Die Haftung des Sorgepflichtigen [...] tritt nicht an die Stelle der Haftung des Verursachers selbst, sondern *kumulativ* neben sie."

wortlichkeit im Gesamtzusammenhang des deutschen Rechts und in allen ihren rechtlichen Ausprägungen betrachten zu können.

Im *Zivilrecht* gibt es eigene Anspruchsgrundlagen, welche die Haftung für einen anderen bestimmen. Dieses ist der Fall bei der Haftung für den Verrichtungsgehilfen gem. § 831 BGB und bei der Haftung des Aufsichtspflichtigen gem. § 832 BGB.

Gem. § 831 Abs. 1 BGB ist derjenige, der einen anderen zu einer Verrichtung bestellt, zum Ersatz des Schadens verpflichtet, den der andere in Ausführung der Verrichtung einem Dritten widerrechtlich zufügt. Die Ersatzpflicht tritt nicht ein, wenn der Geschäftsherr bei der Auswahl der bestellten Person und, sofern er Vorrichtungen oder Gerätschaften zu beschaffen oder die Ausführung der Verrichtung zu leiten hat, bei der Beschaffung oder der Leitung die im Verkehr erforderliche Sorgfalt beobachtet, oder wenn der Schaden auch bei Anwendung dieser Sorgfalt entstanden wäre. Gem. § 831 Abs. 2 BGB trifft die gleiche Verantwortung denjenigen, der für den Geschäftsherrn die Besorgung eines der im Absatz 1 Satz 2 bezeichneten Geschäfte durch Vertrag übernimmt. Im Fall des § 831 BGB kann der Geschäftsherr neben dem Verrichtungsgehilfen haften.[47]

Gem. § 832 Abs. 1 BGB ist derjenige, der kraft Gesetzes zur Führung der Aufsicht über eine Person verpflichtet ist, die wegen Minderjährigkeit oder wegen ihres geistigen oder körperlichen Zustands der Beaufsichtigung bedarf, zum Ersatz des Schadens verpflichtet, den diese Person einem Dritten widerrechtlich zufügt. Die Ersatzpflicht tritt nicht ein, wenn er seiner Aufsichtspflicht genügt oder wenn der Schaden auch bei gehöriger Aufsichtsführung entstanden sein würde. Gem. § 832 Abs. 2 BGB trifft die gleiche Verantwortlichkeit denjenigen, der die Führung der Aufsicht durch Vertrag übernimmt. Im Fall des § 832 BGB entscheidet das Alter des Minderjährigen gem. § 828 BGB[48], ob der Minderjährige neben dem Aufsichtspflichtigen haftet. Hat der Minderjährige das siebente

---

[47] Für die Haftung des Geschäftsherrn nach § 831 BGB genügt nach h. M., wenn der Gehilfe widerrechtlich gehandelt hat; ein Verschulden wird nicht gefordert. Nur wenn der Gehilfe auch schuldhaft gehandelt hat, würde der Geschäftsherr neben dem Gehilfen haften, vgl. *Wagner*, in: Säcker/Rixecker, § 831 Rdnrn. 12, 28.

[48] § 828 BGB Minderjährige.

(1) Wer nicht das siebente Lebensjahr vollendet hat, ist für einen Schaden, den er einem anderen zufügt, nicht verantwortlich.

(2) Wer das siebente, aber nicht das zehnte Lebensjahr vollendet hat, ist für den Schaden, den er bei einem Unfall mit einem Kraftfahrzeug, einer Schienenbahn oder einer Schwebebahn einem anderen zufügt, nicht verantwortlich. Dies gilt nicht, wenn er die Verletzung vorsätzlich herbeigeführt hat.

(3) Wer das 18. Lebensjahr noch nicht vollendet hat, ist, sofern seine Verantwortlichkeit nicht nach Absatz 1 oder 2 ausgeschlossen ist, für den Schaden, den er einem anderen zufügt, nicht verantwortlich, wenn er bei der Begehung der schädigenden Handlung nicht die zur Erkenntnis der Verantwortlichkeit erforderliche Einsicht hat.

Lebensjahr noch nicht vollendet, dann haftet der Aufsichtspflichtige immer allein.

Einen weiteren Fall der Haftung für einen anderen im Zivilrecht stellt § 278 BGB dar. Gem. § 278 BGB hat der Schuldner ein Verschulden seines gesetzlichen Vertreters und der Personen, deren er sich zur Erfüllung seiner Verbindlichkeit bedient, in gleichem Umfang zu vertreten wie eigenes Verschulden. Die Vorschrift des § 276 Abs. 3 findet keine Anwendung. § 278 BGB ist keine eigene Anspruchsgrundlage[49], sondern regelt die Zurechnung des Gehilfenverschuldens für Pflichtverletzungen aus Schuldverhältnissen. § 278 BGB beruht auf dem Gedanken, dass der Schuldner gegenüber dem Gläubiger für seinen Geschäfts- und Gefahrenkreis verantwortlich ist und dass zu diesem auch die von ihm eingesetzten Hilfspersonen gehören.[50] § 278 BGB ist keine *haftungsbegründende* (liegt vor, wenn eine Norm eine sog. Anspruchsgrundlage bildet[51]), sondern eine *haftungszuweisende* Norm (liegt vor, wenn eine Norm die Haftung einer bestimmten Person einer anderen Person zurechnet[52]). Ausnahmsweise kann die Haftung des Gehilfen neben der Haftung der Person in Frage kommen, die sich des Gehilfen bedient.[53]

Gem. § 31 BGB ist der Verein für den Schaden verantwortlich, den der Vorstand, ein Mitglied des Vorstands oder ein anderer verfassungsmäßig berufener Vertreter durch eine in Ausführung der ihm zustehenden Verrichtungen begangene, zum Schadensersatz verpflichtende Handlung einem Dritten zufügt. § 31 BGB ist keine *haftungsbegründende*, sondern eine *haftungszuweisende* Norm.[54] Voraussetzung ist, dass der verfassungsmäßig berufene Vertreter eine zum Schadensersatz verpflichtende Handlung begangen hat. Dabei ist nicht entscheidend, auf welchen Umständen die Ersatzpflicht im Einzelnen beruht.[55] Es hängt somit vom Einzelfall ab, ob der Verein neben dem verfassungsmäßigen Vertreter haftet. Eine Haftung des Vertreters und des Vereins nebeneinander würde z. B. vorliegen, wenn der Vertreter in dieser Eigenschaft eine unerlaubte Handlung begangen hat.

---

[49] *Grundmann*, in: Säcker/Rixecker, § 278 Rdnr. 1.
[50] Vgl. *Grüneberg*, in: Palandt, § 278 Rdnr. 1; BGHZ 62, 199 ff. (124); BGH, NJW 1996, 464 ff. (465).
[51] *Schulze*, in: Dörner u. a., § 278 Rdnr. 1.
[52] Ebd.
[53] Dieser Fall liegt zumindest dann vor, wenn der Erfüllungsgehilfe deliktsrechtlich haftet. Der „Normalfall" dürfte aber sein, dass der Vertragspartner allein haftet, da der Erfüllungsgehilfe eine Vertragspflicht verletzt, aber selbst nicht Vertragspartner ist, so dass kein vertraglicher Anspruch gegen ihn in Betracht kommt.
[54] BGHZ 99, 298 ff. (302), BGH, NJW 2003, 2984.
[55] Vgl. *Ellenberger*, in: Palandt, § 31 Rdnr. 2.

Im Handelsrecht regelt § 428 HGB die Haftung für andere. Gem. § 428 HGB hat der Frachtführer Handlungen und Unterlassungen seiner Leute in gleichem Umfang zu vertreten wie eigene Handlungen und Unterlassungen, wenn die Leute in Ausübung ihrer Verrichtungen handeln. Gleiches gilt für Handlungen und Unterlassungen anderer Personen, deren er sich bei Ausführung der Beförderung bedient. § 428 HGB stellt keine eigenständige Haftungsnorm dar, sondern ist eine Haftungszurechnung für das Verhalten Dritter.[56]

Im *Strafrecht* gibt es Überwachungsgaranten. „Überwachungsgaranten stehen in der Sphäre einer Gefahrenquelle, die tatbestandsmäßige Erfolge verursachen kann. Der Überwachungsgarant hat die Pflicht, von dieser ihm unterstellten Quelle ausgehende Gefahren zu unterbinden, gleich gegen welches Opfer diese sich richten."[57] So kann eine Überwachungsgarantenstellung aus der Pflicht zur Beaufsichtigung Dritter resultieren.[58] Diese Überwachungsgarantenstellungen sind zum Teil *im Gesetz* normiert, so z. B. in § 357 StGB[59], § 41 WStG[60] und § 108 SeemannsG.[61]

---

[56] *Gass*, in: Ebenroth/Boujong/Joost, § 428 Rdnr. 1.
[57] *Baumann/Weber/Mitsch*, § 15 Rdnr. 47.
[58] *Wessels/Beulke*, Rdnr. 724.
[59] § 357 Verleitung eines Untergebenen zu einer Straftat.
(1) Ein Vorgesetzter, welcher seine Untergebenen zu einer rechtswidrigen Tat im Amt verleitet oder zu verleiten unternimmt oder eine solche rechtswidrige Tat seiner Untergebenen geschehen läßt, hat die für diese rechtswidrige Tat angedrohte Strafe verwirkt.
(2) Dieselbe Bestimmung findet auf einen Amtsträger Anwendung, welchem eine Aufsicht oder Kontrolle über die Dienstgeschäfte eines anderen Amtsträgers übertragen ist, sofern die von diesem letzteren Amtsträger begangene rechtswidrige Tat die zur Aufsicht oder Kontrolle gehörenden Geschäfte betrifft.
[60] § 41 Mangelhafte Dienstaufsicht.
(1) Wer es unterläßt, Untergebene pflichtgemäß zu beaufsichtigen oder beaufsichtigen zu lassen, und dadurch wenigstens fahrlässig eine schwerwiegende Folge (§ 2 Nr. 3) verursacht, wird mit Freiheitsstrafe bis zu drei Jahren bestraft.
(2) Der Versuch ist strafbar.
(3) Wer die Aufsichtspflicht leichtfertig verletzt und dadurch wenigstens fahrlässig eine schwerwiegende Folge verursacht, wird mit Freiheitsstrafe bis zu sechs Monaten bestraft.
(4) Die Absätze 1 bis 3 sind nicht anzuwenden, wenn die Tat in anderen Vorschriften mit schwererer Strafe bedroht ist.
[61] § 108 Pflichten des Vorgesetzten.
(1) Der Kapitän und die anderen Vorgesetzten haben die ihnen unterstellten Personen gerecht und verständnisvoll zu behandeln und Verstößen gegen die Gesetze und die guten Sitten entgegenzutreten. Sie dürfen die Jugendlichen nicht körperlich züchtigen oder mißhandeln und haben sie vor körperlichen Züchtigungen und Mißhandlungen durch andere Besatzungsmitglieder zu schützen sowie darauf zu achten, daß den Jugendlichen auch während der Freizeit gesundheitliche und sittliche Gefahren nach Möglichkeit ferngehalten werden.

Es gibt daneben *ungeregelte* Fälle: Eine solche Überwachungsgarantenpflicht resultiert aus der elterlichen Sorge (§§ 1626, 1631 BGB). Aus ihr ergibt sich die Pflicht der Eltern, rechtswidrige Taten bzw. Straftaten ihrer minderjährigen Kinder zu verhindern.[62] Eine weitere Überwachungsgarantenpflicht ergibt sich für Polizeibeamte bei der Reduzierung ihres Entschließungsermessens auf Null. Wenn bei schweren Straftaten sich das durch die polizeirechtliche Generalklausel eingeräumte Entschließungsermessen des Polizisten auf Null reduziert und dieser folglich zur Abwehr einer Gefahr für die öffentliche Sicherheit die Straftat verhindern muss, entsteht eine Beschützergarantenpflicht gegenüber dem Bedrohten und eine Überwachungsgarantenpflicht zugunsten der Allgemeinheit.[63]

Weitere Überwachungsgarantenpflichten gibt es kraft rechtlicher Aufsichtspflicht. Dieser Gruppe von Garantenpflichten sind Lehrer zuzuordnen, die im Dienst Straftaten minderjähriger Schüler zu vermeiden haben.[64] So müssen z. B. aufsichtspflichtige Lehrer Gewaltausübung der Schüler gegenüber Mitschülern und Schulleiter Sexualstraftaten von Lehrern gegenüber Schülern verhindern.[65] Auch fallen hierunter Strafvollzugsbedienstete, die Verbrechen und (nicht unerhebliche) Vergehen der Strafgefangenen zu unterbinden haben.[66]

Überwachungsgarantenpflichten ergeben sich auch aus vereinbarter tatsächlicher Übernahme. Dieser Gruppe von Garantenpflichten unterfallen z. B. Babysitter, die dafür zu sorgen haben, dass das von ihnen behütete Kind keinen Schaden anrichtet.[67] Ein weiteres Beispiel bilden Psychologen oder Pfleger, die die Aufsicht über einen gefährlichen Geisteskranken übernommen haben. Sie müssen dafür sorgen, dass der Patient keine rechtswidrigen Taten begeht.[68]

---

(2) Der Kapitän hat dafür zu sorgen, daß die berufliche Fortbildung der Jugendlichen im Rahmen des Schiffsbetriebs gefördert wird. – S. näher RGSt 53, 292f.; 71, 176f.; OLG Celle, NJW 2008, 1012ff. mit Besprechung von *Bosch*, JA 2008, 471ff.

[62] BGH, FamRZ 1958, 211ff.; *Thomas Fischer*, § 13 Rdnr. 15; *Frister*, AT 22. Kap., Rdnr. 26; *Krey*, Rdnr. 361; *Krey/Heinrich*, Rdnr. 638; *Roxin*, AT II, § 32 Rdnrn. 1287ff.; *Rudolphi*, in: Rudolphi/Horn, § 13 Rdnr. 33; *Stree*, in: Schönke/Schröder, § 13 Rdnr. 52; *Weigend*, in: Laufhütte/Rissing-van Saan/Tiedemann, § 13 Rdnr. 27.

[63] BGHSt 38, 388ff. (389ff.); *Krey*, Rdnr. 363.

[64] *Krey*, Rdnr. 364; *Kühl*, § 18 Rdnr. 116; *Stree*, in: Schönke/Schröder, § 13 Rdnr. 52; *Weigend*, in: Laufhütte/Rissing-van Saan/Tiedemann, § 13 Rdnr. 33; *Wohlers*, in: NK, § 13 Rdnr. 51; *Zacyck*, in: FS Rudolphi, S. 370 (Lehrer auf Klassenfahrt).

[65] *Wessels/Beulke*, Rdnr. 721; *Kubink*, RdJB 2002, 94ff.; vgl. auch BGH, NStZ-RR 2008, 9f.

[66] *Krey*, Rdnr. 364; *Wessels/Beulke*, Rdnr. 724; *Kühl*, § 18 Rdnr. 116; *Rudolphi*, in: Rudolphi/Horn, § 13 Rdnr. 35; *Stree*, in: Schönke/Schröder, § 13 Rdnr. 52; *Weigend*, in: Laufhütte/Rissing-van Saan/Tiedemann, § 13 Rdnr. 33; *Wohlers*, in: NK, § 13 Rdnr. 52; *Zacyck*, in: FS Rudolphi, S. 370 (Lehrer auf Klassenfahrt).

[67] *Krey*, Rdnr. 364.

[68] BGH, NStZ 2004, 151f.; *Krey*, Rdnr. 364; *Wessels/Beulke*, Rdnr. 724; *Rudolphi*, in: Rudolphi/Horn, § 13 Rdnrn. 33, 35; *Stree*, in: Schönke/Schröder, § 13 Rdnr. 52.

Eine Überwachungsgarantenpflicht wird ferner bei einer verantwortlichen Stellung in bestimmten Räumlichkeiten angenommen.[69] Ein Beispiel für diesen Fall sind Gastwirte, die sicherstellen müssen, dass in ihrer Gaststätte keine schweren Straftaten begangen werden.[70]

Eine Überwachungsgarantenpflicht könnte sich schließlich aus der sog. Geschäftsherrnhaftung ergeben. Diese Haftung ist umstritten.[71] Ihr Inhalt wäre, fände sie durchweg rechtliche Anerkennung, dass die Betriebsinhaber bzw. die Führungskräfte in Unternehmen sich bezüglich betriebsbezogener Straftaten ihrer Untergebenen verantworten müssten.

III. Vergleichende Betrachtungen zur Haftung für Dritte

Ein Vergleich der Haftungserweiterungen in allen drei Rechtsgebieten führt zur Feststellung von Parallelen. Die Haftungserweiterung für Aufsichtspersonen und für Geschäftsherren gibt es in allen drei Rechtsgebieten. Die Bestimmungen im Öffentlichen Recht und im Zivilrecht sind mit Blick auf den Inhalt des objektiven Tatbestands fast identisch. Die objektiven Tatbestände der ungeschriebenen Regeln im Strafrecht für die Haftung des Aufsichtspflichtigen stimmen inhaltlich mit denen des Zivilrechts und des Öffentlichen Rechts überein. Der große Unterschied besteht darin, dass die zivilrechtliche Haftung auf einer Verschuldensvermutung, die durch den Entlastungsbeweis gem. § 831 Abs. 1 Satz 2 BGB bzw. gem. § 832 Abs. 1 Satz 2 BGB widerlegt werden kann, beruht, und dass im Strafrecht immer ein Verschulden vorliegen muss. Diese subjektive Seite gibt es im Polizei- und Ordnungsrecht nicht. „Derartige Erwägungen können im Polizeirecht nicht gelten, da es hier für die Inanspruchnahme auf ein Verschulden nicht ankommt."[72] Der Grund dafür besteht darin, dass die Polizeipflicht als (wenigstens eine) Nichtstörungspflicht[73] nur auf die nach außen in Erscheinung tretenden Umstände abstellt. Die Innensphäre des Verantwortlichen wird

---

[69] *Landscheidt*, passim; *Reus/Vogel*, MDR 1990, 869ff.

[70] *Krey*, AT Bd. 2, Rdnr. 360; BGH, NJW 1966, 1763f.; BGHSt 27, 10ff. (12); BGHSt 30, 391ff. (396); a. A. BGH, GA 1971, 336ff.; ablehnend *Roxin*, AT 2, § 32 Rdnrn. 116, 120ff.; *Stree*, in: Schönke/Schröder, § 13 Rdnr. 54.

[71] Vgl. *Wessels/Beulke*, Rdnr. 724; *Frister*, 22. Kap. Rdnr. 26; *Weigend*, in: Laufhütte/Rissing-van Saan/Tiedemann, § 13 Rdnr. 56; tendenziell bejahend: *Hellmann/Beckemper*, Rdnrn. 939ff.; *Ransiek*, S. 35ff.; *Roxin*, AT II, § 32 Rdnrn. 134ff.; kritisch: *Langkeit*, in: FS Otto, S. 649ff., *Rudolphi*, in: Rudolphi/Horn, § 13 Rdnr. 35a; zum Ganzen: *Schall*, in: FS Rudolphi, S. 267; zum Spezialfall des § 130 Abs. 1 Satz 1 OWiG: *Achenbach*, in: Achenbach/Ransiek, HWSt I, 3 Rdnrn. 31ff.

[72] *Mußmann*, Rdnr. 276; vgl. weiterhin OVG NRW, DVBl. 1964, 683ff. (684); VG Hamburg, GewArch 1982, 204ff. (205); HessVGH, NVwZ-RR 1988, 75ff. (77).

[73] s. o. Fn. 29.

nicht beachtet.[74] Entscheidend ist allein die tatsächlich hervorgerufene Gefahr (bzw. ihr Anschein[75]), so dass sowohl die individuellen persönlichen Verhältnisse des Störers wie Alter, Handlungsfähigkeit, Geschäftsfähigkeit, Deliktsfähigkeit, Strafmündigkeit als auch das Verschulden nicht von Bedeutung sind.[76]

Es ist festzustellen, dass die Haftung für das Tun oder Unterlassen einer anderen Person rechtsbereichsübergreifend normiert ist. Diese Arbeit soll die Gründe und die Ausgestaltung der Haftung für Dritte im Gefahrenabwehrrecht, der sog. Zusatzverantwortlichkeit, aufzeigen und analysieren. Der hier dargestellte „Gleichlauf der Haftung für andere Personen" in allen drei Rechtsgebieten lässt vermuten, dass die Haftung einen gemeinsamen Ursprung hat. Der genaue Zeitpunkt dieses Ursprungs wird nicht mehr zu rekonstruieren sein. Dieses Ergebnis ist damit zu begründen, dass es schon im lange zurückliegenden Recht Regeln gab, die die Haftung für das Verhalten anderer Personen bestimmten, und die, vom gegenwärtigen Denken ausgehend, zu nicht mehr vorstellbaren Ergebnissen führten.

Ein Beispiel bildet die *Noxalhaftung* des Römischen Rechts. Wenn der filius familias einen Schaden verursacht hatte, entfiel eine Klage des Geschädigten gegen den Sohn, da dieser nicht parteifähig war. Die Klage richtete sich gegen den Vater. Dieser konnte sich auf fehlendes Verschulden nicht berufen, da die *Noxalhaftung* bei Schäden der Haussöhne verschuldensunabhängig war. Die Erfolgshaftung des Vaters hatte aber eine Besonderheit: Der Vater hatte im Falle der Verurteilung die Wahl, entweder die Buße zu zahlen oder den Sohn dem Geschädigten auszuliefern. Die *Noxalhaftung* kennzeichnet demnach zum einen, dass sie verschuldensunabhängig war, zum anderen, dass eine Möglichkeit der Haftungsbefreiung bestand.[77] Ein zweites Beispiel bildet folgende Situation: Mitte des 18. Jh. unterstanden in Preußen jüdische Gemeinden einer Gesamthaftung für kriminelle Vergehen ihrer Mitglieder. Laut einer Kabinetts-Ordre von 1747 waren die Gemeindeältesten mitverantwortlich für jeden Diebstahl, an dem ein Gemeindemitglied beteiligt war. Dieselbe Haftung galt für Verluste infolge von Konkursverfahren und Geldstrafen, die für die Annahme oder das Verstecken von Diebesgut verhängt wurden.[78] Diese Beispiele verdeutlichen sehr gut,

---

[74] Vgl. *Denninger*, in: Lisken/Denninger, E Rdnr. 71.

[75] *Gusy*, Rdnr. 122.

[76] Vgl. *Denninger*, in: Lisken/Denninger, E Rdnr. 73; ders., Rdnr. 71: „Die Polizei, darauf bedacht, die *öffentliche* Sicherheit zu schützen, betrachtet den polizeilich verantwortlichen Bürger, den ‚Störer', gewissermaßen von außen als eine ‚black box', deren rechtlich-moralisches, psychologisches oder ökonomisches ‚Innenleben' sie grundsätzlich nicht interessiert. Das zieht im Einzelnen eine Fülle rechtlicher Konsequenzen nach sich, die das Polizeirecht in charakteristischer Weise vom Privatrecht oder Strafrecht unterscheiden."

[77] Zum Vorstehenden und zur Entwicklung der Noxalhaftung s. *Fuchs*, S. 6ff.; *Zimmermann*, S. 1118ff.

A. Zusatzverantwortlichkeit im geltenden Recht

dass eine Haftung für das Verhalten anderer Personen in bestimmten Verhältnissen schon immer existierte. Die Haftung für Schäden der Kinder war wohl durchgängig vorhanden.[79] Das Beispiel der „jüdischen Haftung" dürfte ein heute nicht mehr vorstellbares Ausnahmeverhältnis zeigen. Die Ausnahmeverhältnisse haben sich natürlich mit der Zeit geändert. Diese Arbeit will die Haftung der Eltern für ihre Kinder sowie die Haftung für Aufsichtspersonen in den einzelnen Rechtsgebieten beispielhaft aufzeigen und damit die Entstehung der polizeilichen Zusatzverantwortlichkeit beschreiben und diese in einen Gesamtzusammenhang einbetten.

Die Folge dieser Haftungserweiterung kann sein, dass für einen Schaden zwei Personen nebeneinander haften, wie z.B. im Polizei- und Ordnungsrecht. Dieses Ergebnis ist aber nicht für alle Rechtsgebiete in gleicher Weise gültig. Ein anderes denkbares Ergebnis wäre, dass eine der beiden Haftungen die andere absorbiert, oder dass einer der beiden „Störer" haftungsunfähig ist. Das Letztere wäre der Fall im Strafrecht, wenn z.B. die Eltern für ihre strafunmündigen Kinder haften. Um die Haftungserweiterung für das Handeln oder Unterlassen einer dritten Person vollständig zu untersuchen, ist es notwendig, die unterschiedlichen Haftungsmöglichkeiten in Fallgruppen einzuteilen. Die in der Untersuchung analysierten Beispiele sollen dann jeweils einer der gebildeten Fallgruppen zugeteilt werden.

- Fallgruppe 1: Der „eigentlich" Verantwortliche und der Dritte[80] haften nebeneinander. Hier sind zwei Untergruppen vorhanden: der Dritte haftet aufgrund eines haftungsbegründenden Tatbestands – Fallgruppe 1a –, oder aufgrund eines haftungszuweisenden Tatbestands – Fallgruppe 1b –.
- Fallgruppe 2: Der „eigentlich" Verantwortliche haftet allein.
- Fallgruppe 3: Der Dritte haftet allein.

Die Einteilung in Fallgruppen ermöglicht eine systematische Analyse der Haftungserweiterung.

---

[78] Vgl. *Clark*, S. 307; *Breuer/Graetz*, in: Meyer/Brenner, S. 144: „Besonders rückständig für das Zeitalter der Aufklärung muten die Maßnahmen an, die Friedrich II. im Zuge einer Verschärfung der solidarischen Haftung der Juden traf. Diese Verpflichtung war bereits im Jahre 1674 für die Zahlung von Schutzgeldern eingeführt worden und führte zu einer äußerst strengen und unheilvollen gegenseitigen Kontrolle innerhalb der Gemeinden. Im Jahre 1747 verkündete er in einer Kabinettsordre die solidarische Haftung der Ältesten, bzw. der von ihnen vertretenen Gemeinde, bei Diebstählen, an denen ein Gemeindemitglied beteiligt war. Diese Kollektivverantwortung erstreckte sich unter anderem auch auf Schäden, die durch Bankrotte entstanden waren, und auf den Ankauf gestohlener Sachen oder die Annahme gestohlener Pfänder."

[79] s. dazu *Fuchs*, passim.

[80] Hiermit ist z.B. im Öffentlichen Recht der Zusatzverantwortliche, im Zivilrecht der Aufsichtspflichtige usw. gemeint.

B. Problembeschreibung

Eine Durchsicht der veröffentlichten Rechtsprechung seit 1950 gibt nur sehr wenige Hinweise auf Entscheidungen zur Zusatzverantwortlichkeit.[81]

Angesichts dieses Befunds hat der Verfasser sämtliche deutsche Verwaltungsgerichte und Oberverwaltungsgerichte angeschrieben und nachgefragt, ob zur Problematik Zusatzverantwortlichkeit unveröffentlichte Entscheidungen vorhanden seien. Nahezu alle Gerichte haben geantwortet und die Frage verneint.[82] Der Verfasser hat das BVerwG nicht angeschrieben, weil zum einen das Polizei- und Ordnungsrecht als Landesrecht nicht der Revision durch das BVerwG unterliegt (§ 137 Abs. 1 Nr. 1 VwGO) und weil zum anderen eine unveröffentlichte Revisionsentscheidung betreffend die einschlägigen Vorschriften des Bundespolizeirechts nicht vorstellbar erscheint.

Die Probleme, die sich aus der Zusatzverantwortlichkeit ergeben, sind in der Literatur weitestgehend unerforscht. In den polizeirechtlichen Lehrbüchern und den einschlägigen Kommentaren finden sich regelmäßig nur knappe Bemerkungen. Die Ausführungen enthalten keine Hinweise auf historische Quellen. Die Darstellung der Zusatzverantwortlichkeit in der heutigen Literatur beginnt erst mit der Darstellung des Rechts, das seit der Entstehung der Bundesrepublik gilt.

Im Bereich des Bodenschutzrechts gibt es wegen der Verantwortlichkeit für die Altlastensanierung eine ausführliche Diskussion um die Haftung.[83] Gegenstand dieser Diskussion ist auch, ob die Zusatzverantwortlichkeit im Geltungsbereich des Bundes-Bodenschutzgesetzes direkt oder analog angewendet werden kann. Die Existenz der Zusatzverantwortlichkeit wird vorausgesetzt. Sie wird als solche nicht näher behandelt. Die Diskussion versucht somit nicht, die Zusatzverantwortlichkeit als solche dogmatisch zu analysieren.

---

[81] BaWüVGH, ZfW 1981, 102 ff, NJW 1993, 1543 f.; BayVGH, NVwZ 1989, 681 ff; HmbOVG, MDR 1958, 950 f.; HmbVG, GewArch 1982, 204 ff; OVG Lüneburg, DVBl. 1951, 733 ff.; OVG NRW, DVBl. 1964, 683 ff., 1969, 594 f. 1973, 925 ff. 1979, 735 f.

[82] Folgende Oberverwaltungsgerichte und Verwaltungsgerichte haben geantwortet und die Frage verneint: VGH Bayern, OVG Berlin-Brandenburg, OVG Hamburg, OVG Niedersachsen, OVG Nordrhein-Westfalen, OVG Mecklenburg-Vorpommern, OVG Saarland, OVG Sachsen, OVG Sachsen-Anhalt, OVG Schleswig-Holstein, OVG Thüringen, VG Aachen, VG Ansbach, VG Augsburg, VG Arnsberg, VG Berlin, VG Braunschweig, VG Bremen, VG Chemnitz, VG Darmstadt, VG Dresden, VG Düsseldorf, VG Frankfurt (Oder), VG Gelsenkirchen, VG Gera, VG Gießen, VG Göttingen, VG Greifswald, VG Halle, VG Hannover, VG Kassel, VG Karlsruhe, VG Koblenz, VG Köln, VG Leipzig, VG Lüneburg, VG Magdeburg, VG Mainz, VG Meiningen, VG Minden, VG München, VG Münster, VG Neustadt, VG Oldenburg, VG Osnabrück, VG Potsdam, VG Regensburg, VG Saarland, VG Schleswig, VG Schwerin, VG Sigmaringen, VG Stuttgart, VG Trier, VG Weimar, VG Wiesbaden, VG Würzburg.

[83] s. Kapitel 2 B II 3 b).

B. Problembeschreibung

Es gibt keine einzige Darstellung über den Tatbestand „Zusatzverantwortlichkeit" im Ganzen. Es existiert nur eine Monographie, die von ihrem Titel aus gesehen einschlägig ist. Die Schrift behandelt aber im Wesentlichen andere Gegenstände.[84] Es gibt viele unbeantwortete Fragen, wie z. B.: Ist die Zusatzverantwortlichkeit verfassungskonform? Ist die Zusatzverantwortlichkeit überflüssig, weil der Zusatzverantwortliche auch als Verhaltensstörer wegen eines Verstoßes gegen die öffentliche Sicherheit haftet?

Die praktische Bedeutung des Tatbestands „Zusatzverantwortlichkeit" liegt auf der Hand. Um die praktische Bedeutung zu veranschaulichen, soll an dieser Stelle ein *Beispiel* angeführt werden: Ein Minderjähriger läuft einem auf die Straße gefallenen Ball hinterher. Ein sich nähernder Tanklastwagen, der einer großen Mineralölfirma gehört und von einem Angestellten gefahren wird, kann dem Kind nur noch in der Weise „ausweichen", dass er von der Straße abkommt und dabei umfällt. Folge dieses Unfalls ist, dass das geladene Benzin vollständig in den Boden sickert und das Grundwasser zu verunreinigen droht. Die zuständige Behörde lässt sofort den kontaminierten Boden auf eigene Kosten ausheben und entsorgen. Weiterhin lässt sie den Tanklastwagen auf eigene Kosten entfernen. Die Behörde fragt, wem sie die Kosten auferlegen kann. (Dass ihr Handeln einen Fall der Ersatzvornahme darstellt, soll hier nicht weiter beachtet werden, sondern es soll nur nach den Pflichtigen gesucht werden.) Eine mit dieser Materie nicht vertraute Person würde sehr wahrscheinlich antworten, die Eltern des Kindes müssten die Kosten tragen.

Die Realität des Gefahrenabwehrrechts ist aber weitaus komplexer. Um den Pflichtigen zu identifizieren, muss geklärt werden, auf der Basis welcher Ermächtigungsgrundlage ein Verwaltungsakt des Inhalts, den Schaden zu beseitigen, hätte erlassen werden können. Hierbei sind die Beseitigung des kontaminierten Erdreichs und die Entfernung des Tanklastwagens getrennt zu sehen. Das kontaminierte Erdreich stellt eine schädliche Bodenverunreinigung nach § 2 Abs. 3 BBodSchG dar, deshalb dient für das Auskoffern des kontaminierten Bodens als Ermächtigungsgrundlage § 4 Abs. 3 BBodSchG. Gem. § 4 Abs. 3 BBodSchG sind der Verursacher einer schädlichen Bodenverunreinigung sowie dessen Gesamtrechtsnachfolger, der Grundstückseigentümer und der Inhaber der tatsächlichen Gewalt über ein Grundstück verpflichtet, den Boden sowie die durch die schädlichen Bodenverunreinigungen verursachten Verunreinigungen der Gewässer so zu sanieren, dass dauerhaft keine Gefahren, erhebliche Nachteile oder erhebliche Belästigungen für den Einzelnen oder die Allgemeinheit entstehen. Als Erster wird im Gesetzestext der Verursacher genannt.[85] Verursacher sind hier der angestellte Fahrer und der Minderjährige. Nächster Verpflichteter ist der

---

[84] Vgl. *Bott*.
[85] Damit soll nicht behauptet werden, dass das Gesetz eine bestimmte Reihenfolge der Inanspruchnahme kennt.

Eigentümer des Grundstücks sowie der Inhaber der tatsächlichen Gewalt über das Grundstück. Zu fragen ist jetzt, ob die Eltern des Kindes als Zusatzverantwortliche in Anspruch genommen werden können. Die Antwort ist umstritten. Zu lösen ist weiterhin das Problem, ob der Geschäftsherr des angestellten Fahrers zusatzverantwortlich ist. Diese Fragen gewinnen an Bedeutung, wird das Beispiel so verändert, dass der Minderjährige, seine Eltern sowie der angestellte Fahrer vermögenslos sind und der Eigentümer und der Inhaber der tatsächlichen Gewalt des Grundstücks die Gemeinde ist, die zugleich Träger der zuständigen Behörde ist. Der Einzige, der die Kosten der zuständigen Behörde in diesem Fall tatsächlich begleichen könnte, wäre der Geschäftsherr des angestellten Fahrers, *wenn* er als Zusatzverantwortlicher haftet.

Wenn der Boden ausgekoffert ist, muss er entsorgt werden. Die Entsorgung des kontaminierten Bodens richtet sich nach dem KrW-/AbfG, da der Boden Abfall im Sinne des § 3 Abs. 1 KrW-/AbfG, Q4 des Anhangs I ist.[86] Es soll davon ausgegangen werden, dass der Abfall nicht mehr verwertet werden kann. Gem. § 11 Abs. 1 KrW-/AbfG sind die Erzeuger oder Besitzer von Abfällen, die nicht verwertet werden, verpflichtet, diese nach den Grundsätzen der gemeinwohlverträglichen Abfallbeseitigung gem. § 10 KrW-/AbfG zu beseitigen. Gem. § 3 Abs. 5 KrW-/AbfG ist Abfallerzeuger eine natürliche Person oder eine juristische Person, durch deren Tätigkeit Abfälle angefallen sind, oder jede Person, die Vorbehandlungen, Mischungen oder sonstige Behandlungen vorgenommen hat, die eine Veränderung der Natur oder der Zusammensetzung dieser Abfälle bewirken. Gem. § 3 Abs. 6 KrW-/AbfG ist Besitzer von Abfällen jede natürliche oder juristische Person, die die tatsächliche Sachherrschaft über Abfälle inne hat. Erzeuger sind in diesem Fall der Minderjährige und der angestellte Fahrer. Besitzer ist hier die zuständige Behörde, die den Boden auskoffern ließ, bzw. die beauftragte Firma (diese Details sind für die Problematik der Zusatzverantwortlichkeit nicht von Bedeutung und sollen hier nicht weiter beachtet werden). Auch in diesem Fall ist zu überlegen, ob der Geschäftsherr des Fahrers für diesen und die Eltern des Kindes für dieses haften – mit anderen Worten, ob es im Kreislaufwirtschafts-/Abfallrecht die Zusatzverantwortlichkeit gibt. Als

---

[86] Nach der Van de Walle-Entscheidung des EuGH, Rs. C-1/03, Slg. 2004, I-7632, herrschte eine gewisse Verunsicherung, ob auch ausgekofferter Boden nach den Normen des BBodSchG zu entsorgen sei. Diese Rechtsauffassung war irrig, s. dazu jetzt *Stark*, S. 54ff. und S. 152ff. sowie *Petersen/Lorenz*, NVwZ 2005, 257f.; *Stuttmann*, NVwZ 2006, 401f.; *Jochum*, NVwZ 2005, 140; *Herbert*, NVwZ 2007, 617 mit Fn. 47; *Versteyl*, NVwZ 2004, 1297; *Petersen*, AbfallR 2008, 154; *Beckmann/Kersting*, in: Landmann/Rohmer, KrW-/AbfG, § 3 Rdnr. 15c. Nach dem Erlass der neuen Abfallrahmenrichtlinie = RL 2008/98/EG des europäischen Parlaments und des Rates über Abfälle und zur Aufhebung bestimmter Richtlinien vom 19.11.2008, ABl. EG L 312, S. 3, hat sich das Problem erledigt, s. Art. 2 Abs. 1 lit. b). Nach dieser Vorschrift fallen Böden (in situ), einschließlich nicht ausgehobener kontaminierter Böden und dauerhaft mit dem Boden verbundene Gebäude, nicht in den Anwendungsbereich der Richtlinie. Der Fall ist wie schon vor der Van de Walle-Entscheidung nach Abfallrecht zu lösen.

Ermächtigungsgrundlage für die Entfernung des Tanklastwagens dient die polizeirechtliche Generalklausel. Verhaltensstörer sind hier der Minderjährige und der angestellte Fahrer. Zusatzverantwortliche sind hier die Eltern des Kindes und der Geschäftsherr des Fahrers.

Es gibt ferner ein großes Interesse rechtswissenschaftlicher Art: Die Entstehung und Entwicklung des Verantwortlichkeitstatbestands ist nicht geklärt. Mit Recht stellt *Becker* fest, dass sich die Lehre um die Verantwortlichkeit für fremdes Handeln natürlicher Personen nicht kümmert.[87] Eine diesbezügliche Klärung zu leisten ist notwendig, weil die historische Interpretation wichtige Ergebnisse für die Interpretation des heute gesetzlich normierten Verantwortlichkeitstatbestands liefert. Es geht weiterhin darum, das Institut der Zusatzverantwortlichkeit in einer Weise „auszugestalten", dass es sich in die allgemeinen Polizeirechtslehren einfügt. Das rechtswissenschaftliche und das praktische Interesse erfordern eine Untersuchung der Zusatzverantwortlichkeit in einem größeren Zusammenhang.

Diese Arbeit unternimmt einen ersten Versuch, die Entstehung der Zusatzverantwortlichkeit und alle mit ihr verbundenen Probleme und Fragen im Ganzen darzustellen und zu lösen. Das ist ihr theoretischer Anspruch. Praktisch sollen die gefundenen Antworten einen Beitrag zur Rechtssicherheit leisten.

C. Gang der Untersuchung

Untersuchungsgegenstand ist das materielle Recht der Zusatzverantwortlichkeit. Es werden in Kapitel 1 die Entstehung und Entwicklung des Verantwortlichkeitstatbestands dargestellt und in Kapitel 2 die Zusatzverantwortlichkeit in der Praxis (Rechtsprechung, Verwaltungspraxis, Literatur) und in der Theorie analysiert. In Kapitel 3 werden die wichtigsten Ergebnisse zusammengefasst und abschließend betrachtet.

---

[87] *Becker*, NuR 2003, 513.

Kapitel 1

Entstehung und Entwicklung der gefahrenabwehrrechtlichen Zusatzverantwortlichkeit

A. Entstehung des gesetzlichen Verantwortlichkeitstatbestands

Wie dargelegt, ist es das Ziel dieser Arbeit, die Zusatzverantwortlichkeit vollständig zu untersuchen. Deshalb ist es von Interesse, zu analysieren, wann, wie und aus welchem Grund der *polizeirechtliche* Tatbestand „Zusatzverantwortlichkeit" entwickelt und gesetzlich geregelt wurde.

Bevor die *polizeirechtliche* Zusatzverantwortlichkeit als Rechtsgedanke existierte oder sich ausdrücklich in einer gesetzlichen Regelung fand, gab es Regeln, die den Rechtsgedanken „Zusatzverantwortlichkeit" enthielten oder eine Zusatzverantwortlichkeit normierten. Diese Vorschriften waren im Zivil- oder Strafrecht zu finden. Zwei Beispiele sehr alten Ursprungs sind in der Einleitung[1] aufgeführt.

Aus diesen zivil- und strafrechtlichen Normen kann sich die *polizeirechtliche* Zusatzverantwortlichkeit entwickelt haben. Es ist somit notwendig, diese Bestimmungen zu untersuchen. Mit dieser Analyse lässt sich weiterhin belegen, wann der Gedanke „Haftung für einen Dritten" erstmalig im Recht „auftauchte". Ausgehend von diesem Zeitpunkt besteht die Möglichkeit, zu zeigen, wie sich der Gedanke „Haftung für einen Dritten" entwickelte. Anhand dieser Darstellung kann dargelegt werden, wie der Gedanke „Haftung für einen Dritten" in Rechtsnormen Ausdruck fand. Das Ergebnis dieser Darstellung wäre möglicherweise die Existenz der *polizeirechtlichen* Zusatzverantwortlichkeit. Wenn sich dieses Resultat einstellt, wäre aufgezeigt, wann, wie und aus welchem Grund der polizeirechtliche Tatbestand „Zusatzverantwortlichkeit" entwickelt und normiert wurde.

---

[1] s. Einleitung B.

A. Entstehung des gesetzlichen Verantwortlichkeitstatbestands 45

I. Rechtsnormen

1. Preußisches Allgemeines Landrecht vom 1.6.1794

a) Gründe für diesen Ausgangspunkt

Die Suche nach Regeln betreffend die Zusatzverantwortlichkeit im Preußischen Allgemeinen Landrecht (ALR) zu beginnen, hat folgende Gründe:

In den brandenburgischen Ländern galt der usus modernus.[2] Zum Teil galten noch Landrechte aus dem 16. und 17. Jh.[3], die aber in der praktischen Anwendung versagten.[4] Die unübersehbare Masse an römischem Recht stand neben bzw. gegen partikulare Rechte.[5] Das römische Recht galt gegenüber den Rech-

---

[2] Vgl. *Schlosser*, S. 77: „Der Begriff ‚usus modernus' kennzeichnet einen besonderen Wissenschaftsstil, der in seinen Arbeitsgrundbedingungen an die Methode der italienischen Kommentatoren und Konsiliatoren angeknüpft hatte. Charakteristisch war die praxisbezogene, nunmehr zeitgemäße Beschäftigung mit dem römischen Recht mit dem Ziel, dieses an die bestehenden neuen Lebensverhältnisse unter Verarbeitung des eigenständigen (deutschen) Rechts als Ius proprium anzugleichen."

[3] Vgl. *Stobbe*, S. 354–359: Zum Beispiel das *Churfürstliches Brandenburgisches revidiertes Landrecht des Herzogthums Preussen* von 1685, die Landesordnung von Christian Diestelmeyer von 1595/96 für Brandenburg, welche nicht publiziert, aber in der Praxis trotzdem viel gebraucht wurde, das Landrecht des David Mevius von 1666, welches auch nicht publiziert wurde.

[4] Vgl. *Barzen*, S. 3.

[5] Vgl. *Stobbe*, S. 351–354: Übersicht über die in Preußen vorgefundenen Rechtsquellen: Lübisches Recht, hauptsächlich die in Breslau entstandene Sammlung Magdeburger Rechts in fünf Bänden = Culmisches Recht; 1540 Revision des culmischen Rechts;

1553 nach einer Unterbrechung erarbeitet eine polnisch-preußische Kommission eine Verbesserung (sog. *Verbessertes Culmisches Recht [Jus Culmense emendatum]*) aus, die zwar ins Lateinische übersetzt, aber nie gedruckt wurde;

1566 *neu revidiertes Culmisches Recht* der *Heilsberger Culm*, welches aber keine praktische Bedeutung erlangte;

1580 die *Neumarkter Culm (Jus Culmense Polonicum)*, welches besonders im Bisthum Culm in Gebrauch war;

1594 *Danziger Culm (Jus Culmense revisium)* (I. Staatsrecht und Polizeirecht, II. Process, III. Eigenthum und Erbrecht, IV. Contracte, V. Strafrecht und Strafprocess);

Ermländische Culm (Jus Culmense coretum), dessen Redaktion wohl aus früherer Zeit herrührt;

1599 bestätigt der polnische König ein vom preußisch-polnischen Adel ausgearbeitetes Adels- oder Landrecht (das *Jus terrestre nobilitatis Prussiae*, in Polen *Correctura juris* genannt), das an die Stelle einzelner Bestimmungen des Culmischen Rechts treten sollte;

1620 Publikation: *Landrecht des Herzogthum Preussen* nach Vorarbeiten des Dr. Levin Buchius (I. Civilprocess in Verbindung mit einzelnen privatrechtlichen Bestimmungen, II. Ehe- und Vormundschaftsrecht, III. Eigenthum, Servituten, Verjährung, Besitz und Interdicte, IV. Recht der Verträge, der Superficies und der Hypotheken, V. Erbrecht, VI. Strafrecht und Strafprocess, VII. Lehnrecht);

ten der Landesteile, der Städte oder noch kleineren Rechtseinheiten nur subsidiär. Es gab trotzdem unterschiedliche Auffassungen darüber, welches Recht im Einzelfall anzuwenden sei. Diese Streitigkeiten führten auch zu Diskussionen über die Qualität des römischen bzw. einheimischen Rechts.[6] Bevor das ALR in Kraft trat, galt in diesen Ländern als einzige Kodifikation die lediglich Erbrechtsfragen regelnde „Constitutio Joachimica" von 1527.[7] Dieses Recht erfasste weder die Aufgaben der Polizei noch polizeiliche Eingriffsbefugnisse. Diese Aussage lässt sich ohne weiteres auch für das in den folgenden mehr als 200 Jahren geltende Recht Brandenburgs bzw. Preußens treffen.[8]

Der Gedanke „Aufklärung" brachte die Forderung nach einem allumfassenden Gesetzbuch mit sich. Diesem Anspruch entsprach das ALR. Es war als Verfassung für Preußen[9] zu verstehen[10] (Verfassung bedeutet hier mehr als Verfassung in dem Sinn, in dem heute das Grundgesetz als Verfassung der Bundesrepublik verstanden wird.) Im ALR könnte demnach eine erste Regelung der *polizeirechtlichen* Zusatzverantwortlichkeit zu finden sein.

Für eine erfolgreiche Suche spricht zunächst, dass das ALR weitaus mehr als ein Zivilgesetzbuch war. Es umfasste neben dem bürgerlichen Recht auch das Handels-, Wechsel-, See- und Versicherungsrecht und über diese Gegenstände

---

1684 Revision: *Churfürstl. Brandenburgisches revidirtes Landrecht des Herzogthums Preussen*, Königsberg 1685.

[6] Vgl. dazu *Barzen*, S. 4.

[7] Vgl. *Schlosser*, S. 116 f.; s. ferner S. 81: „Ein repräsentatives Beispiel einer punktuellen, auf die Behandlung einzelner, vor allem familien- und erbrechtlicher Fragen beschränkten romanisierenden Kodifikation bot die brandenburgische „Constitutio Joachimica" des Kurfürsten *Joachim I. Nestor* (1499–1535) von 1527. Mit ihren ehegüterrechtlichen Vorschriften galt sie in der Mark Brandenburg (vor allem in Berlin) bis 1900."

[8] s. dazu ausführlich *Bornhak*, S. 79–83, 181–193, 236ff.

[9] Preußen ist hier als allgemeiner Sprachgebrauch für das damals noch Brandenburg-Preußen genannte Gebilde zu verstehen.

[10] So auch *Alexis de Tocqueville*, Anhang zum Ancien Régime: Das Allgemeine Landrecht Friedrichs des Großen, in: Landshut, S. 230: „Dieses Gesetzbuch ist wirklich eine Verfassung in dem Sinne, in dem man dieses Wort begreift; es will nicht nur die Beziehung der Bürger untereinander regeln, sondern auch die Beziehungen der Bürger zum Staat; es ist bürgerliches Gesetzbuch, Strafrecht und Verfassung zugleich. Es beruht auf einer Anzahl allgemeiner Grundsätze, die außerdem in vieler Hinsicht den in der Erklärung der Menschenrechte aus der Verfassung von 1791 enthaltenen Grundsätzen verwandt sind. Es wird darin verkündet, daß das Wohl des Staates und seiner Bürger Ziel der Gesellschaft und Richtschnur für das Gesetz sei; daß jeder Angehörige des Staates seiner Stellung und seinem Vermögen nach auf das Allgemeinwohl hinzuarbeiten habe, daß die Rechte des einzelnen hinter dem Allgemeinwohl zurückstehen müssen. Das Wort Staat ist der einzige Name, der zur Bezeichnung der königlichen Gewalt gebraucht wird. Hingegen wird von allgemeinem Menschenrecht gesprochen: Die allgemeinen Menschenrechte beruhen auf der natürlichen Freiheit, für das eigene Wohl zu wirken, ohne das Recht des Nächsten zu verletzten." Kritisch dazu: *Vierhaus*, S. 1–21.

A. Entstehung des gesetzlichen Verantwortlichkeitstatbestands   47

hinaus das Staats-, Kirchen-, Straf-, Stände- und Lehnsrecht. Der erste Teil des ALR regelte das Individualrecht, der zweite Teil normierte das Sozialrecht – das Recht der Verbände, insbesondere Ehe, Familie, Körperschaften, Gemeinden, Stände und Kirchen.[11]

Zusätzlich lässt sich für die Möglichkeit einer ersten Regelung der *polizeirechtlichen* Zusatzverantwortlichkeit anführen, dass das ALR das Ziel verfolgte, mit seinen 19194 Paragraphen möglichst alle vorkommenden Rechtsfragen selbst zu beantworten, um dem Richter einen anderenfalls bestehenden gewissen Spielraum zur Entscheidung zu nehmen.[12]

Als weitere Argumente für eine mögliche Regelung der *polizeirechtlichen* Zusatzverantwortlichkeit lassen sich anführen, dass die Auslegung und Kommentierung des ALR verboten war[13], sowie, dass das ALR nicht nur praktische Fragen beantwortete, sondern auch weit in den Bereich der Behandlung wissenschaftlicher Meinungen und der Auseinandersetzung mit ihnen hineinführte. Es besaß zudem lehrhaften Charakter[14] mit dem Ziel, der Lehre eine praktische Bedeutung für die Rechtsfindung versagen zu wollen.[15] Das Ziel, die Lehre für die Rechtsfindung ausschließen zu wollen, hatte seinen Ursprung im aufgeklärten Absolutismus. Nur das Gesetz sollte den Richterspruch beherrschen.[16] Ein zusätzlicher Grund für die Erreichung dieses Ziels lag darin, dass die Verfasser des ALR es als eine wohlfahrtsstaatliche Aufgabe betrachteten, dem Bürger das Recht bekannt zu machen.[17]

Schließlich spricht für eine erste Regelung der *polizeirechtlichen* Zusatzverantwortlichkeit im ALR, dass dieses Gesetzbuch auch Aussagen polizeirechtlicher Natur enthielt, durch welche der Gesetzgeber versuchte, dem Staat die Aufgabe der Wohlfahrtspflege zu entziehen.[18] Diese Entwicklung hing damit zusammen, dass zum Ende des 18. Jh. die Polizeiwissenschaft anfing[19], die Herstellung und Erhaltung der Sicherheit bzw. die Gefahrenabwehr und nicht mehr die Wohlfahrt als Zweck polizeilicher Tätigkeit zu bestimmen.[20] „Die späte Aufklärung

---

[11] *Meder*, S. 258.
[12] Ebd.
[13] Ebd.
[14] Ebd.
[15] Ebd.
[16] Vgl. ebd., S. 259, dort heißt es weiter: „Sollte dies aber durch die Justizaufsicht wirklich sichergestellt werden, dann mußte der König eingreifen dürfen, wenn nicht das Gesetz, sondern anderes sich unter dem Deckmantel eines Richterspruchs versteckte."
[17] Ebd.
[18] *Von Unruh*, in: Jeserich/Pohl/von Unruh, Bd. 1, S. 423.
[19] s. z. B. *Pütter*.
[20] Vgl. *Boldt/Stolleis*, in: Lisken/Denninger, A Rdnr. 20; *Pieroth/Schlink/Kniesel*, § 1 Rdnr. 9.

war bestrebt, die Staatstätigkeit und in ihr insbesondere die Wohlfahrtspflege zurückzudrängen und den Staat auf die Wahrung der öffentlichen Sicherheit und Ordnung zu beschränken."[21] In diesem Sinn war auch § 10 II 17 ALR zu verstehen[22]:

> „Die nöthigen Anstalten zur Erhaltung der öffentlichen Ruhe, Sicherheit und Ordnung und zur Abwendung der dem Publiko oder einzelnen Mitglieder desselben bevorstehende Gefahr zu treffen, ist das Amt der Polizey."

Wohlstand und die vom Staatsoberhaupt zu interpretierende Glückseligkeit waren somit als Inhalte dem Polizeibegriff entzogen. Neue Aufgabe des Staats war es, dem Bürger ausschließlich Sicherheit zu verschaffen und seinem Wohlstand keine Hindernisse in den Weg zu legen.[23] Da es Aufgabe der Polizei war, nach § 10 II 17 ALR für die Sicherheit zu sorgen, wäre es möglich, dass in diesem Zusammenhang die in Anspruch zu nehmenden Personen und damit auch die *polizeirechtliche* Zusatzverantwortlichkeit geregelt wurde.

Es sprechen somit viele Argumente dafür, das ALR als Ausgangspunkt der Behandlung zu wählen. Es liegt nahe, dass in dieser allumfassenden Kodifikation eine erste Regelung der *polizeirechtlichen* Zusatzverantwortlichkeit zu finden ist.

b) Zivil- und strafrechtliche Zusatzverantwortlichkeit

Bei der Untersuchung des ALR fällt zunächst auf, dass es zivilrechtliche und strafrechtliche Regeln gibt, die den Gedanken einer Zusatzverantwortlichkeit (der Haftung für eine dritte Person) enthalten. Die zivilrechtlichen Bestimmungen sind immer (im heutigen Sprachgebrauch) deliktsrechtlicher Natur. Der Vollständigkeit halber und aus genannten Gründen[24] sollen diese Aussagen hier dargestellt werden:

Eine *zivilrechtliche* Zusatzverantwortlichkeit der Eltern für ihre Kinder findet sich in den §§ 139 ff. II 2 ALR normiert. Diese Vorschriften regeln die Verpflichtungen der Eltern, die aus unerlaubten Handlungen der Kinder entstehen. Die Grundregel enthält § 139 II 2 ALR. Nach dieser Vorschrift darf der Vater den aus Verbrechen der Kinder entstehenden Schaden nicht aus eigenem Vermögen der Regel nach vertreten (vertreten ist hier als „haften" zu verstehen). Die folgenden Paragraphen formulieren von dieser grundsätzlichen Aussage Ausnahmen. So muss nach § 140 II 2 ALR der Vater sein Kind vertreten (für den von seinem Kind verursachten Schaden haften), wenn er die unerlaubte Handlung

---

[21] *Rüfner*, in: Jeserich/Pohl/von Unruh, Bd. 2, S. 470.

[22] Vgl. *von Unruh*, in: Jeserich/Pohl/von Unruh Bd. 1, S. 423; *ders.*, DVP 1981, 239; *Rüfner*, in: Jeserich/Pohl/von Unruh, Bd. 2, S. 470; *Kugelmann*, 1. Kap. Rdnrn. 96 f.

[23] *Von Unruh*, in: Jeserich/Pohl/von Unruh, Bd. 1, S. 423.

[24] s. zuvor unter a).

A. Entstehung des gesetzlichen Verantwortlichkeitstatbestands

veranlasst oder das Kind durch sein Beispiel dazu verleitet hat. Gem. § 141 II 2 ALR entsteht gegen den Vater die Vermutung aus einer nach der Tat erklärten Billigung derselben, dass er sie veranlasst habe. § 142 II 2 ALR geht sogar soweit, dass der Vater auch haftet für den entstandenen Schaden, wenn er denselben nicht verhütet hat, obwohl die Verhütung in seinem Vermögen gestanden hätte (ihm möglich gewesen wäre). Gem. § 143 II 2 ALR haftet der Vater ferner dann, wenn er den Unterricht, die Erziehung und die Aufsicht über die Kinder gröblich vernachlässigt hat. Nach § 144 II 2 ALR haftet auch die Mutter in den zuvor genannten Fällen der §§ 140–142 II 2 ALR für den aus dem Verbrechen des Kindes entstandenen Schaden. Gem. § 145 II 2 ALR findet ein Gleiches auch in dem Fall des § 143 II 2 ALR statt, wenn, nach dem Abgang des Vaters (durch Tod oder Verlassen der Familie) die Erziehung des Kindes der Mutter überlassen ist. Wichtig ist § 146 II 2 ALR, nach dem das Kind selbst zum Schadensersatz verpflichtet bleibt, wenn es eigentümliches (eigenes) Vermögen hat oder wenn es nach aufgehobener väterlicher Gewalt dazu gelangt ist.[25]

Eine *strafrechtliche Zusatzverantwortlichkeit* regelt z. B. § 2 II 20 ALR. Hiernach sind Eltern und Erzieher, Schul- und Volkslehrer besonders verantwortlich, wenn sie ihre Aufsichtspflichten über anvertraute Personen vernachlässigen.

Ein anderes Beispiel für eine strafrechtliche Zusatzverantwortlichkeit bildet § 294 II 20 ALR. Nach dieser Norm haften andere Personen nur für die Contrebande (Schmuggeln von Kriegs- oder sonstiger Ware) und Defraudation (Betrug/Unterschlagung) ihrer Ehegatten und Kinder, insofern diese Verbrechen bei Gelegenheit solcher Geschäfte, wozu sie dieselben zu brauchen pflegen, von ihnen verübt werden.

Ein Vergleich dieser zivilrechtlichen Normen mit der heutigen Zusatzverantwortlichkeit führt zu der Erkenntnis, dass bestimmte Gemeinsamkeiten vorhanden sind. Erstens haftet das Kind im ALR zwar nur, wenn es eigenes Vermögen hat, aber es haftet. Zweitens haften die Eltern neben dem Kind, im ALR jedoch nur unter bestimmten Bedingungen, aber sie haften.

Ein Vergleich dieser strafrechtlichen Aussagen mit der heutigen Zusatzverantwortlichkeit lässt Ähnlichkeiten erkennen. Hinter beiden Bestimmungen steht derselbe Gedanke: Eine aufsichtspflichtige Person ist für eine von ihr zu beaufsichtigende Person verantwortlich und haftet für diese.

Es steht somit fest: Der Gedanke, dass Eltern für ihre Kinder zivilrechtlich und strafrechtlich haften oder in Anspruch genommen werden können, hat in das ALR Eingang gefunden.

---

[25] Die Relation der gesetzlichen Aussagen zu den römisch-rechtlichen und deutsch-rechtlichen Prinzipien legt *Fuchs*, S. 68 f. dar.

c) Polizeirechtliche Zusatzverantwortlichkeit

Eine *polizeirechtliche* Zusatzverantwortlichkeit ist im ALR nicht zu finden. Diese Tatsache bedarf nach den angestellten Erwägungen der Erklärung. Als ein möglicher Grund für das Fehlen lässt sich zunächst anführen, dass es ein Polizeirecht im heutigen Sinn noch nicht gab. Im 16. und 17. Jh. war mit dem Wort „Polizei"[26] oder damals „Policey", „Pollitzey", „Pulluzey" oder ähnlichen Begriffen nicht eine Behörde oder deren Tätigkeit gemeint, sondern ein Zustand, nämlich der der „guten Ordnung des Gemeinwesens".[27] Die „Polizei" erstreckte sich auf alles, was ordnungsbedürftig war.[28] Das, was man damals aber unter „Polizeirecht" verstand, ist heute eher dem Strafrecht zuzuordnen. Das seinerzeitige Polizeirecht enthielt größtenteils Verbote. Erst nachdem 1742 nach Pariser Vorbild in Berlin und später auch in anderen Großstädten eine staatliche Polizeiverwaltung eingerichtet wurde, setzte eine Entwicklung ein, die unter „Polizei" auch bestimmte Personen und Behörden verstand.[29]

Ende des 18. Jh. setzte sich, wie ausgeführt[30], eine Veränderung des Begriffsinhalts durch. Die Sicherheit und nicht mehr die Wohlfahrt wurde Zweck polizeilicher Tätigkeit. Diese Annahme folgte, wie bereits[31] erörtert, auch aus § 10 II 17 ALR. Diese Interpretation des § 10 II 17 ALR ist aber umstritten. Das ALR sei, so wird argumentiert, als Bestätigung der ganz generell überkommenen wohlfahrtsstaatlichen Vorstellung der Polizei[32] zu verstehen, und § 10 II 17 ALR im Abschnitt „Von der Gerichtsbarkeit" stelle nur eine Abgrenzung der Angelegenheiten, die der Polizei- und nicht der Kriminalgerichtsbarkeit unterliegen sollten, dar. Er enthalte aber nicht, wie später angenommen wurde, eine vollständige Definition der Aufgaben der Polizei.[33] Nimmt man diese Interpretation als Ausgangspunkt, dann liegt es auf der Hand, dass ohne die Regelung des Auf-

---

[26] Zum Begriff „Polizei" ausführlich *Hans Maier*, S. 121 ff., *Knemeyer*, AöR 1967, 165 ff.; *ders.*, in: Brunner/Conze/Koselleck, S. 875 ff.

[27] Vgl. *Boldt/Stolleis*, in: Lisken/Denninger, A Rdnr. 4.

[28] Ebd., Rdnr. 6.

[29] Ebd., Rdnr. 12.

[30] s. zuvor unter a).

[31] s. zuvor ebd.

[32] Zum Polizei-Begriff im ALR vgl. *Scupin*, S. 10 – 20a.

[33] Zum Vorstehenden *Boldt/Stolleis*, in: Lisken/Denninger, A Rdnr. 20; so auch *Preu*, S. 274 ff., S. 291: „§ 10 II 17 ALR dient – in Einklang mit seiner Stellung im Abschnitt ‚Von der Gerichtsbarkeit' – ausschließlich der Abgrenzung der polizeilichen zur ordentlichen, und zwar primär zur Kriminalgerichtsbarkeit."; *Scupin*, S. 19 ff., vgl. insb. S. 20a: „Somit wird der Ausdruck Polizei im ALR in verschiedener Bedeutung gebraucht, als Behörde, als Tätigkeit, die jedoch noch nicht mit dem materiellen Polizeibegriff übereinstimmt, sondern eher mit einer noch ungenau umschriebenen Aufsicht. § 10 II 17 enthält zwar eine rechtspolitische Tendenz, ist aber wegen der vieldeutigen Verwendung des Ausdrucks Policey als Behörde, Aufgabe oder Polizeigerichtsbarkeit zur Begriffsbildung

A. Entstehung des gesetzlichen Verantwortlichkeitstatbestands

gabenbereichs der Polizei auch nicht die polizeipflichtigen Personen bzw. die Zusatzverantwortlichkeit normiert werden konnten. Ob diese Interpretation oder die als erste vorgestellte richtig bzw. vorzugswürdig ist, kann hier dahinstehen. Entscheidend ist, dass § 10 II 17 ALR nicht als Ermächtigungsgrundlage im heutigen Sinn zu verstehen war, selbst wenn die Norm eine vollständige Definition der Aufgaben der Polizei enthielt. Das Polizeirecht kannte zu dieser Zeit keine Ermächtigungsgrundlagen und polizeipflichtige Personen, wie wir sie heute kennen. Das hing damit zusammen, dass weder die Verwaltung noch die Gerichte an gesetztes Recht gebunden waren. Erst nach der Revolution 1848 bildete sich der „Rechtsstaat"[34] mit einer Bindung der Gerichte und der Verwaltung an das Recht heraus. Der Gesetzgeber musste Normen schaffen, die Ermächtigungen der Verwaltung, insbesondere der Polizei, zum Eingriff in die Freiheitssphäre der Bürger enthielten. In diesem Zusammenhang wurden in den 60er Jahren des 19. Jh. in Deutschland Verwaltungsgerichte[35] eingerichtet.[36] „Für die Verwaltungsgerichte ging es angesichts der unübersichtlichen Rechtslage nicht nur darum, bei Klagen zu prüfen, ob sich die Polizei innerhalb des vorgegebenen gesetzlichen Rahmens gehalten habe, sondern sie waren gezwungen, überhaupt erst einmal festzustellen, auf welcher gesetzlichen Grundlage das kritisierte Handeln, eine Polizeiverordnung oder später einzelne Polizeiverfügungen, beruhen."[37] Erst in diesem Zusammenhang wurde auf § 10 II 17 ALR als Ermächtigungsgrundlage für das Handeln der Polizei zurückgegriffen.[38]

Gesetze, die die Eingriffsbefugnisse der Polizei erstmals behandelten, stellten Mitte des 19. Jh. die süddeutschen Polizeistrafgesetzbücher und das preußische „Gesetz zum Schutz der persönlichen Freiheit" vom 24.9.1848 dar.[39]

---

ungeeignet."; s. aber *von Unruh*, in: Jeserich/Pohl/von Unruh, Bd. 1, S. 423 ff.; *ders.*, DVP 1981, 239; *Rüfner*, in: Jeserich/Pohl/von Unruh, Bd. 2, S. 470.

[34] Zum Begriff „Rechtsstaat" vgl. *Boldt/Stolleis*, in: Lisken/Denninger, A Rdnr. 45: „In Deutschland ist dabei unter dem Stichwort ‚Rechtsstaat' insbesondere die Bindung der Gerichte und der Verwaltung an das Recht, das heißt an ein vernünftiges, die Freiheit wahrendes Gesetz, betont worden."; ausführlicher zum Begriff „Rechtsstaat" *Stolleis*, in: Erler/Kaufmann, Bd. 4, Sp. 367–375; vgl. *Anschütz*, DVBl. 1985, 157: „Als ‚Rechtsstaat' pflegen wir ein staatliches Gemeinwesen zu bezeichnen, welches und insoweit es das Verhältnis der ‚vollziehenden Gewalt', der Verwaltung, zu den Unterthanen in eine durchgreifende rechtliche Ordnung gebracht hat, der Art, daß die Verwaltungsorgane in die Freiheit und das Eigenthum der Unterthanen eingreifen dürfen nicht anders als auf Grund und nach Maßgabe des Gesetzes.".

[35] Vgl. ausführlich zur Verwaltungsgerichtsbarkeit *Keller*, in: Erler/Kaufmann/Werkmüller, Sp. 879–883.

[36] *Boldt/Stolleis*, in: Lisken/Denninger, A Rdnr. 43.

[37] Ebd., Rdnr. 49; ausführlicher s. *Preu*, S. 324 ff.

[38] *Boldt/Stolleis*, in: Lisken/Denninger, A Rdnr. 49; ausführlicher s. *Preu*, S. 325 ff.; *Scupin*, S. 49 ff.

[39] Vgl. *Boldt/Stolleis*, in: Lisken/Denninger, A Rdnr. 46.

Die Entwicklung des Polizeibegriffs bzw. der Polizeiwissenschaft[40] in Deutschland bietet somit eine Erklärung, warum die *polizeirechtliche* Zusatzverantwortlichkeit im ALR nicht normiert ist.

d) Ergebnis

Das ALR kennt eine zivilrechtliche und eine strafrechtliche Zusatzverantwortlichkeit. Es fehlt aber eine Festlegung der polizeirechtlichen Zusatzverantwortlichkeit. Die Entwicklung des Polizeibegriffs bzw. der Polizeiwissenschaft ist noch nicht in einer Weise fortgeschritten, die es nahe legt, die Erkenntnisse des Zivilrechts bzw. des Strafrechts zur Zusatzverantwortlichkeit auf das Polizeirecht zu übertragen.

2. „Gesetz zum Schutze der persönlichen Freiheit" vom 12. 2. 1850

Das „Gesetz zum Schutze der persönlichen Freiheit" vom 12. 2. 1850[41] löste das „Gesetz zum Schutz der persönlichen Freiheit" vom 24. 9. 1848[42] ab. Es enthielt Festlegungen der besonderen Polizeibefugnisse. Es erfasste z. B. Verhaftungen (§ 1), Festnahmen (§ 2) und Hausdurchsuchungen (§§ 11, 12). Die Annahme, dass in ihm auch die polizeipflichtigen Personen erstmals normiert wurden, liegt nicht fern. Bei genauerer Betrachtung der Vorschriften zeigt sich aber, dass die Aussagen vergleichbar mit den Vorschriften der heutigen Strafprozessordnung sind. Das Ziel des „Gesetzes zum Schutz der persönlichen Freiheit" war nicht die präventive Gefahrenabwehr, sondern es regelte repressive Maßnahmen. Folglich enthielt das Gesetz auch keine Bestimmung über die polizeipflichtigen Personen.

3. „Gesetz über die Polizeiverwaltung" vom 11. 3. 1850

Das „Gesetz über die Polizeiverwaltung" vom 11. 3. 1850[43] legte den Aufbau und die Organisation der örtlichen Polizeiverwaltung fest. Weiterhin bestimmte das Gesetz in § 6 den Gegenstand ortspolizeilicher Vorschriften. Das Gesetz enthielt aber keine Bestimmungen über Einzelmaßnahmen der Polizei bzw. polizeipflichtige Personen. Es war ein reines Organisationsgesetz.

---

[40] Zur Entwicklung der Polizeiwissenschaft ausführlich mit weiteren Nachweisen *Stolleis*, S. 243 ff.; *Boldt/Stolleis*, in: Lisken/Denninger, A Rdnrn. 1–51.
[41] *Grotefend/Cretschmar*, Bd. II, S. 848 ff.
[42] Gesetz-Sammlung für die königlich preußischen Staaten 1848, S. 257–259.
[43] *Grotefend/Cretschmar*, Bd. I, S. 803 ff.

A. Entstehung des gesetzlichen Verantwortlichkeitstatbestands   53

4. Süddeutsche Polizeistrafgesetzbücher

a) Gründe für die Behandlung

Die Süddeutschen Polizeistrafgesetzbücher[44] als weitere Betrachtungspunkte der Untersuchung zu wählen hat folgende Gründe: Die Süddeutschen Polizeistrafgesetzbücher wurden erlassen, um für die Tätigkeit der Polizei die gesetzlichen Voraussetzungen zu schaffen[45], die nötig für Gefahrenabwehrmaßnahmen als Eingriffe in Freiheit und Eigentum waren. Die gesetzlichen Aussagen sind aus heutiger Sicht dem Strafrecht zuzuordnen. Die Übertretungstatbestände fungierten gleichzeitig als Strafgesetz und als Ermächtigungsgrundlagen für Gefahrenabwehrmaßnahmen.[46] Diese Gesetze bestimmten (vom preußischen Gesetz vom 12.2.1850 abgesehen) erstmals Polizeibefugnisse wie z.B. Verhaftungen, Durchsuchungen und Beschlagnahmungen.[47] Diese Art von Gesetz stellte den Beginn des modernen Polizeirechts dar.[48] Die Süddeutschen Polizeistrafgesetzbücher könnten erstmals eine Norm über die *polizeirechtliche* Zusatzverantwortlichkeit enthalten.

b) Zusatzverantwortlichkeit

aa) Bayern

Das Polizeistrafgesetzbuch für das Königreich Bayern vom 26.12.1871[49] (BayPolStGB) enthält folgende Vorschriften:

„Art. 56.

Eltern, Pflegeeltern, Vormünder, Dienst- und Lehrherrn, welche ihren schulpflichtigen Kindern, Pflegekindern, Mündel, Dienstboten oder Lehrlinge den Besuch von Wirtshäusern ohne gehörige Aufsicht oder den Besuch öffentlicher Tanzunterhaltungen gestatten, werden an Geld bis zu zehn Thalern oder mit Haft bis zu acht Tagen gestraft.

---

[44] Der Begriff „Süddeutsche Polizeistrafgesetzbücher" umfasst die Polizeistrafgesetzbücher von Württemberg (1839, 1871), Hessen (1847), Bayern (1861, 1871) und Baden (1863). Von diesen werden im Folgenden exemplarisch behandelt die Gesetzbücher Bayerns und Badens.

[45] s. dazu *Drews/Wacke*, S. 11. Mit Blick auf das im Folgenden zu behandelnde BaPolStGB stellt dessen § 33 (i.d.F. vom 25.7.1923, GVBl S. 216; gegenüber der Ursprungsfassung nur leicht verändert) fest, dass den Polizeibehörden unabhängig von der strafrechtlichen Verfolgung die Befugnis vorbehalten ist, ordnungswidrige Zustände zu beseitigen. Das BaPolStGB enthält also polizeirechtliche Ermächtigungsgrundlagen. Wie hier *Thoma*, S. 284; BaVGH, DVBl. 1936, 540.

[46] Aus der jüngeren Literatur z. B. *Schenke*, Rdnr. 6.

[47] Ebd.

[48] Vgl. *Boldt/Stolleis*, in: Lisken/Denninger, A Rdnr. 46.

[49] Volksausgabe bayerischer Gesetze No. 8 oder *Barth*.

Mit Haft bis zu sechs Tagen sind Sonntagsschulpflichtige zu bestrafen, welche öffentlichen Tanzunterhaltungen anwohnen oder ohne Erlaubnis der Eltern, Pflegeeltern, Vormünder, Dienst- oder Lehrherrn Wirtshäuser besuchen."

Gem. Art. 56 BayPolStGB[50] können sowohl der Aufsichtspflichtige als auch der zu Beaufsichtigende bestraft werden. Fraglich ist, ob diese Regel den Gedanken der Zusatzverantwortlichkeit enthält. Auf den ersten Blick ähnelt diese Aussage denjenigen Normen, die den Gedanken „Zusatzverantwortlichkeit" enthalten. Genauer betrachtet findet sich in dieser Vorschrift aber der Gedanke „Zusatzverantwortlichkeit" nicht.

Der Aufsichtspflichtige wird nur dann bestraft, wenn er den zu Beaufsichtigenden den Besuch von Wirtshäusern ohne gehörige Aufsicht oder den Besuch öffentlicher Tanzunterhaltungen gestattet hat, also aus eigenem Verschulden. Dieses Ergebnis bestätigt die Aussage in einem Urteil des PrOVG, nach der auch der Lehrherr strafbar ist, der seinen Musiklehrling bei der Ausführung der Tanzmusik mitwirken lässt.[51] Der zu Beaufsichtigende macht sich strafbar, wenn er ohne Erlaubnis Wirtshäuser oder öffentliche Tanzunterhaltungen besucht. Er haftet somit auch aus eigenem Verschulden. „Um den Wirtshausbesuch (Abs. 2) straflos erscheinen zu lassen, genügt es nicht, daß er von den hierzu Berechtigten nicht verboten war, es ist vielmehr nachzuweisen, daß letzterer ihn erlaubt hatte [...]."[52] Art. 56 enthält aber nicht die Aussage, dass der Aufsichtspflichtige, wenn der zu Beaufsichtigende unerlaubt ein Wirtshaus oder eine öffentliche Tanzveranstaltung besucht, zu bestrafen ist. Diese Aussage bestätigt ein Urteil, in dem es heißt, dass die Strafbarkeit der Eltern nach Absatz 1 nicht davon abhängig ist, dass der Besuch der Tanzunterhaltungen seitens der sonntagsschulpflichtigen Kinder nach Absatz 2 bestraft wird.[53] Die Haftung des Aufsichtspflichtigen und des zu Beaufsichtigenden sind unabhängig von einander. Der Gedanke der Zusatzverantwortlichkeit ist in Art. 56 nicht enthalten.

„Art. 58.

Mit Haft bis zu acht Tagen oder an Geld bis zu fünfzehn Thalern werden auf Anzeige der Schulbehörde Eltern, Pflegeeltern, Vormünder, Dienst- und Lehrherren gestraft, welche ohne genügende Entschuldigung unterlassen, ihre schulpflichtigen Kinder, Pflegekinder, Mündel, Dienstboten oder Lehrlinge zum Schulbesuche anzuhalten, ungeachtet sie von der Ortsschulbehörde wegen schuldhafter Schulversäumnisse auf Grund der bestehenden Schulordnung mit Geld gestraft und zugleich vor weiteren Schulversäumnissen verwarnt worden sind.

Haft bis zu drei Tagen kann auf Anzeige der Schulbehörden gegen diejenigen Schulpflichtigen erkannt werden, welche aus eigenem Verschulden den Besuch der Sonn-

---

[50] s. dazu *Suttner*, S. 175 f.; *Schiedermair*, S. 83.
[51] PrOVGE 9, 308; vgl. weiterhin *Staudinger*, S. 62.
[52] *Staudinger*, S. 62.
[53] BayOLGE 5, 33; vgl. weiterhin *Staudinger*, S. 62.

A. Entstehung des gesetzlichen Verantwortlichkeitstatbestands

tagsschule oder der dieselbe vertretenden Fortbildungsschule oder während ihrer allgemeinen Sonntagsschulpflicht den vorgeschriebenen Besuch des öffentlichen Religionsunterricht fortgesetzt versäumen, ungeachtet sie von der Ortsschulbehörde wegen schuldhafter Versäumnis auf Grund der bestehenden Schulordnung oder vor weiteren Versäumnissen verwarnt worden sind.

Die Dauer der Schulpflicht wird bis zur Erlassung eines Schulgesetzes durch Verordnung bestimmt."

Gem. Art. 58 BayPolStGB kann sowohl der Aufsichtspflichtige als auch der zu Beaufsichtigende bestraft werden. Es gilt zu klären, ob diese Vorschrift den Gedanken „Zusatzverantwortlichkeit" enthält. Der Aufsichtspflichtige wird bestraft, wenn er es ohne genügende Entschuldigung unterlässt, den Schulpflichtigen zum Schulbesuch anzuhalten. Der Schulpflichtige wird bestraft, wenn er aus eigenem Verschulden den Besuch der Schule versäumt. Es liegt nahe, für diese Vorschrift anzunehmen, dass der Gedanke „Zusatzverantwortlichkeit" in ihr ebenso wie in Art. 56 nicht enthalten ist. Die Norm stellt für den Aufsichtspflichtigen ausdrücklich auf eigenes Verschulden ab. Dieses widerspricht nicht dem Gedanken „Zusatzverantwortlichkeit", da die verschuldensunabhängige Haftung ein Sonderfall des Polizeirechts bzw. der Gefahrenabwehr ist. Es widerspricht der Zusatzverantwortlichkeit aber, dass die Haftung des Aufsichtspflichtigen explizit durch sein eigenes Unterlassen begründet wird und nicht durch eine Handlung des Schulpflichtigen.

„Art. 80.
Wer mit Gefahr für Personen oder Eigenthum oder für die öffentliche Sittlichkeit Blödsinnige oder Geisteskranke, deren Aufsicht ihm obliegt, frei auf Straßen oder an öffentlichen Orten herumgehen läßt, wird an Geld bis zu fünfzehn Thalern bestraft.

Hat eine solche Person einen Angriff gegen Personen oder fremdes Eigenthum verübt oder die öffentliche Sittlichkeit verletzt und ist wegen Unzurechnungsfähigkeit des Beschuldigten entweder ein Strafverfahren gar nicht eingeleitet worden oder ein das Strafverfahren einstellendes Erkenntnis erfolgt oder ist die Gemeingefährlichkeit einer solchen Person in sonstiger Weise festgestellt, so ist die Polizeibehörde berechtigt, auf den Grund bezirksärztlichen Gutachtens deren Unterbringung in einer Irrenanstalt oder deren sonstige genügende Verwahrung anzuordnen."

Art. 80 BayPolStGB betrifft die Vernachlässigung der Aufsicht über „Blödsinnige" und Geisteskranke. Diese Norm enthält keine Aussage zur Zusatzverantwortlichkeit, denn der Aufsichtspflichtige macht sich bereits dann strafbar, wenn er die zu beaufsichtigende Person auf öffentlichen Straßen oder an öffentlichen Orten frei herumgehen lässt und dadurch eine Gefahr für Personen, für Eigentum oder für die öffentliche Sicherheit eintritt. Es handelt sich hierbei um ein konkretes Gefährdungsdelikt.[54] Eine Zusatzverantwortlichkeit würde vorliegen, wenn die zu beaufsichtigende Person eine Straftat begeht und der Aufsichtspflichtige dafür haftet. Da Art. 80 BayPolStGB präventiven Charakter hat, muss allein schon die Vernachlässigung der Aufsichtspflicht unter Strafe stehen, um eine Straftat zu verhindern. Bei dieser Norm handelt es sich, sieht man von ihrer Zugehörigkeit zum Strafrecht ab, um eine der polizeirechtlichen Zusatzverantwortlichkeit im heutigen Sinn zumindest ähnliche. Ferner regelt sie auch eine Aufsichtspflicht, also eine Verantwortlichkeit.

„Art. 81.

Wer ihm angehörige oder anvertraute Kinder, Kranke, Gebrechliche, Blödsinnige oder andere dergleichen hilflose Personen in Bezug auf Schutz, Aufsicht, Verpflegung oder ärztlichen Beistand verwahrlost, wird an Geld bis zu dreißig Thalern oder mit Haft bis zu vier Wochen bestraft.

Im Strafurtheile kann ausgesprochen werden, daß die Polizeibehörde ermächtigt sei, in anderer Weise für die Unterbringung der betreffenden Personen auf Kosten des Pflichtigen zu sorgen."

Auch diese Norm enthält die für die Zusatzverantwortlichkeit typischen Personengruppen. Weiterhin betrifft sie Aufsichtspflichten. Regelungsgegenstand des Art. 81 BayPolStGB ist aber der Schutz der zu beaufsichtigenden Personen und nicht der Schutz der öffentlichen Sicherheit oder Ordnung. Die Norm verfolgt einen anderen Zweck.

Festzuhalten ist, dass die ersten drei analysierten Bestimmungen sich mit der Haftung von Aufsichtspflichtigen befassen. Diese Vorschriften verlangen für die Strafbarkeit des Aufsichtspflichtigen dessen eigenes Verschulden. Dieser Umstand ist dadurch zu erklären, dass es sich um strafrechtliche Normen handelt. Es ist somit „vom Regelungsgegenstand aus betrachtet" ein Verschulden erforderlich. Die Regelungen sind konsequent. Sieht man sie ohne die strafrechtliche Komponente als Ermächtigungsgrundlagen für Verbotsverfügungen der Polizei, dann bildet die Haftung des Aufsichtspflichtigen indes einen Fall der *polizeirechtlichen* Zusatzverantwortlichkeit. Es besteht somit zumindest ein Zusammenhang zwischen der Thematik der geregelten Materie und dem Untersuchungsgegenstand der Arbeit.

---

[54] Zum konkreten Gefährdungsdelikt *Otto*, § 4 Rdnr. 13: „Der Tatbestand fordert, dass durch das verpönte Verhalten eine *konkrete* Gefahr für bestimmte Sachen oder Personen entstanden ist, d. h. die Sicherheit eines bestimmten Rechtsguts muss so stark beeinträchtigt sein, dass es aus der Sicht eines Beobachters der Situation allein zufallsbedingt ist, wenn es nicht zu einer Rechtsgutbeeinträchtigung kommt."; vgl. weiter BGH, StV 1985, 414f. (415); BGH, NJW 1996, 329f.; *Roxin*, AT Bd. 1, § 10 Rdnrn. 123f., § 11 Rdnrn. 147ff.; *Stratenwerth/Kuhlen*, § 8 Rdnr. 14.

A. Entstehung des gesetzlichen Verantwortlichkeitstatbestands

bb) Baden

Das Polizeistrafgesetzbuch für das Großherzogtum Baden vom 31. 10. 1863[55] (BaPolStGB) enthält folgende Bestimmung (die bis 1955 in den Regierungsbezirken Südbaden und Nordbaden galt)[56]:

„§. 77.
An Geld bis zu 10 Gulden werden Wirthe bestraft, wenn sie Schülern gegen bestehende Verordnung den Besuch ihrer Wirtshäuser gestatten."

In der VO des Ministeriums des Inneren des Großherzogtum Badens vom 30. 10. 1865 ist folgendes geregelt:

„Auf Grund des §. 77 des Polizeistrafgesetzbuches wird verordnet:

§. 1. Den Schülern der Volks- und Fortbildungsschule, sowie den Schülern anderer Lehranstalten, soferne sie vermöge ihres Alters noch zum Besuch der Volks- und Fortbildungsschule verpflichtet wären, ist der Besuch der Wirtshäuser und Tanzlokale untersagt.

§. 2. Das Verbot des §. 1 findet keine Anwendung, wenn der Besuch unter Aufsicht der Eltern oder anderer Fürsorger geschieht.

§. 3. Die diesseitige Verordnung vom 29. Mai 1846 wird aufgehoben."[57]

Gem. § 77 BaPolStGB werden Wirte bestraft, wenn sie Schülern gegen die bestehende VO den Besuch ihrer Wirtshäuser gestatten. Die Schüler, die die Wirtshäuser betreten, verstoßen zugleich selbst gegen die VO des Ministeriums des Inneren vom 30. 10. 1865. Dieser Umstand bedeutet, dass eine Bestrafung des Wirts ohne einen Verstoß des Schülers nicht möglich ist. Dieses Ergebnis entspricht dem Gedanken „Zusatzverantwortlichkeit". Der Zusatzverantwortliche wird erst durch den Umstand verantwortlich, dass der „eigentliche" Störer „stört". Fraglich ist, wie das Tatbestandsmerkmal „gestatten" auszulegen ist. Wäre der Begriff „gestatten" so zu verstehen, dass der Wirt aktiv seine Erlaubnis ausspricht, dann würde der Wirt aus eigenem Verhalten haften. Es läge kein Fall der Zusatzverantwortlichkeit vor. Wäre der Begriff „gestatten" so zu verstehen, dass der Wirt es „nur" nicht verhindert, dass Schüler sein Wirtshaus besuchen, dann könnte ein Fall der Zusatzverantwortlichkeit vorliegen. Der Wirt würde hier aber aus einem Unterlassen haften, also auch wieder aus eigenem Verhalten. Es läge ein Fall der Zusatzverantwortlichkeit nur dann vor, wenn der Begriff „gestatten" auch beinhaltete, dass der Wirt ohne jedes Verschulden in Anspruch genommen werden könnte. Dieser Fall würde vorliegen, wenn der Wirt z. B. nicht weiß, dass es sich um Schüler handelt. Nur dann wäre ein Fall

---

[55] BaRegBl. S. 439.
[56] Zu diesem Gesetz *Jolly*.
[57] Ebd., S. 165 f.

der Zusatzverantwortlichkeit gegeben. Es spricht einiges dafür, dass „gestatten" eine aktive Handlung erfasst. Welche Interpretation die richtige ist, kann an dieser Stelle nicht abschließend geklärt werden.

cc) Zwischenergebnis

Die gesetzliche Regelung der Verantwortlichkeit stellt eine eigenständige Pflichtverletzung des Aufsichtspflichtigen unter Strafe. Damit ist sie kein Fall der Zusatzverantwortlichkeit *im strafrechtlichen Sinn*.

Die *polizeirechtliche* Zusatzverantwortlichkeit wird in den Süddeutschen Polizeistrafgesetzbüchern nicht ausdrücklich geregelt. Sie zeigen aber die typischen Fallgruppen dieser Zusatzverantwortlichkeit auf: Eltern, Pflegeeltern, Vormünder, Dienst- und Lehrherren sind verantwortlich für ihre schulpflichtigen Kinder, Pflegekinder, Mündel, Dienstboten oder Lehrlinge bzw. Wirte sind verantwortlich für Schüler. Da die behandelten Normen aber Ermächtigungsgrundlagen für polizeiliches Handeln bilden, sind die Art. 80 und 81 BayPolStGB den heutigen Normen über die Zusatzverantwortlichkeit zumindest ähnlich. Wenn man will, lassen sie sich auch als Bestimmungen einer Zusatzverantwortlichkeit verstehen.

c) Ergebnis

Eine Ähnlichkeit der Art. 80 und 81 BayPolStGB mit solchen, die heute eine *polizeirechtliche* Zusatzverantwortlichkeit regeln, ist nicht zu übersehen. Damit ist, wählt man das ALR als Ausgangspunkt, ein deutliches Voranschreiten hin zur Existenz einer *polizeirechtlichen* Zusatzverantwortlichkeit zu erkennen.

5. Bürgerliches Gesetzbuch vom 1.1.1900

a) *Gründe für diesen Endpunkt*

Das Bürgerliche Gesetzbuch (BGB) als weiteren Betrachtungspunkt zu wählen hat folgende Gründe: Das BGB entspricht dem positivistischen Ideal der Lückenlosigkeit und der strengen richterlichen Bindung an das Gesetz, das heißt, es entspricht der Absicht nach abschließender und erschöpfender Aufzeichnung seiner Materie.[58] Nach der Reichsgründung 1871 setzten die Nationalliberalen, die als herrschende Partei in den Reichstag eingezogen waren, durch, dass die Reichsverfassung geändert wurde. Die Kompetenz des Reichs zur Gesetzgebung erstreckte sich nun auf das gesamte bürgerliche Recht.[59] Einer reichseinheitlichen Kodifikation des Zivilrechts stand somit nichts mehr im Wege. Am 18.8.1896

---

[58] *Wieacker*, S. 475.
[59] *Schlosser*, S. 183; *Wieacker*, S. 468.

A. Entstehung des gesetzlichen Verantwortlichkeitstatbestands 59

fertigte Kaiser Wilhelm II. das Gesetz aus.[60] Am 1.1.1900 trat das „Bürgerliche Gesetzbuch für das Deutsche Reich" in Kraft.[61] Diesen Umständen nach war es wahrscheinlich, dass, wenn eine Zusatzverantwortlichkeit im Zivilrecht geregelt werden sollte, sie hier zu finden war.

b) Zivilrechtliche Zusatzverantwortlichkeit

Die erste Fassung des BGB enthält folgende Aussage über die Haftung für den Verrichtungsgehilfen:

„§ 831. Haftung für den Verrichtungsgehilfen. (1) [1] Wer einen Anderen zu einer Verrichtung bestellt, ist zum Ersatze des Schadens verpflichtet, den der Andere in Ausführung der Verrichtung einem Dritten widerrechtlich zufügt. [2] Die Ersatzpflicht tritt nicht ein, wenn der Geschäftsherr bei der Auswahl der bestellten Person und, sofern er Vorrichtungen oder Geräthschaften zu beschaffen oder die Ausführung der Verrichtung zu leiten hat, bei der Beschaffung oder der Leitung die im Verkehr erforderliche Sorgfalt beobachtet oder wenn der Schaden auch bei Anwendung dieser Sorgfalt entstanden sein würde.

(2) Die gleiche Verantwortlichkeit trifft denjenigen, welcher für den Geschäftsherrn die Besorgung eines der im Abs. 1 Satz 2 bezeichneten Geschäfte durch Vertrag übernimmt."

Die erste Fassung des BGB enthält folgende Bestimmung für die Haftung des Aufsichtspflichtigen[62]:

„§ 832. Haftung des Aufsichtspflichtigen. (1) [1] Wer kraft Gesetzes zur Führung der Aufsicht über eine Person verpflichtet ist, die wegen Minderjährigkeit oder wegen ihres geistigen oder körperlichen Zustandes der Beaufsichtigung bedarf, ist zum Ersatze des Schadens verpflichtet, den diese Person einem Dritten widerrechtlich zufügt. [2] Die Ersatzpflicht tritt nicht ein, wenn er seiner Aufsichtspflicht genügt oder wenn der Schaden auch bei gehöriger Aufsichtsführung entstanden sein würde.

(2) Die gleiche Verantwortlichkeit trifft denjenigen, welcher die Führung der Aufsicht durch Vertrag übernimmt."

§ 1631 Abs. 1 BGB konkretisiert die Aufsicht der Eltern über ihre Kinder. § 1631 Abs. 1 BGB lautet:

„§ 1631. (1) Die Sorge für die Person des Kindes umfaßt das Recht und die Pflicht, das Kind zu erziehen, zu beaufsichtigen und seinen Aufenthalt zu bestimmen."

Die Haftung mehrerer ist in der ersten Fassung des BGB wie folgt geregelt:

---

[60] *Schlosser*, S. 190.
[61] Ebd.
[62] Die Entstehungsgeschichte ist nachgezeichnet bei *Fuchs*, S. 91 ff.

„§ 840. (1) Sind für den aus einer unerlaubten Handlung entstehenden Schaden Mehrere neben einander verantwortlich, so haften sie, vorbehaltlich der Vorschrift des § 835 Abs. 3, als Gesamtschuldner.

(2) Ist neben demjenigen, welcher nach den §§ 831, 832 zum Ersatze des von einem Anderen verursachten Schadens verpflichtet ist, auch der Andere für den Schaden verantwortlich, so ist in ihrem Verhältnisse zu einander der Andere allein, im Falle des § 829 der Aufsichtspflichtige allein verpflichtet.

(3) Ist neben demjenigen, welcher nach den §§ 833 bis 838 zum Ersatze des Schadens verpflichtet ist, ein Dritter für den Schaden verantwortlich, so ist in ihrem Verhältnisse zu einander der Dritte allein verpflichtet."

§ 829 der ersten Fassung des BGB lautet wie folgt:

„§ 829. Wer in einem der in den §§ 823 bis 826 bezeichneten Fälle für einen von ihm verursachten Schaden auf Grund der §§ 827[63], 828[64] nicht verantwortlich ist, hat gleichwohl, sofern der Ersatz des Schadens nicht von einem aufsichtspflichtigen Dritten erlangt werden kann, den Schaden insoweit zu ersetzen, als die Billigkeit nach den Umständen, insbesondere nach den Verhältnissen der Betheiligten, eine Schadloshaltung erfordert und ihm nicht die Mittel entzogen werden, deren er zum standesmäßigen Unterhalte sowie zur Erfüllung seiner gesetzlichen Unterhaltspflichten bedarf."

Die erste Fassung des BGB enthält folgende Regelung über die Haftung für gesetzliche Vertreter und Erfüllungsgehilfen:

„§ 278. [1] Der Schuldner hat ein Verschulden seines gesetzlichen Vertreters und der Personen, deren er sich zur Erfüllung seiner Verbindlichkeit bedient, in gleichem Umfange zu vertreten wie eigenes Verschulden. [2] Die Vorschrift des § 276 Abs. 2 findet keine Anwendung."

Der Gedanke „Zusatzverantwortlichkeit" findet sich im BGB ausdrücklich in § 831 und § 832. Bemerkenswert ist, dass diese beiden Normen bis heute unverändert im BGB enthalten sind. Die Zusatzverantwortlichkeit wird auf die Haftung des Geschäftsherrn, des Aufsichtspflichtigen und desjenigen, welcher die Führung der Aufsicht durch Vertrag übernimmt, beschränkt bzw. konkretisiert.

---

[63] § 827 BGB ist bis heute unverändert in Kraft.
[64] § 828 BGB lautete in der ersten Fassung des BGB wie folgt:
„828. Minderjährige; Taubstumme. (1) Wer nicht das siebente Lebensjahr vollendet hat, ist für einen Schaden, den er einem Anderen zufügt, nicht verantwortlich.

(2) [1] Wer das siebente, aber nicht das achtzehnte Lebensjahr vollendet hat, ist für einen Schaden, den er einem Anderen zufügt, nicht verantwortlich, wenn er bei der Begehung der schädigenden Handlung nicht die zur Erkenntniß der Verantwortlichkeit erforderliche Einsicht hat. [2] Das Gleiche gilt von einem Taubstummen."

§ 831 BGB regelt die Haftung des Geschäftsherrn für den Verrichtungsgehilfen. § 831 BGB ist ein Fall der Verkehrspflichtverletzung. Inhalt der Verkehrspflicht ist es, dass ein Geschäftsherr gegenüber jedermann die Pflicht hat, Personen, die er zu einer Verrichtung bestellt, so sorgfältig auszuwählen, anzuleiten, auszurüsten und zu beaufsichtigen sowie seinen Betrieb so zu organisieren, dass durch ihr Tätigwerden in seinem Funktionsbereich die Gefahr einer Schädigung Dritter nicht erhöht wird.[65] § 831 BGB ist aber im Ergebnis überflüssig. Die von § 831 BGB geschützten Güter sind in gleichem Umfang und mit gleicher Beweislastverteilung aus § 823 Abs. 1 BGB selbst zu ermitteln, so wie dieses auch im Rahmen der Produkthaftung geschieht.[66] „Beim gegenwärtigen Entwicklungsstand des Deliktsrechts ist daher ein Nebeneinander von § 823 Abs. 1 und § 831 unnötig, allerdings auch unschädlich."[67]

§ 832 legt die Haftung des Aufsichtspflichtigen bzw. desjenigen fest, der die Führung der Aufsicht durch Vertrag übernimmt, für eine Person, die wegen Minderjährigkeit oder wegen ihres geistigen oder körperlichen Zustands der Beaufsichtigung bedarf. § 832 bildet zwei Gruppen von Verantwortlichen: Erstens diejenigen, die zur Aufsicht verpflichtet sind, und zweitens diejenigen, die die Führung der Aufsicht durch Vertrag übernehmen. Vergleicht man diese Gruppen mit der Formulierung in Art. 56 bzw. in Art. 58 BayPolStGB, erkennt man einen Zusammenhang. Dort heißt es: „Eltern, Pflegeeltern, Vormünder, Dienst- und Lehrherrn, welche ihrer schulpflichtigen Kindern, Pflegekindern, Mündel, Dienstboten oder Lehrlinge …". Die Bestimmung des BGB ist abstrakter ausgestaltet, aber die verantwortlichen Personen sind dieselben. Eltern, Pflegeeltern und Vormünder gehören der ersten Gruppe an. Dienst- und Lehrherren übernehmen die Führung durch Vertrag und gehören somit der zweiten Gruppe an.[68] Dieser Zusammenhang zeigt die Kontinuität des Gedankens, dem die Zusatzverantwortlichkeit ihre Normierung verdankt.

Fraglich ist, wie § 278 BGB zu beurteilen ist. Im Gegensatz zu § 831 BGB ist § 278 BGB keine eigene Anspruchsgrundlage, sondern es wird die Haftung des Gehilfen dem Geschäftsherrn zugerechnet (Haftungszurechnungsnorm). Ein weiterer Unterschied zu § 831 BGB besteht darin, dass bei § 278 BGB kein Entlastungsbeweis möglich ist. Es handelt sich hierbei um die unbedingte Zurechnung des Personalrisikos zum Geschäftsherrn.[69] „Drittverhalten wird dem Geschäftsherren unabhängig von eigenem Verschulden zugerechnet, er unterliegt

---

[65] *Stein*, in: Rebmann/Säcker, § 831 Rdnr. 1.
[66] Ebd., Rdnr. 3.
[67] Ebd.
[68] Die Haftung der beamteten Dienst- und Lehrherren an öffentlichen Schulen wird heute durch die Amtshaftung gem. § 839 BGB/Art. 34 GG verdrängt; vgl. dazu *Sprau*, in: Palandt, § 832 Rdnr. 3, § 839 Rdnr. 137; BGHZ 13, 25 ff.; OLG Düsseldorf, NJW-RR 1999, 1620 f.
[69] *Grundmann*, in: Säcker/Rixecker, § 278 Rdnr. 2.

also einer Garantiehaftung."[70] § 278 BGB „beruht auf dem Gedanken, daß jeder Schuldner für seinen Geschäfts- und Gefahrenkreis gegenüber seinen Gläubigern verantwortlich ist und daß hierzu auch die Tätigkeit seiner Hilfspersonen gehört".[71]

c) Ergebnis

Die im BGB konkretisierten Fälle der Zusatzverantwortlichkeit gleichen den Fällen der Zusatzverantwortlichkeit, die wir aus dem heutigen Polizeirecht kennen. Dieser Umstand ist kein Zufall. Der Gedanke, den die unterschiedlichen Gesetze zum Ausdruck bringen, ist derselbe: Eine Person ist für einen bestimmten Gefahrenkreis verantwortlich und haftet für Schäden, die aus diesem Kreis anderen zugefügt werden. Das BGB kennt die Doppelhaftung: Der Dritte haftet als Folge der Zurechnung fremden Verschuldens ohne eigenes Verschulden (Fallgruppe 1b)[72] oder kraft Mitverschuldens (Fallgruppe 1a). Das BGB kennt weiterhin die Alleinhaftung des Dritten: Er haftet anstelle einer anderen Person (Fallgruppe 3).

6. Zusammenfassende Bewertung der Aussagen in Rechtsnormen

Fasst man die Ergebnisse der Analyse der einschlägigen Feststellungen des ALR, der süddeutschen Polizeistrafgesetzbücher und des BGB zusammen, so zeigt sich eine Entwicklungslinie: Das ALR kannte die Zusatzverantwortlichkeit für bestimmte Fälle des Zivil- und des Strafrechts, eine polizeirechtliche Zusatzverantwortlichkeit fand sich nicht einmal im Ansatz, eine Ähnlichkeit zur heutigen polizeirechtlichen Zusatzverantwortlichkeit fehlte vollständig. Demgegenüber war die Lage in den süddeutschen Polizeistrafgesetzbüchern bereits merklich verändert. Natürlich gab es auch hier keine Normierung der polizeirechtlichen Zusatzverantwortlichkeit, indes sind Übereinstimmungen mit den Regelungen der heutigen polizeirechtlichen Zusatzverantwortlichkeit unübersehbar, entfernt man die einschlägigen Normen aus ihrem strafrechtlichen Zusammenhang. Es ist mithin eine deutliche Annäherung an die heutige Rechtslage betreffend die Zusatzverantwortlichkeit zu erkennen. Mit dem Inkrafttreten des BGB ist festzustellen, dass die im BGB konkretisierten Fälle der Zusatzverantwortlichkeit den Fällen der Zusatzverantwortlichkeit gleichen, die wir aus dem heutigen Polizeirecht kennen (Fallgruppe 1a mit der spezifisch polizeirechtlichen Modifikation, dass ein Verschulden des Haftenden für die Möglichkeit der

---

[70] Ebd., Rdnr. 3.
[71] BGH, NJW 1996, 464 ff. (465).
[72] s. Einleitung A III.

Zurechnung seiner Haftung an den Dritten bedeutungslos ist).[73] Es darf deshalb angenommen werden, dass das BGB für die Normierung der polizeirechtlichen Zusatzverantwortlichkeit eine Vorbildfunktion wahrnahm.

II. Rechtsprechung

Die Rechtsprechung als weiteren Ausgangspunkt zu wählen, hat folgende Gründe: Eine gesetzliche Regelung der Polizeipflichtigkeit, also der polizeirechtlich verantwortlichen Personen, gab es um die Jahrhundertwende nicht. Die Aufgabe, die Polizeipflichtigkeit zu bestimmen, kam der Rechtsprechung und der Polizeirechtsliteratur zu.[74] Die Rechtsprechung spielte in gewisser Weise eine Vorreiterrolle. Viele der von ihr aufgestellten Grundsätze fanden in der Polizeirechtsliteratur eine vertiefende Betrachtung oder lösten eine juristische Diskussion aus. Die von ihr getroffenen Entscheidungen waren für das gesamte Polizeirecht prägend und haben es fortgebildet.[75] Das PrOVG hatte bei der Fortbildung unter den Gerichten die wichtigste Rolle inne. Eine weniger wichtige Rolle spielten das SächsOVG, das RG und das KG. Das PrOVG entwickelte § 10 II 17 ALR in dem berühmten Kreuzbergurteil vom 14. 6. 1882[76] als allgemeine Ermächtigungsgrundlage (Generalklausel) für polizeiliches Handeln fort.[77] Das PrOVG nahm in der Folge weitere zusätzliche rechtsstaatliche Präzisierungen der polizeilichen Eingriffsbefugnisse vor, wie die Idee einer allgemeinen Polizeipflicht der Bürger[78], mit der sich die Verursacher- und Zustandshaftung sog. „Störer" begründen ließ.[79] Aus diesen Gründen wird mit der Darstellung – entgegen der üblichen Reihenfolge – der Entscheidungen der Verwaltungsgerichte begonnen.[80] Zuerst werden die Entscheidungen des PrOVG, dann die des SächsOVG behandelt. Danach folgen in der üblichen Reihenfolge die Entscheidungen des RG und des KG.

---

[73] s. ebd.
[74] So auch *Naas*, S. 147; *Schloer*, S. 106.
[75] *Naas*, S. 148.
[76] PrOVGE 9, 353 ff.
[77] Vgl. *Boldt/Stolleis*, in: Lisken/Denninger, A Rdnr. 49; *Naas*, S. 117–127.
[78] s. Einleitung Fn. 29.
[79] Vgl. *Boldt/Stolleis*, in: Lisken/Denninger, A Rdnr. 50.
[80] Aus der jüngeren Literatur beschäftigt sich z. B. *Schäling*, S. 169, mit dieser Rechtsprechung, indes nicht im Detail, sondern als Argument in einem anderen Zusammenhang.

1. Entscheidungen des Preußischen Oberverwaltungsgerichts

a) Entscheidung des Zweiten Senats vom 18. 1. 1886

Der Entscheidung[81] liegt folgender Sachverhalt zugrunde: Der Kläger ist Konkursverwalter eines Unternehmens, dem ein Grundstück gehört. Auf diesem Grundstück befinden sich zwei Schuppen. Für das Grundstück ist die Zwangsverwaltung angeordnet. Die Polizeidirektion erlässt eine Verfügung, die dem Konkursverwalter persönlich unter Zwangsandrohung aufgibt, die beiden Schuppen zu beseitigen.

Das OVG entscheidet, dass die Polizeibehörde sich wegen der Beseitigung einer polizeiwidrigen Beschaffenheit eines Grundstücks an den Konkursverwalter als den gesetzlichen Verwalter des die Konkursmasse bildenden Vermögens halten dürfe. Die Sachaussage der Entscheidung bedeutet: Der Konkursverwalter ist verantwortlich für das von ihm zu verwaltende Vermögen. Er haftet kraft Gesetzes für den Zustand einer fremden Vermögensmasse. Er haftet anstelle der Person, die gehaftet hätte, wenn ein Konkurs nicht vorläge. Die Haftung des Konkursverwalters ist beschränkt auf die zu verwaltende Vermögensmasse. Der Konkursverwalter haftet somit nicht „zusätzlich" persönlich neben einer anderen Person, sondern er ist kraft Gesetzes die Person, die sich um die Angelegenheiten der Vermögensmasse kümmern muss. Diese Konstellation stellt keinen Fall der Zusatzverantwortlichkeit im eigentlichen Sinn dar. Es handelt sich um die Haftung einer Person kraft Gesetzes anstelle einer anderen Person, die als Haftende ausgeschieden ist.

Als Ergebnis der Analyse steht fest: Dieser Fall ist einer der Gruppe 2.[82]

b) Entscheidung des Ersten Senats vom 21. 4. 1888

Das Urteil[83] entscheidet folgenden Sachverhalt: Der Kläger ist Eigentümer eines Hauses. Gegen ihn verfügt der Polizeipräsident, dass das Lagern von Kisten auf dem Hof des Hauses nur in gewissem räumlich beschränktem Umfang geduldet werden könne. Dieses Maß sei überschritten. Er wird aufgefordert, die Kisten von den Teilen des Hofs, welcher nicht in die näher angegebene Abgrenzung fällt, zu entfernen. Weiter habe er den Hof sowie auch die Durchfahrt des Hauses in Zukunft von Kisten frei zu halten. Der Eigentümer erhebt dagegen Klage. Er begründete sie damit, dass er tatsächlich nicht in der Lage sei, die Auflage zu erfüllen. In dem Haus seien Räume an drei große Geschäfte vermie-

---

[81] PrOVG, PrVBl. 1885/86, 213f. (213).
[82] s. Einleitung A III.
[83] PrOVGE 16, 391 ff. (392). Hervorhebungen nicht im Original.

A. Entstehung des gesetzlichen Verantwortlichkeitstatbestands 65

tet, die jeden Tag Kisten erhielten, die zunächst auf dem Hof zwischengelagert würden.

Das Urteil enthält folgende relevante Aussage: „Die Entscheidung über die von dem Kläger erhobenen Bedenken ist in erster Linie von der Beantwortung der Frage des materiellen Polizeirechts abhängig, ob der Kläger als Hauseigenthümer der Polizeibehörde *auch für die Unterlassung polizeiwidriger Handlungen Seitens dritter Personen, insbesondere seiner Miether, hafte*."[84] Das Gericht äußert sich dazu wie folgt: „Dem Eigenthümer liegt ganz unstreitig die Verbindlichkeit ob, sein Haus im polizeigemäßen Zustande zu erhalten. Dieselbe ist inhaltlich nicht darauf beschränkt, daß er sich selbst und lediglich für seine Person jeder solchen Zustand störenden Handlung enthalte. Sie verpflichtet den Hauseigenthümer, nicht nur in dieser Beziehung seine eigenen Wohnungs- und Wirthschaftsgenossen, Kinder, Gesinde, Handwerksgehülfen u.s.w. zu überwachen, sondern falls er sein Haus oder einzelne Theile desselben durch Vermiethung nutzt, *auch alles in seinen Kräften Stehende zu thun, um auch die Miether und deren Wirtschaftsgenossen an der Störung des gebotenen Zustandes zu hindern und auch sie in dieser Beziehung zu kontrollieren*."[85] Das Gericht stellt weiterhin fest, dass die Polizeibehörde sich auch an den Mieter wenden könnte. Sie sei aber nicht verpflichtet, ihre Anordnungen nur oder zugleich mit an diese zu richten, da jene Verbindlichkeiten des Eigentümers unabhängig von der der Mieter und für sich selbst besteht. Die Sachaussage der Entscheidung bedeutet: Bestimmte Personen, hier die Mieter, haften für ihr Tun persönlich. Neben ihnen ist der Hauseigentümer verantwortlich für die Handlungen seiner Mieter. Er haftet für diese polizeirechtlich. Es handelt sich nicht um einen Fall der Zustandsverantwortlichkeit, weil der Eigentümer für *Handlungen* der Mieter haftet. Dieses Ergebnis ist eindeutig ein Fall der Zusatzverantwortlichkeit: Der „eigentliche" Störer ist der Mieter, zusätzlich haftet der Hauseigentümer. Die Zusatzverantwortlichkeit wird angenommen für das Handeln einer Person, zu der der Zusatzverantwortliche in einer bestimmten zivilrechtlichen Beziehung steht: hier in einer Relation Vermieter-Mieter.

Es ist als Ergebnis festzuhalten, dass in dieser Entscheidung das PrOVG erstmalig eine polizeirechtliche Zusatzverantwortlichkeit annimmt – jedenfalls soweit es die veröffentlichten Entscheidungen anbelangt. Es handelt sich um eine Fortbildung des Polizeirechts ohne eine gesetzliche Grundlage im Polizeirecht. Es lassen sich vier Erkenntnisse formulieren: 1. Der Fall ist der Gruppe 1 zuzuordnen. 2. Ob das PrOVG den neu geschaffenen Verantwortlichkeitstatbestand als haftungsbegründend oder als haftungszuweisend versteht, lässt sich der Entscheidung nicht entnehmen. Eine Zuordnung zu den Fallgruppen 1a oder 1b ist nicht möglich. 3. Die Zusatzverantwortlichkeit setzt das Bestehen einer be-

---

[84] Ebd., 393.
[85] Ebd., 393 f.

stimmten zivilrechtlichen Beziehung voraus. 4. Diese zivilrechtliche Beziehung gehört im Bereich des Zivilrechts nicht zu einem der dort bislang anerkannten Tatbestände einer Zusatzverantwortlichkeit.

c) *Entscheidung des Ersten Senats vom 23. 11. 1889*

Diesem Urteil[86] liegt folgender Sachverhalt zugrunde: Eine Handelsgesellschaft erwirbt im Jahr 1872 eine Bauernstelle, um eine Villenkolonie zu errichten. Sie stellt einen Parzellierungsplan auf. Der Bau mehrerer Villen wird unter der Bedingung genehmigt, dass für einen straßenmäßigen, mit Pflaster, Kanalisation und Bürgersteig zu versehenden Zugang gesorgt werde. Das Restgrundstück sowie das Straßennetz erwirbt ein Gutsbesitzer. Im Grundbuch wird die Verpflichtung der Parzellenbesitzer eingetragen, die Benutzung der vorhandenen Wege zu gestatten. Die Polizeibehörde hält den Gutsbesitzer zur Wegeverbesserung an. Dieser wehrt sich im Wege des Verwaltungsstreitverfahrens. Ergebnis dieses Verfahrens ist, dass die Verfügung aufgehoben wird und die Wege der sog. Villenstadt für nicht öffentlich erklärt werden. Die Gemeinde stellt daraufhin Beleuchtung und den Nachtwachdienst für das Straßennetz der Villenkolonie ein. Sie wird vom Amtsvorsteher zur Wiederaufnahme angehalten. Nach erfolgloser Beschwerde erhebt sie Klage mit der Begründung, „daß es sich lediglich um private, wenn auch thatsächlich in weiterem Umfange dem Publikum freigegebene Zugänge zu den Villen handele und unter diesem Gesichtspunkt die Verpflichtung zu den angeordneten Leistungen nicht die Gemeinde treffe, sondern ausschließlich die Unternehmerin und Eigenthümerin der Straßenanlage, nunmehr deren Rechtsnachfolger, den Gutsbesitzer Sch."[87]

Das Urteil enthält folgende relevante Aussage: „Seine Pflicht geht indeß nur dahin, sein Eigenthum in einem solchen Zustande zu erhalten, daß durch dasselbe weder Leben, Gesundheit, noch die öffentliche Ruhe, Ordnung und Sicherheit gefährdet wird; er ist aber nicht dafür verantwortlich und hat daher nicht dafür zu sorgen, daß aus seinem Eigenthum derartige Störungen oder Beschädigungen auch seitens Dritter, von ihm völlig unabhängiger Personen unterlassen werden."[88] Diese Aussage bedeutet: Der Eigentümer ist für Schäden, die dritte, von ihm völlig unabhängige Personen erleiden, nicht haftbar. Diese Aussage bedeutet aber im Umkehrschluss, dass der Eigentümer für die Schäden, die von ihm abhängige Personen erleiden, verantwortlich ist. Wenn nun diese dritten, vom Eigentümer abhängigen Personen mit dessen Eigentum andere Personen schädigen, liegt es sehr nahe, dass der Eigentümer für diesen Schaden haftet. Es ist ferner davon auszugehen, dass die abhängigen Personen auch persönlich

---

[86] PrOVGE 18, 411 ff.
[87] Ebd., 412 f.
[88] Ebd., 417.

haften.[89] Damit liegt ein Fall der Zusatzverantwortlichkeit vor. Die Zusatzverantwortlichkeit ist in bestimmten Fällen anzunehmen für Personen, die vom Zusatzverantwortlichen abhängig sind. Welche Fälle in Betracht zu ziehen sind und welche Abhängigkeit hinreichend ist, um eine Zusatzverantwortlichkeit zu begründen, erschließt sich aus der Entscheidung nicht.

Als Ergebnis der Analyse lassen sich folgende Erkenntnisse formulieren: 1. Indirekt erkennt das Gericht die Zusatzverantwortlichkeit ein zweites Mal an. Die polizeirechtliche Existenz der Zusatzverantwortlichkeit erscheint gesichert. 2. Eine klare Zuordnung des entschiedenen Falls zu einer Fallgruppe ist nicht möglich, da das Urteil nicht ausführt, ob der Zusatzverantwortliche neben den abhängigen Personen haften würde. In Betracht kommt die Zuordnung zur ersten oder dritten Fallgruppe. Ferner ist für die erste Fallgruppe eine Zuordnung zu einer der beiden Untergruppen nicht möglich. 3. Die Zusatzverantwortlichkeit setzt das Bestehen einer bestimmten zivilrechtlichen Beziehung zwischen den haftenden Personen voraus. 4. Der Entscheidung lassen sich Aussagen zur Bestimmung der zivilrechtlichen Beziehung nicht entnehmen.

d) Entscheidung des Dritten Senats vom 10. 9. 1891

Die Entscheidung[90] ergeht zu folgendem Sachverhalt: Ein Mühlenbesitzer lässt durch seine Arbeiter den Mühlengraben auf seinem Grundstück ausmähen. Bei dem Mähen fallen erhebliche Mengen Gras in denselben und werden weggespült. Der Bezirksausschuss erklärt es für rechtmäßig, dass die Polizeibehörde davon ausgeht, dass sie den Mühlenbesitzer als Urheber der Verunreinigung des Bachs zu dessen Reinigung anhalten darf. Der Mühlenbesitzer wehrt sich gegen die Verfügung, weil der Vorderrichter § 2 der Kurhessischen Verordnung vom 31. 12. 1824[91] durch Nichtanwendung verletzt habe. Nach dieser Norm sei die Gemeinde zur Reinigung des Bachs verpflichtet. Dem stimmt das OVG nicht zu. Diese Vorschrift normiere nur die dauerhafte Räumungspflicht. Aufgrund dieser Pflicht sei der Kläger aber nicht in Anspruch genommen worden, sondern als Verursacher.

Das Urteil enthält folgende rechtlich relevante Aussage: „Der Urheber haftet der Polizei gegenüber für die Folgen seiner That."[92] Wenn nachgewiesen sei,

---

[89] Das PrOVG war deshalb schon 1889 weiter als ein Teil der polizeirechtlichen Literatur nach der Jahrhundertwende, s. Kapitel 1 A III 19.
[90] PrOVG, PrVBl. 1891/92, 351f. (351f.).
[91] § 2 lautet: „Der Gemeinde, deren Gemarkung von einem Flusse oder Bache berührt wird... sollen die weiter zur Erhaltung der Ufer im Orte selbst oder der Gemarkung überhaupt und des allgemeinen Wasser-Abflusses gereichenden Arbeiten und Anlagen obliegen, namentlich... die Reinigung des Flußbettes von den darin liegenden nachtheiligen Gegenständen, sowie die Wegnahme der durch Fluthen veranlaßten Kiesbänke und Anflüsse...".

dass der Mühlenbesitzer den Bach verunreinigt habe, dann sei die ihm aufgelegte Verfügung rechtmäßig. Es „würde als thatsächlich festgestellt zu erachten sein, daß die Verunreinigung des Baches auf den Kläger zurückzuführen ist. Schon in der Klage hatte der Kläger angegeben, daß während zwei seiner Arbeitsleute gemäht, ein dritter das Gras so viel wie möglich herausgezogen habe. Trotzdem sei es nicht ganz zu vermeiden gewesen, daß etwas davon weitergeflossen sei."[93] Diese Aussage bedeutet: Die Polizei kann sich an den Urheber eines polizeiwidrigen Zustands, das ist die Person, die ein bestimmtes Handeln in Auftrag gegeben hat, halten. Das Verhalten der Arbeiter, das Mähen des Bachrands und des Bachbetts, wird unproblematisch ihrem Auftraggeber, dem Eigentümer des Grundstücks zugerechnet. Dieser Fall wäre ein typischer Fall der Zusatzverantwortlichkeit, wenn feststünde, dass auch die Arbeitnehmer hafteten. Jedenfalls haftet der Arbeitgeber für den Arbeitnehmer.

Die Untersuchung erbringt folgende Erkenntnis: Eine klare Zuordnung zu einer Fallgruppe ist hier nicht möglich, da im Urteil nicht ausgeführt wird, ob der Zusatzverantwortliche neben den abhängigen Personen haftet. In Betracht kommen die erste und die dritte Fallgruppe.

e) Entscheidung des Vierten Senats vom 17. 5. 1897

Die Entscheidung[94] behandelt folgenden Sachverhalt: F ist Eigentümer eines Hauses. Gegen ihn wird ein strafgerichtliches Verfahren eröffnet. F ist flüchtig. Deswegen beschlagnahmt das Gericht sein im Inland befindliches Vermögen. Es bestellt Rechtsanwalt B zum Pfleger über das Vermögen. Für das mit einem Haus bebaute Grundstück des F ordnet es die Zwangsverwaltung an. Zum Zwangsverwalter wird S ernannt. Gegen diesen wird verfügt, die auf dem Hof des Grundstücks ohne Erlaubnis angebrachte Glasüberdachung im bau- und feuerpolizeilichen Interesse zu beseitigen. Dagegen klagt S erfolglos, legt Berufung ein und zeigt an, dass die Zwangsverwaltung aufgehoben und er aus seiner Stellung als Zwangsverwalter entlassen sei. Rechtsanwalt B sei als Pfleger des Vermögens des F als Berufungskläger hinzuzuziehen. S führt weiter an, „daß die Polizeiverwaltung nicht berechtigt gewesen sei, sich mit ihrer Verfügung an den Zwangsverwalter zu wenden, die Polizei habe sich vielmehr lediglich an den Eigenthümer Heinrich F. selbst halten müssen."[95] Das OVG bestätigt die erstinstanzliche Entscheidung.

Das Urteil enthält folgende relevante Aussagen: Die Polizeiverwaltung ist berechtigt, ihre Verfügung gegen S als Zwangsverwalter des fraglichen Hauses

---

[92] PrOVG, PrVBl. 1891/92, 352.
[93] Ebd.
[94] PrOVG, PrVBl. 1896/97, 524 f.
[95] Ebd., 525.

A. Entstehung des gesetzlichen Verantwortlichkeitstatbestands   69

zu richten. Dem Eigentümer ist die Verwaltung des Hauses entzogen und es ist ihm jede Einmischung in die Geschäfte des Zwangsverwalters untersagt.[96] Weiter heißt es: „Danach kann nicht zweifelhaft sein, daß der Zwangsverwalter auch berechtigt und verpflichtet ist, das von ihm verwaltete Gebäude stets in einem den baupolizeilichen Vorschriften entsprechenden Zustande zu erhalten und alle diejenigen Ausbesserungen und Aenderungen vorzunehmen, die nach dem bestehenden Baurecht erforderlich sind, damit das Gebäude den polizeilichen Vorschriften gem. weiter bestehen und genutzt werden kann."[97] Werde die Zwangsverwaltung wieder aufgehoben, wirke die gegen den Zwangsverwalter erlassene Verfügung gegen den Eigentümer oder, falls ein Pfleger bestellt ist, gegen dessen Pfleger.[98] Diese Aussagen bedeuten: Die Polizei kann sich an die für ein Grundstück verfügungsberechtigte Person halten. Das ist primär der Eigentümer. Es kann aber auch der Pfleger oder der Zwangsverwalter sein. Der Zwangsverwalter ist für die von ihm verwaltete Vermögensmasse kraft Gesetzes polizeilich verantwortlich. Er haftet für fremdes Vermögen mit diesem Vermögen. Diese Aussagen des OVG bestätigen die Ausführungen der Entscheidung vom 18.1.1886.[99] Es liegt ein der Zusatzverantwortlichkeit ähnlicher Fall vor.

Als Ergebnis lässt sich formulieren, dass dieser Fall einer der Gruppe 2 ist.

f) Entscheidung des Ersten Senats vom 14.12.1906

Dem Urteil[100] liegt folgender Sachverhalt zugrunde: G zeigt der Polizeidirektion an, dass er in einem Saal einen Familienunterhaltungsabend veranstalten wolle. Die Polizeidirektion genehmigt die Veranstaltung und fügt der Erlaubnis hinzu: „Ich verweise hierbei auf die Regierungspolizeiverordnung vom 19. Oktober 1904, nach welcher es Gast- und Schankwirten, die in ihren Wirtschafts- oder sonstigen Räumen öffentliche Schaustellungen irgend welcher Art (Vorstellungen, Vorträge, Aufführungen usw.) veranstalten lassen, sowie den Unternehmern solcher Veranstaltungen untersagt ist, bei diesen Veranstaltungen die Mitwirkung oder Anwesenheit von Kindern, welche das schulpflichtige Alter noch nicht erreicht haben oder noch nicht aus der Schule entlassen sind, zu dulden, auch wenn sie sich in Begleitung erwachsener Personen befinden. Sollte dieser Vorschrift entgegengehandelt werden, so würde ich mich veranlasst sehen, die Versammlung aufzulösen. Auch würden Sie Bestrafung zu gewärtigen haben."[101] Weiter heißt es: „Gleichzeitig teilte die Polizeibehörde der Administration des

---

[96] Ebd.
[97] Ebd.
[98] Ebd.
[99] s. zuvor a).
[100] PrOVGE 50, 272 ff. (273).
[101] Ebd.

Hotels Bazar Abschrift der an Dr. G gerichteten Verfügung mit der Weisung mit, dafür Sorge zu tragen, daß die Beteiligung von Kindern an den Unterhaltungsabenden unterbleibe, und stellte für den Fall des Zuwiderhandelns Bestrafung in Aussicht."[102] G klagt gegen diese Verfügung. Das OVG weist die Klage ab.

Die Urteilsgründe enthalten keine ausdrückliche Aussage zur Zusatzverantwortlichkeit. Das Urteilsergebnis kann jedoch als ein Beleg für ihre Existenz verstanden werden. Einerseits kann man die Aussage, dass G eine Bestrafung bei einem Verstoß gegen die VO zu erwarten habe, als einen Fall der Zusatzverantwortlichkeit verstehen. Diese Sichtweise ergibt sich aus Folgendem: Die VO vom 19. 10. 1904 spricht von Gast- und Schankwirten als Adressaten von Geboten. G ist nicht Gast- oder Schankwirt. Dieses Ergebnis bedeutet, dass der Gast- oder Schankwirt des Saals, in dem die Veranstaltung stattfindet, bei einer Zuwiderhandlung gegen die VO der „eigentliche" Störer ist. Es haften also der Gastwirt und G nebeneinander. Für die Störung des Gastwirts haftet G zusätzlich. Damit liegt ein Fall der Zusatzverantwortlichkeit vor. Andererseits kann man den Sachverhalt auch in der Weise würdigen, dass G als Veranstalter direkt haftet und dass dann der Betreiber des Hotels Zusatzverantwortlicher ist. Diese Interpretationen bedeuten: Es gibt auf der Grundlage der VO zwei Haftende. In Abhängigkeit davon, wer als primär Haftender betrachtet wird, haftet der andere zusätzlich. Da die Frage, wer primär haftet, in der Entscheidung nicht problematisiert wird, kann zur Frage, wer Zusatzverantwortlicher ist, keine definitive Aussage getroffen werden. Es darf aber festgestellt werden, dass es eine Zusatzverantwortlichkeit gibt.

Die Untersuchung erbringt folgende Erkenntnis: Eine VO normiert zwei Verantwortliche. Die doppelte Verantwortlichkeit lässt sich in der Weise verstehen, dass für die Störung des einen Verantwortlichen der andere zusätzlich haftet. Die VO normiert folglich eine Zusatzverantwortung. Dieses ist ein Fall der Gruppe 1.

g) Entscheidung des Dritten Senats vom 13. 5. 1912

Das Urteil[103] betrifft folgenden Sachverhalt: Der Polizeipräsident verpflichtet die Leiter von 17 Theatern, anzuordnen, dass in bestimmten Logen die Besucher ihre Hüte während der Vorführung abnehmen. Als Begründung führt er an, „es liege – zumal bei der gegenwärtigen Mode der großen Damenhüte – die Gefahr nahe, daß Besucher, denen die vor ihnen befindlichen Hüte die Bühnenaussicht versperrten, durch den Ausdruck ihres Unmuts Störungen der öffentlichen Ordnung während der Vorstellung veranlassten."[104] Gegen die Verfügung klagen die Leiter. Das OVG hält die Klage für begründet.

---

[102] Ebd.
[103] PrOVGE 61, 332 ff. (332 f.).
[104] Ebd., 332.

A. Entstehung des gesetzlichen Verantwortlichkeitstatbestands 71

Die Gründe des Urteils enthalten folgende Aussagen: „Die Polizei ist an sich befugt, durch Polizeiverordnungen oder polizeiliche Verfügungen in den Gewerbebetrieb der Schauspielunternehmer einzugreifen und zur Erreichung ihrer Zwecke die Inhaber des Gewerbebetriebs oder den Stellvertreter in Anspruch zu nehmen."[105] Für die Rechtmäßigkeit einer polizeilichen Verfügung müssten alle rechtlichen und tatsächlichen Voraussetzungen gegeben sein.[106] Für die Anwendung des § 10 II 17 ALR fehle es an einem Verstoß gegen die öffentliche Ordnung. „Das Versperren der Bühnenansicht durch den Hut eines Mitbesuchers widerstreite keiner Vorschrift des öffentlichen Rechtes. Das Aufbehalten der Hüte in denjenigen Logen, um die es sich in dem vorliegenden Streitverfahren handelt, ist überdies bisher erlaubt und üblich gewesen. Es liegt darin also kein Verstoß gegen die öffentliche Ordnung. Das Aufbehalten der Hüte berechtigt daher nicht schon an sich zu polizeilichem Einschreiten."[107] Ein Verstoß gegen die öffentliche Ruhe, Sicherheit und Ordnung sei weder darin zu sehen, dass das Versperren der Bühnenaussicht durch einen Hut zu einem erregten Wortwechsel führen könne, noch sei die Annahme berechtigt, dass Angst und Schrecken eine Gefahr für die Theaterbesucher herbeiführen würden. Es müsste sich bei diesen Umständen um eine „bevorstehende Gefahr" handeln. Diese Gefahr liege hier nicht vor, da die Möglichkeit der Realisierung dieser Gefahr unwahrscheinlich sei.[108] Diese Aussagen bedeuten: Den Verstoß gegen die öffentliche Ruhe, Sicherheit und Ordnung müssen die Theaterbesucher begehen. Die Besucher sind somit Handlungsstörer (im heutigen Verständnis). Dieses Ergebnis ist nach den Urteilsgründen eindeutig, weil das Gericht einen Verstoß der Leiter der Theater gegen Schutzgüter nicht prüft. Für eine durch die Besucher verursachte Störung kann der Leiter des Theaters in Anspruch genommen werden. Der Leiter des Theaters haftet damit polizeilich für ein Verhalten seiner Besucher, ohne selbst Störer zu sein. Weiter belegt das Urteil, dass ohne einen Verstoß der Besucher gegen polizeirechtliche Vorschriften der Leiter des Theaters nicht in Anspruch genommen werden kann. Dieses Ergebnis ist eindeutig ein Fall der Anerkennung der Zusatzverantwortlichkeit.

Die Analyse erlaubt die folgenden Ergebnisse: 1. Das Gericht geht ohne nähere Ausführungen von der bestehenden Zusatzverantwortlichkeit aus. Die polizeirechtliche Existenz der Zusatzverantwortlichkeit darf jetzt als gesichert betrachtet werden. 2. Eine klare Zuordnung des entschiedenen Falls zu einer Fallgruppe ist möglich, da das Urteil ausführt, dass der Zusatzverantwortliche neben dem „eigentlichen" Störer haftet. Es handelt sich um einen Fall der ersten Fallgruppe. Ferner ist davon auszugehen, dass es sich um eine Haftungszuweisung handelt, Fallgruppe 1b. 3. Die Zusatzverantwortlichkeit setzt das Bestehen

---

[105] Ebd., 333.
[106] Ebd.
[107] Ebd., 334.
[108] Ebd., 335.

einer bestimmten zivilrechtlichen Beziehung zwischen den haftenden Personen voraus. 4. Der Entscheidung lässt sich mit Blick auf die zivilrechtliche Beziehung entnehmen, dass ein Vertrag, der Elemente eines Dienst- oder Werkvertrags enthält, eine Zusatzverantwortlichkeit begründen kann.

h) *Entscheidung des Neunten Senats vom 25. 9. 1914*

Die Entscheidung[109] löst folgenden Fall: Der Kläger ist Verwalter eines Hausgrundstücks. Ein Verein veranstaltet im Saal des Hauses ein Tanzvergnügen, bei dem mit Blechinstrumenten derart laut gespielt wird, dass die Anwohner in der Nachtruhe gestört werden. Dem Verwalter wird durch Verfügung auferlegt, er habe dafür zu sorgen, dass bei ähnlichen Veranstaltungen im Saal nach elf Uhr abends nicht mehr in einer auch auf der Straße laut vernehmbaren Weise musiziert werde, widrigenfalls drohe ihm eine Strafe. Nach erfolgloser Beschwerde erhebt der Verwalter Klage beim OVG, die er damit begründet, „daß ihm durch die angefochtene Verfügung eine Verpflichtung auferlegt werde, deren Erfüllung ihm vollkommen unmöglich sei. Die Anordnung der Polizeibehörde hätte sich zweckentsprechend nur gegen den Veranstalter der Musikaufführung selbst oder gegen eine Person richten dürfen, die befugt und in der Lage sei, die Art und Weise der musikalischen Veranstaltung zu bestimmen und zu leiten. Beides treffe bei ihm nicht zu. Als Hausverwalter des Grundstücks sei er nur befugt, den Saal seinem Bestimmungszweck entsprechend zur Abhaltung von Versammlungen oder Vergnügungen an einzelne Personen oder Vereinsvorstände und zwar gewöhnlich nur auf eine eintägige Zeitdauer zu vermieten. Mit dem Zeitpunkt der Übergabe des Saales an den Mieter sei er nicht mehr berechtigt, darüber in irgend welcher Weise zu verfügen. Insbesondere stehe ihm, falls der Mieter entgegen der beim Abschlusse des Mietvertrags stets getroffenen Vereinbarung, daß nach 11 Uhr abends auf Blechinstrumenten nicht musiziert werden dürfte, zuwiderhandle, kein Mittel zur Verfügung, um eine sofortige Unterlassung zu erzwingen.[...] Die angefochtene Verfügung lege vielmehr dem Kläger die Verpflichtung auf, die Vornahme der Handlung einer dritten Person, nämlich das Musizieren auf Blechinstrumenten seitens des Saalmieters oder seitens der vom letzteren hierzu bestellten Personen zu verhindern."[110] Die Klage ist erfolglos.

Die Entscheidung enthält folgende Aussagen: Der Hauseigentümer bzw. dessen Vertreter hafte gegenüber der Polizeibehörde auch für die Unterlassung polizeiwidriger Handlungen durch dritte Personen, insbesondere seiner Mieter. Dieser Grundsatz gelte nicht nur, wenn das Hausgrundstück selbst in einen polizeiwidrigen Zustand versetzt worden sei, sondern auch dann, wenn auf dem Grundstück Veranstaltungen (Musikaufführungen) abgehalten würden, die in-

---

[109] PrOVG, PrVBl. 1915/16, 153 ff. (153).
[110] Ebd.

folge der mit ihnen verbundenen Ruhestörungen die Gesundheit der Anwohner zu gefährden geeignet seien.[111] Das Gericht führt zu den Gegenargumenten aus: „Diese Einwendungen sind nicht begründet. Die Entscheidung über die vom Kläger erhobenen Bedenken ist in erster Linie von der Beantwortung der Frage des materiellen Polizeirechts abhängig, ob der Hauseigentümer (bzw. hier der Kläger, der unstreitig zu dessen Vertretung bestellt ist) der Polizeibehörde auch für die Unterlassung polizeiwidriger Handlungen seitens dritter Personen, insbesondere seiner Mieter, hafte. Das ist auf dem Gebiete des Polizeirechts, wie das Oberverwaltungsgericht[112] wiederholt entschieden hat, in noch weiterem Umfange zu bejahen, als es privatrechtlich für die Frage des Schadensersatzes geschehen ist. Dem Eigentümer liegt die Verbindlichkeit ob, sein Haus in polizeimäßigem Zustande zu erhalten. Dieselbe ist inhaltlich nicht darauf beschränkt, daß er sich selbst und lediglich für seine Person jeder solchen Zustand störenden Handlung enthalte. Sie verpflichtet den Hauseigentümer, nicht nur in dieser Beziehung seine eigenen Wohnungs- und Wirtschaftsgenossen, Kinder, Gesinde, Handwerksgehilfen usw. zu überwachen, sondern auch, falls er sein Haus oder einzelne Teile desselben durch Vermietung nutzt, alles in seinen Kräften stehende zu tun, um auch die Mieter und deren Wirtschaftsgenossen an der Störung des gebotenen Zustands zu hindern und auch sie in dieser Beziehung zu kontrollieren. Die Verantwortlichkeit des Eigentümers eines Grundstücks für Handlungen anderer hat im Polizeirecht ihren Grund in dem Eigentumsrecht, in der Herrschaft über das Grundstück."[113] Der Sachverhalt in dem genannten Urteil unterscheide sich von dem hiesigen, da dort das Grundstück sich in einem polizeiwidrigen Zustand befand. Jedoch können die in diesem Urteil genannten Grundsätze auch auf den hiesigen Streitfall angewendet werden. „Der polizeiwidrige Zustand, der hier der Polizeibehörde Anlaß zum Einschreiten bietet, besteht darin, daß in dem der Verwaltung des Klägers unterstellten Saale Veranstaltungen abgehalten werden, die infolge der mit ihnen verbundenen Ruhestörungen die Gesundheit der Anwohner zu gefährden geeignet sind. Die Schaffung dieses polizeiwidrigen Zustandes wird lediglich dadurch ermöglicht, daß der Kläger in Ausübung des Eigentumsrechts den Saal den Veranstaltern der Vergnügung zur Verfügung überläßt. Wenn er weiß oder den Umständen nach annehmen muß (und das ist hier unzweifelhaft der Fall), daß das Vergnügungsrecht voraussichtlich zur Herbeiführung eines polizeiwidrigen Zustandes benutzt, also missbraucht werden wird, ist es seine sich aus dem Eigentumsrecht ohne weiteres ergebende Pflicht, dafür Sorge zu tragen, daß eine im öffentlichen Interesse nicht zu duldende Benutzung des Saales unterbleibt."[114] Diese Aussagen bedeuten: Der Hausverwalter hat dafür zu sorgen, dass sich seine Mieter polizeimäßig verhalten. Er haftet für

---

[111] Ebd.
[112] PrOVG, PrVBl. 1891/1892, S. 247f.
[113] PrOVG, PrVBl. 1915/16, 154f.
[114] Ebd., 155.

das Verhalten seiner Mieter. Ohne ein polizeiwidriges Verhalten der Mieter haftet der Verwalter nicht. Wie in der Rechtsprechung erarbeitet, haftet auch der Mieter selbst. Es liegt somit ein Fall der Zusatzverantwortlichkeit vor. Diese Entscheidung steht in Einklang mit dem Urteil des OVG vom 21. 4. 1888.[115] Dort stellt das Gericht fest, dass der Eigentümer für das polizeiwidrige Verhalten seiner Mieter haftet. In der hier behandelten Entscheidung liegt der Fall der Zusatzverantwortlichkeit noch eindeutiger vor. Die Gefahr geht hier nämlich nicht von dem Grundstück aus, sondern eindeutig von dem Verhalten der Mieter. Das Urteil ist ein weiterer Beleg für die Existenz der Zusatzverantwortlichkeit.

Als Ergebnis der Analyse lassen sich folgende Erkenntnisse formulieren: 1. Das Gericht geht ohne nähere Ausführungen von der bestehenden Zusatzverantwortlichkeit aus. Die polizeirechtliche Zusatzverantwortlichkeit ist als ein von der Rechtsprechung nunmehr durchgängig eingesetztes Haftungsinstrument zu betrachten. 2. Eine klare Zuordnung des entschiedenen Falls zu einer Fallgruppe ist möglich, da das Urteil ausführt, dass der Zusatzverantwortliche neben dem „eigentlichen" Störer haftet. Es handelt sich um einen Fall der ersten Fallgruppe, näherhin der Fallgruppe 1 b. 3. Die Zusatzverantwortlichkeit setzt das Bestehen einer bestimmten zivilrechtlichen Beziehung zwischen den haftenden Personen voraus. 4. Der Entscheidung lässt sich mit Blick auf die zivilrechtliche Beziehung entnehmen, dass ein Mietvertrag die Zusatzverantwortlichkeit des Vermieters begründen kann.

2. Entscheidung des Ersten Senats des Königlich Sächsischen Oberverwaltungsgerichts vom 30. 7. 1904

Dieses Gericht äußerte sich, soweit aus seinen veröffentlichten Entscheidungen ersichtlich ist, nur in seinem Urteil vom 30. 7. 1904 zu einem hier einschlägigen Sachverhalt.

Dieses Urteil[116] behandelt folgenden Sachverhalt: Der Kläger betreibt eine Schankwirtschaft. Die Polizeidirektion eröffnet ihm am 16. 9. 1902, dass er für die Aufrechterhaltung von Ruhe und Ordnung in seinem Lokal zu sorgen habe, so dass die Nachbarn nicht durch Musizieren, Singen oder Lärmen der Gäste gestört werden. Der Kläger ficht diese Verfügung nicht an. Gegenstand späterer Anzeigen sind Störungen der Nachtruhe, die Gäste des Klägers auf der Straße verübt haben. Die Polizeidirektion droht bei wiederholter Übertretung eine frühere Schlussstunde an. Der Kläger erhebt gegen die Verfügung Rekurs, den er damit begründet, dass er für den auf der Straße verübten Lärm der Gäste nach

---

[115] s. zuvor unter b).
[116] Jahrbücher des Königlich Sächsischen Oberverwaltungsgerichts, 1905, 153 ff. (153 f.).

A. Entstehung des gesetzlichen Verantwortlichkeitstatbestands

Schließung des Lokals nicht haftbar gemacht werden könne. Der Rekurs wird verworfen. Das Gericht hält die Verfügung für begründet.[117]

Das Gericht formuliert folgende Aussage: „Dem Kläger ist in seiner Eigenschaft als Gastwirt mit Rücksicht auf frühere in seinem Wirtschaftsbetriebe vorgekommene Ruhestörungen durch polizeilichen Einzelbefehl eine ganz besondere Aufsicht über das Verhalten seiner Gäste in der Richtung zur Pflicht gemacht worden, daß er für Aufrechterhaltung der Ruhe in den Schankräumen und namentlich dafür zu sorgen hat, daß seine Gäste, insbesondere nach 10 Uhr abends, nicht in nach außenhin störender Weise lärmen, singen und schreien. Diese ihm, wenn auch in weitreichendem Maße, so doch nicht über die Grenzen des Möglichen hinaus auferlegte Aufsichtspflicht hat der Kläger im vorliegenden Falle mindestens fahrlässigerweise verletzt."[118] Diese Aussagen bedeuten: Der Wirt haftet, weil er seine Aufsichtspflicht fahrlässig verletzt hat. Diese Aussage spricht zunächst gegen die Annahme, der Wirt hafte als Zusatzverantwortlicher. Die heutige gesetzlich geregelte Zusatzverantwortlichkeit setzt bei bestimmten Personen bestimmter als Aufsichtspflichtige an. Dieser Umstand spricht dafür, dass man die Inanspruchnahme des Wirts auch als Beleg für die Zusatzverantwortlichkeit werten kann. Gegen dieses Ergebnis spricht, dass dem Wirt nach der Entscheidung ein Verschulden nachgewiesen werden muss. Wie dargestellt[119], ist das heutige Polizeirecht zum Teil aus dem Strafrecht entstanden. In dem vorliegenden Urteil handelt es sich um eine Polizeistrafe. Dieser Umstand erklärt, warum hier ein Verschulden gefordert wird, und widerlegt das Argument gegen die Zusatzverantwortlichkeit. Die Aufsichtspflicht betrifft nichts anderes als einen Gefahrenbereich, für den der Wirt zusätzlich die Verantwortung trägt. Der „eigentliche" Störer ist derjenige, der den Lärm verursacht und somit die Nachtruhe stört. Der Wirt haftet für diesen zusätzlich. Dieses Urteil ist ein weiterer Beleg für die Existenz der Zusatzverantwortlichkeit.

Folgende Erkenntnisse lassen sich formulieren: 1. Das Gericht geht ohne nähere Ausführungen von einer bestehenden Zusatzverantwortlichkeit aus. Die polizeirechtliche Zusatzverantwortlichkeit ist nicht nur als ein von der Rechtsprechung des PrOVG, sondern auch von der Rechtsprechung des SächsOVG anerkanntes Haftungsinstrument zu betrachten. 2. Eine klare Zuordnung des entschiedenen Falls zu einer Fallgruppe ist möglich. Es handelt sich um einen Fall der ersten Fallgruppe, näherhin der Fallgruppe 1a. 3. Die Zusatzverantwortlichkeit setzt das Bestehen einer bestimmten zivilrechtlichen Beziehung zwischen den haftenden Personen voraus. 4. Der Entscheidung lässt sich mit Blick auf die zivilrechtliche Beziehung entnehmen, dass ein „Bewirtungsvertrag" die Zusatzverantwortlichkeit des Gastwirts begründen kann. 5. An diesem Urteil ist zu

---

[117] Ebd., 154.
[118] Ebd., 1905, 157.
[119] s. Kapitel 1 A I 4.

sehen, in welch weitreichendem Umfang eine Anwendung der Zusatzverantwortlichkeit ohne eine gesetzliche Regelung denkbar ist.

3. Entscheidung des Vierten Strafsenats des Reichsgerichts vom 30. 6. 1896

Es gibt, soweit aus den veröffentlichten Entscheidungen des RG ersichtlich, wohl nur eine hier einschlägige Entscheidung des RG.

Diesem Urteil[120] liegt folgender Sachverhalt zu Grunde: Die Revision greift ein Urteil an, weil der Angeklagte behauptet, zu Unrecht als Gewerbetreibender im Sinne von § 146 Nr. 2 GewO verurteilt worden zu sein. Der Angeklagte ist kaufmännischer Direktor einer AG. Diese Ansicht weist das RG genauso wie die Darlegung des angefochtenen Urteils zurück. In dem angefochtenen Urteil heißt es: „... wo das Gewerbe nicht für eine physische Person, sondern für eine Aktiengesellschaft geführt werde, sei als Gewerbetreibender strafrechtlich derjenige verantwortlich, welcher als Vertreter der Gesellschaft erscheine."[121]

Das RG führt aus, der Vertreter einer AG sei kein Gewerbetreibender, sondern im Falle des Vorstands Organ, durch das die AG handele. Die unzutreffende Bezeichnung als Gewerbetreibender in dem angefochtenen Urteil berühre seinen Bestand nicht. Gem. § 151 Satz 1 GewO[122] hafte für die Übertretung polizeilicher Vorschriften innerhalb eines Gewerbebetriebs in erster Linie die Person, die der Gewerbetreibende zur Leitung des Betriebs, eines Teils des Betriebs oder zur Beaufsichtigung bestellt habe.[123] Allerdings hafte der zur Leitung eines Teils des Betriebs Angestellte nur für die innerhalb dieses Teils vorkommenden Übertretungen.[124] Diese Aussage bedeutet: Die Entscheidung belegt in einem

---

[120] RG, 4. Strafsenat, Entscheidung vom 30. 6. 1896, PrVBl. 1896/97, 478.
[121] Ebd.
[122] Vgl. *Höinghaus*: „§. 151. Sind bei der Ausübung des Gewerbes polizeiliche Vorschriften von Personen übertreten worden, welche der Gewerbetreibende zur Leitung des Betriebes oder eines Theiles desselben oder zur Beaufsichtigung bestellt hat, so trifft die Strafe diese letzteren. Der Gewerbetreibende ist neben denselben strafbar, wenn die Uebertretung mit seinem Vorwissen begangen ist oder wenn er bei der nach den Verhältnissen möglichen eigenen Beaufsichtigung des Betriebes, oder bei der Auswahl oder der Beaufsichtigung der Betriebsleiter oder Aufsichtspersonen es an der erforderlichen Sorgfalt hat fehlen lassen.
Ist an eine solche Übertretung der Verlust der Konzession, Approbation oder Bestallung geknüpft, so findet derselbe auch als Folge der von dem Stellvertreter begangenen Uebertretung statt, wenn diese mit Vorwissen des verfügungsfähigen Vertretenen begangen worden ist. Ist dies nicht der Fall, so ist der Vertretene bei Verlust der Konzession, Approbation und s. w. verpflichtet, den Stellvertreter zu entlassen."
[123] RG, 4. Strafsenat, Entscheidung vom 30. 6. 1896, PrVBl. 1896/97, 478.
[124] Ebd.

A. Entstehung des gesetzlichen Verantwortlichkeitstatbestands

weiteren Fall die Existenz der Zusatzverantwortlichkeit, indes nicht im polizeirechtlichen, sondern im strafrechtlichen Sinn. Es ist aber davon auszugehen, dass auch eine polizeirechtliche Zusatzverantwortlichkeit in diesem Fall existiert. Der Leiter eines Gewerbebetriebs haftet für die polizeirechtlichen Übertretungen der Angestellten. Dass die Angestellten auch persönlich haften, steht außer Frage. Der Leiter haftet deshalb für das Verhalten der Angestellten zusätzlich.

Als Ergebnis der Analyse lassen sich folgende Erkenntnisse formulieren: 1. Das RG geht ohne nähere Ausführungen von einer bestehenden Zusatzverantwortlichkeit aus. Die polizeirechtliche Zusatzverantwortlichkeit ist nunmehr als ein vom höchsten deutschen Gericht anerkanntes Haftungsinstrument zu betrachten. 2. Eine klare Zuordnung des entschiedenen Falls zu einer Fallgruppe ist möglich. Es handelt sich um einen Fall der ersten Fallgruppe, näherhin der Fallgruppe 1 a. 3. Die Zusatzverantwortlichkeit setzt das Bestehen einer bestimmten zivilrechtlichen Beziehung zwischen den haftenden Personen voraus. 4. Der Entscheidung lässt sich mit Blick auf die zivilrechtliche Beziehung entnehmen, dass ein Arbeitsvertrag die Zusatzverantwortlichkeit des Leiters des Betriebs begründen kann. Dieser muss nicht der Gewerbetreibende oder der Eigentümer des Betriebs sein. 5. An diesem Urteil ist noch einmal zu sehen, in welch weitreichendem Umfang eine Anwendung der Zusatzverantwortlichkeit ohne eine gesetzliche Regelung denkbar ist.

4. Rechtsprechung des Kammergerichts

a) Entscheidung vom 4. 11. 1901 (unbekannter Senat)

Dieses Urteil[125] behandelt folgenden Fall: Der Angeklagte ist ein Kaufmann, über dessen Vermögen der Konkurs eröffnet worden ist. Er wird auf Grund einer Straßenpolizeiverordnung verurteilt, weil er die Straße vor seinem zur Konkursmasse gehörenden Grundstück nicht gereinigt hat. Das Kammergericht spricht ihn frei.

Das Urteil enthält folgende relevanten Aussagen: „Wenn dem Eigentümer oder Benutzer eines Grundstücks oder dem Bewohner eines Hauses durch eine Norm des öffentlichen Rechts bestimmte Verpflichtungen auferlegt werden, so können ihn diese Verpflichtungen nur insoweit treffen, als er die rechtliche Möglichkeit hat, die ihm aus dem Eigentum oder aus dem Benutzen oder Bewohnen zustehenden Rechte auszuüben."[126] Ab dem Zeitpunkt der Konkurseröffnung hat der Konkursverwalter Weisungsbefugnis über das Konkursvermögen und nicht mehr der Eigentümer. Der Konkursverwalter hat ab diesem Zeitpunkt für die Verletzung öffentlichrechtlicher Verpflichtungen einzustehen.[127] Diese Aussagen

---
[125] KG, Urteil 844/01 vom 4. 11. 1901, DJZ 1902, Sp. 127.
[126] Ebd.

bedeuten: Das Gericht behandelt den Fall der gesetzlichen Anordnung einer Haftung für einen fremden Gefahrenbereich. Diese Konstellation stellt keinen Fall der Zusatzverantwortlichkeit im eigentlichen Sinn dar. Es handelt sich um die Haftung einer Person kraft Gesetzes anstelle einer anderen Person, die als Haftende ausgeschieden ist. Dieses Urteil steht in Einklang mit den Erkenntnissen des PrOVG vom 18. 1. 1886 und vom 17. 5. 1897.[128]

Der Sachverhalt ist der Fallgruppe 2 zuzuordnen.

b) Entscheidung des Ersten Senats vom 19. 4. 1906

Dem Urteil[129] liegt folgender Sachverhalt zu Grunde: Eine Polizeiverordnung schreibt für gewisse mit Tieren bespannte Fuhrwerke beim Verkehr auf öffentlichen Straßen die Bezeichnung mit Namen und Wohnort des Besitzers vor. Der Angeklagte ist ein Knecht, der mit einer Kutsche ohne eine solche Bezeichnung gefahren ist. Der Dienstherr hat trotz der Mahnung des Angeklagten eine Inschrift nicht anbringen lassen, auch keine Inschrift bereitgestellt. Die Strafkammer spricht den Angeklagten frei, „da die Verpflichtung nur dem Besitzer auferlegt sei. Der mit der Führung des Wagens beauftragte Knecht sei nur dann verantwortlich, wenn er eine vom Eigentümer bereitgestellte Tafel nicht anbringe."[130] Diese Situation liegt hier nicht vor. Demnach kann der Angeklagte für den Mangel nicht verantwortlich gemacht werden.

Diese Auffassung macht sich das KG nicht zu eigen. Verantwortlich sei jeder, der mit dem unbezeichneten Wagen auf öffentlichen Straßen verkehre, also auch der Führer oder der Kutscher.[131] Diese Aussage bedeutet: Ob die Haftung des Kutschers eine Haftung des Dienstherrn ausschließt und deshalb eine Zusatzhaftung des Dienstherrn nicht existiert, lässt sich dem Wortlaut der Entscheidung nicht entnehmen, weil das KG zu dieser Frage keine Ausführungen macht. Es ist anzunehmen, dass eine Inanspruchnahme des Dienstherrn möglich ist; denn ansonsten hätte das KG sich diesbezüglich verneinend äußern müssen nach dem Urteil der Vorinstanz. Der Dienstherr ist neben dem Arbeitnehmer verantwortlich. Der Arbeitnehmer ist aber der primäre Störer, weil er mit der Kutsche ohne die vorgeschriebene Kennzeichnung fährt. Der Dienstherr haftet zusätzlich neben dem Arbeitnehmer. Wäre der Fall polizeirechtlich zu beurteilen gewesen, läge ein typischer Fall der Zusatzverantwortlichkeit vor.

---

[127] Ebd.
[128] s. Kapitel 1 A II 1 a) und e).
[129] KG, Urteil 1. Senat 239/06 vom 19. 4. 1906, DJZ 1906, Sp. 767f. (767).
[130] Ebd.
[131] Ebd.

A. Entstehung des gesetzlichen Verantwortlichkeitstatbestands 79

Auch das Kammergericht erkennt mittelbar die Zusatzverantwortlichkeit an. Der Fall ist der Gruppe 1 zuzuordnen.

5. Zusammenfassende Bewertung der Aussagen in der Rechtsprechung

Die vorgestellten Entscheidungen belegen die Existenz der polizeirechtlichen Zusatzverantwortlichkeit als solche und ihre Anwendung im Einzelfall.

Die am häufigsten behandelte Frage ist die Frage nach der Haftung des Konkursverwalters für den Zustand des verwalteten Gegenstands. Diese Konstellation stellt keinen Fall der Zusatzverantwortlichkeit im eigentlichen Sinn dar. Es handelt sich um die Haftung einer Person kraft Gesetzes anstelle einer anderen Person, die als Haftende ausgeschieden ist.

Die anderen Entscheidungen behandeln spezielle Fragen. In den Antworten wird die Zusatzverantwortlichkeit akzeptiert. Diese Akzeptanz zeigt sich erstmals in der Rechtsprechung des PrOVG, dann aber auch in der des SächsOVG und in strafrechtlichen Entscheidungen des RG und des KG, die mittelbar die polizeirechtliche Zusatzverantwortlichkeit anerkennen.

Die Frage, wer zusätzlich für das Verhalten einer anderen Person haftet, wird in der Weise beantwortet, dass eine zivilrechtliche Beziehung zwischen der „primär" haftenden Person und dem Zusatzverantwortlichen bestehen muss. Mit Blick auf diese zivilrechtlichen Beziehungen lässt sich eine begrenzende Aussage nicht treffen. Es kann festgestellt werden, dass jede denkbare Beziehung eine Zusatzhaftung zur Folge haben kann. Jeder, der für einen anderen verantwortlich ist, gleich aus welchem Grund, kann als Zusatzverantwortlicher in Anspruch genommen werden. Gelegentlich finden sich Aussagen, die sich wohl den Fallgruppen 1 a und 1 b zuordnen lassen. Beide Gruppen sind vertreten.

Die zivilrechtlichen Beziehungen spiegeln das damalige Leben wider. Es werden Haftungsfragen diskutiert, die in die heutige Realität nicht passen. Es ist z. B. die Frage, ob ein Leiter eines Theaters für das (angenommene) polizeiwidrige Verhalten der Besucher seines Theaters in Anspruch genommen werden kann, ohne dass ein eigenes polizeiwidriges Verhalten des Leiters vorliegt, heute nicht vorstellbar. Deutlich zeigt sich, dass der Dienstherr als Zusatzverantwortlicher für das Handeln seiner Angestellten anerkannt ist. Die Frage, ob Eltern für das Handeln ihrer Kinder in Anspruch genommen werden können, ist nicht Gegenstand von Entscheidungen. Eine mögliche Erklärung für fehlende Entscheidungen ist, dass diese Frage nicht umstritten war. Es ist denkbar, dass die Eltern es als selbstverständlich betrachten, für das Handeln ihrer Kinder polizeilich in Anspruch genommen zu werden. Diese Annahme wäre eine Erklärung dafür, dass sie nicht gerichtlich gegen sie betreffende Verfügungen vorgingen.

Zusammenfassend lässt sich festhalten, dass in der früheren Rechtsprechung die Zusatzverantwortlichkeit als Haftungsinstrument in einem gegenständlich nicht beschränkten Umfang anerkannt ist.

III. Literatur

Es gab keine gesetzlichen Aussagen, die die Polizeipflichtigkeit festlegten. In der Folge kam der Polizeirechtslehre neben der Rechtsprechung die Aufgabe zu, die Polizeipflichtigkeit zu bestimmen.[132] Die Polizeirechtslehre erfüllte diese Aufgabe. Sie arbeitete (neben der Rechtsprechung) die Voraussetzungen der polizeilichen Verantwortlichkeit heraus und bildete sie fort. Die unterschiedlichen literarischen Ansichten zu diesem Thema und ihre Begründungen werden im Folgenden dargestellt. Eine breite Behandlung ist notwendig, um zu zeigen, welche Personen als Zusatzverantwortliche in Betracht gezogen wurden. Dieses Vorgehen führt nicht nur zu einem ausführlichen Überblick über die vertretenen Rechtsauffassungen, sondern verdeutlicht auch die Entwicklung der Zusatzverantwortlichkeit. Es reicht nicht aus, zu zeigen, welche Ansichten sich durchsetzten, sondern gerade die Minder- oder Randmeinungen sind wichtig, um die Breite des vorhandenen Meinungsspektrums zu belegen.

Die dargestellten Ansichten sind chronologisch geordnet, um die Entwicklung des Meinungsstands zu verdeutlichen.

1. Otto Mayer

1895 beschäftigt sich *Mayer* im Rahmen seines Lehrbuchs „Deutsches Verwaltungsrecht"[133] mit der Frage, wer als Störer (im heutigen Sinn) in Anspruch genommen werden könne. Nach ihm geht die Polizeigewalt auf die Geltendmachung der allgemeinen Untertanenpflicht zurück. Die allgemeine Untertanenpflicht bestehe darin, die Störung der guten Ordnung des Gemeinwesens zu vermeiden. Er führt weiter aus, dass, um die obrigkeitliche Gewalt auszuüben, es eines Rechtssubjekts bedürfe, auf welche sie wirke. Für die Polizeigewalt könne dieses Rechtssubjekt kein anderes sein als der Untertan, von dem die Störung der guten Ordnung des Gemeinwesens ausgehe. Die Frage, welcher Untertan in Anspruch zu nehmen sei, dürfe nicht nach den Formen der Kausalität beantwortet werden, wie es bei dem Strafurteil oder dem sittlichen Urteil geschehe. Die Polizei habe es in diesem Fall nicht mit dem Menschen an sich zu tun, „sondern mit der gesellschaftlichen Einzelheit, die der Gesellschaft als Gesamtheit gegenübersteht."[134] Die Störung gehe von demjenigen aus, dessen

---
[132] So auch *Naas*, S. 147; *Schloer*, S. 106.
[133] *Mayer*, S. 265.

A. Entstehung des gesetzlichen Verantwortlichkeitstatbestands 81

Lebenskreise sie entspringe. „Nicht bloß sein persönliches Verhalten wird ihm dafür zugerechnet, sondern auch der gefährliche Zustand seiner Sachen, die Schäden, die aus seinem Hauswesen, aus seinem Gewerbebetrieb der guten Ordnung drohen; wegen allem, wovon er der *gesellschaftliche Mittelpunkt* ist, trägt er die gesellschaftliche Verantwortlichkeit und kann er durch obrigkeitliche Maßregeln getroffen werden, damit er die Störung vermeide, unterlasse und beseitige."[135] Weiter legt *Mayer* dar, so umfassend diese Verantwortlichkeit sei, so habe sie doch in ihrer Grundlage selbst ihre Grenzen: der Einzelne könne nicht polizeilich verantwortlich gemacht und in seiner Freiheit beschränkt werden wegen Störungen, die von fremden Lebenskreisen ausgehen.[136]

Den Ausgangspunkt der Beschäftigung mit der Haftung bildet für *Mayer* der „Lebenskreis", von dem die Störung ausgeht. Derjenige, der für den „Lebenskreis" verantwortlich sei, hafte. Er hat sodann im Blick die Person, die den Mittelpunkt des Lebenskreises bildet und die im Falle einer Störung aus dem Lebenskreis heraus haftet. Er nennt der Sache nach sowohl die Verhaltensverantwortlichkeit (persönliches Verhalten), die Zustandsverantwortlichkeit (gefährlicher Zustand seiner Sachen; die Schäden, die aus seinem Hauswesen, aus seinem Gewerbebetrieb der guten Ordnung drohen) als auch die Zusatzverantwortlichkeit (wegen allem, wovon der Mensch der gesellschaftliche Mittelpunkt ist, trägt er die gesellschaftliche Verantwortlichkeit). Er differenziert nicht zwischen den verschiedenen Typen von Haftungsverantwortlichkeit (Verhaltens-, Zustands- und Zusatzverantwortlichkeit), sondern er fasst diese drei Typen zu einer einzigen Haftungsverantwortlichkeit zusammen. *Mayer* erkennt damit die Zusatzverantwortlichkeit an. Personell bezieht sich diese auf alle Menschen, die dem „Lebenskreis" angehören. Wie der Lebenskreis selbst und die Angehörigkeit zu ihm näher bestimmt werden können, geht aus *Mayers* Ausführungen nicht hervor. Es kann sich um Personen aus dem Hauswesen oder dem Gewerbebetrieb handeln. Zu den Rechtsbeziehungen, die insoweit bedeutsam sein könnten, finden sich keine Äußerungen. Ferner geht aus den Ausführungen nicht hervor, *warum* eine Person für die zu ihrem Lebenskreis gehörenden anderen Personen haftet. Schließlich stellt *Mayer* die Frage nicht, ob die zum Lebenskreis gehörende Person selbst haftet – davon ist aber wohl auszugehen, wie zuvor schon unterstellt, weil ansonsten die den Mittelpunkt des Lebenskreises bildende Person die Haftung für andere Personen vollständig übernimmt und deshalb allein haftet. Ein solches Ergebnis ist schwer vorstellbar.

Zusammenfassend lässt sich feststellen, dass *Mayer* der Sache nach die Zusatzverantwortlichkeit kennt, sie aber in einer einheitlichen Haftungsverantwortlichkeit aufgehen lässt. Seine Lösung entspricht der der Fallgruppe 1.

---

[134] Ebd.
[135] Ebd.
[136] Ebd.

2. Gerhard Anschütz

Im Jahre 1898 befasst sich *Anschütz* im Rahmen des Aufsatzes „Die im Jahre 1897 veröffentlichte Rechtsprechung des königlichen preußischen Oberverwaltungsgerichts"[137] mit der Frage nach dem Umfang der Verantwortung des Einzelnen. Er führt aus, die Polizei könne nicht von jedem Menschen alles verlangen, was objektiv dem polizeilichen Interesse entspreche und wozu er auch tatsächlich in der Lage sein möge, sondern von „Jedem" nur das, was ihn angehe, wofür er nach außen verantwortlich sei.

Anschütz stimmt *Mayers* Ausgangspunkt, der Verantwortlichkeit für den eigenen Lebenskreis, zu, indem er feststellt, die Polizei könne von jedem nur verlangen, was ihn angehe und wofür er nach außen verantwortlich sei. Der in den unterschiedlichen Formulierungen zum Ausdruck kommende Gedanke ist folgender: Eine Person ist für einen bestimmten Bereich sozial verantwortlich. Damit haftet sie für Schäden, die dem sozialen Bereich zuzuordnen sind. Eine Bestimmung der Haftungstatbestände erbringt eine Analyse des von ihm aufgestellten Kriteriums „was ihn angeht, wofür er nach außen verantwortlich ist".[138] Es ergibt sich, dass eine Person für Störungen aus einem bestimmten Bereich (das ist der Bereich, für den sie nach außen verantwortlich ist) für Störer (im heutigen Sinn) haftet, wenn ihr das Handeln des Störers zugerechnet werden kann (was der Fall ist, wenn sie das Handeln des Störers etwas „angeht"). Der Sache nach, freilich ohne sie zu benennen, kennt *Anschütz* die Verhaltenshaftung und die Zustandshaftung. Definitiv kennt *Anschütz* die Zusatzverantwortlichkeit. Der Zusatzverantwortliche ist für das Handeln des „eigentlichen" Störers verantwortlich. *Anschütz* fasst wie *Mayer* die unterschiedlichen Haftungstatbestände zu einem einzigen zusammen. Personell legt *Anschütz* die in Frage kommenden Haftungsfälle nicht fest. Die Reichweite der Haftung bestimmt *Anschütz* nicht konkret, sondern es bleibt bei den zuvor wiedergegebenen abstrakten Formulierungen. Er beantwortet auch die Frage nach dem Rechtsgrund der Haftung nicht. *Anschütz* geht aber davon aus, dass ein Fall der Doppelhaftung besteht: Der „eigentliche" Störer haftet, derjenige, den es angeht, haftet zusätzlich.

Es ist festzustellen, dass *Anschütz* der Sache nach die Zusatzverantwortlichkeit anerkennt, dieses Ergebnis aber nicht selbst verbalisiert. Er lässt die Zusatzverantwortlichkeit in einem einheitlichen Verantwortlichkeitstatbestand aufgehen. Seine Lösung entspricht der Fallgruppe 1.

---

[137] *Anschütz*, VerwArch 1898, 609.
[138] Ebd.

3. Oskar von Arnstedt

Arnstedt befasst sich 1905 in seinem Lehrbuch „Das Preußische Polizeirecht"[139] mit der Urheberverantwortlichkeit. Gemeint ist die Verantwortlichkeit für eine Gefahr im polizeirechtlichen Sinn. Er stellt zur Urheberverantwortlichkeit folgendes fest: „Jeder, der mit polizeilich unzulässigen Folgen verknüpfte Handlungen vornimmt, darf von der Polizeibehörde dazu angehalten werden, die Handlungen zu unterlassen.[...] Die Polizei kann sich an den Urheber polizeiwidriger Zustände mit der Auflage halten, diesen Zuständen Abhilfe zu schaffen."[140]

Arnstedt bestimmt die Verantwortlichkeit nicht so weitreichend wie *Mayer* oder *Anschütz*. Er kennt nur die Verantwortlichkeit für eigenes Handeln. Eine Verantwortlichkeit für fremdes Handeln ist ihm unbekannt. Er setzt sich auch nicht mit den beiden zuvor analysierten Auffassungen auseinander.

Als Ergebnis lässt sich festhalten, dass dieser Autor die Zusatzverantwortlichkeit nicht kennt. Er bleibt deshalb hinter weitergehenden früher formulierten Auffassungen zurück. Seine Lösung ist der Fallgruppe 2 zuzuordnen.

4. Heinrich Konrad Studt und Otto von Braunbehrens

1906 beschäftigen sich *Studt* und *Braunbehrens* in ihrer Darstellung „Preußische Landesverwaltungsgesetze"[141] mit der Verantwortlichkeit für polizeiwidrige Zustände. Sie differenzieren zwischen der Verantwortlichkeit des Urhebers eines polizeiwidrigen Zustands und der des Eigentümers eines sich im polizeiwidrigen Zustand befindlichen Grundstücks.[142] Ferner sagen sie, dass, wenn nicht der Zustand des Gebäudes an sich als polizeiwidrig erscheine, „sondern eine bestimmte Verwendung desselben, so kann die Unterlassung dieser Verwendung oder eine entsprechende Abänderung der Baulichkeit dem Eigentümer auch in dem Falle aufgegeben werden, daß er die polizeiwidrige Verwendung nicht selbst vornimmt, sondern seitens eines Mieters oder eines sonstigen Gebrauchsberechtigten geschehen lässt; die polizeiliche Verfügung kann sich indessen auch gegen die letzteren richten."[143] *Studt* und *Braunbehrens* bringen dann Beispiele, nach

---
[139] *Arnstedt*, S. 54.
[140] Ebd.
[141] Vgl. *Studt/Braunbehrens*, in: Brauchitsch, 20. Aufl. Der erste Bd. behandelt „formal" das Landesverwaltungsgesetz, das Verwaltungsgerichtsgesetz, das Zuständigkeitsgesetz und er enthält einen Anhang. Das allgemeine Polizeirecht wird nicht erwähnt. Trotzdem bearbeiten die Autoren in dem Buch „materiell" die polizeiliche Verantwortlichkeit.
[142] Ebd., S. 173.
[143] Ebd., S. 174.

denen eine andere Person anstelle des Eigentümers in Anspruch genommen werden kann und somit statt des Eigentümers polizeilich haftet. Sie führen aus, dass es zweckdienlich sein könne, wenn der Eigentümer eines Grundstücks im Ausland lebe und die Ausübung seiner tatsächlichen und rechtlichen Herrschaft einem der Polizei bekannten Verwalter oder Bevollmächtigten übertragen habe, nicht den Eigentümer, sondern an seiner Stelle dessen Vertreter in Anspruch zu nehmen.[144] Nach einem weiteren Beispiel müssen an den Zwangsverwalter eines Hauses statt an den Eigentümer polizeiliche Verfügungen gerichtet werden. Werde die Zwangsverwaltung aufgehoben, behielten die Verfügungen ihre Geltung gegenüber dem Eigentümer des Hauses.[145]

Ausgangspunkt beider Autoren für ihre Auffassungen ist einerseits die Urheberschaft, andererseits die Eigentümerstellung. Die Differenzierung zwischen der Verantwortlichkeit des Urhebers eines polizeiwidrigen Zustands und der des Eigentümers eines sich im polizeiwidrigen Zustand befindenden Grundstücks ist neu. Sie entspricht der Differenzierung zwischen Verursacherhaftung und Zustandshaftung. Weder *Mayer*, *Anschütz* noch *Arnstedt* haben diese Differenzierung vorgenommen. Im Ergebnis dürfte diese neue Einteilung aber zu keinen abweichenden Ergebnissen gegenüber den älteren Ansichten (mit Ausnahme der Auffassung *Arnstedts*) führen. Die beiden Autoren erkennen die Zusatzverantwortlichkeit an. Die Aussage, dass dem Eigentümer bei einer zweckwidrigen Verwendung eines Gebäudes durch den Mieter oder einen sonstigen Gebrauchsberechtigten neben diesen Personen die Unterlassung dieser Verwendung oder eine entsprechende Abänderung der Baulichkeit auferlegt werden könne, benennt einen Fall der Zusatzverantwortlichkeit. Der Eigentümer kann für eine Handlung des Mieters oder eines sonstigen Gebrauchsberechtigten in Anspruch genommen werden. Als ein Beispiel könnte man sich einen vom Mieter geführten Schankbetrieb als polizeiwidrige Verwendung in den Räumen des Eigentümers vorstellen. Der Eigentümer muss nach dem Ausgangspunkt von *Studt* und *Braunbehrens* jetzt entweder den Schankbetrieb verbieten oder die Räume baulich so verändern, dass ein polizeiwidriger Zustand entfällt. Vom Mieter kann verlangt werden, dass er die vertragswidrige Nutzung aufgibt. Der Mieter ist Verhaltensstörer dadurch, dass er die Räume vertragswidrig verwendet. Personell beziehen die beiden Autoren die Zusatzverantwortlichkeit des Eigentümers auf Personen, die das Eigentum vertragswidrig nutzen, auf Bevollmächtigte und Zwangsverwalter. Ob es auch für andere Personen als den Eigentümer eine Zusatzverantwortlichkeit geben kann, bleibt unerörtert. Warum der Eigentümer neben dem Verhaltensstörer haftet, wird nicht beantwortet.

Studt und *Braunbehrens* kennen eine polizeirechtliche Haftung für andere Personen. Die Feststellungen *Mayers* und *Anschütz'* zum Anwendungsbereich der

---

[144] Ebd., S. 174.
[145] Ebd., S. 174f.

Zusatzverantwortlichkeit fassen diese weiter, als sich den Beispielen *Studts* und *Braunbehrens'* entnehmen lässt. Sie anerkennen die Zusatzverantwortlichkeit, ohne sie als solche zu benennen. Sie differenzieren erstmalig zwischen den verschiedenen Haftungstatbeständen. Ihre Lösung ist der Fallgruppe 1 zuzuordnen.

5. Maximilian Schultzenstein

1906 liefert *Schultzenstein* in seinem sehr ausführlichen Aufsatz „Polizeiwidriges Handeln und Vertretung"[146] die wohl differenzierteste Behandlung der Frage nach dem Einstehenmüssen für polizeiwidriges Handeln. Die Arbeit *Schultzensteins* hat zwei Ausgangspunkte. Der erste Ausgangspunkt ist folgender: *Schultzenstein* unterscheidet zwischen notwendiger (gesetzlicher) und freiwilliger (gewillkürter) Vertretung. *Notwendig* sei die Vertretung dort, wo eine Person, weil sie überhaupt nicht oder weil sie bloß beschränkt handlungsfähig sei, stets oder doch soweit, als ihre Handlungsfähigkeit reiche, nur durch den Vertreter handeln könne.[147] „Daneben gibt es aber noch weitere Fälle von notwendiger Vertretung, die auf der besonderen rechtlichen Ordnung gewisser Verhältnisse beruhen, wie die der Vertretung durch einen Testamentsvollstrecker, Konkursverwalter und Zwangsverwalter."[148] Eine *freiwillige* Vertretung liege vor, wenn jemand an sich rechtlich nicht behindert sei, für sich selbst zu handeln, aber, statt dieses zu tun, aus irgendeinem von seiner Bestimmung abhängigen Grunde es vorziehe, einen anderen für sich handeln zu lassen.[149] *Schultzenstein* wählt als zweiten Ausgangspunkt die Trennung zwischen der Verantwortlichkeit des Eigentümers eines sich im polizeiwidrigen Zustand befindenden Grundstücks und der des Urhebers eines polizeiwidrigen Zustands. Für den Autor ist es selbstverständlich, dass der Eigentümer haftet.[150] Für ihn ist die Frage bedeutsam, ob sein Vertreter, in welcher Form und mit welchem Grund auch immer er den Eigentümer vertritt, ebenfalls haftet. Diese Frage beantwortet er extrem ausführlich.

Ausgangspunkte *Schultzensteins* für seine Auffassungen sind einerseits die Urheberschaft, andererseits die Eigentümerstellung. *Schultzenstein* differenziert wie *Studt* und *Braunbehrens* zwischen der Verantwortlichkeit des Urhebers eines

---

[146] *Schultzenstein*, VerwArch 1906, 2.
[147] Ebd.
[148] Ebd.
[149] Ebd.
[150] Ebd., 7f.: „daß der Eigentümer einer Sache, insbesondere eines Grundstücks, verpflichtet ist, die Sache in polizeimäßigen Zustande zu erhalten, und, wenn er diese öffentlich-rechtliche Pflicht verabsäumt hat, zur Beseitigung des polizeiwidrigen und zur Herstellung eines polizeigemäßen Zustandes polizeilich angehalten werden kann, ist ein Satz, der dahin zu erweitern sein dürfte, daß an die Stelle des Eigentümers jeder zu setzen ist, dem eine die Beseitigung der betreffenden Polizeiwidrigkeit ermöglichende Verfügungsgewalt über die Sache in dem erforderlichen Maße zusteht."

polizeiwidrigen Zustands und der des Eigentümers eines sich im polizeiwidrigen Zustand befindenden Grundstücks. Der Sache nach nimmt er die Trennung zwischen der Verantwortlichkeit für den Zustand (= Zustandshaftung) und der Verantwortlichkeit als Verursacher (= Verursacherhaftung) vor. Für die hier interessierende Zusatzverantwortlichkeit stellt *Schultzenstein* fest, dass immer *nur* der Vertretene hafte, wenn zum einen der Eigentümer einer Sache vertreten werde, und wenn zum anderen die Handlung des Vertreters als eine Handlung des Vertretenen anzusehen sei. Dieses Ergebnis ist kein Fall der Zusatzverantwortlichkeit im heutigen Sinn. Der Vertretene als möglicher Zusatzverantwortlicher und der „eigentliche" Störer, der Vertreter, haften nach der Ansicht *Schultzensteins* nicht nebeneinander, sondern nur der Vertretene haftet. Die Ergebnisse *Schultzensteins* sind viel weitreichender als das hier dargestellte Ergebnis, da er alle Handlungen eines Vertreters auf ihre polizeilichen Folgen untersucht. Die Haftung des Vertretenen stellt eine *Zusatzverantwortlichkeit im weiteren Sinn dar*, da hier eine Person für das Tun, Dulden oder Unterlassen einer anderen Person polizeilich haftet. Der Gedanke, der die Zusatzverantwortlichkeit im heutigen Sinn und der im weiteren Sinn trägt, ist derselbe: Eine Person muss für das Tun, Dulden oder Unterlassen einer anderen Person, für die sie verantwortlich ist, polizeilich haften. Damit erkennt *Schultzenstein* die Zusatzhaftung an, freilich nicht die im heutigen Sinn, da er die Doppelhaftung (= die parallele Haftung zweier Personen für ein und dasselbe Tun) nicht akzeptiert. Die Zusatzhaftung im weiteren Sinn nimmt *Schultzenstein* für eine Vielzahl von Fällen an – ohne diese näher zu spezifizieren, es reicht die Vertretung. Der Vertretene haftet demnach immer für den ihn Vertretenden. Warum dem so ist, beantwortet *Schultzenstein* unter Hinweis auf das Ausnutzen bestimmter Personen, die deshalb von einer Haftung freizustellen seien, ferner weist er auf die Arbeitnehmerstellung hin. Eine dogmatisch relevante Erklärung für die Haftungsfreistellung vermögen diese Ausführungen aber nicht zu bieten.

Zusammenfassend ist festzustellen, dass *Schultzenstein* eine Zusatzverantwortlichkeit im weiteren Sinn in bestimmten Fällen kennt, sie aber nicht als solche bezeichnet. Seine Lösung entspricht der der Fallgruppe 3.

6. Karl Friedrichs

1911 befasste sich *Friedrichs* in seinem Buch „Das Polizeigesetz – Gesetz vom 11. März 1850 über die Polizeiverwaltung"[151] mit der hier relevanten Problematik. Er unterscheidet erstmalig zwischen „Polizeipflichtigen" und „Störern". Der „Polizeipflichtige" sei in der Regel der Eigentümer. Der „Störer" sei derjenige, der durch seine Handlung die öffentliche Ordnung gestört habe.[152] Weiter stellt

---

[151] *Friedrichs*, PG, S. 41.
[152] Ebd., S. 42.

er fest, dass die Polizei die Wahl unter mehreren Verpflichteten habe und dass keiner der in Anspruch Genommenen die Behörde auf den anderen verweisen könne. Dieses Verbot gelte insbesondere für das Verhältnis zwischen mehreren Störern, wenn sie als Mittäter oder als Dienstherr und Dienstverpflichteter zusammenwirkten.[153] Zur Vertretung im Polizeirecht führt *Friedrichs* aus, dass neben einer nicht geschäftsfähigen (natürlichen oder juristischen) Person deren gesetzlicher Vertreter selbständig in Anspruch genommen werden könne sowohl durch eine Polizeiverordnung als auch durch eine selbständige polizeiliche Verfügung.[154] Dasselbe gelte auch für andere Personen, die zwar nicht gesetzliche Vertreter des Verpflichteten seien, aber auf Grund öffentlichen Rechts die Verfügung über das Vermögen des Verpflichteten hätten, so z. B. der Konkursverwalter, der Zwangsverwalter, der Pfleger eines nach § 326 StPO beschlagnahmten Vermögens. Auch der Ehemann könne als Verwalter des eingebrachten Vermögens, und selbstverständlich auch des Gesamtguts, seiner Frau in Anspruch genommen werden.[155]

Friedrichs verwendet andere, bislang ungebräuchliche Begriffe („Polizeipflichtiger" und „Störer"). Inhaltlich meint er aber das Gleiche wie andere Autoren, die zwischen der Verantwortlichkeit des Eigentümers für den Zustand seiner Sache und der Verantwortlichkeit des Verursachers eines polizeiwidrigen Zustands unterscheiden. Der Ausgangspunkt von *Friedrichs* und der von *Studt*, *Braunbehrens* und *Schultzenstein* ist identisch. (Diese Begrifflichkeit mag in ihrer Zeit ein Fortschritt gewesen sein, aus heutiger Sicht ist sie verwirrend wenn nicht falsch, weil heute beide Begriffsinhalte identisch sind.) *Friedrichs* führt ferner aus, dass die Polizei bei einem Zusammenwirken des Dienstherrn und des Dienstverpflichteten die Wahl habe, welchen der beiden Personen sie in Anspruch nehme. Da *Friedrichs* hier ausdrücklich vom Dienstherrn bzw. Dienstverpflichteten spricht, muss ein Dienstvertrag vorliegen. Wenn diese Personen zusammenwirken, dann ist anzunehmen, dass dieses Zusammenwirken in Verbindung mit dem Dienstvertrag steht. Weiter ist anzunehmen, dass die Störung der öffentlichen Ordnung nur durch einen der beiden Beteiligten verursacht wurde. Wahrscheinlicher ist es, dass die Störung durch den Dienstverpflichteten bei der Ausübung seiner Dienstpflicht verursacht wird. Wenn die Polizei jetzt auswählen kann, welchen Beteiligten sie in Anspruch nimmt, dann haften primär beide, es haftet immer ein Beteiligter für das polizeiwidrige Verhalten des Anderen. Dieses Ergebnis ist ein Fall der Zusatzverantwortlichkeit im heutigen Sinn, weil von einer doppelten Verantwortlichkeit ausgegangen wird. Die privatrechtliche Beziehung zwischen den beiden Haftenden ist ein Dienstvertrag. Als weiteren Fall der Zusatzverantwortlichkeit führt *Friedrichs* an, dass bei einer Vertretung *neben* einer nicht geschäftsfähigen Person deren gesetzlicher Vertreter polizeilich selbstän-

---

[153] Ebd., S. 43.
[154] Ebd., S. 44.
[155] Ebd.

dig in Anspruch genommen werden könne. *Friedrichs* nennt im Zusammenhang der Zusatzverantwortlichkeit ferner den Konkursverwalter, den Zwangsverwalter, den Pfleger eines nach § 326 StPO beschlagnahmten Vermögens und den Ehemann als Verwalter eines eingebrachten Vermögens. In all diesen Fällen handelt es sich jedoch nicht um eine Zusatzverantwortlichkeit im heutigen Sinn, da diese Personen nicht neben anderen haften, sondern an deren Stelle. Eine Zusatzverantwortlichkeit im heutigen Sinn kennt *Friedrichs* für Dienstherrn und gesetzliche Vertreter geschäftsunfähiger Personen. Einen Rechtsgrund für diese Haftung gibt er nicht an. Er kennt auch eine Zusatzverantwortlichkeit in einem weiteren Sinn.

Im Ergebnis akzeptiert *Friedrichs* die Zusatzverantwortlichkeit, ohne sie als solche zu benennen. Seine Lösung entspricht der Fallgruppe 1. Er spricht auch die Fallgruppe 3 an.

7. Walter Jellinek

1913 verfolgt *Jellinek*[156] in seiner Monographie „Gesetz, Gesetzanwendung und Zweckmäßigkeitserwägung – zugleich ein System der Ungültigkeitsgründe von Polizeiverordnungen und -verfügungen" zur hier behandelten Problematik zumindest verbal einen vollkommen anderen Ansatz. Er geht davon aus, dass der *Adressat* eines Polizeibefehls der *Gewalthaber der Polizeiwidrigkeit* sei.[157] Insoweit gebe es drei Typen von Gewalthabern. Der *erste Typ* von Gewalthaber sei der Mensch über sich selbst. „Daraus folgt auch die natürlichste Pflicht des Polizeirechts: die Pflicht zur Unterlassung polizeiwidriger Handlungen. Das Verbot der Vornahme polizeiwidriger Handlungen richtet sich daher an jedermann."[158] Der *zweite Typ* von Gewalthaber sei eine Person über eine andere. „Der persönliche Gewalthaber tritt so in den Kreis der möglichen Adressaten. Er kann haftbar gemacht werden für die Polizeimäßigkeit der ihm unterworfenen Person."[159] *Jellinek* führt weiter hierzu aus, dass diese Gewaltverhältnisse von einer über eine andere Person vorrangig bei Eltern, Vormündern und Pflegern im Verhältnis zum Kind, Mündel und Pflegebefohlenen bestehen.[160] „Die Gewalthaber können hier ohne weiteres verpflichtet werden, Störungen entgegenzutreten, soweit sie von den Gewaltunterworfenen ausgehen."[161] Den genannten Gewalthabern stehe der auf Grund eines besonderen Rechtstitels zur Aufsicht, zum Unterhalt und zum Begräbnis Verpflichtete, der Lehrer gleich. Er nennt

---

[156] *Jellinek*, Gesetz, S. 306.
[157] Ebd.
[158] Ebd.
[159] Ebd.
[160] Ebd.
[161] Ebd.

A. Entstehung des gesetzlichen Verantwortlichkeitstatbestands

als Beispiele den Lehrherrn, den Gefangenenführer, den angestellten Krankenpfleger, den behandelnden Arzt, den unterhalts- und begräbnispflichtigen Angehörigen.[162] Es reiche ein rein tatsächliches Gewaltverhältnis aus. Er nennt folgendes Beispiel: „Wer ein Findelkind aufnimmt, haftet für dessen Polizeimäßigkeit auch ohne dazwischenliegenden Vertrag oder staatlichen Auftrag."[163] Eine weitere Art des Gewaltverhältnisses einer Person über eine andere sei die des Dienstherrn oder Unternehmers zu seinen Angestellten.[164] Es heißt in diesem Zusammenhang: „Der Landwirt kann für die Sauberkeit seiner polnischen Arbeiter haftbar gemacht werden, der Fabrikherr für Störungen der Sonntagsruhe durch seine Leute. Das ist wohl ohne weiteres klar."[165] Die dritte Art des Gewaltverhältnisses einer Person über eine andere werde begründet durch den Ort/die Belegenheit einer Sache, insbesondere eines Grundstücks. „Dem Hausrecht entspringt eine Art Hauspflicht. Eine Polizeiverordnung kann Wirte mit Strafe bedrohen, wenn sie in ihren Räumen das Tanzen noch nicht siebzehnjähriger Personen dulden; auch sind sie meldepflichtig für die bei ihnen wohnenden Fremden."[166] Die Hauspflicht sei eine Mischform persönlicher und sachlicher Haftbarkeit. Man solle dafür sorgen, daß vom eigenen Grundstück keine Störungen ausgehen, auch nicht solche von Menschen. Der Wirt hafte deshalb für das Singen und Lärmen der das Wirtshaus verlassenden Gäste, auch soweit es sich auf der Straße fortsetze.[167] Der *dritte Typ* von Gewalthaber sei eine Person über eine polizeiwidrige Sache.[168] „Zur Erhaltung eines Grundstücks ‚in polizeimäßigem Zustande ist derjenige verpflichtet, dem die tatsächliche und rechtliche Herrschaft über dasselbe zusteht, d. i. regelmäßig der Eigentümer, neben ihm aber auch derjenige, der eine von diesem abgeleitete Verfügungsgewalt besitzt, wie Nießbraucher, Pächter, Verwalter'."[169]

Jellinek verwendet als erster den Begriff „Adressat". Der Adressat ist der Ausgangspunkt von *Jellineks* Betrachtung. Der Adressat ist der sog. Gewalthaber der Polizeiwidrigkeit. Im heutigen Sprachgebrauch ist diese Person die polizeipflichtige Person oder der Störer. Die Einteilung *Jellineks* in die drei Arten von Gewalthabern ist neu. Die erste Art der Gewalthaber entspricht der Verhaltensverantwortlichkeit. Die zweite Art der Gewalthaber entspricht der Zusatzverantwortlichkeit. Die dritte Art der Gewalthaber entspricht der Zustandsverantwortlichkeit. Im Ergebnis gelangt *Jellinek* zu denselben Resultaten wie

---
[162] Ebd.
[163] Ebd.
[164] Ebd., S. 307.
[165] Ebd.
[166] Ebd.
[167] Ebd.
[168] Ebd.
[169] PrOVG, Entscheidung vom 31. 10. 1911, DJZ 1912 Sp. 638 f., zitiert bei *Jellinek*, Gesetz, S. 307 f.

Mayer, der die Begründung für die Verantwortlichkeit im Lebenskreis sieht, und wie *Anschütz*, der die Begründung für die Verantwortlichkeit in dem sieht, was die Person angeht und wofür sie nach außen verantwortlich ist. Jedoch sind die Ausführungen *Jellineks* wesentlich genauer und ausdifferenzierter. Indes fehlt bei ihm genau so wie bei seinen Vordenkern eine Aussage dazu, warum es diese Haftung gibt. Der zweite Typ von Gewalthaber haftet für das Verhalten ihm unterworfener Personen. *Jellinek* behandelt nicht die Frage, ob die der Gewalt des Gewalthabers unterworfenen Personen neben diesem selbst haften. Das ist zumindest für einige Fälle denkbar. *Jellinek* kennt deshalb die Zusatzverantwortlichkeit im heutigen Sinn, aber auch die Zusatzverantwortlichkeit in einem weiteren Sinn. Er nennt die Gewaltverhältnisse, aus denen sich eine solche Haftung ergibt. Die dem zugrundeliegenden privatrechtlichen Verhältnisse sind das Eltern-Kind-Verhältnis, die Vormundschaft, Unterhaltsverpflichtungen, Ausbildungsverträge und Krankenbehandlungsvertrag etc. Bemerkenswert ist, dass nach der Ansicht *Jellineks* auch ein rein tatsächliches Gewaltverhältnis zur Begründung der Zusatzverantwortlichkeit ausreicht. Hervorzuheben ist ferner die Hauspflicht. Die Hauspflicht erinnert an die analysierten Bestimmungen der Süddeutschen Polizeistrafgesetzbücher.[170] Dass die Hauspflicht als eine die Zusatzverantwortlichkeit begründende Pflicht genannt wird, bestätigt die Aussagen, die zu den Süddeutschen Polizeistrafgesetzbüchern getroffen wurden.[171] Weiter zeigen die Ausführungen *Jellineks*, dass er die Zusatzverantwortlichkeit als sehr weitreichend verstand.

Zusammenfassend lässt sich für *Jellinek* hervorheben, dass er erstmalig in der Sache in voller Schärfe zwischen Verhaltensverantwortlichkeit, Zusatzverantwortlichkeit und Zustandsverantwortlichkeit trennt. Er kennt die Zusatzverantwortlichkeit im heutigen und in einem weiteren Sinn. Mit Blick auf sie identifiziert er erstmalig drei unterschiedliche Varianten. Seine Ausführungen stellen die bislang differenziertesten zum Problem der Störerhaftung dar. Seine Lösungen sind den Fallgruppen 1 und 3 zuzuordnen.

8. Heinrich Rosin

1914 befasst sich *Rosin* in seinem Lexikonartikel zum Begriff „Polizei"[172] mit der polizeirechtlichen Verantwortlichkeit. *Rosin* führt aus, dass derjenige, der die Gefahr gesetzt oder die Störung verursacht habe, der Polizei verpflichtet sei. Nach dem Postulat der Polizeimäßigkeit des Eigentums, wie es namentlich in der preußischen Praxis zur Anwendung gelange, sei auch der Eigentümer der Sache, namentlich des Grundstücks oder des Betriebs, in dessen Beschaffenheit

---

[170] s. Kapitel 1 A I 4.
[171] Ebd.
[172] *Rosin*, in: Stengel/Fleischmann, Polizei (S. 96–128), S. 107.

A. Entstehung des gesetzlichen Verantwortlichkeitstatbestands 91

die Gefahr begründet sei, der Polizei verpflichtet. Mehrere Verpflichtete könnten von der Polizei nach der preußischen Praxis wahlweise in Anspruch genommen werden.

Für *Rosin* ist ein spezifischer Ausgangspunkt seiner Betrachtungen nicht zu erkennen. Er kennt sowohl den Verhaltensstörer (denjenigen, der die Gefahr gesetzt oder die Störung verursacht hat) als auch den Zustandsstörer (den Eigentümer der Sache). Die Zusatzverantwortlichkeit spricht *Rosin* nicht direkt an. Es ist möglich, dass *Rosin* unter demjenigen, der die Gefahr gesetzt oder die Störung verursacht, auch den Zusatzverantwortlichen versteht. Diese Aussage lässt sich mangels weiterer Ausführungen zum Problem nicht verifizieren. Man könnte einen Fall der Zusatzverantwortlichkeit in der Aussage sehen, dass der Eigentümer eines Betriebs in Anspruch genommen werden kann. Diese Aussage würde dann einen Fall der Zusatzverantwortlichkeit beschreiben, wenn der Eigentümer der Fabrik auch Arbeitgeber ist und für die Störungen seiner Arbeitnehmer in Anspruch genommen werden könnte. Ob *Rosin* an diesen Fall gedacht hat, lässt sich mangels weiterer Ausführungen ebenfalls nicht entscheiden.

Resümierend zu *Rosin* ist festzuhalten, dass unklar ist, ob er die Zusatzverantwortlichkeit kennt. Seine Ausführungen erlauben keine eindeutigen Schlüsse. Er verzichtet auf eine Auseinandersetzung mit Autoren, die eine weitergehende Auffassung vertreten. Es ist deshalb insbesondere unklar, ob aus der Nichtbehandlung der Zusatzverantwortlichkeit folgt, dass er diese ablehnt.

9. Kurt Wolzendorff

1918 behandelt *Wolzendorff* in seiner Monographie „Der Polizeigedanke des modernen Staats"[173] die polizeirechtliche Verantwortlichkeit. Die Polizei kann nach Ansicht *Wolzendorffs* von dem Einzelnen nur das Unterlassen oder Beseitigungen der Störungen verlangen, „die von ihm ausgehen, sei es von seinem persönlichen Verhalten oder von seinem Eigentum, seinen Unternehmungen etc., wofür er sozial verantwortlich erscheint."[174]

Wolzendorff unterscheidet nicht zwischen unterschiedlichen Störern, Gewalthabern oder anderen Begriffen zur Erfassung des Sachverhalts, sondern er nennt nur die polizeirechtliche Verantwortlichkeit. Unter diesem Begriff fasst er im Ergebnis alle Störer zusammen. Der Ansatz ähnelt dem *Mayers*[175], freilich mit dem Unterschied, dass *Wolzendorff* andere Begriffe verwendet. Er kennt die Verhaltensverantwortlichkeit (von seinem persönlichen Verhalten), die Zustandsverantwortlichkeit (von seinem Eigentum) und die Zusatzverantwortlich-

---
[173] *Wolzendorff*, S. 191.
[174] Ebd.
[175] s. o. unter 1.

keit (wofür er sozial verantwortlich erscheint). Die soziale Verantwortlichkeit führt *Wolzendorff* primär als Begründung der polizeirechtlichen Verantwortlichkeit an, sekundär führt er indes einen neuen Typ von Verantwortlichkeit ein. Die Begründung folgt im Ergebnis den Ansichten *Mayers* und *Anschütz'*. Die von *Jellinek* entwickelte Theorie der unterschiedlichen Gewalthaber greift *Wolzendorff* nicht auf. Die „Theorien" kommen bei ihrer Anwendung zum selben Ergebnis, obwohl die Begründung *Wolzendorffs* in ihrer Qualität hinter der Jellinek'schen Begründung weit zurückbleibt. Die Begründung der Zusatzverantwortlichkeit ist in der Aussage „wofür er sozial verantwortlich erscheint" (unter anderem) enthalten. Diese Aussage begründet, wie dargelegt, auch die Verhaltens- und die Zustandshaftung. Welche privatrechtlichen Rechtsbeziehungen damit erfasst sein sollen, ist nicht ausgeführt. Weiterhin erwähnt *Wolzendorff*, dass der Einzelne auch für seine Unternehmungen verantwortlich ist. Hierin könnte ebenfalls ein Fall der Zusatzverantwortlichkeit zu sehen sein. Mit dieser Aussage verhält es sich ähnlich wie mit der Aussage *Rosins*, dass der Eigentümer eines Betriebs für diesen verantwortlich ist. Aber auch hier kann wie bei der Aussage *Rosins* die Reichweite nicht geklärt werden.

Demnach ist für *Wolzendorff* festzustellen, dass er die Zusatzverantwortlichkeit anerkennt, sie aber nicht ausdrücklich benennt. Seine Lösung ist der Fallgruppe 1 zuzuordnen.

10. Julius Hatschek

1919 diskutiert *Hatschek* in seinem Buch „Institutionen des deutschen und preußischen Verwaltungsrechts"[176] die Frage, ob für die Inanspruchnahme des Eigentümers einer polizeiwidrigen Sache neben dem Störer das privatrechtliche Innenverhältnis zwischen dem Eigentümer und dem Störer gleichgültig ist. *Hatschek* ist entgegen *Schultzenstein*[177] der Ansicht, dass die Polizei sich an alle Miteigentümer halten kann.[178] Er ist des Weiteren, entgegen der Auffassung des PrOVG[179] und der Ansicht *Schultzensteins*[180], der Meinung, das privatrechtliche Innenverhältnis der Vertretung habe für die Polizei keine Bedeutung. Das PrOVG und auch *Schultzenstein* „wollen das privatrechtliche Innenverhältnis, soweit es eine Vertretung darstellt, auch von der Polizei berücksichtigt wissen, derart dass

---

[176] *Hatschek*, Institutionen, S. 176.
[177] s. o. unter 5.
[178] In den Ausführungen *Hatscheks* fehlt zwischen der Relation Eigentümer/Störer und den im nächsten Satz behandelten Miteigentümern ein verbindender Übergang. Sinnvoll lassen sich die Ausführungen nur unter der Annahme verstehen, dass der im ersten Satz angesprochene Störer ein Miteigentümer ist.
[179] PrOVG, PrVBl. 1885/86, 213f. (213); PrOVG, PrVBl. 1896/97, 524f.
[180] *Schultzenstein*, VerwArch 1906, 37ff.

A. Entstehung des gesetzlichen Verantwortlichkeitstatbestands   93

nur der Vertretene, nicht der Vertreter als polizeipflichtig und verantwortlich anzusehen wäre."[181] *Hatschek* verwirft genauso wie das KG[182] diesen Standpunkt. Das KG hatte zuvor den Standpunkt des PrOVG und *Schultzensteins* geteilt.[183] Als Beispiel führt *Hatschek* an: „Eine Polizeiverordnung schreibt gültig für gewisse mit Tieren bespannte Fuhrwerke beim Verkehr auf öffentlichen Straßen die Bezeichnung mit Namen und Wohnort des Besitzers vor. Die Strafkammer hat den Angekl. freigesprochen, da die Verpflichtung nur dem Besitzer auferlegt sei. Der mit Führung des Wagens beauftragte Knecht sei nur dann verantwortlich, wenn er eine vom Eigentümer bereitgestellte Tafel nicht anbringe. Hier habe der Dienstherr trotz der Mahnung des Angekl. die Inschrift nicht anbringen lassen, auch keine Inschrift bereitgestellt. Demnach könne der Angekl. für den Mangel nicht verantwortlich gemacht werden. Dieser Auffassung ist nicht beizutreten. Verantwortlich ist jeder, der mit dem unbezeichneten Wagen auf öffentlichen Straßen ‚verkehrt': also der Führer oder Kutscher. Ist diesem vom Besitzer ein unbezeichnetes Fuhrwerk zur Verfügung gestellt worden, und ist er nicht in der Lage, die Bezeichnung selbst herzustellen, so hat er die Fahrt abzulehnen, auch auf die Gefahr hin, sofort entlassen zu werden und seine Ansprüche im Rechtswege erstreiten zu müssen. Ein Strafausschließungsgrund liegt nach den Feststellungen des Berufungsrichters nicht vor, insbesondere stellt der Umstand, daß der Angekl. bei der Weigerung, mit dem unbezeichneten Wagen zu fahren, möglicherweise seine Entlassung zu gewärtigen hatte, einen Notstand nicht dar."[184]

Hatschek unterscheidet zwischen dem genannten Fall und der *Gewalthaberschaft der Polizeiwidrigkeit*. Dazu führt *Hatschek* aus, dass für den „eigentlichen" Störer unter Umständen *ein anderer polizeilich verantwortlich ist, nämlich der Gewalthaber des Personenkreises, aus welchem die Störung hervortritt, das ist der Gewalthaber der Polizeiwidrigkeit.*[185] Er führt aus, dass dieses Verhältnis ein Seitenstück zu dem erstgenannten, wonach der Eigentümer einer polizeiwidrigen Sache neben dem Störer polizeilich verpflichtet wird, darstellt. Es besteht aber nach der Ansicht *Hatscheks* ein doppelter Unterschied: zum einen „handelt es sich hier nicht um ein Gewaltverhältnis über Sachen, sondern über einen Personenkreis"[186], und zum anderen „wird die Polizeiverpflichtung des Störers in unserem Falle hier von der Verantwortung des Gewalthabers gewissermaßen absorbiert, während im Falle der polizeiwidrigen Sache der Eigentümer neben dem Störer verantwortlich sein kann."[187] Nach der Ansicht *Hatscheks* kann die Gewalthaberschaft über einen Personenkreis, aus dem die Störung hervorgeht,

---
[181] *Hatschek*, Institutionen, S. 177.
[182] KG, DJZ 1906, Sp. 767f.
[183] KG, Urteil 844/01 vom 4.11.1901, DJZ 1902, 127.
[184] *Hatschek*, Institutionen, S. 177.
[185] Ebd.
[186] Ebd.

sowohl rechtlicher als auch tatsächlicher Natur sein. Rechtlicher Natur ist sie bei der polizeirechtlichen Haftung der Eltern, Vormünder und Pfleger für ihre Kinder, Mündel und Pflegebefohlenen, Lehrer, die die Aufsicht über die Kinder führen, für diese, Dienstherren für ihre Angestellten und ihr Gesinde. Tatsächlicher Natur ist das Gewaltverhältnis, wenn eine Polizeiverordnung dahin geht, „einer Nichthebamme, die zur Ausübung geburtshilflicher Tätigkeit gerufen ist, die Pflicht aufgibt, sofort nach ihrer Ankunft für die Herbeiholung einer Hebamme Sorge zu tragen"[188]. Weiter wird die sog. Hauspflicht angeführt. So kann „ein Wirt mit Strafe bedroht werden, wenn er in seinen Räumen noch nicht 17jährigen Personen Tanzgelegenheit gibt oder das Zusammensitzen von Kellnerinnen und Gästen gestattet"[189]. Als weiteres Beispiel wird genannt, dass ein Theaterdirektor unter Umständen dafür verantwortlich gemacht werden kann, wenn sich seine Gäste polizeiwidrig benehmen.[190]

In dem 1927 erschienenen „Lehrbuch des deutschen und preußischen Verwaltungsrechts"[191] behält *Hatschek* seinen Standpunkt bei. Die Ausführungen gleichen den hier dargestellten Ergebnissen.

Ausgangspunkt *Hatscheks* ist eine neue Unterteilung. Er unterscheidet zwischen dem „eigentlichen" Störer, dem Eigentümer einer polizeiwidrigen Sache und dem Gewalthaber der Polizeiwidrigkeit. Diese Differenzierung entspricht der Unterscheidung zwischen Verhaltens-, Zustands- und Zusatzverantwortlichkeit. *Hatschek* greift zumindest zum Teil die Theorie *Jellineks*[192] auf, indem er den Zusatzverantwortlichen als Gewalthaber der Polizeiwidrigkeit bezeichnet. Dieser Fall entspricht der zweiten Art der Gewalthaber im Sinne der Theorie *Jellineks*. Nach *Hatschek* ist der Gewalthaber der Polizeiwidrigkeit der Gewalthaber des Personenkreises, aus welchem die Störung hervortritt. Dieser sei für den „eigentlichen" Störer polizeilich verantwortlich. Neu ist, dass nur der Gewalthaber der Polizeiwidrigkeit haftet und der „eigentliche" Störer nicht in Anspruch genommen werden kann. *Hatschek* lehnt die Doppelverantwortlichkeit ab. Es handelt sich bei *Hatschek* demnach um die Anerkennung der Zusatzverantwortlichkeit in einem weiteren Sinn. *Hatschek* zählt eine Reihe von Rechtsverhältnissen auf, die zur Gewalthaberschaft führen, er lässt aber genau wie *Jellinek* auch ein Gewaltverhältnis tatsächlicher Art für die Begründung der Gewalthaberschaft ausreichen. Weiterhin weist er auf die Hauspflicht hin.

Hatschek erkennt die Zusatzverantwortlichkeit in einem weiteren Sinn an. Er benennt sie als solche nicht. Seine Lösung ist der Fallgruppe 3 zuzuordnen.

---

[187] Ebd., S. 177f.
[188] KGE 27, C 23 ff.
[189] *Hatschek*, Institutionen, S. 178.
[190] Ebd., S. 178; zum Beispiel des Theaterdirektors s. PrOVGE 61, 332 ff.
[191] *Hatschek*, Lehrbuch, S. 152 ff.
[192] *Jellinek*, Gesetz, S. 306 ff.

11. Otto Scholz-Forni

1925 behandelt *Scholz-Forni* in einem Aufsatz „Über die Verantwortlichkeit des Urhebers eines polizeiwidrigen Zustandes und über den Ausschluß der Verantwortlichkeit im Falle der Ausübung eines Rechtes"[193] polizeirechtliche Fragen. Er stellt fest, dass der Gesetzgeber allgemeine Grundsätze über die Träger der Verantwortlichkeit ausdrücklich nirgendwo kundgegeben habe. Bestehe insofern eine Lücke, wenn auch nicht im Recht, so doch nach dem Wortlaut der Gesetze, so müsse man die gesetzlichen Vorschriften nach ihrem Sinn und Zweck oder aus allgemeinen Rechtsgedanken ergänzen.[194] Eine Ergänzung durch Gewohnheitsrecht komme in Betracht.[195] „Zur Verhinderung oder Beseitigung eines polizeiwidrigen Zustandes darf die Polizei nicht an beliebige, unbeteiligte Personen Anordnungen erlassen, sondern es muß – außer in Notstandsfällen – nach dem allgemeinen Grundsatze der Gesetzmäßigkeit der Verwaltung ein besonderer Rechtsgrund für die Verantwortlichkeit des Inanspruchgenommenen vorliegen."[196] Als Rechtsgrund für die Inanspruchnahme nennt *Scholz-Forni* die Verantwortlichkeit des Urhebers.[197] Als weiteren Rechtsgrund stellt *Scholz-Forni* den Grundsatz vor, dass ein Eigentümer einer Sache, insbesondere eines Grundstücks, oder der, der über die Sache zu verfügen berechtigt ist, für ihren polizeirechtlichen Zustand haftet.[198] *Scholz-Forni* stellt dar, dass nach *Mayer*[199] beide Grundsätze über die polizeirechtliche Verantwortlichkeit darauf zurückzuführen seien, dass die Störung dem Lebenskreis dessen entspringe, der verantwortlich gemacht werde.[200] *Scholz-Forni* teilt diese Meinung nicht. Allein der Begriff „Lebenskreis" sei, wenn er außer den dauernden Lebensverhältnissen – wie Besitz und Gewerbe – die vorübergehenden, an keinen Ort gebundenen Handlungen des Einzelnen in sich schließen solle, rechtlich unfassbar. Mit den ständigen Gebieten des Wirkens einer Person lasse sich deren darüber hinausreichendes Wirken selbst nicht zu einem rechtlich bestimmten Begriff vereinigen, der eine gesonderte Betrachtung entbehrlich mache.[201] Widerspruch finde die An-

---

[193] *Scholz-Forni*, VerwArch 1925, 16.
[194] Ebd.
[195] Ebd.
[196] Ebd., 17.
[197] Ebd.: „Dieser Grundsatz wird vornehmlich auf die Pflicht zur Beseitigung eines bereits eingetretenen polizeiwidrigen Zustandes bezogen, doch hat er auch die Bedeutung, daß Handlungen verhindert werden dürfen, durch die der Handelnde zum Urheber eines polizeiwidrigen Zustandes werden würde. Die Verantwortlichkeit des Urhebers scheint so sehr der Natur der Sache zu entsprechen, daß eine nähere Begründung für entbehrlich erachtet wurde.".
[198] Ebd., 16.
[199] *Mayer*, S. 265.
[200] *Scholz-Forni*, VerwArch 1925, 17.
[201] Ebd.

nahme der Urheberverantwortlichkeit nicht. Es entstehe dabei aber mancherlei Zweifel, die namentlich die Begriffe „Urheber" und „ursächlicher Zusammenhang", das Erfordernis eines Verschuldens, die Verantwortlichkeit Geschäfts- und Deliktsunfähiger, eine Mehrheit von Urhebern und die Ausschließung der Verantwortlichkeit im Falle der Ausübung eines Rechts betreffen.[202]

Scholz-Forni stellt dar, dass das Erfordernis des Verschuldens umstritten ist.[203] „Wenn bezüglich eines Gewerbetreibenden vom Oberverwaltungsgerichte gesagt wird, maßgebend sei nicht das Verschulden, sondern die Tatsache, daß durch den Gewerbebetrieb Gefahren entständen, so sollte damit der Einwand widerlegt werden, daß der Gewerbetreibende nicht für die Handlungen seines Angestellten verantwortlich sei; […]."[204]

In einem weiteren Kapitel behandelt *Scholz-Forni* die Geschäfts- und Deliktsunfähigen.[205] Mit den Handlungen ihrer gesetzlichen Vertreter, durch welche die Geschäfts- und Deliktsunfähigen ohne Zweifel verantwortlich werden könnten, wolle er sich dort nicht befassen, sondern nur mit den eigenen Handlungen der geschäfts- und deliktsunfähigen Personen.[206] Wären diese Personen nicht fähig zu irgendwelchen Handlungen, so würde es auch keine eigenen Handlungen geben, für die sie verantwortlich gemacht werden könnten.[207] „Ein Wahnsinniger kann eine Polizeirechtsnorm übertreten und dadurch objektives Unrecht begehen; denn die Polizeirechtsnormen regeln das Verhalten der Menschen ohne Rücksicht auf deren Geisteszustand und gelten nicht – wie die Strafandrohungen – bloß für Personen, die deliktsfähig sind."[208] Die Polizei dürfe der Begehung eines die polizeilichen Interessen berührenden objektiven Unrechts ohne Zweifel über-

---

[202] Ebd., 18.

[203] Ebd., 16.

[204] Ebd., 27.

[205] Ebd., 43 ff., S. 43: „Besonderer Erörterung bedarf die Urheberverantwortlichkeit derjenigen Personen, welche im bürgerlichen Rechte und im Strafrechte für geschäfts- und deliktsunfähig erachtet und gemeinhin handlungsunfähig genannt werden, wie Kinder und Geisteskranke."

[206] Ebd., 43.

[207] Ebd., S. 43 f.: „Versteht man aber unter einer Handlung eine Betätigung des menschlichen Willens durch eine Körperbewegung, so sind dazu auch Personen imstande, deren Intelligenz unentwickelt oder gestört ist; denn ein natürlicher Wille ist nicht dadurch ausgeschlossen, daß er nicht in normaler Weise durch Vorstellungen bestimmt wird. Die gedachten Personen können daher durch ihre Handlungen einen polizeiwidrigen Zustand verursachen, wie ja auch aus dem Wortlaute des § 829 BGB hervorgeht, daß ein Schaden von ihnen verursacht sein kann."

[208] Ebd., S. 45; weiter heißt es: „Besucht ein Wahnsinniger eine Schankwirtschaft, so ist er der Polizeistunde unterworfen; benutzt er eine Straße, so sind die straßenpolizeilichen Vorschriften gegen ihn anzuwenden. Wo beim Fehlen einer besonderen Norm eine Handlung darum für verboten zu erachten ist, weil sich vorhersehen läßt, daß sie einen polizeiwidrigen Zustand verursachen werde, fällt, wie wir ausgeführt haben, das objektive Unrecht mit der Vorhersehbarkeit und deshalb mit der Fahrlässigkeit, einer Form der

A. Entstehung des gesetzlichen Verantwortlichkeitstatbestands   97

all entgegentreten, also auch Geschäfts- und Deliktsunfähige an der Begehung dieses Unrechts hindern.[209]

Willensunfähige[210] sind auch polizeirechtlich verantwortlich.[211] Allerdings sei bei Handlungen eines Willensunfähigen an eine Haftung der Aufsichtspersonen zu denken.[212] Ebenso wie nach § 832 BGB aus der Verletzung einer Aufsichtspflicht für die Aufsichtsperson die Verpflichtung folge, den Schaden zu ersetzen, den der Unzurechnungsfähige verursacht hat, dürfe die Aufsichtsperson auch für einen polizeiwidrigen Zustand verantwortlich gemacht werden, den der zu Beaufsichtigende verursacht habe, bei gehöriger Aufsicht aber nicht verursacht haben würde.[213] Die Pflicht zur Aufsicht bestünde nicht bloß gegenüber dem zu Beaufsichtigenden, sondern auch wegen der Gefahren für Andere und in deren Interesse.[214] „Hinsichtlich der polizeilich zu schützenden Interessen hat die Unterlassung der gehörigen Aufsicht – gleich sonstigen pflichtwidrigen Unterlassungen – unbedenklich auch eine polizeirechtliche Verantwortlichkeit der Aufsichtsperson zur Folge. Dem Bedürfnisse nach Beseitigung eines polizeiwidrigen Zustandes ist aber hierdurch nicht genügt, weil ein polizeiwidriger Zustand von einem Willensunfähigen herbeigeführt sein kann, ohne daß die Pflicht zur Aufsicht verletzt ist, und weil es möglich ist, daß zwar der Willensunfähige die Mittel besitzt, um den Zustand abzuhelfen, nicht aber die Aufsichtsperson."[215] Kann nicht gegen die Aufsichtsperson polizeilich eingeschritten werden oder würde ein Verfahren gegen sie keinen Erfolg versprechen, so bleibt nur ein Einschreiten zum Zwecke der Beseitigung des polizeiwidrigen Zustands (unabhängig von der Verantwortlichkeit des Eigentümers oder Verfügungsberechtigten) gegen den Willensunfähigen selbst oder dessen gesetzlichen Vertreter.[216] Die Po-

---

Schuld, regelmäßig zusammen. Kann indes eine Schuld wegen des Geisteszustandes des Handelnden nicht angenommen werden, so bleibt doch das objektive Unrecht, weil sich die Vorhersehbarkeit der Herbeiführung eines polizeiwidrigen Zustandes und damit das Verbot nicht nach der individuellen Geistesbeschaffenheit bestimmt, sondern nach dem Maßstabe eines seinen gesellschaftlichen Pflichten gewachsenen, normalen Menschen."

[209] Ebd., 46.
[210] Willensunfähige sind, ungeachtet der Bildung eines natürlichen Willens, Personen, die der Fähigkeit zur normalen Willensbildung ermangeln; vgl. ebd.
[211] Ebd., 46f.
[212] Ebd., 47.
[213] Ebd.
[214] Ebd.
[215] Ebd.
[216] Ebd., S. 47; weiter heißt es auf S. 47f.: „Wie im § 829 BGB der Billigkeit dahin Rechnung getragen wird, daß von einem Unzurechnungsfähigen unter Umständen Schadensersatz zu leisten ist, so erscheint es auch billig, daß ein vermögender Willensunfähiger wegen eines polizeiwidrigen Zustandes verantwortlich ist, den er zwar schuldlos, aber doch durch eine objektiv unerlaubte Handlung hervorgerufen hat, und daß nicht die Verantwortlichkeit allein auf Dritten ruht, die zur Herbeiführung des Zustandes gar nicht

lizei müsse sich aber nicht darauf verweisen lassen, sich an die Aufsichtsperson, wenn deren Inanspruchnahme Erfolg versprechend ist, zu halten, denn nur die Zweckmäßigkeit, nicht die Rechtmäßigkeit des polizeilichen Einschreitens wird durch die Möglichkeit einer Inanspruchnahme der Aufsichtsperson berührt.[217] Bei „einem Pflegebefohlenen, der infolge einer Vernachlässigung der Aufsicht einen polizeiwidrigen Zustand herbeigeführt hat und zu dessen Beseitigung polizeilich angehalten worden ist, kann jedoch die Aufsichtsperson privatrechtlich für den Schaden haftbar sein, den der Pflegebefohlene durch die polizeirechtliche Inanspruchnahme erlitten hat."[218]

Scholz-Forni stellt in einem weiteren Kapitel die Verantwortlichkeit von Miturhebern vor.[219] Zu denken sei nicht bloß an ein bewusstes Zusammenwirken, wie es zur Mittäterschaft im Sinne des § 47 StGB gehöre, und auch nicht bloß an eine gemeinschaftliche Verursachung im Sinne des § 830 BGB, sondern auch an die Fälle einer Verursachung durch selbständige Handlungen Mehrerer.[220] „Von den verschiedenen selbständigen Handlungen kann jede für sich allein geeignet sein, den polizeiwidrigen Zustand zu verursachen, oder nur zusammen mit anderen, so daß jede eine Bedingung seines Eintritts verwirklicht. Möglich ist es aber auch, daß einzelne selbständige Handlungen, indem ihre Wirkungen sich häufen, einen polizeiwidrigen Zustand verursachen, daß dazu jede von ihnen einen Teil beiträgt, durch den die Grenze der Polizeiwidrigkeit erreicht oder das Maß der Polizeiwidrigkeit verzögert wird."[221] Diese Fälle unterscheide die Rechtsprechung nicht und es fehle im Polizeirecht an besonderen Bestimmungen.[222] Nach der Rechtsprechung sei jeder, der neben Anderen irgendwie oder in erheblichem

---

mitgewirkt haben. Gestattet die Bestimmung im § 829 BGB als Sondervorschrift keine analoge Anwendung im bürgerlichen Rechte, so läßt sie doch erkennen, daß dem Rechte der Gedanke nicht völlig fremd ist, Willensunfähigen eine gewisse Verantwortlichkeit für die Folgen ihrer Handlung aufzuerlegen.[...] Falls jedoch dem Willensunfähigen sowohl die sachlichen wie auch die persönlichen Mittel zur Beseitigung des polizeiwidrigen Zustandes fehlen, so daß ein Zwang gegen ihn vergeblich sein würde, ist ein polizeiliches Vorgehen gegen den Willensunfähigen oder dessen gesetzlichen Vertreter nicht nur für unzweckmäßig zu erachten, sondern als ein Verstoß gegen den Grundsatz, daß die Polizei nichts Unmögliches fordern darf."

[217] Ebd., S.49; weiter heißt es: „Daraus, daß ein Schadensersatzanspruch aus § 829 BGB nicht erhoben werden kann, wenn der Ersatz von einem aufsichtspflichtigen Dritten zu erlangen ist, läßt sich nicht eine entsprechende Einschränkung der polizeilichen Verantwortlichkeit herleiten, weil es mit der Wahrung des öffentlichen Interesses unvereinbar wäre, wenn die Polizei zunächst versuchen müßte, von der Aufsichtsperson die Beseitigung des polizeiwidrigen Zustandes zu erreichen, die Polizei vielmehr regelmäßig unter mehreren Verpflichteten nach ihrem freien Ermessen wählen darf."

[218] Ebd.
[219] Ebd., 57ff.
[220] Ebd., 58.
[221] Ebd.
[222] Ebd.

A. Entstehung des gesetzlichen Verantwortlichkeitstatbestands

Maße zur Herbeiführung eines polizeiwidrigen Zustands mitgewirkt habe, als Miturheber verantwortlich.[223]

Scholz-Forni kommt zu folgendem Ergebnis:

„Jeder von mehreren Urhebern kann an seiner eigenen, eine Bedingung des Eintritts oder der Vergrößerung eines polizeiwidrigen Zustandes bildenden Handlung verhindert werden, wenn sie an sich oder doch mit Rücksicht auf die begleitenden Umstände unerlaubt ist."[224]

„Zur Beseitigung eines polizeiwidrigen Zustandes kann von mehreren Urhebern jeder, dessen Mitwirkung nicht etwa nach der Verkehrsauffassung als die Handlung eines Anderen gilt, dann angehalten werden, wenn die Mitwirkung an sich oder mit Rücksicht auf die begleitenden Umstände unerlaubt und wenn ferner die Mitwirkung eine Bedingung des ganzen Eintritts des polizeiwidrigen Zustandes oder doch das Zusammenwirken ein bewusstes oder gewolltes war."[225]

„Bei unerlaubten Teilwirkungen ohne Bewusstsein des Zusammenwirkens ist dagegen der Einzelne nur für den von ihm verursachten Anteil an dem polizeiwidrigen Zustande verantwortlich und kann nur zur Beseitigung dieses Anteils gezwungen werden, zur Beseitigung des ganzen polizeiwidrigen Zustandes auch dann nicht, wenn der Anteil nicht zu ermitteln ist – es wäre denn, daß der ganze polizeiwidrige Zustand zwar nicht allein, aber in der Hauptsache auf ihn zurückzuführen ist."[226]

Die Handlungen, die durch Vertreter oder Gehilfen vorgenommen werden sollen, seien polizeirechtlich nicht als deren eigene anzusehen und daher, wenn sie unerlaubt sind, dem Geschäftsherrn zu verbieten. Das schließe aber nicht aus, dass die Vertreter oder Gehilfen persönlich zur Unterlassung aufgefordert und durch unmittelbaren Zwang an der Ausführung verhindert würden, worin eine an den Geschäftsherrn erlassene polizeiliche Verfügung liege, zu deren Anfechtung der letztere legitimiert sei.[227] Allein die polizeirechtliche Urheberverantwortlichkeit treffe nur den Täter im Gegensatz zum Gehilfen, dass heißt denjenigen, welcher erkennbar nicht für sich selbst, sondern zur Unterstützung eines Anderen bei Herbeiführung eines polizeiwidrigen Zustands mitgewirkt habe.[228] Auch nach der Rechtsprechung des OVG sei ein solcher Gehilfe polizeirechtlich nicht verantwortlich.[229] Zwar seien Gehilfen bei unerlaubten Handlungen nach § 830 Abs. 2 BGB für den Schaden verantwortlich, aber um einen Schaden handele es sich nicht und auch nicht um eine unerlaubte Handlung im Sinne des Zivilrechts.[230] „Die Verantwortlichkeit für den Eintritt eines polizeiwidrigen

---

[223] Ebd., 57f.
[224] Ebd., 70.
[225] Ebd.
[226] Ebd.
[227] Ebd., 59.
[228] Ebd., 66.
[229] Ebd.; PrOVGE 43, 383ff. (385ff.); vgl. auch PrVBl. 1914/15, 393.

Zustandes kann nicht auf allen denen ruhen, welche als Angestellter, Arbeiter oder gar als bloßes Werkzeug dazu mitgewirkt haben; denn das Bedürfnis zur Beseitigung eines polizeiwidrigen Zustandes erfordert nicht eine so weite Ausdehnung der Verantwortlichkeit, die der Verkehrsauffassung völlig widerspräche und daher auch nicht ohne besondere Rechtsnorm aus allgemeinen Erwägungen hergeleitet werden kann."[231] Eine Vertretung im zivilrechtlichen Sinn sei nicht der Grund für die Ausschließung der polizeirechtlichen Haftung des Gehilfen, denn in der Tätigkeit des Handwerksgehilfen oder Arbeiters könne nicht eine zivilrechtliche Stellvertretung gefunden werden, sondern der Grund liege darin, dass die Handlung des Gehilfen im Leben und Verkehr als fremde angesehen werde.[232]

Scholz-Forni versucht, die Rechtslücke durch eine Auslegung nach Sinn und Zweck der gesetzlichen Vorschriften oder durch Ergänzung durch einen allgemeinen Rechtsgedanken bzw. durch Gewohnheitsrecht zu schließen. Dieser Ansatz ist neu. *Scholz-Forni* unterscheidet auch zwischen der Verantwortlichkeit des Urhebers und der Verantwortlichkeit des Eigentümers einer Sache, insbesondere eines Grundstücks, oder der Verantwortlichkeit dessen, der über die Sache zu verfügen berechtigt ist. Nach *Scholz-Forni* können Geschäfts- und Deliktsunfähige unproblematisch polizeiliche Störungen hervorrufen. Für diese Personen hafte nicht ein Aufsichtspflichtiger. Dieses Ergebnis gelte aber nicht für die Handlungen Willensunfähiger. Bei durch Willensunfähige hervorgerufene Störungen haftet nach *Scholz-Forni* der Aufsichtspflichtige, wenn bei gehöriger Aufsicht ein Schaden nicht entstanden wäre. Es hafte die Aufsichtsperson, der Willensunfähige selbst oder dessen gesetzlicher Vertreter. *Scholz-Forni* stellt die Haftung von Miturhebern dar und resümiert, dass von mehreren Urhebern jeder, dessen Mitwirkung nicht etwa nach der Verkehrsauffassung als die Handlung eines Anderen gilt, zur Beseitigung eines polizeiwidrigen Zustands angehalten werden kann. Weiterhin stellt *Scholz-Forni* fest, dass der Geschäftsherr polizeilich für das Verhalten seiner Gehilfen hafte. Die Gehilfen seien polizeilich nicht verantwortlich. Diese Differenzierung, dass der Willensunfähige polizeilich haftet, der Gehilfe aber nicht, ist neu.

Scholz-Forni akzeptiert die Zusatzverantwortlichkeit im heutigen Verständnis nur für wenige Fälle. Die Zusatzverantwortlichkeit in einem weiteren Sinn ist für ihn selbstverständlich. Warum es diese Haftungen gibt, legt er nicht dar. Es bleibt festzuhalten, dass *Scholz-Forni* die Zusatzverantwortlichkeit in bestimmten Bereichen kennt, er sie aber nicht als solche bezeichnet. Seine Lösung ist den Fallgruppen 1 und 3 zuzuordnen.

---

[230] *Scholz-Forni*, VerwArch 1925, 66.
[231] Ebd.
[232] Ebd., 66 f.

12. Bill Drews und Gerhard Lassar

1925 befassen sich *Drews* und *Lassar* in ihrem Beitrag „Allgemeines Polizeirecht"[233] mit den zur Gefahrenbeseitigung verpflichteten Personen. Die Autoren unterscheiden zwischen zwei Gruppen von Personen, die zur Gefahrenbeseitigung in Anspruch genommen werden können: „a) solche Personen, die durch ihr Handeln oder Unterlassen oder durch ihre Eigenschaft als Eigentümer usw. einer Sache mit der zu beseitigenden Gefahr in Zusammenhang stehen, und b) solche Personen, die mit der Gefahr in keinem Zusammenhang stehen."[234] Sie bezeichnen diese Personen als *Störer* bzw. als *Polizeipflichtige*. Sie schreiben weiterhin, dass sich diese Unterscheidung daraus ergebe, dass unsere Rechtsordnung den ungeschriebenen Grundsatz enthalte, dass das persönliche Verhalten des Einzelnen (positives Tun oder ihm zuzurechnende Unterlassungen) sowie der Zustand der Sache, für den er verantwortlich sei, keine Gefährdung der öffentlichen Sicherheit oder Ordnung verursachen dürften.[235] Dieser Grundsatz sei von der Praxis der Verwaltung und Gerichte wie von der Wissenschaft als Rechtsnorm anerkannt und geübt. Weiter heißt es, da das Tatbestandsmerkmal der Störung ein objektives sei, seien auch zivil- oder strafrechtlich nicht verantwortliche Personen (geschäftsunfähige oder beschränkt geschäftsfähige Personen) unter Umständen Störer. Die erforderlichen positiven Handlungen seien von ihren gesetzlichen Vertretern zu bewirken, soweit dieses möglich sei. Bezüglich der Erfüllung einer Unterlassungspflicht seien die gesetzlichen Vertreter verpflichtet, alle ausführbaren Maßnahmen zu treffen, um die von ihnen vertretenen Personen an störenden Handlungen zu hindern (z. B. entsprechende Unterbringung Geisteskranker, Beaufsichtigung von Kindern usw.).[236] Bezüglich der Haftung führen sie aus, dass, wenn sich ein Pflichtiger bei der Erfüllung seiner persönlichen Pflicht eines Gehilfen bediene, er für dessen Handlungen hafte. „Im übrigen haftet jedermann für das Verhalten derjenigen Personen, die mit seinem Willen in seinem Lebenskreise tätig werden (z. B. Haushalts- und Wirtschaftsgenossen, Mieter und die im Lebenskreis der Mieter tätig werdenden Personen – es sei denn, daß die Mieter im Wege der Zwangseinquartierung in die Wohnung eingewiesen sind –, Handwerker, Kunden)."[237] Aus dieser Haftung ergebe sich die Verpflichtung, die bezeichneten Personen zu einer pflichtgemäßen Benutzung ihrer Sachen anzuhalten.[238]

Drews und *Lassar* nehmen eine neue Einteilung der Störer vor. Sie unterscheiden zwischen zwei Gruppen. Die erste Gruppe besteht aus Personen, die durch

---

[233] *Drews/Lassar*, in: Brauchitsch, 23. Aufl., S. 270.
[234] Ebd.
[235] Ebd.
[236] Ebd., S. 271 f.
[237] Ebd., S. 274.
[238] Ebd.

ihr Handeln oder Unterlassen oder durch ihre Eigenschaft als Eigentümer mit der zu beseitigenden Gefahr in Zusammenhang stehen. Die Haftung der Personen dieser Gruppe entspricht der Haftung der Verhaltens- und der Zustandsstörer. Die zweite Gruppe besteht aus Personen, die mit der Gefahr in keinem Zusammenhang stehen. Diese Personen haften für das Tun, Dulden oder Unterlassen anderer Personen. Diese Personen haften, ohne dass sie ihrerseits einen Beitrag zur Gefahrenentstehung geleistet haben. Geschäftsunfähige oder beschränkt geschäftsfähige Personen können nach Ansicht der hier behandelten Autoren Störer sein. Jedoch seien die Handlungen zur Schadensbeseitigung durch gesetzliche Vertreter zu bewirken. Die Haftung der Personen dieser Gruppe entspricht der Haftung der Zusatzverantwortlichen in einem weiteren Sinn, weil die behandelten Autoren eine Doppelhaftung ablehnen. *Drews* und *Lassar* greifen bei der Haftung für den Gehilfen den von *Mayer* geprägten Begriff „Lebenskreis" zu ihrer Begründung auf.[239] Jedoch müssen die Gehilfen mit Willen des Zusatzverantwortlichen in dessen Lebenskreis tätig werden. Diese Aussage enthält eine dreifache Einschränkung gegenüber der Theorie *Mayers*, in der es heißt, die Störung gehe von demjenigen aus, dessen Lebenskreis sie entspringe. Erstens wird bei *Drews* und *Lassar* im Gegensatz zu *Mayer* der Lebenskreis nur zur Begründung der Zusatzverantwortlichkeit verwendet. Zweitens betrifft die Aussage nur die Haftung für den Gehilfen. Drittens müssen die Gehilfen mit dem Willen des Zusatzverantwortlichen in dessen Lebenskreis tätig werden.

Drews und *Lassar* anerkennen die Zusatzverantwortlichkeit in einem weiteren Sinn, benennen sie aber ausdrücklich nicht. Ihre Lösung entspricht der Fallgruppe 3.

13. Bill Drews

1927 befasst sich *Drews* in seinem Lehrbuch „Preußisches Polizeirecht"[240] mit polizeirechtlichen Problemen. *Drews* stellt fest, „die Qualität als ‚Störer' werde zunächst dadurch begründet, dass aus dem positiven oder negativen Handeln einer Person oder aus dem Zustande der von ihr zu vertretenden Sachen objektiv eine polizeirechtliche Gefahr entstehe. Eine subjektive Schuld in zivil- oder strafrechtlichem Sinn, eine zivil- oder strafrechtliche Haftung oder Verantwortlichkeit des Störers, eine bewusste oder unbewusste Mitwirkung des Störers an der Entstehung des polizeiwidrigen Zustandes seiner Sachen ist der Haftung der Polizei gegenüber unerheblich."[241] Entscheidend ist nach der Ansicht *Drews*' ferner allein „die objektive Tatsache, ob eine Störung der öffentlichen Sicherheit oder Ordnung vorliege, die ohne das betreffende Handeln des Störers oder

---

[239] *Mayer*, S. 265.
[240] *Drews*, S. 41.
[241] Ebd.

ohne den betreffenden Zustand der Sachen des Störers nicht eingetreten sein würde."[242] *Drews* stellt fest, in dieser Gegebenheit liege einer der grundlegendsten Unterschiede zum Zivil- und Strafrecht. Strafrechtlich oder zivilrechtlich unverantwortliche und geschäftsunfähige Personen wie Kinder, Entmündigte und Geisteskranke könnten Störer sein.[243] Schließlich ist für *Drews* nicht entscheidend, ob ein Störer aus eigener Initiative oder im Auftrag eines Dritten, auf eigene oder fremde Rechnung handelt.[244] Als Beispiele führt *Drews* an: „der Kutscher, der bestehender Vorschrift zuwider im Auftrage seines Arbeitgebers bei Dunkelheit ohne angezündete Laterne fährt, der Handlungsgehilfe, der bestehender Vorschrift zuwider im Auftrage seines Arbeitgebers einen Korb mit Waren vor dem Laden auf die Straße stellt, können zur Unterlassung und zur Beseitigung solcher Polizeiwidrigkeit ebenso gezwungen werden wie ihr Arbeitgeber, durch dessen Auftrag die Polizeiwidrigkeit hervorgerufen wird."[245] *Drews* schreibt weiter: „Der einzelne haftet im übrigen der Polizei gegenüber nicht nur für sein eigenes Handeln, sondern auch für das der von ihm abhängigen Personen, soweit er auf deren Handeln einen Einfluß auszuüben rechtlich oder tatsächlich in der Lage ist."[246] Die Polizei könne somit Eltern und Erziehungsberechtigte, Vormünder und Pfleger, Arbeitgeber und Lokalinhaber anhalten, alle in ihrer rechtlichen und tatsächlichen Macht stehenden Maßnahmen zu treffen, um die von ihnen abhängigen Personen vom polizeiwidrigen Handeln oder Unterlassen abzuhalten.[247] Der Einzelne sei der Polizei gegenüber verpflichtet, nicht nur entsprechende Anweisungen oder Ermahnungen gegenüber den von ihm abhängigen Personen zu erteilen, sondern auch das ihnen zustehende Aufsichts- und Verfügungsrecht so zu handhaben, dass Polizeiwidrigkeiten wirksam verhindert werden – z.B. durch dauernde Beaufsichtigung bei Kindern und Pflegebefohlenen, durch Abschließung von der Öffentlichkeit bei Geisteskranken usw. Gastwirte und Kinobesitzer seien verpflichtet, Jugendliche, deren Teilnahme an Tanzvergnügen und Kinovorführungen verboten sei, von der Teilnahme auszuschließen und aus ihren Lokalen zu entfernen.[248] Arbeitgeber seien verpflichtet, ihren Angestellten fachgemäße Anweisungen für ein polizeigemäßes Handeln zu erteilen. Auch dürfe die Polizei von ihnen fordern, dass sie Angestellte, die bei der Ausführung bestimmter Dienstverrichtungen die öffentliche Sicherheit oder Ordnung störten, nicht mehr zu Dienstverrichtungen dieser Art verwenden.[249] Als Beispiele nennt *Drews* „einen Kutscher, dessen fortgesetztes leichtsinniges

---

[242] Ebd., S. 42.
[243] Ebd.
[244] Ebd.
[245] Ebd.
[246] Ebd.
[247] Ebd.
[248] Ebd.
[249] Ebd., S. 42 f.

Fahren den Verkehr gefährdet, oder einen bewaffneten Nachtwächter, dessen leichtfertiges Umgehen mit Waffen die Sicherheit der Anwohner und Passanten gefährdet."[250]

Den Ausgangspunkt der *Drews'schen* Abhandlung bildet die Frage, wann wer Störer ist. Er arbeitet den Grund für die Inanspruchnahme einer Person als Störer heraus und legt die Unterschiede der polizeilichen Haftung zu einer zivil- und strafrechtlichen Haftung dar. Anschließend wendet er sich den verschiedenen Typen von Störern zu und unterscheidet zwischen Handlungshaftung und Zustandshaftung. Er anerkennt die Zusatzverantwortlichkeit im Sinne einer Doppelverantwortlichkeit und ordnet die Zusatzverantwortlichkeit der Handlungshaftung zu. Der Störer ist verantwortlich. Der Dritte haftet für das Verhalten der von ihm abhängigen Personen, soweit er auf deren Handeln einen Einfluss auszuüben rechtlich oder tatsächlich in der Lage ist. Jedes zivilrechtliche Abhängigkeitsverhältnis führt demnach zur Zusatzverantwortlichkeit. Die Abhängigkeit einer Person von einem Dritten führt zu dessen Haftung. Eine Begründung für die Haftung des Dritten findet sich nicht.

Drews Ausführungen zeigen, dass er die Zusatzverantwortlichkeit in dem Sinn versteht, der heute üblich ist. Der „eigentliche" Störer haftet, neben ihm haftet der Zusatzverantwortliche. Summierend lässt sich sagen, dass *Drews* zwar die Zusatzverantwortlichkeit kennt, sie als solche aber nicht ausdrücklich benennt. Seine Lösung entspricht der Fallgruppe 1.

14. Ferdinand Finke und Wilhelm Messer

1928 beschäftigen sich *Finke* und *Messer* in ihrem Lehrbuch „Das allgemeine Polizeirecht Thüringens"[251] mit der Frage des Polizeipflichtigen. Nach der Meinung von *Finke* und *Messer* beantwortet die Frage nach dem Polizeipflichtigen in Thüringen § 33 Abs. 2 LVO[252]. Diese Norm bringe zunächst in positive Gesetzesvorschrift, was als selbstverständlich gewohnheitsrechtlich auch vordem schon feststand: „daß jedermann alles vermeiden muß, was Gefahren verursacht. Weiter verpflichtet der § 33 nun jedermann ausdrücklich, dafür Sorge zu tragen, daß auch andere Personen, für die er verantwortlich ist, keine solchen Gefahren heraufbeschwören, und endlich kann von ihm verlangt werden, daß er auch die Sachen, für die er einzustehen hat, in einem Zustande erhält, daß von ihnen keine Gefahren ausgehen."[253] *Finke* und *Messer* formulieren weiter, dass die zweite Ziffer dieses Absatzes von noch größerer praktischer Bedeutung sei,

---

[250] Ebd., S. 43.
[251] *Finke/Messer*, S. 16.
[252] Text bei *Knauth/Wagner*, S. 61 f. und unten unter IV. 1.
[253] *Finke/Messer*, S. 16.

insofern sie der Polizei sage, dass eben diese Personen, die für die Verhinderung von Gefahren zu sorgen hätten, von ihr auch auf Beseitigung der Gefahr in Anspruch genommen werden könnten, wenn sie einen polizeilichen Tatbestand gleichwohl eintreten oder bestehen ließen. Nach dieser Bestimmung gebe es noch zwei Haupttypen von Polizeipflichtigen: „denjenigen, der die Störung der öffentlichen Sicherheit oder Ordnung in eigener Person oder durch gewisse andere verursacht, und einen zweiten, der für die Sache aufzukommen hat, in den eine Gefahr gewissermaßen hineingefahren ist, also zwischen einem ‚Störer' und einem ‚Inhaber der störenden Sache'."[254] Die Ausführungen von *Finke* und *Messer* zur Zusatzverantwortlichkeit sind sehr detailliert: „Obwohl die Landesverwaltungsverordnung einen weiteren Unterschied macht zwischen dem, der in eigener Person stört, und demjenigen, der für die Unterlassung von Störungen durch andere zu sorgen unterläßt, kann man beide unbedenklich als den gemeinsamen Typ des ‚Störers' betrachten. Wer in eigener Person Störungen verursacht, ist selbstverständlich Störer. Wer aber für das gute Verhalten anderer zu sorgen unterläßt, der verursacht eben durch diese Unterlassung auch seinerseits die Störung, ist also Störer von der selben Art wie jener."[255] Als Beispiel geben sie an, dass ein harmloser Geisteskranker mit einem Strohhut auf dem Kopf auf einem öffentlichen Platz Schlittschuh laufe. Infolgedessen ergäben sich Menschenansammlungen und Verkehrsstockungen. Er habe dadurch unmittelbar durch sein Auftreten die Störung verursacht. Der ihm mitgegebene Pfleger habe ihn im Punkte des Huts nicht genügend beaufsichtigt. Auch der Pfleger wäre dann Verursacher der Störung und als Störer polizeipflichtig.[256] Weiter erklären sie, die Haftung für andere Personen, von denen die Störung ursprünglich ausgehe, treffe aber begreiflicherweise nicht jeden Menschen, sondern nur denjenigen, der für den Störer verantwortlich sei. „Eine solche Verantwortlichkeit kann bestehen zufolge besonderer gesetzlicher Bestimmungen (z. B. Eltern, Vormünder, Vertreter juristischer Personen, Arbeitgeber), zufolge Amtspflicht (Polizeibeamte, Lehrer), zufolge Vertrags oder anderen Rechtsgeschäfts (Krankenwärter, Kindermädchen) oder aus vorangegangenem Tun heraus, das ein späteres Untätigwerden pflichtwidrig erscheinen läßt."[257] Für das Letztgenannte führen sie als Beispiel an, dass der gutmütige Mensch, der sich eines hilflosen Betrunkenen annehme, danach aber die Sache leid sei und den Mann fahren lasse, durch diese Änderung seines Verhaltens zum Störer werde, wenn sich dann ein polizeilicher Tatbestand herausbildete. Die Polizei könne von ihm verlangen, dass er sein Hilfswerk zur Abwehr der drohenden Störungen fortsetzte.[258] Weiter erklären sie, dass es keine Rolle spiele, ob die Störung auch auf ein Verschulden des Störers zurückzufüh-

---

[254] Ebd., S. 17.
[255] Ebd.
[256] Ebd., S. 17 f.
[257] Ebd., S. 18.
[258] Ebd.

ren sei. Ebenso sei es gleichgültig, ob der Verursacher der Störung ein Kind oder ein Geisteskranker sei. Man könne sie so gut wie jeden anderen in Anspruch nehmen.[259]

Den Ausgangspunkt der Auffassungen von *Finke* und *Messer* bildet im Unterschied zu den bislang behandelten Autoren erstmalig eine Norm des positiven Rechts. Sie sind die ersten, die auf § 33 Abs. 2 ThürLVO hinweisen. Sie kennen den Verhaltensstörer, den sie „Störer" nennen, und den Zustandsstörer, den sie als „Inhaber der störenden Sache" bezeichnen. Sie erkennen die Zusatzverantwortlichkeit an. Sie stellen fest, dass der Haftung des Verhaltensstörers (der in eigener Person stört) und der Haftung des Zusatzverantwortlichen (der für die Unterlassung von Störungen durch andere zu sorgen unterlässt) die gleiche Art der Polizeipflichtigkeit zu Grunde liegt. Daraus folgt, dass der „eigentliche" Störer primär haftet, neben ihm als Dritter derjenige, der es unterlässt, bestimmte Dinge zu unterbinden. Es gibt also eine Doppelhaftung: Der Verhaltensstörer stört selbst durch Handeln und haftet, der Zusatzverantwortliche stört auch selbst, aber durch Unterlassen, und haftet deshalb. Der Dritte haftet, wenn ein Gesetz die Haftung anordnet, kraft Amtspflicht, kraft Vertrags und anderen Rechtsgeschäfts und aus vorangegangenem Tun. Die Personen, für deren Handeln der Dritte haftet, werden auf diese Weise bestimmt. Der Umfang der polizeilichen Haftung ist sehr weitgehend.

Abschließend lässt sich feststellen, dass *Finke* und *Messer* die Zusatzverantwortlichkeit anerkennen, sie aber nicht als solche benennen. Ihre Lösung entspricht der Fallgruppe 1.

15. Walter Jellinek

1929 befasst sich *Jellinek* in seinem Lehrbuch „Verwaltungsrecht"[260] mit Fragen des Polizeirechts. *Jellinek* geht davon aus, dass der *Störer* die „polizeifähige" Person ist, an welche sich die Polizei bei Erlass einer Polizeiverordnung oder -verfügung halten kann. Weiter heißt es, dass der Begriff „Störer" zwei verschiedene Gruppen von Personen umfasse, nämlich den *Gewalthaber* und den *Verursacher*. Andere Personen als diese beiden dürfe die Polizei nicht heranziehen. Die Polizei solle Störungen verhüten, und der Einzelne solle ihr, soviel es an ihm liege, dabei behilflich sein. Wenn trotzdem Störungen entstünden, hätte er sie zu beseitigen, soweit er sie selbst verursacht habe oder soweit sie von Menschen oder Sachen ausgehen, über die er die Gewalt habe.[261] *Jellinek* stellt fest, als Gewaltinhaber hafte der Einzelne für die Polizeimäßigkeit seiner

---

[259] Ebd., S. 19.
[260] *Jellinek*, Verwaltungsrecht, S. 426.
[261] Ebd.

A. Entstehung des gesetzlichen Verantwortlichkeitstatbestands

eigenen Person, der seiner Gewalt unterworfenen Menschen und der seiner Verfügungsmacht unterworfenen Sachen. Der Gewalthaber hafte für sich selbst als polizeiwidrige Person, wenn er z. B. mit einer ansteckenden Krankheit behaftet sei oder sich in unbekleidetem Zustande auf der Straße befinde. Die Gefahr geht in diesem Fall der Gewalthaberschaft von dem Körper des Gewalthabers als solchem aus. „Ebenso haftet der Familienvorstand für das polizeiwidrige Verhalten seiner Kinder und sonstiger Schutzbefohlenen, der Hausherr für das Gebahren der seinem Hausrecht Unterworfenen."²⁶² Weiterhin hafte der Gastwirt für seine lärmenden Gäste.²⁶³ Anerkannt sei weiter die Haftung des Eigentümers für den polizeimäßigen Zustand einer Sache. Darüber hinaus: „Dem Eigentümer steht [...] jeder über die Sache Verfügungsberechtigte bis zur Grenze seiner Verfügungsgewalt gleich, z. B. der Unternehmer, der Hausverwalter, der Nießbraucher, der Besitzer überhaupt."²⁶⁴ Träfen mehrere Gewalthaber zusammen, habe die Polizei grundsätzlich die freie Wahl, an wen sie die Verfügung richte.²⁶⁵ „Sie kann also z. B. für das Abfahren des Hausmülls entweder den Hausherrn oder die Mieter verantwortlich machen."²⁶⁶ Nach *Jellinek* haftet als *Verursacher* derjenige, der durch seine Handlung einen polizeiwidrigen Zustand hervorgerufen hat.²⁶⁷

Zum Ausgangspunkt seiner Diskussion polizeirechtlicher Probleme wählt *Jellinek* die Unterscheidung zwischen zwei Grundarten von Störern. Dem Gewalthaber entsprechen der Zustandsverantwortliche, der Verhaltensverantwortliche, wenn der Körper des Gewalthabers der Grund der Störung ist, und der Zusatzverantwortliche. Dem Verursacher entspricht der Handlungsstörer im Übrigen. *Jellinek* modifiziert somit seine 1913 entwickelte Theorie der drei Arten von Gewalthabern. Die erste Art der Gewalthaber ist jetzt der Verursacher. Neu ist, dass *Jellinek* die Zusatzverantwortlichkeit zusammen mit der Zustandsverantwortlichkeit einer Störerart zuordnet. Dieses Ergebnis ist darin begründet, dass sowohl der Zustandsstörer als auch der Zusatzverantwortliche für einen bestimmten Gefahrenkreis haften, der ihnen zuzuordnen ist. *Jellinek* erkennt die Zusatzverantwortlichkeit an. Er geht von der Doppelverantwortlichkeit aus: zum einen der Verantwortlichkeit des „eigentlichen" Störers, zum anderen der Verantwortlichkeit des für diesen auch haftenden Dritten. Dieser haftet als Fami-

---

²⁶² Ebd.
²⁶³ Ebd., S. 426; zur Haftung der Gastwirte vgl. Jahrbücher des Königlich Sächsischen Oberverwaltungsgerichts, 1905, 153 ff. (153 f.).
²⁶⁴ *Jellinek*, Verwaltungsrecht, S. 426; vgl. weiter die Entscheidungen des PrOVG: vom 24. 5. 1912, PrOVGE 61, 280 ff. (285 ff.); vom 16. 9. 1915, PrOVGE 70, 326 ff.; vom 26. 10. 1915, PrOVGE 70, 419 ff.
²⁶⁵ *Jellinek*, Verwaltungsrecht, S. 426; vgl. weiter PrOVG, Entscheidung vom 27. 4. 1915, PrOVGE 69, 401 ff.
²⁶⁶ *Jellinek*, Verwaltungsrecht, S. 426; zur Haftung des Hauseigentümers vgl. PrOVG, PrVBl. 1915/1916, S. 153 ff., s. Kapitel 1 A II 1 h).
²⁶⁷ *Jellinek*, Verwaltungsrecht, S. 427.

lienvorstand für die Kinder; als Gastwirt für seine Gäste etc. Gehaftet wird bei Existenz eines gesetzlich oder vertraglich begründeten Verhältnisses, mit dem „Gewalthaberschaft" verbunden ist. Warum Gewalthaberschaft eine Haftung für das Verhalten der gewaltunterworfenen Person auslöst, wird nicht begründet.

Als Ergebnis lässt sich formulieren, dass *Jellinek* die Existenz der Zusatzverantwortlichkeit darlegt, sie aber nicht namentlich benennt. Seine Lösung ist der ersten Fallgruppe zuzuordnen.

16. Carl Schaeffer und Wilhelm Albrecht

1929 bearbeiten *Schaeffer und Albrecht* das Polizeirecht in ihrem Buch „Allgemeines Polizeirecht in Deutschland"[268]. Die Autoren gelangen zu dem Ergebnis, die Haftung des Störers werde lediglich durch die objektive Tatsache, dass eine Störung der Sicherheit und der Ordnung vorliege, begründet. Sie unterscheiden zwischen „Handlungshaftung" und „Zustandshaftung".[269] Zur Handlungshaftung führten sie aus: „Die Handlungshaftung gründet sich auf folgenden Gewohnheitsrechtssatz: Jeder Einwohner ist der Polizei dafür verantwortlich, daß weder durch sein persönliches Verhalten noch durch das Verhalten von ihm *abhängiger Personen Störungen* der öffentlichen Sicherheit und Ordnung hervorgerufen werden."[270] Die Haftung für eigenes Verhalten umfasst diejenigen Störungen, die der Störer unmittelbar verursacht, und zwar entweder durch positives Tun oder durch pflichtwidriges Unterlassen.[271] „Die Haftung für fremdes Verhalten umfaßt diejenigen Störungen, die der Störer mittelbar, d. h. durch von ihm abhängige Personen verursacht."[272] Als Störer gemeint sind insbesondere Eltern, Vormünder, Arbeitgeber und Lokalinhaber. Als Beispiele werden genannt: „Der Gastwirt haftet der Polizei, wenn seine Gäste durch lärmende Gesänge die Nachtruhe der Umwohner stören. Der Fuhrunternehmer haftet, wenn sein Kutscher das ihm anvertraute Fuhrwerk nach Einbruch der Dunkelheit ohne Laternenbeleuchtung fährt."[273]

Schaeffer und Albrecht wählen als Ausgangspunkt ihrer Abhandlung zwei Arten der Haftung. Sie nennen die beiden Arten Handlungshaftung und Zustandshaftung. Sie anerkennen die Zusatzverantwortlichkeit und ordnen sie der Handlungshaftung zu. Sie gehen von einer Doppelverantwortlichkeit aus, weil für ein und dieselbe Störung mehrere Personen verantwortlich sein können und

---

[268] *Schaeffer/Albrecht*, S. 20.
[269] Ebd.
[270] Ebd.
[271] Ebd.
[272] Ebd.
[273] Ebd., S. 21.

nebeneinander haften.²⁷⁴ Sie greifen den von *Drews*²⁷⁵ geprägten Begriff „abhängige Person" auf, um den Umfang der Zusatzverantwortlichkeit zu bestimmen. Neu ist die Aussage, dass die Handlungshaftung und damit auch die Haftung kraft Zusatzverantwortlichkeit ihre Grundlage in einem Gewohnheitsrechtssatz findet. Ein Nachweis für die Existenz dieses Gewohnheitsrechtssatzes wird nicht geführt. Neu ist weiter die Aussage, dass die Haftung für das Handeln der abhängigen Person „mittelbar" ist. Was diese Aussage bedeuten soll bzw. welche Rechtsfolgen mit dieser Bestimmung verbunden sind, ist nicht ersichtlich. Möglicherweise bedeutet diese Feststellung, dass die Haftung des Dritten eintritt, ohne dass dieser einen kausalen Beitrag zur Entstehung der Gefahr bzw. des Schadens geleistet hat. Die Richtigkeit dieser denkbaren Erklärung lässt sich nicht verifizieren.

Zusammenfassend lässt sich formulieren, dass *Schaeffer* und *Albrecht* die Zusatzverantwortlichkeit als solche anerkennen. Sie bezeichnen sie aber nicht als solche namentlich. Ihre Lösung ist der Fallgruppe 1 zuzuordnen.

17. Helmut Oehler und Wilhelm Albrecht

Oehler und *Albrecht* veröffentlichen 1930 ihr Buch „Preußisches Allgemeines Polizeirecht"²⁷⁶. Die Verfasser ergänzen die Ausführungen in dem ein Jahr zuvor erschienenen Buch von *Schaeffer und Albrecht* zum „Allgemeine(n) Polizeirecht in Deutschland" um folgende Aussage: „Durch fremdes Verhalten wird zum mittelbaren Störer derjenige, der für das Tun und Unterlassen anderer Personen zivilrechtlich (§ 831 BGB) verantwortlich gemacht werden kann; aber die Polizeipflicht reicht noch weiter als die zivilrechtliche Verantwortlichkeit."²⁷⁷ Weiterhin erklären sie, dass die Erwägung der zivilrechtlichen Verantwortlichkeit der Polizei einen Anhaltspunkt gebe, wer außer dem unmittelbaren Störer noch als mittelbarer Störer in Betracht kommen könne. Als zusätzliche Beispiele nennen sie noch den Bauunternehmer, der für seine Angestellten hafte, und den Redakteur, der für seinen Schreiber hafte. Als negatives Beispiel geben sie an, dass die Polizei einem Arbeitgeber, dessen Lehrling auf einem Botengang mutwillig eine öffentliche Anlage beschädigt, nicht aufgeben könne, den Schaden wieder beseitigen zu lassen. Die mutwillige Beschädigung sei eine private Handlung des Lehrlings, die mit dem Arbeitsverhältnis nichts zu tun habe, der Arbeitgeber sei weder zivilrechtlich verantwortlich noch polizeipflichtig, anders als die Eltern des minderjährigen Lehrlings.²⁷⁸

---

[274] Ebd.
[275] s. zuvor unter 13.
[276] *Oehler/Albrecht*, S. 30.
[277] Ebd.
[278] Ebd.

Oehler und Albrecht führen erstmals als Bezugspunkt der Zusatzverantwortlichkeit die deliktische Haftung des Zivilrechts an. Die Zusatzverantwortlichkeit umfasst aber mehr Fälle als die zivilrechtliche Haftung für das Handeln eines Dritten. Es ist besonders hervorzuheben, dass das Zivilrecht als Bezugspunkt der Zusatzverantwortlichkeit genannt wird und der Zusatzverantwortliche *mittelbar* für den „eigentlichen" Störer und neben diesem haftet. Dieser Zusammenhang gestattet es, zu bestimmen, was „mittelbar" bedeutet. Nach § 831 BGB haftet der Geschäftsherr für den Verrichtungsgehilfen, ohne an der Entstehung des Schadens einen kausalen Beitrag geleistet zu haben. Er haftet wegen einer Vermutung, die für die direkte Schadensentstehung bedeutungslos ist. Diese Aussage ist in der polizeirechtlichen Literatur neu. Der Zusatzverantwortliche haftet, ohne dass er in seiner Person selbst Störer ist. Das störende Verhalten einer anderen Person wirkt für den Dritten haftungszuweisend. Zusatzverantwortliche können der Bauunternehmer und der Redakteur sein.

Resümierend lässt sich sagen, dass *Oehler* und *Albrecht* das Vorhandensein der Zusatzverantwortlichkeit bestätigen, sie aber als solche nicht namentlich benennen. Erstmalig ist in der Literatur festzustellen, dass die Zusatzverantwortlichkeit auch dann angenommen wird, wenn der Zusatzverantwortliche keinen kausalen Beitrag zur Verursachung der Gefahr oder zur Entstehung des Schadens geleistet hat. Ihre Lösung ist ein Fall der Gruppe 1.

18. Friedrich Giese, Erhard Neuwiem und Ernst Cahn

1930 behandeln *Giese, Neuwiem und Cahn* in ihrem Lehrbuch „Deutsches Verwaltungsrecht"[279] polizeirechtliche Probleme. Sie stellen fest, dass die Polizei sich deshalb, weil sie nur die nötigen Anstalten zu treffen habe, um eine Gefahr abzuwehren, im Allgemeinen nicht an unbeteiligte Dritte wenden dürfe, sondern nur an den richtigen *Adressaten*, also in die Freiheit oder das Eigentum nur derjenigen Personen eingreifen dürfe, die einmal bei der Entstehung der zu beseitigenden Gefahr mitgewirkt hätten oder ihr vorzubeugen oder abzuhelfen verpflichtet gewesen wären. Es kämen sonach zwei Rechtstitel für die sog. Polizeipflichtigkeit in Frage, nämlich die Haftung des Handelnden und die Haftung des Inhabers der störenden Sache.[280] Weiter heißt es: „Demjenigen, der in eigener Person die Gefahr verursacht, steht derjenige gleich, der es rechts- oder pflichtwidrig unterlässt, Störungen durch andere Personen zu verhindern. Die ‚Verantwortlichkeit' für andere kann ihren Grund haben in einer besonderen gesetzlichen Bestimmung (z. B. Eltern, Vormund) oder in einem Rechtsgeschäft oder auch bloß in einem vorausgegangenen Handeln."[281] Schließlich führen die

---

[279] *Giese/Neuwiem/Cahn*, S. 173.
[280] Ebd.
[281] Ebd., S. 174.

A. Entstehung des gesetzlichen Verantwortlichkeitstatbestands

Autoren aus, die thüringische Landesverwaltungsordnung vom 10. 6. 1926 fasse das, was die Rechtsprechung des PrOVG für die Lehre vom richtigen Adressaten des Polizeibefehls in jahrzehntelanger Arbeit zusammengestellt hat, gut zusammen.[282]

Giese, *Neuwiem* und *Cahn* benutzen den Begriff „Adressat" für die in Anspruch zu nehmende Person. Sie unterscheiden zwischen der Haftung des Handelnden und der Haftung des Inhabers der störenden Sache. Zur Frage der Anerkennung der Zusatzhaftung, der Frage, für welches Tun, Dulden oder Unterlassen welcher Personen der Dritte haftet sowie nach dem Rechtsgrund der Haftung kann auf die Ausführungen zu *Finke* und *Messer* verwiesen werden.

Es lässt sich feststellen, dass *Giese*, *Neuwiem* und *Cahn* die Zusatzverantwortlichkeit als solche kennen, sie aber nicht ausdrücklich benennen. Ihre Lösung ist der Fallgruppe 1 zuzuordnen.

19. Zusammenfassende Bewertung der Aussagen in der Literatur

Die Frage nach der Haftung einer Person für das Entstehen einer Gefahr oder die Verursachung eines Schadens und damit verbunden die Frage nach der Existenz der Zusatzverantwortlichkeit (diese verstanden als Doppelhaftung) bzw. nach einer Zusatzverantwortlichkeit im weiteren Sinn (anstelle des eigentlichen Schädigenden haftet ein Dritter; der Sache nach handelt es sich um eine Haftungsübernahme) musste bei dem Grund ansetzen, weshalb eine Person sich in spezifischer Weise verhalten soll. *Otto Mayer* beruft sich insoweit auf die allgemeine Untertanenpflicht. Die verpflichtete Person bestimme sich danach, ob die Störung von ihrem Lebenskreise ausgehe. Dem folgt *Anschütz*. *Arnstedt* hingegen stellt nicht mehr auf gleichsam übergeordnete Begründungen ab, sondern stellt fest, es hafte der Urheber polizeiwidriger Zustände. Dieser Ausgangspunkt ist auch derjenige der in obiger Analyse nachfolgenden Autoren bis *Walter Jellinek*. Dieser nennt in diesem Zusammenhang den Gewalthaber der Polizeiwidrigkeit. Diese neue Begrifflichkeit bringt aber keine neuen Aspekte zum Grund der Haftung. *Rosin* bemüht dann wieder die Verursachung. Nach *Wolzendorff* ist Verursacher einer Störung diejenige Person, die für die Auslösung der Störung sozial verantwortlich sei. *Hatschek* äußert sich insoweit nicht. *Scholz-Forni* begründet die polizeiliche Haftung gewohnheitsrechtlich. Verantwortlich sei nach dem Gewohnheitsrecht der Urheber. *Drews* und *Lassar* gehen von einem ungeschriebenen Grundsatz der Rechtsordnung aus. Erstmalig dem geschriebenen Recht können sich *Finke* und *Messer* zuwenden, die die Frage auf der Grundlage des § 33 ThürLVO beantworten. *Schaeffer* und *Albrecht* be-

---

[282] Ebd.

rufen sich auf Gewohnheitsrecht. Die weiteren Autoren problematisieren den Ausgangspunkt nicht mehr. – Zusammenfassend lässt sich festhalten, dass ein Verständnis für einen Rechtsgrund für die Haftung nicht durchgehend zu finden ist. Warum der Verursacher auch Haftender ist, wird nicht durchgehend erklärt. Erst spät greift man insoweit auf eine rechtliche Grundlage zurück: sei es eine gewohnheitsrechtliche, sei es eine des geschriebenen Rechts.

Die Autoren fragen fast immer nach Arten von Störern. Schon *Mayer* differenziert zwischen Verhaltensstörer und Zustandsstörer. Soweit die Autoren die Frage nach unterschiedlichen Störerarten stellen, fallen sie nicht hinter den von *Mayer* erarbeiteten Stand der Erkenntnis zurück. Die angesprochene Differenzierung ist demnach allgemein bekannt. Die Begriffe Handlungshaftung und Zustandshaftung verwenden erstmalig *Schaeffer* und *Albrecht*.

Die Zusatzverantwortlichkeit wird in der Literatur partiell nicht akzeptiert. Es werden Auffassungen vertreten, die der Fallgruppe 2 zuzuordnen sind. Weitgehend wird anerkannt, dass eine Person für das Tun, Dulden oder Unterlassen einer anderen Person haftet. Dabei wird nicht immer klar, ob eine Person – der Dritte – neben dem „eigentlichen" Störer haftet, dieses wäre eine „Doppelhaftung" (erster Fall), oder ob der Dritte nur dann haftet, wenn der „eigentliche" Störer nicht haftet (zweiter Fall, hier Zusatzhaftung im weiteren Sinn genannt). Mit Blick auf den ersten Fall muss man noch dahingehend differenzieren, ob der Dritte einen eigenen kausalen Beitrag zum Haftungsfall zu leisten hat, damit er haftet, das wäre dann ein Fall des „Doppelstörers", oder ob der Dritte davon unabhängig haftet, das wäre der Fall der Haftungszuweisung. – Zusammenfassend lässt sich feststellen, dass alle Varianten von Zusatzhaftung sich finden. Der letzte zuvor dargestellte Fall der Haftungszuweisung findet sich nur einmal erwähnt. Ferner lässt sich sagen, dass die Begriffe „Zusatzhaftung" und „Zusatzverantwortlichkeit" in der Literatur keine Verwendung finden.

Den Umfang der Zusatzhaftung in personeller Hinsicht bestimmen die Autoren höchst unterschiedlich. Hinter allen verwendeten Begründungen steht ein gemeinsamer Grundgedanke. Dieser Grundgedanke ist die eigene Haftung für Personen, für die man verantwortlich ist. Für diesen Grundgedanken, der sich in unterschiedlichsten Ausführungen widerspiegelt, prägen die Autoren verschiedene Begriffe. Diesen Gedanken drückt *Mayer* mit dem „*Lebenskreis*" einer Person, von dem die Störung ausgeht, aus. Diesen Begriff verwenden später *Drews* und *Lassar*, um die Haftung für das Handeln des Gehilfen zu begründen.[283] *Jellinek* prägt die Bezeichnung „*Gewalthaber der Polizeiwidrigkeit*"[284]. *Hatschek* verwendet daraufhin den Begriff „*Gewalthaberschaft der Polizeiwidrigkeit*"[285]. *Drews* nutzt später den Terminus „*abhängige Person*"[286]. Diesen Begriff verwenden auch *Schaeffer* und *Albrecht*.[287]

---

[283] *Drews/Lassar*, in: Brauchitsch, 23. Aufl., S. 274.
[284] *Jellinek*, Gesetz, S. 306.

Als Zusatzverantwortliche identifiziert die Literatur durchweg Sorgeberechtigte[288] wie Eltern für ihre Kinder oder bestimmte Personen für Geisteskranke oder Arbeitgeber für ihre Angestellten und Verrichtungsgehilfen. Diese Aussage betrachtet die Literatur ausnahmslos als richtig. Keine Einigkeit besteht aber darüber, ob neben diesen Personen weitere als Zusatzverantwortliche in Anspruch genommen werden können. Oft sieht man auch Gastwirte für das Verhalten ihrer Gäste oder Eigentümer eines Hausgrundstücks für das Handeln ihrer Mieter als verantwortlich an. Letztlich ist es unbestimmt, wer neben den anerkannten Zusatzverantwortlichen als solcher in Anspruch genommen werden konnte. Man kann sagen, dass jeder als Zusatzverantwortlicher in Anspruch genommen werden kann, soweit er aus irgendeiner Beziehung für jemanden verantwortlich ist. Dieses führt im Ergebnis zu ausufernden und abstrusen Ergebnissen (der Redakteur haftet für den „Schreiber"). Dass eine solche Rechtslage problematisch ist, liegt auf der Hand: Sie führt zu vollständiger Rechtsunsicherheit. – Die Ausweitung der Zusatzhaftung erfolgt fast immer begründungslos. Fast immer begründungslos wird auch der „eigentliche" Störer von der Haftung freigestellt, so dass der Sache nach eine unbegründete Haftungsfreistellung für bestimmte Störer festzuhalten ist.

Grund für diese Rechtsunsicherheit war, dass es, wie gezeigt[289], kein Polizeigesetz gab, das die Störereigenschaft bzw. die Polizeipflichtigkeit von Personen regelte. Diese Lücke füllte die Literatur und entwickelte Regeln zur Polizeipflichtigkeit in Einklang oder in Konkurrenz zu der bereits bestehenden Rechtsprechung. Die Haftung für einen Dritten stellte sich damals (ebenso wie heute) als ein Spezialfall der polizeirechtlichen Verantwortlichkeit dar. Es ist verständlich, dass manche Ausführungen zur polizeirechtlichen Verantwortlichkeit nur knappe oder keine Ausführungen zur Haftung für einen Dritten enthalten, wenn nicht einwandfrei geklärt ist, wer primär zur Verantwortung gezogen werden kann. Ein anderer Grund für die teilweise bis heute knappen Ausführungen mag darin liegen, dass man in der Haftung für einen Dritten kein Problem sah. Dass Eltern für ihre Kinder die Verantwortung tragen, war nicht umstritten. In Fällen, in denen jemand aus gesetzlichen Gründen die Verantwortung für jemanden übernehmen musste oder aus freien Stücken die Verantwortung für jemanden übernahm, ist die Haftung dieser Verantwortungsträger nicht Gegenstand einer juristischen Diskussion. Es liegt aus diesen Gründen nahe, die polizeirechtliche Haftung für die Personen, für die man die Verantwortung trug, nicht nur als

---

[285] *Hatschek*, Institutionen, S. 177.
[286] *Drews*, S. 42.
[287] *Schaeffer/Albrecht*, S. 20.
[288] Denkbar wäre auch die Verwendung des Begriffs *Sorgeverpflichteter*, weil gem. § 1626 Abs. 1 Satz 1 BGB die Eltern die Pflicht und das Recht zur Sorge für ihre Kinder haben. Den Begriff „Sorgeverpflichteter" verwendet *Friauf*, s. Einleitung Fn. 46.
[289] s. Kapitel 1 A I 2–4.

selbstverständlich, sondern auch als gerecht anzusehen. Dazu kam noch, dass der Zusatzverantwortliche in vielen Fällen selbst als Störer aus Unterlassen haftete. Dieses bedeutet, dass der Tatbestand Zusatzverantwortlichkeit nicht immer benötigt wurde.

Zusammenfassend darf festgestellt werden, dass in der polizeirechtlichen Literatur die Zusatzhaftung in einem gegenständlich nicht beschränkten Umfang anerkannt war.

IV. Normierung in deutschen Polizeiverwaltungsgesetzen

Es gab nur vier Länder des Deutschen Reichs, die während der Zeit der Geltung der Weimarer Reichsverfassung ein allgemeines Polizeirecht normierten.[290] Unter allgemeinem Polizeirecht ist nicht nur formelles, sondern auch materielles Polizeirecht zu verstehen. Die vier Polizeigesetze hatten gemeinsam, dass sie Generalermächtigungen enthielten. Sie waren also Polizeigesetze im materiellen Sinn. Als erstes Land erließ der Freistaat Thüringen mit der Landesverordnung vom 10.6.1926 ein allgemeines Polizeirecht. Danach folgten mit fast vier Jahren Abstand Mecklenburg-Strelitz am 8.3.1930 mit dem Gesetz über die Polizei und Lippe am 4.4.1930 mit seinem Gesetz über die Polizeiverwaltung. Preußen schuf ein Jahr später am 1.6.1931 mit dem PrPVG ein allgemeines Polizeirecht. Diese Gesetze sollen im Folgenden auf Aussagen zur Zusatzverantwortlichkeit hin analysiert werden.

1. Landesverwaltungsordnung für den Freistaat Thüringen vom 10.6.1926

1923 war dem Thüringer Landtag ein Entwurf eines PVG[291] zugegangen, der aber keinen Erfolg hatte. Dieser Entwurf regelte sowohl formelles als auch materielles Polizeirecht. Er enthielt aber keine Bestimmung über die Störer bzw. den Zusatzverantwortlichen.[292]

Die spätere LVO für den Freistaat Thüringen war das erste Gesetz, welches das materielle Polizeirecht normierte und nicht nur ein reines Polizeiorganisationsgesetz war. In der Begründung der Vorlage heißt es zur Polizei: „Die Vorlage

---

[290] Vgl. hierzu *Naas*, S. 12f; *Hans Julius Wolff*, S. 7.
[291] Drs. Nr. 1383 des 2. Landtags von Thüringen, Bd. 1, S. 1768 ff.
[292] Ebd., S. 1768: „I. Allgemeines. 1. Aufgabe der Polizei. § 1. Die Polizei hat die Aufgabe, den Staat und die verfassungsmäßigen Einrichtungen zu schützen, für die Aufrechterhaltung der öffentlichen Ruhe, Sicherheit und Ordnung zu sorgen, die der Gesamtheit und den einzelnen drohenden Gefahren abzuwenden und die Befolgung der gesetzlichen Vorschriften zu überwachen."

A. Entstehung des gesetzlichen Verantwortlichkeitstatbestands 115

bezieht auch die Regelung der Polizei ein. Sie geht dabei von folgender Auffassung aus: Die Polizei ist kein besonderer Verwaltungszweig für sich, sondern Ausfluß einer Verwaltungstätigkeit. Sie hängt mit der sonstigen Verwaltungstätigkeit auf dem gleichen Verwaltungsgebiet aufs engste zusammen, indem sie gerade die ungestörte Entfaltung dieser allgemeinen Verwaltungstätigkeit zu sichern bezweckt; sie stellt die ‚polizeiliche Seite dieses Verwaltungszweiges' dar. [...] Unter Polizei begreift die Vorlage die in Wissenschaft und Rechtsprechung sog. Sicherheitspolizei im weiteren Sinn, nämlich die Abwehr von die öffentliche Ruhe, Sicherheit oder Ordnung störenden Gefahren, die der Gesamtheit oder dem Einzelnen bevorstehen. Sie übernimmt damit einen Rechtssatz, der im Anschluß an die Umschreibung des Begriffes der Grenzen der Polizei im preußischen Allgemeinen Landrecht (§10 Teil II Titel 17) im Laufe des vorigen Jhs. in ganz Deutschland teils durch die Gesetzgebung, teils vom Gewohnheitsrecht zur unbestrittenen Geltung gebracht worden ist."[293] Es ist somit wahrscheinlich, dass die LVO auch eine erste Regelung der Störer bzw. der Zusatzverantwortlichen enthält.

Der erste Entwurf der LVO befasst sich mit den Störern und dem Zusatzverantwortlichen. In dem Entwurf vom 12.1.1926 lautet § 33:

„I In Ausübung der Polizei können alle nötigen Maßnahmen getroffen werden.

II Insbesondere kann von jedermann verlangt werden,

1. daß er sein Verhalten so einrichtet oder für ein solches Verhalten der Person, für die er verantwortlich ist, oder für einen solchen Zustand der Sache, für die er einzustehen hat, sorgt, daß dadurch keine Gefahr im Sinne des § 32 verursacht wird;

2. daß er eine solche Gefahr, die durch sein Verhalten oder durch das Verhalten der in Ziffer 1 bezeichneten Personen oder durch den Zustand der daselbst bezeichneten Sache verursacht worden ist, beseitigt.

III Wenn eine Gefahr unmittelbar droht, die auf keine andere Weise beseitigt werden kann, darf auch eine an der Verursachung einer Gefahr unbeteiligte Person in Anspruch genommen werden, jedoch höchstens so lange, bis die Polizeibehörde in der Lage ist, die zur Beseitigung der Gefahr nötigen Mittel selbst zu beschaffen

IV Diese Vorschriften gelten nicht, soweit die Gesetze etwas anderes bestimmen."[294]

In der Begründung des Entwurfs heißt es zur Frage des Schadensersatzes: „Darüber hinaus kann Schadensersatz nur unter der Voraussetzung zugebilligt werden, daß die polizeiliche ‚Gefahr' durch den in Anspruch genommenen oder durch die von ihm zu vertretende Person oder Sache nicht verursacht worden ist. Dieser von der Praxis der preußischen Gerichte entwickelte und dem allgemeinen Rechtsempfinden auch durchaus entsprechende Grundsatz wird von der Vorlage aufgenommen."[295] Hier geht es zwar um eine Frage des Schadensersat-

---

[293] Drs. Nr. 363 des 3. Landtags von Thüringen, Bd. 1, S. 525.
[294] Ebd., S. 495.

zes, aber der Schadensersatz wird gewährt, wenn die in Anspruch genommene Person nicht Störer ist. Es ist somit möglich, aus den Ausführungen auf die Eigenschaften des Störers zu schließen. Nach der Begründung wäre Störer, wer die polizeiliche Gefahr selbst oder durch eine von ihm zu vertretende Person oder Sache verursacht hätte. Diese Formulierung weicht von der Formulierung des Gesetzestextes ab, in dem es heißt: „solches Verhalten der Person, für die er verantwortlich ist, oder für einen solchen Zustand der Sache, für die er einzustehen hat." Es werden in diesem Zusammenhang insgesamt drei unterschiedliche Tatbestände geregelt: „Person, für die er verantwortlich ist", „Sache, für die er einzustehen hat" und „zu vertretende Person oder Sache". Es ist davon auszugehen, dass an diese drei Tatbestände dieselbe Rechtsfolge anknüpft. Weiterhin heißt es, dass die Regelung ein von den preußischen Gerichten entwickelter Grundsatz sei. Bereits hier kommt zum Ausdruck, dass das Gesetz keine Neuerung enthält, sondern die bereits bestehenden ungeschriebenen Grundsätze normiert.[296]

Die Regierungsvorlage wird abgeändert und § 33 leicht geändert. Er lautet in der geänderten Fassung, die zugleich die endgültige verabschiedete Fassung ist:

„§ 33

I In Ausübung der Polizei können alle nötigen *Maßregeln*[297] getroffen werden.

II Insbesondere kann von jedermann verlangt werden,

1. daß er sein Verhalten so einrichtet oder für ein solches Verhalten der Person, für die er verantwortlich ist, oder für einen solchen Zustand der Sache, für die er einzustehen hat, sorgt, daß dadurch keine Gefahr im Sinne des § 32[298] verursacht wird;

2. daß er eine solche Gefahr, die durch sein Verhalten oder durch *die* in Ziffer 1 bezeichnete Person oder Sache verursacht worden ist, beseitigt.

III Eine an der Verursachung einer Gefahr unbeteiligte Person darf in Anspruch genommen werden, wenn eine unmittelbar *bevorstehende* Gefahr *nicht anders* beseitigt werden kann, jedoch höchstens so lange, bis die Polizeibehörde die zur Beseitigung der Gefahr nötigen Mittel selbst *hat* beschaffen *können*.

IV Diese Vorschriften gelten nicht, soweit die Gesetze etwas anderes bestimmen."[299]

---

[295] Ebd., S. 526 f.

[296] Zum Voranstehenden s. ebd.

[297] Die folgenden Hervorhebungen durch den Verf. kennzeichnen die Änderungen.

[298] Vgl. *Knauth/Wagner*, S. 57:

„§ 32

Die Verwaltung hat als Polizei die Aufgabe, der Gesamtheit oder dem einzelnen bevorstehende Gefahren abzuwehren, durch die die öffentliche Ruhe, Sicherheit oder Ordnung gestört wird."

[299] Ebd., S. 61 f.

A. Entstehung des gesetzlichen Verantwortlichkeitstatbestands

Die hier interessierende Änderung des Absatzes 2 Nr. 2, die im Zusammenhang mit der Zusatzverantwortlichkeit steht, hat keine materielle Änderung zur Folge, sondern es wird nur eine andere Formulierung gewählt.

§ 33 LVO stellt die erste Normierung der polizeipflichtigen Personen und somit auch der Zusatzverantwortlichkeit dar. Gem. Absatz 2 kann von Jedermann verlangt werden, dass er *für ein solches Verhalten der Person, für die er verantwortlich ist*, sorgt, dass dadurch keine Gefahr im Sinne des § 32 verursacht wird bzw. dass er eine solche Gefahr, die diese Person verursacht, beseitigt.

Interessant ist, dass nach § 33 Abs. 2 LVO sowohl der Zusatzverantwortlichkeit als auch der Zustandsverantwortlichkeit der gleiche Gedanke, der die Haftung begründet, zu Grunde liegt. Die Zusatzverantwortlichkeit wird gewissermaßen mit der Zustandsverantwortlichkeit gleichgesetzt. Weiterhin ist festzuhalten, dass die eigentliche Neuerung in der Normierung des bereits bestehenden Rechts besteht. § 33 LVO normiert die von der Rechtsprechung und Literatur entwickelten Grundsätze. Hinsichtlich der Zusatzverantwortlichkeit ist ihre Existenz durch § 33 LVO eindeutig geklärt. § 33 LVO sorgt aber inhaltlich nicht für eine neue Rechtssicherheit. Dieses Ergebnis ist darin begründet, dass § 33 Abs. 2 LVO die Formulierung verwendet „für ein solches Verhalten der Person, für die er verantwortlich ist". Diese Formulierung bedarf der Interpretation. In dem Kommentar von *Knauth* und *Wagner* zur LVO heißt es zu dieser Frage: „*Störer* ist derjenige, ,dessen Lebenskreis die Störung entspringt', dessen eigenes Verhalten also zur Ursache für die Gefahr in Frage kommt oder der für die Person oder Sache einzutreten hat, von deren Verhalten oder Zustand solches gilt. [...] Zu den Personen, die für das polizeimäßige *Verhalten einer anderen Person* verantwortlich sind, gehören in erster Linie Eltern, Vormund und Pfleger. Ihnen stehen gleich die kraft besonderen Rechtstitels zur Aufsicht Verpflichteten, z. B. Lehrer, Lehrherr, Gefangenenführer, der angestellte Krankenpfleger; ebenso diejenigen, die in einem bloß tatsächlichen Gewaltverhältnis zu einem anderen stehen, wer z. B. ein Findelkind aufnimmt. Auch das Gewaltverhältnis des Dienstherrn oder Unternehmers zu seinen Angestellten oder Arbeitern begründet die Verantwortlichkeit, ebenso ein Gewaltverhältnis, das durch den Aufenthalt auf einer Sache, insbesondere auf einem Grundstück, herbeigeführt wird: Der Gastwirt hat die bei ihm wohnenden Personen anzumelden; von ihm kann verlangt werden, daß er das Tanzen jugendlicher Personen in seinen Räumen nicht duldet."[300]

Diese Aussage bestätigt, dass § 33 Abs. 2 LVO zum einen nicht eindeutig feststellt, für welche Personen ein Dritter verantwortlich ist. Zur Klärung der Frage, wer für eine andere Person verantwortlich ist, müssen die von der Rechtsprechung und der Literatur entwickelten Grundsätze herangezogen werden. Es ist somit eine Neuerung oder eine Rechtsänderung betreffend die Zusatzverantwortlichkeit nicht eingetreten. Diese Aussage bestätigt zum anderen, dass der

---
[300] Ebd., S. 63.

Gesetzgeber bestimmte Fragen, wie z. B. die, ob der Zusatzverantwortliche neben dem „eigentlichen" Störer oder an dessen Stelle haftet, ungeklärt gelassen hat.

Zusammenfassend ist festzustellen, dass § 33 LVO die Zusatzverantwortlichkeit kennt, aber die Voraussetzungen, die erfüllt sein müssen, damit die Zusatzverantwortlichkeit greift, nicht näher bestimmt.[301]

2. Gesetz über die Polizei für Mecklenburg-Strelitz (Polizeiverwaltungsgesetz) vom 8. 3. 1930

Am 8. 3. 1930 verabschiedete der Landtag von Mecklenburg-Strelitz ein Polizeigesetz, das materielles Polizeirecht regelte. Das PVG enthielt einen allgemeinen Teil. Es ist somit naheliegend, in diesem Gesetz eine Aussage über die Störer bzw. den Zusatzverantwortlichen zu finden.

In § 1 sind die Aufgaben der Polizei bestimmt. § 1 ist aber auch als Ermächtigungsgrundlage zu verstehen. § 1 lautet:

„Die allgemeine Aufgabe der Polizei umfaßt:

a) die nötigen Maßnahmen zur Erhaltung der öffentlichen Ruhe, Ordnung und Sicherheit

b) die Abwendung bevorstehender und die Beseitigung eingetretener Gefahren für die Allgemeinheit oder den Einzelnen."[302]

Eine Regelung der Störer und somit auch der Zusatzverantwortlichkeit enthält das Gesetz nicht. In der allgemeinen Begründung heißt es zu § 1: „Im allgemeinen Teil umgrenzt § 1 auf den Erkenntnissen von Wissenschaft und Praxis fußend die polizeilichen Machtbefugnisse."[303] § 1 wurde in den Sitzungen des Landtags nicht diskutiert, sondern sofort angenommen.[304] Eine mögliche Erklärung dafür, dass keine Regelung der Störer in das Gesetz aufgenommen wurde, könnte sein, dass der Gesetzgeber von Mecklenburg-Strelitz es für ausreichend hielt, dass die Rechtsprechung und die Polizeirechtsliteratur Kriterien für die Bestimmung der Störer erarbeitet hatten. Für diesen Gedanken spricht, dass

---

[301] Einen Überblick über die ThürLVO geben *Klappstein/von Unruh*, S. 37 f. Die mit dem Erlass der ThürLVO verbundene Neuordnung der Verwaltung in Thüringen stellt vor *Knauth*, AöR 1928, 79 ff. Die Bedeutung der ThürLVO aus heutiger Sicht würdigt *Ule*, LKV 1991, 189.

[302] Drs. Nr. 603 des 5. Ordentlichen Landtags von Mecklenburg-Strelitz, Verhandlungen des Landtags von Mecklenburg-Strelitz, Bd. 20, S. 25.

[303] Ebd., S. 27.

[304] Stenographische Berichte (1929/1931) des 5. Ordentlichen Landtags von Mecklenburg-Strelitz, Verhandlungen des Landtags von Mecklenburg-Strelitz, Bd. 18, 29. Sitzung, S. 1200.

A. Entstehung des gesetzlichen Verantwortlichkeitstatbestands   119

das PVG keine Neuerung schuf. Das Gesetz enthält 16 Paragraphen. Nur die nötigsten Aussagen werden fixiert.

3. Gesetz über die Polizeiverwaltung für Lippe vom 4. 4. 1930

Am 4. 4. 1930 erließ Lippe ein Polizeigesetz, das auch materielles Polizeirecht erfasste. Es ist somit möglich, dass dieses Gesetz eine Bestimmung über die Störer bzw. den Zusatzverantwortlichen enthielt.

§ 1 des Gesetzes bildet eine allgemeine Ermächtigungsgrundlage für das Handeln der Polizei. § 1 lautet:

> „1. Die nötigen Anstalten zur Aufrechterhaltung der öffentlichen Ruhe, Sicherheit und Ordnung und zur Abwehr der der Gesamtheit oder ihren einzelnen Mitgliedern bevorstehenden Gefahren zu treffen, ist die Aufgabe der Polizei. Daneben hat sie diejenigen Aufgaben zu erfüllen, die ihr durch Gesetz besonders übertragen sind.
> 2. Die Polizei ist berechtigt, nach freiem Ermessen zur Erfüllung ihrer Aufgaben alle notwendigen Maßnahmen zu treffen, soweit nicht Gesetze entgegenstehen."[305]

Das Gesetz enthält keine Aussagen über die polizeipflichtigen Personen und somit auch nicht über die Zusatzverantwortlichkeit. Zu § 1 wurde am 27. 3. 1930 in der ersten Lesung zur Vorlage im Landtag sehr wenig ausgeführt: „§ 1 umschreibt die Aufgaben und die Befugnisse der Polizei."[306] In der zweiten Lesung wurde § 1 wie folgt erläutert: „Gleichzeitig mit der Neuregelung des polizeilichen Verordnungsrechts will der Gesetzentwurf auch einige Bestimmungen zu jedermanns Kenntnis niederlegen, die bisher im wesentlichen schon jetzt Geltung haben, aber noch nicht schriftlich fixiert worden sind. So ist bisher in Lippe der sog. Polizeibegriff, d. h. die Grundlage des polizeilichen Handelns, dem preußischen allgemeinen Landrecht (dem bekannten § 10 II 17) entlehnt und seine Geltung kraft Gewohnheitsrecht anerkannt und geübt worden. Der § 1 des Gesetzentwurfs hat im wesentlichen diese preußische Rechtsgrundlage übernommen und damit für die Zukunft in Übereinstimmung mit dem bisherigen Rechtszustand eine geschriebene Rechtsgrundlage geschaffen. Im übrigen ist zu § 1 noch das eine vielleicht hervorzuheben, daß die Polizei bei Anwendung ihrer Befugnisse nicht etwa nach freiem Ermessen unbehindert verfahren darf, sondern daß sie sich im Rahmen der Maßnahmen halten muß, die zur Erfüllung ihrer Aufgaben notwendig sind."[307] Das Gesetz enthält somit keine Neuerung, sondern es normiert nur das Gewohnheitsrecht. Diese Normierung wurde vorgenommen, damit jedermann Kenntnis von dem geltenden Recht nehmen kann.

---

[305] Lippische Gesetz-Sammlung für 1930, Nr. 23, S. 143.
[306] Protokolle der Landtags-Verhandlungen Lippe, Wahlzeit 1929–1932, Bd. I, S. 634, Vorlage 29.
[307] Ebd., S. 660, Vorlage 29.

Eine mögliche Erklärung für die Nichtregelung der Störer könnte darin liegen, dass durch eine Regelung kein neuer Rechtszustand eingetreten wäre (vgl. auch die Ausführungen zum PVG für Mecklenburg-Strelitz). Das Gesetz zählt nur 14 Paragraphen. Nur die nötigsten Regelungen wurden in das Gesetz aufgenommen.

4. Preußisches Polizeiverwaltungsgesetz vom 1. 6. 1931

Das PrPVG enthielt formelles und materielles Polizeirecht. Der Gesetzgeber kodifizierte in ihm die Ergebnisse der polizeirechtlichen Rechtsprechung.[308] Die Notwendigkeit der Kodifikation des Polizeirechts wurde damit begründet, dass sie ein dringendes Bedürfnis darstelle, da das Polizeirecht größtenteils von juristisch nicht vorgebildeten Beamten gehandhabt würde. Diesen Beamten falle das Studium der Gerichtsentscheidungen nicht leicht. Eine Kodifikation diene folglich der Rechtssicherheit.[309] Das PrPVG war eine wichtige Station in der Entwicklung des Polizeirechts.[310] Es war das berühmteste Polizeigesetz seiner Zeit.[311] Im PrPVG wurde die Zusatzverantwortlichkeit in § 19 Abs. 2–3 normiert. Im Folgenden soll gezeigt werden, wie sich die Regelung der Zusatzverantwortlichkeit in den einzelnen Entwürfen des PrPVG entwickelte.

*a) Entwicklung der Zusatzverantwortlichkeit
in den Entwürfen*

aa) Erster Vorentwurf

Der erste Vorentwurf von 1919 zum PrPVG enthält keine Bestimmung über die Störer und folglich erst recht nicht über die Zusatzverantwortlichkeit.[312] Eine mögliche Erklärung für das Nichtregeln der Störerproblematik könnte darin gesehen werden, dass man es für ausreichend hält, dass sich Rechtsprechung und Polizeirechtslehre um eine Problemlösung bemühen. Allerdings gibt es schon damals Vorschläge, das Recht der Störer zu normieren. Ein Aktenvermerk von *Drews* vom 30. 5. 1923 enthält folgenden Lösungsvorschlag:

„§ 3. Die Polizei ist berechtigt, alle zur Erfüllung ihrer Aufgaben nötigen Maßnahmen zu treffen, soweit dem nicht Gesetze entgegenstehen.

Insbesondere ist die Polizei berechtigt, von jedem zu verlangen, daß er sein und der von ihm zu vertretenden Personen persönliches Verhalten und den Zustand der von

---

[308] *Schenke,* Rdnr. 7.
[309] *Götz,* JuS 1991, 805 ff. (807).
[310] *Pieroth/Schlink/Kniesel,* § 1 Rdnr. 18.
[311] *Naas,* S. 1.
[312] GStA, I. HA., Rep. 77, Preußisches Ministerium des Innern, Nr. 24, Bd. 1, Bl. 3–7.

A. Entstehung des gesetzlichen Verantwortlichkeitstatbestands 121

ihm zu vertretenden Sache so einrichtet, daß daraus keine Gefahr im Sinne des § 2 Abs. 1[313] verursacht wird, und daß er verursachte Gefahren wieder beseitigt."[314]

In diesem Vorschlag ist die Regelung der Zusatzverantwortlichkeit in der Formulierung „zu vertretenden Personen" enthalten. Die Regelung gleicht dem später erlassenen § 33 Abs. 2 ThürLVO. „Zu vertretende(n) Person(en)" ist ein unbestimmter Rechtsbegriff. Dessen Inhalt hätte die Rechtsprechung und die Polizeirechtsliteratur bestimmen müssen oder das zu diesem Begriff Entwickelte hätte weiter gegolten. Es wäre keine Neuerung geschaffen worden. Die Rechtsunsicherheit wäre nicht beseitigt worden, wie die Ausführungen zu § 33 Abs. 2 ThürLVO belegen.

bb) Referentenentwurf

Der dem Aktenvermerk folgende „Entwurf des Preußischen Polizeiverwaltungsgesetz(es)" enthält in § 13 eine Regelung zum Problem des Störers. § 13 lautet:

„Die Polizeibehörden haben sich an diejenigen Personen zu halten, die die Gefahr für die öffentliche Sicherheit oder Ordnung verursacht haben oder zu verursachen drohen.
Jeder Eigentümer ist verpflichtet, sein Eigentum in polizeimässigem Zustand zu halten. Anstelle des Eigentümers ist polizeipflichtig die Person, die die tatsächliche Gewalt über das Eigentum ausübt, sofern diese auf einem im Einverständnis mit dem Eigentümer schriftlich oder protokollarisch zu stellenden Antrag von der zuständigen Polizeibehörde als ersatzpolizeipflichtig anerkannt ist.
Anstelle von strafunmündigen Kindern ist polizeipflichtig diejenige Person, der die Sorge für die Person des Kindes obliegt.
Anstelle von Personen, die durch einen Dienst- oder Arbeitsvertrag verpflichtet sind, den Anforderungen des Dienstherrn der polizeilich bedeutsamen Angelegenheit nachzukommen, ist polizeipflichtig der Dienstherr *oder Arbeitgeber*."[315]

Die Begründung dieses Vorschlags lautet:

---

[313] § 2 des Aktenvermerks: „§ 2. Die Polizei hat die Aufgabe, der Gesamtheit oder den einzelnen bevorstehende Gefahren abzuwehren, durch welche die öffentliche Sicherheit und Ordnung gestört wird.
Die Polizei hat außerdem diejenigen Aufgaben zu erfüllen, die das Gesetz ihr besonders zuweist."
[314] Aktenvermerk Drews vom 30. 5. 1923, GStA, VI. HA., Rep. 92, NL Drews Nr. 115, Bd. 2, Bl. 410.
[315] S. 4 und 5 des Entwurfs, GStA, ebd., Bl. 89 f. Die Wörter „oder Arbeitgeber" wurden erst in einer undatierten Berichtigung eingefügt, s. „Berichtigungen zu dem Entwurf eines preußischen Polizeigesetzes": „In § 13 Abs. 4 sind hinter dem Wort „Dienstherrn" die Worte „oder Arbeitgeber" einzufügen.", vgl. GStA, I. HA., Rep. 77, Preußisches Ministerium des Innern, Tit. 598 Nr. 24, Bd. 2, Bl. 15.

„Zu den §§ 13 und 14. Diese Vorschriften stellen eine Kodifikation des geltenden Rechts dar, wobei im § 13 Abs. 3 und 4 eine feste Begrenzung eingeführt ist. Der § 14 Satz 1 lehnt sich an den § 76 der Einleitung zum Allgemeinen Landrecht an. Der § 64 sieht für Eingriffe auf Grund des § 14 eine Schadensersatzpflicht vor. Praktisch kann auf eine derartige Regelung nicht verzichtet werden."[316]

Die Aussage über die Störer wird aufgenommen, um die von der Rechtsprechung und der Lehre entwickelten Grundsätze und somit das geltende Recht zu normieren. Auf diese Weise soll Rechtssicherheit geschaffen werden. Die Begründung weist weiter darauf hin, dass in Absatz 3 und 4 eine feste Begrenzung der Haftung eingeführt werde. Diese Begrenzung stellt eine Modifizierung der entwickelten Grundsätze dar, die einen unbegrenzten Personenkreis betreffen. Wie dargestellt[317], kann die Person, die eine Verantwortung für eine andere Person trägt, als Zusatzverantwortliche in Anspruch genommen werden. Die Einführung einer Begrenzung stellt sich als sinnvoll dar. Es werden bestimmte Personengruppen bestimmt, auf die sich die Zusatzverantwortlichkeit *begrenzt*. Damit wird die unbestimmte Weite der Haftung beseitigt. Dieser erste Vorschlag legt die Haftung des Zusatzverantwortlichen noch *anstelle* der Haftung des „eigentlichen" Störers fest und nicht *neben* diesem. Es handelt sich also nicht um eine Zusatzverantwortlichkeit, sondern um eine Haftungsverlagerung oder Haftungszuweisung. Der Vorschlag ist der Fallgruppe 3 zuzuordnen. Damit erweist sich die Begründung des Vorschlags als falsch; denn es konnte hier[318] nachgewiesen werden, dass in der Rechtsprechung eine Zusatzverantwortung in dem Sinn existiert, dass *neben* dem (und nicht anstelle des) „eigentlichen" Störer(s) der Dritte haftet.

Hätte man den Personenkreis der Zusatzverantwortlichen nicht begrenzt, dann wäre ein Großteil der „eigentlichen" Störer als Haftende weggefallen und nur der (scheinbar) „Zusatzverantwortliche" wäre als in Anspruch zu nehmende Person geblieben. Es muss somit eine Spezialregelung gefunden werden. Die gefundene Regelung lehnt sich sehr stark an die im BGB normierte Haftung für Aufsichtspflichtige und Verrichtungsgehilfen an. Es ist auch nahe liegend, eine parallele Regelung zu schaffen, da die öffentliche Sicherheit die Rechtsordnung als Ganze umfasst und die Zusatzverantwortlichkeit somit eigentlich nur eine Normierung eines speziellen Falls der Haftung nach Absatz 1 darstellt.

Der Entwurf wird viel diskutiert und kritisiert. Diese Diskussion soll hier dargestellt werden, um zu zeigen, wie die (nicht im heutigen Sinn verstandene) Zusatzverantwortlichkeit in Fachkreisen gesehen wird, und um zu zeigen, wie die Kritik die Bestimmung der Zusatzverantwortlichkeit beeinflusst.

---

[316] S. 14 der Begründung, ebd., Bl. 48; S. 13f. der Begründung, GStA, I. HA., Rep. 84a, Ministerium der Justiz, Nr. 3741 Bl. 50f.
[317] s. Kapitel 1 A II 5, II 19.
[318] Vgl. Kapitel 1 A II 5.

A. Entstehung des gesetzlichen Verantwortlichkeitstatbestands 123

Es gibt Stimmen, die nur grundsätzliche Empfehlungen abgeben. Wie z. B. der Minister des Inneren in einen Brief an den Herrn Präsidenten des Oberverwaltungsgerichts: „Hinsichtlich des § 13 Abs. 3 des ursprünglichen Entwurfs bemerke ich dabei, dass ich es nicht für zweckmäßig erachte, die Polizeipflichtigkeit der Personen, denen die Obhut über Kinder usw. obliegt, im einzelnen Fall davon abhängig zu machen, ob sie auf deren Handeln einen Einfluss auszuüben rechtlich und tatsächlich in der Lage sind, sondern dass ich eine allgemein geltende Grenze für zweckmäßiger erachte, da insbesondere die Frage, ob ein Vater tatsächlich in der Lage ist, Einfluss auf das Handeln seiner heranwachsenden Kinder auszuüben, nicht immer einwandfrei geklärt werden kann."[319] Diese Empfehlung ist vor dem Hintergrund zu betrachten, dass *Drews* in dem Buch „Preußisches Polizeirecht" noch formuliert hatte: „Der einzelne haftet im übrigen der Polizei gegenüber nicht nur für sein eigenes Handeln, sondern auch für das der von ihm abhängigen Personen, soweit er auf deren Handeln einen Einfluß auszuüben rechtlich oder tatsächlich in der Lage ist."[320]

Es wird auch systematische Kritik geäußert, wie z. B. in der Stellungnahme des Polizeipräsidenten Potsdams: „Gegen den besonderen Abschnitt III habe ich ganz erhebliche Bedenken, da es mir außerordentlich unzweckmäßig erscheint, einen neuen Personenkreis unter der Spitzmarke ‚polizeipflichtig' in die öffentliche Arena einzuführen. [...] Ich empfehle daher, den Abschnitt III etwa folgendermaßen in den Abschnitt II aufgehen zu lassen: Der § 9 enthält folgende Absätze 2 und 3: ‚Zu halten haben sich die Polizeibehörden stets an diejenigen Personen, die durch ihr Verhalten oder den Zustand ihres Eigentums die Gefahr für die öffentliche Sicherheit oder Ordnung verursacht haben oder zu verursachen drohen. Anstelle eines Eigentümers, der natürlich in erster Linie für die polizeimäßige Haltung seines Eigentums verantwortlich ist, tritt gegebenenfalls die Person, die befugterweise die tatsächliche Gewalt über das Eigentum ausübt. Geht die Gefahr von strafunmündigen Kindern aus, so ist diejenige Person, der die Sorge für die Person des Kindes obliegt, der Polizei gegenüber verantwortlich. Die gleiche Verantwortung für Personen, die durch einen Dienst- oder Arbeitsvertrag verpflichtet sind, den Anforderungen des Dienstherrn oder Arbeitgebers in polizeilich bedeutsamen Angelegenheiten nachzukommen, trägt der Dienstherr oder Arbeitgeber [...]'."[321]

Hauptsächlich wird aber *zum einen* stark kritisiert, dass dieser Entwurf die Zusatzverantwortlichkeit *anstelle* der Haftung des „eigentlichen" Störers vorschlägt

---

[319] S. 1 f. des Schreiben des Ministers des Inneren an den Herrn Präsidenten des OVG vom 23. 10. 1929, GStA, I HA., Rep. 77, Preußisches Ministerium des Inneren, Tit. 598 Nr. 24a Bd. 1, Bl. 4 f., GStA, I. HA., Rep 184 Präsidial-Registratur, OVG, Nr. 792, Bl. 142.

[320] *Drews*, S. 42.

[321] S. 4 f. der Stellungnahme des Polizeipräsidenten, Potsdam, den 19. 8. 1929, GStA, 1. HA., Rep. 77, Preußisches Ministerium des Inneren, Tit. 598 Nr. 24, Beiheft 2 Bd. 1, Bl. 112.

und in der Folge der „eigentliche" Störer nicht in Anspruch genommen werden kann. So findet sich z. B. die Äußerung, dass nach dem bisherigen Rechtszustand die [...] bezeichneten Personen *neben* dem Zusatzverantwortlichen polizeipflichtig waren und dass diese Regelung den Vorzug verdiene, da z. B. ein Dienst habender Beamter berechtigt sein müsse, ein strafunmündiges Kind, das bei irgendeiner Übertretung ertappt werde, von weiteren unerlaubten Handlungen abzuhalten. Es wäre zu umständlich, sich in solchen Fällen an diejenige Person zu halten, der die Sorge für die Person des Kindes obliegt.[322] Dieser Auffassung ist auch der Polizeipräsident von Düsseldorf: „Zu Abs. 13. In Abs. 2 ff muss es m. E. ‚anstelle' usw. jedes Mal richtiger ‚neben' heissen. Es erscheint gefährlich, an Stelle des Eigentümers nur den Mieter, an Stelle der Kinder nur den Vater polizeipflichtig, d. h. zur Wiederherstellung bzw. Erhaltung polizeimäßiger Zustände verantwortlich zu machen. Das würde z. B. bedeuten, dass (Abs. 2) ein 12 jähriger Junge, der einen Rasen mit Papier oder sonst wie beschmutzt hätte, von dem einschreitenden Polizeibeamten nicht zur Reinigung angehalten werden könnte, dass ein Chauffeur (Abs. 3), der seinen Wagen an verbotener Stelle aufgestellt hätte, nicht von dem einschreitenden Beamten zur Fortschaffung des Wagens veranlasst werden könnte. Im ersten Falle müsste der Beamte zunächst den Vater oder Vormund, im zweiten den Eigentümer herbeiholen und diese zur Wiederherstellung des ordnungsgemäßen Zustandes anhalten."[323] In diesem Sinn ist auch die Stellungnahme der Verfassungsabteilung zu dem Referentenentwurf des Polizeigesetzes zu verstehen: „Der Begriff der polizeipflichtigen Personen (Abschn. 3), der der Literatur und Judikatur entstammt, wird hier gesetzgeberisch wohl zum ersten Mal verwertet. Dabei kann eine Definition um so weniger entbehrt werden, als sich, sobald man sie feststellt, zeigt, dass der § 13 Fehler enthält. Als polizeipflichtig sind doch wohl diejenigen Personen zu bezeichnen, an die sich die Polizei halten kann, sei es mit Verordnungen, sei es mit Verfügungen oder unmittelbaren Zwang. Ist das aber der Fall, so sind im § 13 Abs. 3 und 4 die Worte ‚anstelle von' falsch. In diesem Sinn polizeipflichtig sind selbstverständlich auch die Kinder selbst und die Dienst- und Arbeitsvertragsverpflichteten. Trifft sie die Polizei bei Herstellung eines polizeiwidrigen Zustandes, so kann und muss sie auch diesen Personen selbst gegenüber einschreiten. Die Worte ‚anstelle von' werden also durch die Worte ‚neben den' zu ersetzen sein."[324] Auch *Drews* teilte diese Meinung: „Abs. 3: Nicht nur für ‚strafunmündige Kinder', sondern überhaupt für Minderjährige und andere Personen, die geschäftsunfähig oder in der Geschäftsfähigkeit beschränkt sind, ist polizeipflichtig diejenige Person, welche die Obhut über sie ausübt, und zwar in

---

[322] S. 2 f. der Stellungnahme des Regierungs-Präsidenten, Düsseldorf, den 19. 8. 1929, ebd., Bl. 88 f.

[323] S. 15 f. der Stellungnahme des Polizeipräsidenten Düsseldorf vom 17. 8. 1929, ebd., Bl. 157 f.

[324] S. 5 der Stellungnahme der Verfassungsabteilung zu dem Referentenentwurf des Polizeigesetzes, ebd., Bl. 225.

den Grenzen, innerhalb deren sie auf deren Handeln einen Einfluß auszuüben rechtlich und tatsächlich in der Lage ist. Ist beispielsweise dem Vater die Vermögensverwaltung für das Kind entzogen, so wird, wenn es sich nicht um das persönliche Verhalten des Kindes, sondern um einen polizeilichen Eingriff in sein Vermögen handelt, diejenige Person in Anspruch zu nehmen sein, die in den das Vermögen betreffenden Angelegenheiten zur Vertretung des Minderjährigen berechtigt ist. Daneben bleibt die Möglichkeit bestehen, daß die Polizei nach Maßgabe der allgemeinen polizeilichen Grundsätze geeignetenfalls auch gegen den geschäftsunfähigen oder vermindert geschäftsfähigen Störer selbst mit unmittelbarem Zwange vorgeht (vgl. hierzu *Drews*, a. a. O. S. 42). Abs. 4 wird besser wie folgt gefasst: ‚Neben Personen [...] ist polizeipflichtig auch der Dienstherr' usw. (Beispiel: Der Verkehrsbeamte gibt dem Chauffeur, der seinen Arbeitgeber fährt, ein polizeiliches Zeichen.)"[325] Diese Stellungnahmen zeigen, dass überwiegend gefordert wird, dass die Zusatzverantwortlichkeit *neben* die Verantwortlichkeit des „eigentlichen" Störers tritt und nicht an dessen Stelle.[326]

Zum anderen gibt es auch Stimmen, die eine noch weitergehende Regelung fordern, wie der Präsident des Polizeiinstituts in Berlin: „Auch die Abs. 3 und 4 erscheinen zu eng. Die neue Regelung läuft darauf hinaus, daß für polizeiwidriges Verhalten nur derjenige ersatzpolizeipflichtig ist, der zivilrechtlich verantwortlich gemacht werden könnte. Nach heutiger Auffassung geht aber die Ersatzpolizeipflicht weiter; z. B. ist auch der Schankwirt für das polizeiwidrige Verhalten seiner Gäste verantwortlich."[327] Eine weitergehende Regelung fordert auch der Regierungspräsident von Königsberg: „Bei § 13 schlage ich folgenden Absatz 5 und 6 vor: Absatz 5: Bei juristischen Personen sind neben diesen die gesetzlichen Vertreter polizeipflichtig.

Absatz 6: Bei gewerbetreibenden Personen sind neben diesen die Betriebsleiter und Aufsichtspersonen innerhalb ihrer Zuständigkeit polizeipflichtig.

Diese Bestimmungen hinzuzufügen, halte ich für nötig, weil sich in der Praxis gerade bei juristischen Personen und grösseren Gewerbebetrieben, namentlich wenn der Eigentümer nicht am Sitz des Betriebes wohnt, Schwierigkeiten für die Polizei ergeben."[328]

---

[325] S. 6f. der Stellungnahme des Präsidenten des PrOVG Drews vom 14. 9. 1929, ebd., Bl. 247.
[326] Vgl. auch S. 5f. der Stellungnahme des Polizeipräsidenten Essen, 8. 8. 1929, ebd., Bl. 142f.
[327] s. S. 5f. der „Abänderungsvorschläge des Polizeiinstituts zum Entwurf eines Preußischen Polizeigesetzes. Vom Präsident des Polizeiinstituts in Berlin", 2. 9. 1929, ebd., Bl. 195f.
[328] S. 1f. der Stellungnahme des Regierungs-Präsidenten, Königsberg, den 3. 8. 1929, ebd., Bl. 71f.

Andere Kritiker fordern eine Einschränkung der Zusatzverantwortlichkeit[329], so der Regierungspräsident von Breslau in einem Schreiben an den Preußischen Minister des Inneren zu Abs. 4: „Die grundsätzliche Einschaltung des Arbeitgebers anstelle des Arbeitnehmers würde für solche Fälle nicht angemessen sein, in denen Arbeitnehmer trotz ausdrücklicher Weisung der Arbeitgeber sich polizeiwidrig verhalten. Eine Kann-Bestimmung wäre besser, etwa in der Fassung: ‚Anstelle ... kann als polizeipflichtig der Dienstherr ... in Anspruch genommen werden.'"[330] Und noch einmal später: „Zu § 13: Meine Bedenken [...] muß ich aufrecht erhalten. Das Verhältnis zwischen Arbeitgeber und Arbeitnehmer ist heute nicht mehr so, daß der Arbeitgeber in jedem Falle dafür verantwortlich gemacht werden kann, wenn Arbeitnehmer, obwohl sie an sich dazu verpflichtet sind, seinen Weisungen in polizeilich bedeutsamen Angelegenheiten nicht nachkommen. Ich möchte daher erneut folgende Fassung vorschlagen: ‚Anstelle von Personen usw. *kann*[331] als polizeipflichtig der Dienstherr usw. in Anspruch genommen werden.'"[332]

Teilweise gibt es Stimmen, die sich gegen eine Zusatzverantwortlichkeit als solche aussprechen[333], wie der Landrat von Grottkau in seiner Stellungnahme: „Es scheint bedenklich, ohne weiteres den Dienstherrn oder Arbeitgeber stets für polizeipflichtig zu erklären. Wenn z. B. ein Kutscher es unterlässt, bei Dunkelheit die Beleuchtung anzuzünden, so muss das nach dem Entwurf künftig in diesem Falle ausschließlich zuständige Zwangsgeld gegen den Kutscher und nicht gegen

---

[329] S. 3 der Stellungnahme des Landrats, Querfurt 5. 9. 1929, ebd., Bl. 177, zu § 13 Abs. 2 S. 2: „Statt ‚Anstelle des Eigentümers ist polizeipflichtig die Person' setzen: ‚Anstelle des Eigentümers kann auch für allein polizeipflichtig die Person erklärt werden'. Hinter dem Wort ‚ausübt' wäre ein Punkt zu setzen und danach fortzufahren: ‚diese Person ist allein polizeipflichtig, sofern sie auf' und dann weiter wie im Entwurf nach der Streichung der Worte ‚diese'. Nach der Fassung des Entwurfs ist gemäß Satz 1 der Eigentümer verpflichtet, im Falle des Satzes 2 nur der Inhaber der tatsächlichen Gewalt. Nach meiner Kenntnis ist z. Zt. der Inhaber der tatsächlichen Gewalt stets neben dem Eigentümer verpflichtet, soweit die Abstellung des polizeiwidrigen Zustandes in seiner Macht liegt. Dies erscheint auch durchaus zweckmäßig, da der Eigentümer oft nicht schnell genug zu erreichen sein dürfte."

[330] S. 2 der Stellungnahme des Regierungspräsidenten, Breslau 21. 8. 1929, GStA, 1. HA., Rep. 77, Preußisches Ministerium des Inneren, Tit. 598 Nr. 24, Beiheft 2 Bd. 1, Bl. 76.

[331] Hervorhebung vom Verf.

[332] S. 1 des Schreiben des Regierungspräsidenten an den Herrn Preußischen Minister des Inneren, Breslau den 28. 11. 1929, GStA, I. HA., Rep. 77, Preußisches Ministerium des Inneren, Tit. 598 Nr. 24a, Bd. 1, Bl. 19.

[333] S. 2f. der Stellungnahme vom 2. 9. 1929, GStA, 1. HA., Rep. 77, Preußisches Ministerium des Inneren, Tit. 598 Nr. 24, Beiheft 2 Bd. 1, Bl. 205f.: „Zu 13 Abs. 4: M.E. ist massgebend, dass die Dienstboten pp. in der polizeilich bedeutsamen Angelegenheit tätig geworden sind, die blosse Verpflichtung, den Anforderungen des Dienstherrn nachzukommen, begründet doch noch keine Verantwortung des letzteren. Vielleicht kann die Fassung etwas geändert werden?"

A. Entstehung des gesetzlichen Verantwortlichkeitstatbestands 127

den Arbeitgeber festgesetzt werden können. Das gleiche gilt von Chauffeuren, welche für ein Droschkenunternehmen Fahrten ausführen, hinsichtlich der Beobachtung der gegebenen Verkehrsvorschriften. Es wird daher der Arbeitgeber nur dann als polizeipflichtig zu bezeichnen sein, wenn der polizeiwidrige Zustand, gegen den eingeschritten werden soll, auf Grund seiner ausdrücklichen Anordnung eingetreten ist oder dadurch herbeigeführt worden ist, dass der Arbeitgeber es pflichtwidrig unterlassen hat, seinem Arbeitnehmer über das, was im polizeilichen Interesse erforderlich ist, zu unterrichten."[334]

cc) Abgeänderter Referentenentwurf

Es setzt sich die mehrheitlich geäußerte Forderung durch, dass die Zusatzverantwortlichkeit neben die Verantwortlichkeit des „eigentlichen" Störers tritt. Das Wort „anstelle" wird daraufhin durch das Wort „neben" ersetzt.[335] Weiterhin wird die Aussage eingefügt, dass auch gegen Strafunmündige selbst vorgegangen werden kann; ferner wird die Regelung betreffend der Haftung des Gewalthabers auf Geisteskranke und wegen Geisteskrankheit Entmündigte ausgedehnt.[336] § 13 erhält folgende Fassung:

„Preußisches Polizeiverwaltungsgesetz (abgeänderter Referentenentwurf)

§13

1.) Die Polizeibehörden haben sich an diejenigen Personen zu halten, die die Störung für die öffentliche Sicherheit oder Ordnung verursacht haben oder zu verursachen drohen.

2.) Neben strafunmündigen Kindern, Geisteskranken und Personen, die wegen Geisteskrankheit entmündigt sind, ist polizeipflichtig diejenige Person, der die Sorge für die betreffende Person obliegt.

3.) Neben Personen, die durch einen Dienst- oder Arbeitsvertrag verpflichtet sind, den Forderungen des Dienstherrn oder Arbeitgebers in der polizeilich bedeutsamen Angelegenheit nachzukommen, ist polizeipflichtig der Dienstherr oder Arbeitgeber."[337]

---

[334] S. 9 der Stellungnahme des Landrats, Grottkau, den 21. 8. 1929, ebd., Bl. 186.

[335] Ergänzungen und Berichtigungen des Entwurfes eines Polizeigesetzes (5. 9. 1929), s. S. 2 des Schreibens, GStA, I. HA., Rep. 77, Preußisches Ministerium des Innern, Tit. 598 Nr. 24, Bd. 2, Bl. 25; S. 3 des Schreibens, GStA, I. HA., Rep. 84a Ministerium der Justiz, Nr. 3741, Bl. 34.

[336] s. Anmerkung S. 3f., GStA, I HA., Rep 184 Präsidial-Registratur, OVG, Nr. 792, Bl. 183f., hier wird sogar eine noch weitergehende Regelung gefordert: „Bedenklich ist, daß nach dem Begleitschreiben, entgegen der hiesigen Anregung, der Gewaltinhaber für sonstige Minderjährige (oder in der Geschäftsfähigkeit Beschränkte) nicht haften soll (Beispiel: ein 15-jähriger Junge verübt innerhalb des Hauses dauernden Lärm oder groben Unfug)."

[337] S. 5f. des Entwurfs der Akte I. HA., Rep. 84a, Ministerium der Justiz, Nr. 3741, Bl. 113f.

Die Begründung bezüglich der Zusatzverantwortlichkeit wird inhaltlich kaum geändert. Es wird lediglich festgestellt, dass eine weitere Änderung nicht notwendig ist.[338]

Es gibt noch vereinzelte Kritik. Es gibt ein kritisches Schreiben aus dem Justizministerium: „Zum Entwurf des Polizeiverwaltungsgesetz darf vom Standpunkt des Strafrechts bemerkt werden: Zu § 13: In Abs. 2 sollen wohl neben den Geisteskranken die Personen aufgeführt werden, die wegen Geistesschwäche entmündigt sind; das Wort Geisteskrankheit ist wohl nur ein Druckfehler."[339]

dd) Weiterer Entwurf

Trotzdem werden noch Änderungen vorgenommen.[340] Der erste Absatz des alten § 13 wird separat zu einem neuen § 13[341] ausgebaut. Aus dem alten § 13 wird § 14:

---

[338] S. 17 der Begründung zum Entwurf (überarbeiteter Referentenentwurf, Anhang eines Schreibens vom 6. 11. 1929) eines Preußischen-Polizei-Verwaltungsgesetzes – II. Besonderer Teil der Begründung, GStA, I. HA., Rep 184 Präsidial-Registratur Nr. 792, Bl. 205, GStA, I. HA., Rep. 84a, Ministerium der Justiz, Nr. 3741, Bl. 190: „Zu den §§ 13–15.
Diese Vorschriften stellen eine Kodifikation des geltenden Rechts dar, wobei in den §§ 13 Abs. 2 und 3 und 14 eine feste Begrenzung eingeführt ist. Zu einer weiteren Änderung besteht keine Veranlassung. Der § 15 lehnt sich an den § 74 der Einleitung zum Allgemeinen Landrecht an in der Auslegung, die diese Bestimmung durch die ständige Rechtsprechung des Oberverwaltungsgerichts erfahren hat. Der § 67 sieht für Eingriffe auf Grund des § 15 eine Schadensersatzpflicht vor. Nur auf diese Weise ist ein Ausgleich der einander entgegenstehenden öffentlichen und privaten Interessen praktisch möglich."
[339] S. 2f. des Schreibens, I. HA., Rep. 84a, Ministerium der Justiz, Nr. 3741, Bl. 97.
[340] s. Vermerk, ebd., Bl. 112f.:
„Änderung der § 13–14 (Änd. I)
§ 13.
Maßnahmen der Polizeibehörden auf Grund des § 9, die durch das polizeiwidrige Verhalten von Personen oder den polizeiwidrigen Zustand von Sachen erforderlich werden, sind gegen diejenigen zu richten, die für das polizeimäßige Verhalten oder den polizeimäßigen Zustand verantwortlich (polizeipflichtig) sind.
Polizeimäßig ist das Verhalten einer Person oder der Zustand einer Sache, wenn dadurch keine Störung der öffentlichen Sicherheit oder Ordnung und keine Gefahr für die öffentliche Sicherheit oder Ordnung verursacht wird.
§ 13a.
Jedermann hat sich polizeimäßig zu verhalten.
Für das polizeimäßige Verhalten von strafunmündigen Kindern und Personen, die wegen Geisteskrankheit oder Geistesschwäche entmündigt oder unter vorläufige Vormundschaft gestellt sind, ist auch derjenige verantwortlich, dem die Sorge für eine solche Person obliegt.

A. Entstehung des gesetzlichen Verantwortlichkeitstatbestands

„(1) Jedermann hat sich polizeimäßig zu verhalten.

(2) Für das polizeimäßige Verhalten von strafunmündigen Kindern und Personen, die wegen Geisteskrankheit oder Geistesschwäche entmündigt oder unter vorläufige Vormundschaft gestellt sind, ist auch derjenige verantwortlich, dem die Sorge für eine solche Person obliegt.

(3) Wer einen anderen zu einer Verrichtung bestellt, ist neben ihm dafür verantwortlich, daß der andere in Ausführung der Verrichtung sich polizeimäßig verhält."[342]

Die Begründung bleibt inhaltlich unverändert.[343] Die Kritik aus dem Justiz-Ministerium wird berücksichtigt und die Formulierung „wegen Geisteskrankheit oder Geistesschwäche" aufgenommen. Absatz 3 erfährt im Verhältnis zum alten § 13 Abs. 3 eine gravierende Veränderung: Die Anknüpfung der Zusatzverantwortlichkeit an den Dienstherrn oder Arbeitgeber entfällt; zusatzverantwortlich ist nunmehr derjenige, der einen anderen zur Verrichtung bestellt. Damit greift der Gesetzestext die Formulierung des § 831 Abs. 1 Satz 1 BGB auf. Für diese Änderung finden sich in der Begründung keine Aussagen. Soweit ersichtlich fehlt in den einschlägigen Akten auch eine Stellungnahme sonstiger Äußerungsberechtigten, aufgrund derer sich der Wechsel der Formulierungen nachvollziehen ließe. Festhalten lässt sich aber, dass die einschlägige Formulierung des BGB übernommen wurde und deshalb das BGB für die Geschäftsherrnhaftung das Vorbild war.

ee) Letzter Entwurf

Obwohl laut der Begründung wieder kein Grund zur Änderung besteht, werden die Aussagen über die Störer von dem vierten in den fünften Abschnitt des PrPVG verschoben. Aus § 14 wird § 19. Es wird nur der erste Absatz geändert[344], sonst bleibt die Regelung inhaltlich gleich. Die endgültige Regelung lautet:

Wer einen anderen zu einer Verrichtung bestellt, ist neben ihm dafür verantwortlich, daß der andere in Ausführung der Verrichtung sich polizeimäßig verhält."

[341] Sp. 4 des Entwurfs, ebd., Bl. 227.

[342] Sp. 4 des Entwurfs, ebd.: „§ 13
Die Polizeibehörden haben die Maßnahmen, die durch das polizeiwidrige Verhalten von Personen oder den polizeiwidrigen Zustand von Sachen erforderlich werden, gegen diejenigen zu richten, die für das polizeimäßige Verhalten oder den polizeimäßigen Zustand verantwortlich (polizeipflichtig) sind."

[343] s. Sp. 11 der Begründung, ebd., Bl. 234.

[344] Sp. 4 des Entwurfs, ebd., Bl. 241: „Änderung (Entwurf des Polizeiverwaltungsgesetzes) § 14
(1) Wird die öffentliche Sicherheit oder Ordnung durch das Verhalten von Personen gestört oder gefährdet, so haben sich die Polizeibehörden an diejenigen Personen zu halten, die die Störung oder Gefahr verursacht haben."

„§ 19.

(1) Wird die öffentliche Sicherheit oder Ordnung durch das Verhalten von Personen gestört oder gefährdet, so haben sich die Polizeibehörden an diejenigen Personen zu halten, die die Störung oder Gefahr verursacht haben.

(2) Für das polizeimäßige Verhalten von strafunmündigen Kindern und Personen, die wegen Geisteskrankheit oder Geistesschwäche entmündigt oder unter vorläufige Vormundschaft gestellt sind, ist auch derjenige verantwortlich, dem die Sorge für eine solche Person obliegt.

(3) Wer einen anderen zu einer Verrichtung bestellt, ist neben dem anderen dafür verantwortlich, daß dieser in Ausführung der Verrichtung sich polizeimäßig verhält."[345]

b) Ergebnis

Diese in Kraft getretene Fassung normiert eine „echte" Zusatzverantwortlichkeit entsprechend der obigen Fallgruppe 1. Es handelt sich um einen haftungsbegründenden Tatbestand im Sinn der Nr. 1a. Er ist parallel zum Deliktsrecht des BGB für die Haftung des Aufsichtspflichtigen und die Haftung des Verrichtungsgehilfen konstruiert. Der Unterschied zu der Haftung des Aufsichtspflichtigen gem. § 832 BGB besteht darin, dass § 19 Abs. 2 PrPVG nur die Haftung des Sorgeberechtigten umfasst. Der Kreis der Sorgeberechtigten ist deutlich kleiner als der Kreis der Aufsichtsverpflichteten. Diese Aussage ist schon deshalb richtig, weil § 832 BGB die Haftung für Minderjährige, also Personen unter 21 Jahren, regelt.[346] Eine Aussage darüber, ob die Haftung des Dritten diesem *ausschließlich* durch die Norm zugewiesen wird, er folglich einen eigenen Beitrag zur Entstehung der Gefahr oder des Schadens nicht „erbracht" haben darf/muss, lässt sich der Entstehungsgeschichte der Norm nicht entnehmen. Die vor der Kodifikation bestehende Zusatzverantwortlichkeit für alle abhängigen Personen wird abgeschafft. Die Zusatzverantwortlichkeit wird „entschärft". Die Ausgestaltung der Zusatzverantwortlichkeit im PrPVG ist als eine Haftungsbegrenzung und nicht als eine Haftungserweiterung zu verstehen. Störer und Zusatzverantwortlicher sind nebeneinander verantwortlich. *Der Zweck des Gesetzes darf darin gesehen werden, neben dem Störer eine weitere haftende Person zu bestimmen sowie zugleich den Kreis der haftenden Personen zu begrenzen.* Dieses Ergebnis ist aus dem damaligen Verständnis von effizienter Gefahrenabwehr notwendig. Die geschaffene Regelung ist als gelungen zu bezeichnen. Sie dürfte Rechtssicherheit geschaffen haben.

---

[345] Preußische Gesetzsammlung v. 6.6.1931, Nr. 21, S. 80, GStA, I. HA., Rep. 77, Preußisches Ministerium des Innern, Tit. 598 Nr. 24, Beiheft 2 Bd. 1, Bl. 217.
[346] Vgl. *Friedrichs*, PVG, S. 137f.

5. Zusammenfassende Bewertung der Normierung in den deutschen Polizeiverwaltungsgesetzen

Zwei Landesgesetze regeln die Problematik der Störer und mit ihr die Problematik der Zusatzverantwortlichkeit. Die thüringische Regelung fasst die Ergebnisse der Rechtsprechung zusammen und sieht sich deshalb dem Einwand ausgesetzt, wie diese letztlich das Ziel „Schaffung von Rechtssicherheit" zu verfehlen. Demgegenüber schafft die preußische Regelung Rechtssicherheit durch eine Reduzierung des Umfangs der Zusatzverantwortlichkeit auf im Gesetz genau beschriebene Fälle. Der Kreis der Personen, die als Zusatzverantwortliche in Anspruch genommen werden konnten, wird bestimmt. Bei der Bestimmung der Zusatzverantwortlichen dienten einige zivilrechtliche Vorschriften des BGB vom 1.1.1900 als Vorbild.[347] Nicht nur der Kreis der Zusatzverantwortlichen wird verkleinert, sondern die Haftung für Minderjährige schlechthin wurde beschränkt auf strafunmündige Kinder (Kinder bis zur Vollendung des 14. Lebensjahres) sowie auf Personen, die wegen Geisteskrankheit oder Geistesschwäche entmündigt oder unter vorläufige Vormundschaft gestellt sind.[348] Damit hat jedenfalls in Preußen nach langer Vorarbeit durch die Rechtsprechung und Literatur eine Entwicklung ein Ende gefunden mit einem Ergebnis, das ohne weiteres als gelungen betrachtet werden darf.

B. Entwicklung nach Erlass des § 19 PrPVG

Mit dem Inkrafttreten des § 19 PrPVG war eine Rechtsgrundlage vorhanden, auf deren Grundlage in Preußen Fälle der Zusatzverantwortlichkeit zu entscheiden waren. In der Entscheidungssammlung des PrOVG und in den Fachzeitschriften finden sich keine einschlägigen Veröffentlichungen, die die Zeit nach dem Erlass des Gesetzes betreffen. Deshalb ist eine „Rechtskultur" auf der Grundlage dieses Gesetzes nicht nachzuweisen.

Das Gesetz galt in Teilen Deutschlands trotz der Auflösung des Staats Preußen nach dem Ende des zweiten Weltkriegs weiter. Mit der Wiederherstellung der Länder, der Gründung der Bundesrepublik sowie der Etablierung einer Verwaltungsgerichtsbarkeit kam § 19 Abs. 2 PrPVG zum Einsatz. Diese Rechtsprechung

---

[347] So im Ergebnis auch *Pieroth/Schlink/Kniesel*, § 9 Rdnr. 6: „Allerdings greift das Polizei- und Ordnungsrecht mit der Begründung der Zusatzverantwortlichkeit für Aufsichtspflichtige, Betreuer und Geschäftsherren aus dem Kreis der zivilrechtlichen Handlungspflichten einige heraus und verwurzelt und verstärkt sie eigens im Öffentlichen Recht."

[348] *Lassar*, RuPrVBl. 1931, 587.

wird unten[349] nachgewiesen. Zugleich sind Aktivitäten betreffend gesetzliche Regelungen des Gefahrenabwehrrechts zu verzeichnen.

Im Folgenden wird die Entwicklung des Tatbestands „Zusatzverantwortlichkeit" vorgestellt. Die Darstellung der Entwicklung setzt zum Zeitpunkt der Entstehung der Bundesrepublik an und endet heute. Zunächst ist Ziel, einen Überblick über die Wortfassungen der Regeln zur Zusatzverantwortlichkeit in den Polizei- und/oder Ordnungsbehördengesetzen des Bundes und der Bundesländer zu geben.[350] Sodann werden die Normen auf ihre Veränderungen und Unterschiede untersucht. Ferner werden die Gründe der Gesetzgeber erforscht, die zur Verabschiedung der Gesetze geführt haben, insbesondere, indem die Gesetzesbegründungen dargestellt werden. Schließlich wird jede Vorschrift bewertet. Die Ausführungen sind in drei Abschnitte unterteilt. Der erste Abschnitt umfasst den Zeitraum von dem Zeitpunkt der Entstehung der Bundesrepublik bis zur Erarbeitung des Musterentwurfs eines einheitlichen Polizeigesetzes (MEPolG). Der zweite Abschnitt behandelt die Bestimmung der Zusatzverantwortlichkeit im MEPolG. Im ersten und zweiten Abschnitt wird die Betrachtung hauptsächlich unter dem Gesichtspunkt des Einflusses des § 19 PrPVG auf die neu entstandenen Rechtsvorschriften vorgenommen. Im dritten Abschnitt werden die Rechtsbestimmungen zur Zusatzverantwortlichkeit, die nach dem MEPolG entstanden sind, dargestellt. Ziel des dritten Abschnitts ist es insbesondere, den Einfluss des MEPolG auf die jeweiligen Polizeigesetze herauszuarbeiten.

Besondere Aufmerksamkeit wird in diesem Kapitel der Untersuchung der Gründe, die für eine Regelung der Zusatzverantwortlichkeit sprechen, geschenkt. Die Bestimmung der Zusatzverantwortlichkeit im PrPVG war als *feste Begrenzung*, als eine *Haftungsbeschränkung* gedacht. Es ist nunmehr zu fragen, ob die Gesetzgeber in der Bundesrepublik dieser Ansicht folgen, oder ob sie eine weitere Beschränkung oder eine Erweiterung der Haftung befürworten. Widmet man sich der Fragestellung, ob eine weitere Begrenzung der Haftung sinnvoll ist, stößt man zwangsläufig auf das Problem, ob eine Regelung der Zusatzverantwortlichkeit überhaupt notwendig ist. Um die aufgeworfenen Fragen zu beantworten, wird jede Veränderung der Rechtsvorschriften zur Zusatzverantwortlichkeit untersucht. Insbesondere werden die Begründungen zu den jeweiligen Gesetzent-

---

[349] s. Kapitel 2 A II.

[350] Bis zum Inkrafttreten der Polizeigesetze und der Ordnungsbehördengesetze der Länder galt in den Gebieten des aufgelösten Staats Preußen das PrPVG weiter. In den anderen Gebieten galt entweder deren spezielles Recht weiter (Bayern, Teile Baden-Württembergs) oder das gemeine deutsche Polizeirecht als Gewohnheitsrecht, s. *Drews/Wacke*, S. 9. Im Saarland ist das PrPVG mit Ausnahme der organisationsrechtlichen Bestimmungen sehr lange in Kraft geblieben. Die neue Gesetzgebung erfolgte 1955 in Baden-Württemberg, 1954 in Bayern, 1975 in Berlin, 1960 in Bremen, 1966 in Hamburg, 1954, 1964 und 1972 in Hessen, 1951 und 1981 in Niedersachsen, 1953, 1956, 1969 und 1980 in Nordrhein-Westfalen, 1954, 1973 und 1981 in Rheinland-Pfalz, 1967 in Schleswig-Holstein.

würfen bzw. die Einzelbegründungen zu den jeweiligen Vorschriften über die Zusatzverantwortlichkeit dargestellt, um die Gründe, die für die Normierung sprechen, aufzuzeigen.

I. Erste Gesetzgebung in Bund und Ländern

1. Bundesrecht

Am 16. 3. 1951[351] erließ der Bundesgesetzgeber das „Gesetz über den Bundesgrenzschutz und die Einrichtung von Bundesgrenzschutzbehörden". Dieses Gesetz enthält keine Bestimmungen über polizeipflichtige Personen und damit auch keine Aussage über die Zusatzverantwortlichkeit. Das Gesetz über den Bundesgrenzschutz (Bundesgrenzschutzgesetz – BGSG) vom 18. 8. 1972[352] löste das Gesetz aus dem Jahre 1951 ab. Das neue Gesetz bestimmt in seinem § 13 die Verantwortlichkeit für das Verhalten von Personen:

„(1) Hat eine Person eine Störung oder eine Gefahr verursacht, so hat der Bundesgrenzschutz seine Maßnahmen gegen sie zu richten. Ist die Person strafunmündig, entmündigt oder unter vorläufige Vormundschaft gestellt, so kann der Bundesgrenzschutz seine Maßnahmen auch gegen die Personen richten, denen die Aufsicht über diese Person obliegt.

(2) Hat eine Person, die zu einer Verrichtung bestellt ist, die Störung oder die Gefahr in Ausführung der Verrichtung verursacht, so kann der Bundesgrenzschutz seine Maßnahmen auch gegen den richten, der die Person zu der Verrichtung bestellt hat."[353]

Ein Vergleich des § 13 BGSG mit § 19 PrPVG erbringt als erstes Ergebnis, dass § 13 BGSG nur zwei Absätze hat und somit unterschiedlich aufgebaut ist. Der zweite Absatz des § 19 PrPVG ist in den ersten Absatz als Satz 2 integriert. Als zweites fällt auf, dass sich die Vorschriften inhaltlich kaum unterscheiden. Als Unterschied ist die Formulierung im ersten Absatz „denen die Aufsicht über diese Person obliegt" hervorzuheben. § 19 Abs. 2 PrPVG verwendet nicht den Begriff „Aufsicht", sondern handelt von „Sorge". Dies ist ein wichtiger Unterschied. Die Norm knüpft folglich an eine andere Eigenschaft an, die Personen als Zusatzverantwortliche qualifiziert. Wer Sorgeberechtigter ist, ergibt sich aus dem BGB. Aufsichtspflichtiger kann neben dem Sorgeberechtigten hingegen auch eine Person sein, der die Aufsicht übertragen ist oder die sie durch tatsächliche Übernahme übernommen hat. Indem die Norm die Aufsichtspflicht zum Ausgangspunkt wählt, *erweitert* das Gesetz die Zusatzhaftung gegenüber dem preußischen Rechtszustand.

---

[351] BGBl. I 1951, S. 201.
[352] BGBl. I 1972, S. 1834 ff.
[353] Ebd., S. 1836.

Die Begründung zu § 13 BGSG führt aus, dass § 13 den Fall der Störung durch eine Person regele. Zu dem hier interessierenden Absatz 1 Satz 2 wird festgestellt, dass, wenn ein strafunmündiges Kind oder eine Person, die entmündigt oder unter vorläufige Vormundschaft gestellt sei, die Störung oder die Gefahr verursache, der Bundesgrenzschutz auch die Maßnahmen gegen die Personen richten könne, denen die Aufsicht obliege.[354] „Aufsichtspflichtig für Kinder sind in erster Linie Eltern und Vormund als Sorgeberechtigte. Maßgebend sind insoweit die Vorschriften des Bürgerlichen Gesetzbuchs über die elterliche Gewalt und die Vormundschaft. Daneben können Personen aufsichtspflichtig sein, denen die Sorgeberechtigten die Aufsicht übertragen haben. Strafunmündig ist ein Kind, das noch nicht vierzehn Jahre alt ist (§ 1 Abs. 2 Jugendgerichtsgesetz). Ob eine Person entmündigt oder unter vorläufige Vormundschaft gestellt ist, ergibt sich aus einer entsprechenden gerichtlichen Entscheidung, die nach den §§ 1896 ff. und § 1906 des Bürgerlichen Gesetzbuches in Verbindung mit den einschlägigen Vorschriften des Gesetzes über die Angelegenheiten der freiwilligen Gerichtsbarkeit ergangen ist."[355] Zu Absatz 2 enthält die Begründung die Aussage, dass der Bundesgrenzschutz die Wahl des Adressaten einer Inanspruchnahme zwischen dem Verrichtungsgehilfen und derjenigen Person, die den Verrichtungsgehilfen zu einer Verrichtung bestellt hat, habe, wenn die Störung oder Gefahr in Ausübung der Verrichtung durch den Verrichtungsgehilfen verursacht wurde.[356] „Die Wahl zwischen verschiedenen möglichen Adressaten erfolgt nach pflichtgemäßem Ermessen. Maßgebend ist dabei, wie der polizeiliche Zweck am besten erreicht werden kann, wobei die Grundsätze des § 11[357] besonders beachtet werden müssen."[358] Auffallend ist, dass die Begründung keine Aussage dazu enthält, warum das Gesetz mit Blick auf die personelle Bestimmung der Zusatzverantwortlichkeit vom PrPVG abweicht.

Abschließend bleiben folgende Ergebnisse der Analyse festzuhalten: 1. Formal ist § 13 BGSG gegenüber § 19 PrPVG different aufgebaut. 2. Materiell besteht zwischen der Norm und § 19 PrPVG kaum ein Unterschied. 3. Als Unterschied gegenüber dem preußischen Recht ist hervorzuheben, dass die Vorschrift des Bundesrechts eine Haftungserweiterung enthält: Zusatzverantwortlicher ist der Aufsichtspflichtige und nicht (allein) der Sorgeberechtigte.

---

[354] BT-Drs. 6/2886, S. 27, BR-Drs. 491/71, S. 27.
[355] Ebd.
[356] Ebd.
[357] „§ 11 Grundsatz der Verhältnismäßigkeit

(1) Von mehreren möglichen und geeigneten Maßnahmen sind diejenigen zu wählen, die den einzelnen und die Allgemeinheit voraussichtlich am wenigsten beeinträchtigen.
(2) Eine Maßnahme darf keinen Nachteil herbeiführen, der erkennbar außer Verhältnis zu dem beabsichtigten Erfolg steht."

[358] Ebd.

B. Entwicklung nach Erlass des § 19 PrPVG

2. Landesrecht

a) Baden-Württemberg

Das Bundesland Baden-Württemberg entstand 1952 aus einem Zusammenschluss der Länder Württemberg-Baden, Baden und Württemberg-Hohenzollern. Die einzelnen Landesteile hatten das Polizeirecht different gestaltet.[359] Die ehemals hohenzollernschen Kreise Hechingen und Sigmaringen nutzten den allgemeinen Teil des Polizeirechts im PrPVG. Die anderen Landesteile regelten das allgemeine Polizeirecht nur teilweise schriftlich. Das BaPolStGB vom 31. 10. 1863[360] galt in den Regierungsbezirken Südbaden und Nordbaden. Dieses Gesetz enthält teilweise allgemeines Polizeirecht, aber keine Bestimmung der Zusatzverantwortlichkeit[361]. Das WüPolStGB vom 27. 12. 1871/4. 6. 1898[362] galt in dem Regierungsbezirk Nordwürttemberg und in den früher württembergischen Teilen des Regierungsbezirks Südwürttemberg-Hohenzollern. Dieses Gesetz kennt keine allgemeine Ermächtigung für polizeiliche Maßnahmen. Die allgemeine Ermächtigung der Polizei beruht auf Gewohnheitsrecht. Zur Vereinheitlichung des Polizeirechts erließ der baden-württembergische Gesetzgeber am 21. 11. 1955 ein eigenes Polizeigesetz (BaWüPolG). Mit seinen 96 Paragraphen stellt es ein umfassendes neues Gesetz dar. § 6 regelt die Maßnahmen gegen den Verursacher:

„(1) Droht eine Verletzung von Recht und Ordnung durch das Verhalten von Personen oder ist durch das Verhalten von Personen ein rechts- oder ordnungswidriger Zustand herbeigeführt worden, so hat die Polizei ihre Maßnahmen gegenüber demjenigen zu treffen, der die Bedrohung oder den Zustand verursacht hat.

(2) Ist die Bedrohung oder der Zustand durch eine Person verursacht worden, die das 16. Lebensjahr noch nicht vollendet hat oder die wegen Geisteskrankheit oder Geistesschwäche entmündigt oder unter vorläufige Vormundschaft gestellt ist, so kann die Polizei ihre Maßnahmen auch gegenüber demjenigen treffen, dem die Sorge für diese Person obliegt.

(3) Ist die Bedrohung oder der Zustand durch eine Person verursacht worden, die von einem anderen zu einer Verrichtung bestellt worden ist, so kann die Polizei ihre Maßnahmen auch gegenüber dem anderen treffen."[363]

Der Vergleich des § 19 PrPVG mit § 6 BaWüPolG zeigt, dass der Aufbau der beiden Normen identisch ist. Eine Neuerung stellt die Erhöhung der Altersgrenze der Kinder um zwei Jahre auf 16 Jahre dar. Bei § 6 Abs. 3 BaWüPolG

---

[359] Vgl. hierzu BaWüLT-Drs. 1/1360, S. 1899f.
[360] BaRegBl. S. 439.
[361] s. Kapitel 1 A I 4 b) bb).
[362] WüRegBl. 1871, S. 391, 1898, S. 149.
[363] BaWüGBl. 1955, S. 250.

fehlt der Einschub, dass die Bedrohung oder der Zustand bei Ausübung der Verrichtung verursacht worden sein muss. Es ist aber davon auszugehen, dass es sich hierbei um ein redaktionelles Versehen handelt. Eine andere Auslegung würde die Haftung des Geschäftsherrn übermäßig ausweiten. Im Übrigen besteht kein inhaltlicher Unterschied.

Die Begründung führt zu § 6 BaWüPolG aus, dass jeder für sein eigenes polizeimäßiges Verhalten und in gewissen Fällen auch für das Verhalten der seiner Einwirkung unterstehenden Personen verantwortlich sei.[364] Bemerkenswert ist lediglich, dass im Gesetzentwurf die Altersgrenze auf 18 Jahre festgesetzt war.[365] Der Landtag verwies nach der ersten Allgemeinen Aussprache den Gesetzentwurf an den Verwaltungsausschuss.[366] § 6 wurde in der Allgemeinen Aussprache nicht behandelt.[367] Der Antrag des Verwaltungsausschusses forderte eine Senkung der Altersgrenze auf 16 Jahre.[368] Der Antrag enthält keine Begründung.[369] In der zweiten Beratung zum Gesetzentwurf nahm der Landtag die Änderung des Verwaltungsausschusses zu § 6 ohne weitere Ausführungen oder Diskussion an.[370] Im Übrigen fand keine Aussprache darüber statt, welche Gründe für die Zusatzverantwortlichkeit an sich sprechen. Dieses Ergebnis belegt die Begründung.

Als Resümee kann formuliert werden: 1. § 6 BaWüPolG folgt dem gleichen Aufbau wie § 19 PrPVG. 2. An den Grundsätzen des PrPVG wird festgehalten, so dass materiell kaum ein Unterschied besteht. 3. Die Haftung wird für Jugendliche begründungslos bis zum 16. Lebensjahr angeordnet. Durch diese Anordnung enthält die Norm eine Haftungserweiterung.

b) Bayern

Bayern erließ am 16.10.1954 das erste Polizeiaufgabengesetz (BayPAG).[371] Das BayPAG ist ein neu erarbeitetes Gesetz mit 77 Artikeln. Art. 9 BayPAG enthält eine Bestimmung zur Zusatzverantwortlichkeit. Art. 9 BayPAG lautet:

„(1) Macht das Verhalten oder der Zustand einer Person Maßnahmen der Polizei nach diesem Gesetz notwendig, so sind diese gegen die Person zu richten, die die Gefahr oder die Störung verursacht hat.

---

[364] BaWüLT-Drs. 1/1360, S. 1904.
[365] Ebd., S. 1886.
[366] BaWüLT-Verhandlungen Protokoll-Band IV, 1. WP, 66. Sitzung, S. 3098.
[367] Ebd., S. 3063 ff.
[368] BaWüLT-Drs. 1/1836, S. 2658.
[369] Ebd., S. 2657 ff.
[370] BaWüLT-Verhandlungen Protokoll-Band IV, 1. WP, 80. Sitzung, S. 3873.
[371] BayGVBl. 1954, S. 237 ff.

(2) Hat ein strafunmündiges Kind oder eine Person, die wegen Geisteskrankheit oder Geistesschwäche entmündigt oder unter vorläufige Vormundschaft gestellt ist, die Gefahr oder die Störung verursacht, so kann die Polizei ihre Maßnahmen auch gegen den richten, dem die Aufsicht über eine solche Person obliegt.

(3) Hat eine Person, die zu einer Verrichtung bestellt ist, in Ausführung dieser Verrichtung die Gefahr oder die Störung verursacht, so kann die Polizei ihre Maßnahmen auch gegen den richten, der die Person zu der Verrichtung bestellt hat."[372]

Auffällig ist zunächst, dass die Norm dem Aufbau des § 19 PVG gleicht. Die materiell-rechtlichen Aussagen sind in Art. 9 BayPAG und § 19 PrPVG fast identisch. Der Bayerische Gesetzgeber wählte jedoch einen anderen Wortlaut. Die Aufmerksamkeit ist auf den zweiten Absatz zu richten. Der Bayerische Gesetzgeber bestimmt als Ausgangspunkt für die Zusatzverantwortlichkeit die Aufsichtspflicht. Der preußische Gesetzgeber knüpft die Zusatzverantwortlichkeit an die Sorgeverpflichtung. Diese Änderung enthält eine Haftungserweiterung gegenüber dem PrPVG, vgl. dazu die Ausführungen zum BGSG.

Die Begründung zu Art. 9 Abs. 2 BayPAG stellt fest, dass jede Person Störer sein kann. Sei aber ein Kind oder eine wegen Geisteskrankheit oder Geistesschwäche entmündigte oder unter vorläufige Vormundschaft gestellte Person ein Störer, so seien für dieses Verhalten gem. Art. 9 Abs. 2 BayPAG auch die Aufsichtspflichtigen verantwortlich.[373] „Die Aufsichtspflichtigen sind also gleichfalls ‚Störer' und für die Beseitigung der Gefahr oder Störung haftbar. Aufsichtspflicht ist dabei nicht identisch mit Personensorgerecht im Sinne des BGB. Aufsichtspflichtig ist z.B. auch die Erzieherin, die im Auftrag des personensorgeberechtigten Vaters (§ 1627 BGB.) mit den Kindern spazieren geht."[374] Die Begründung zu Art. 9 Abs. 3 BayPAG stellt fest, dass die Haftung des Dienstherrn nach Art. 9 Abs. 3 BayPAG ein alter polizeilicher Grundsatz sei, welcher schon in § 19 Abs. 3 PrPVG und in § 6 Abs. 3 NdsSOG festgehalten wurde. Für diesen Grundsatz sei die Erwägung maßgeblich, dass der Dienstherr gegenüber dem Verrichtungsgehilfen ein Anordnungsrecht und eine Einwirkungsmöglichkeit habe und deshalb für dessen Verhalten verantwortlich sei.[375] Die Haftung des Dienstherrn beschränke sich auf das Verhalten des Gehilfen in Ausführung der ihm aufgetragenen Verrichtung. „Eine ordnungswidrige Handlung des Gehilfen muß also in einem inneren Zusammenhang mit dem erteilten Auftrag stehen, um eine Verantwortung des Dienstherrn zu begründen. Die Rechtsform des Verhältnisses zwischen Auftraggeber und Verrichtungsgehilfen ist für die Haftung des Dienstherrn ohne Belang. Das Verhältnis kann rein tatsächlich, familienrechtlich, arbeitsrechtlich oder sogar beamtenrechtlicher Natur sein. Da

---
[372] Ebd., S. 238.
[373] BayLT-Drs. 2/4660, S. 18.
[374] Ebd.
[375] Ebd.

die Mitverantwortlichkeit des Dienstherren auch hier auf dem Grundsatz der Verursachungshaftung beruht, fehlt die Möglichkeit der Entlastung, die nach § 831 BGB gegenüber zivilrechtlichen Schadenseratzansprüchen aus unerlaubten Handlungen des Verrichtungsgehilfen gegeben ist."[376] Hervorzuheben ist, dass die Begründung keine Aussagen dazu enthält, warum der Bayerische Gesetzgeber von den personellen Bestimmungen des PrPVG abweicht. Der Gesetzgeber hat für Art. 9 Abs. 2–3 BayPAG kaum eigene Erwägungen angestellt. Sowohl die Aufsichtpflicht als auch das Merkmal „in Ausführung dieser Verrichtung" hat der Gesetzgeber sehr genau definiert.

Zusammenfassend lässt sich feststellen: 1. Der Bayerische Gesetzgeber hat größtenteils die Norm des PrPVG übernommen. Der Aufbau der Normen ist identisch. Materiell besteht nur eine Änderung. 2. Art. 9 BayPAG enthält eine Haftungserweiterung. Der Aufsichtspflichtige und nicht nur der Sorgeberechtigte ist Träger der Zusatzverantwortlichkeit.

c) Berlin

Bevor der Berliner Gesetzgeber am 11. 2. 1975 ein neues Polizeigesetz, ein „Allgemeines Gesetz zum Schutz der öffentlichen Sicherheit und Ordnung in Berlin" (BerlASOG) erließ[377], galt in Berlin seit dem 1. 1. 1959 eine geänderte Fassung des PrPVG.[378] Das Gesetz zur Änderung des PVG vom 2. 10. 1958 änderte das PrPVG[379], aber nicht § 19 PrPVG. Das BerlASOG beruht auf einem Vorentwurf des MEPolG von 1974. § 10 BerlASOG regelt die Verantwortlichkeit für das Verhalten von Personen:

„(1) Verursacht eine Person eine Gefahr, so sind die Maßnahmen gegen sie zu richten.

(2) Ist die Person noch nicht 14 Jahre alt, wegen Geisteskrankheit oder Geistesschwäche entmündigt oder unter vorläufige Vormundschaft gestellt, können Maßnahmen auch gegen die Person gerichtet werden, die zur Aufsicht über sie verpflichtet ist.

(3) Verursacht eine Person, die zu einer Verrichtung bestellt ist, die Gefahr in Ausführung der Verrichtung, so können Maßnahmen auch gegen die Person gerichtet werden, die die andere zu der Verrichtung bestellt hat."[380]

§ 10 BerlASOG folgt dem Aufbau des § 19 PrPVG. Zu der Vorschrift besteht inhaltlich kaum ein Unterschied. Als Unterschied ist hervorzuheben, dass im zweiten Absatz die Aufsichtspflicht statt die Sorgeverpflichtung als Anknüp-

---

[376] Ebd.
[377] BerlGVBl. 1975, S. 688 ff.
[378] BerlGVBl. 1958, S. 961 ff.
[379] Ebd., S. 960 f.
[380] BerlGVBl. 1975, S. 689.

B. Entwicklung nach Erlass des § 19 PrPVG   139

fungspunkt für die Zusatzverantwortlichkeit definiert wird. Diese Änderung enthält eine Haftungserweiterung; vgl. die Ausführungen zum BGSG.

Die Begründung zu § 10 Abs. 2 BerlASOG führt aus, dass die Vorschrift § 19 Abs. 2 PrPVG inhaltlich übernehme und sie hinsichtlich der Verpflichtung der Sorgeberechtigten erweitere.[381] „Der Kreis der Sorgeberechtigten wurde bisher als zu eng empfunden. Die neue Regelung stellt auf den größeren Kreis der zur Aufsicht Verpflichteten ab. Aufsichtspflichten können auch durch Vertrag oder tatsächliche Gewährübernahme entstehen. Es ist sinnvoll, diesen Kreis in den der Pflichtigen einzubeziehen, da diese Personen erhebliche Einwirkungsmöglichkeiten auf die jugendlichen und entmündigten Störer haben."[382] Die Begründung zu § 10 Abs. 3 BerlASOG stellt fest, dass diese Vorschrift in allen bisherigen Regelungen enthalten und § 831 BGB nachgebildet sei. Sie entspreche § 19 Abs. 3 PrPVG. Die Verantwortlichkeit des Geschäftsherrn bestehe nur für Handlungen des Gehilfen in Ausführung der Verrichtung, nicht bei Gelegenheit einer Verrichtung.[383] Der Berliner Gesetzgeber erklärt die personelle Veränderung im Gegensatz zum Bundesgesetzgeber und zum Bayerischen Gesetzgeber.

Der Berliner Gesetzgeber folgt formal und materiell § 19 PrPVG. Er normiert jedoch den Aufsichtspflichtigen und nicht den Sorgeberechtigten als Zusatzverantwortlichen. Diese Änderung enthält eine Haftungserweiterung.

d) Bremen

Bremen erließ am 5.7.1960 ein neues Polizeigesetz (BremPolG).[384] Das BremPolG stellt mit seinen 93 Paragraphen ein vollständig neues Gesetz dar. § 5 regelt die Verantwortlichkeit für das Verhalten von Personen:

„(1) Wird die öffentliche Sicherheit oder Ordnung durch das Verhalten von Personen gestört oder gefährdet, so ist derjenige verantwortlich, der die Störung oder Gefahr verursacht hat.

(2) Für das polizeimäßige Verhalten von Kindern unter 14 Jahren und Personen, die wegen Geisteskrankheit oder Geistesschwäche entmündigt oder unter vorläufige Vormundschaft gestellt sind, ist auch derjenige verantwortlich, dem die Sorge für eine solche Person obliegt.

(3) Wer einen anderen zu einer Verrichtung bestellt, ist neben ihm dafür verantwortlich, daß dieser sich in Ausführung der Verrichtung polizeimäßig verhält."[385]

---

[381] BerlAH-Drs. 6/1569, S. 16.
[382] Ebd.
[383] Ebd.
[384] BremGBl. 1960, S. 73 ff.
[385] Ebd., S. 74.

Die Regelung ist größtenteils § 19 PrPVG nachempfunden. Zu dieser Vorschrift besteht aufbautechnisch und inhaltlich kein Unterschied. Auch der Wortlaut ist bis auf wenige Ausnahmen identisch mit § 19 PrPVG.[386]

Es gibt keine Einzelbegründung zu § 5 BremPolG. Stattdessen gibt es eine Sammelbegründung für den Abschnitt „Polizeipflichtige Personen". Diese Begründung verweist auf §§ 18 ff. PrPVG. Zu § 5 BremPolG wird ausgeführt, dass diese Vorschrift die Handlungshaftung normiere und sich aus dieser unter anderem ergebe, welche Personen polizeipflichtig seien.[387] Die Begründung weist keine neuen Aspekte auf. Das Haftungsinstrument „Zusatzverantwortlichkeit" wird als selbstverständlich angesehen und nur mit einem Verweis auf das PrPVG gerechtfertigt.

Als Resümee kann festgehalten werden: 1. § 5 BremPolG folgt formal und materiell § 19 PrPVG. 2. § 5 BremPolG enthält keine Rechtsänderung gegenüber § 19 PrPVG.

e) Hamburg

Am 14. 3. 1966 setzte der Hamburgische Gesetzgeber ein Gesetz zum Schutz der öffentlichen Sicherheit und Ordnung in Kraft (HmbSOG).[388] Das HmbSOG stellt ein vom PrPVG unabhängiges Gesetz dar. § 8 HmbSOG regelt die Verantwortlichkeit für das Verhalten von Personen:

„(1) Verursacht eine Person eine Gefahr für die öffentliche Sicherheit oder Ordnung oder eine Störung der öffentlichen Sicherheit oder Ordnung, so ist die Maßnahme gegen diese Person zu richten.

(2) Hat die Person das 14. Lebensjahr noch nicht vollendet oder ist sie wegen Geisteskrankheit oder Geistesschwäche entmündigt oder unter vorläufige Vormundschaft gestellt worden, so darf sich die Maßnahme auch gegen denjenigen richten, dem die Sorge für diese Person obliegt.

(3) Hat jemand eine Person zu einer Verrichtung bestellt und wird die öffentliche Sicherheit oder Ordnung in Ausführung der Verrichtung gefährdet oder gestört, so darf sich die Maßnahme auch gegen ihn richten."[389]

§ 8 HmbSOG ist aufbautechnisch und inhaltlich identisch mit § 19 PrPVG.

In der Begründung heißt es zu den Absätzen 2 und 3, dass diese bisher geltendem Recht entsprechen und den Einzelnen in bestimmten Fällen für frem-

---

[386] Im zweiten Absatz wurden nur die Worte „strafunmündige Kinder" durch die Worte „unter 14 Jahren" ersetzt. Der dritte Absatz ist identisch mit § 19 Abs. 3 PrPVG.
[387] BremBü-Drs. I 5/28, S. 2.
[388] HmbGVBl. 1966, S. 77 f.
[389] Ebd., S. 79.

des Verhalten verantwortlich machen.[390] „Diese erweiterte Verantwortlichkeit ist gerechtfertigt, weil jemand, der zur Personensorge berechtigt ist oder der einen Verrichtungsgehilfen bestellt hat, in besonderer Weise in der Lage ist, auf das Verhalten dieser Person Einfluß zu nehmen. Die Verantwortlichkeit hat zur Voraussetzung, daß das Verhalten der unter Personensorge stehenden Person (Absatz 2) und des Verrichtungsgehilfen (Absatz 3) selbst unter Absatz 1 fällt. Auf ein Verschulden der Beteiligten kommt es auch hier nicht an. Eine Exkulpation entsprechend der Regelung in § 831 BGB kann die Verantwortlichkeit daher nicht beseitigen."[391] Aus dieser Begründung geht sehr anschaulich hervor, dass es keine Haftungserweiterung wie im BGSG, im BayPAG und im BerlASOG gibt.

Die Norm ist formal und materiell identisch mit § 19 PrPVG ist.

f) Hessen

aa) Hessisches Polizeigesetz von 1954

Am 10.11.1954 gab sich das Land Hessen ein eigenes Polizeigesetz (HessPolG). Es stellt mit seinen 64 Paragraphen ein vollständig neues Gesetz dar. § 13 regelt die Verantwortlichkeit für das Verhalten anderer:

„(1) Verursachen Kinder unter 14 Jahren oder Personen, die wegen Geisteskrankheit oder Geistesschwäche entmündigt oder unter vorläufige Vormundschaft gestellt sind, die Störung oder Gefahr, so ist auch derjenige verantwortlich, dem die Sorge für eine solche Person obliegt.

(2) Verursacht jemand, der zu einer Verrichtung bestellt ist, die Störung oder Gefahr in Ausführung dieser Verrichtung, so ist auch derjenige verantwortlich, der den anderen zu der Verrichtung bestellt hat."[392]

Auffällig an § 13 HessPolG ist, dass die Norm nicht dem Aufbau von § 19 PrPVG folgt. Der Hessische Gesetzgeber schuf einen eigenen Paragraphen nur für das Verhalten anderer. Absatz 1 der Norm entspricht inhaltlich § 19 Abs. 2 PrPVG. Absatz 2 der Norm entspricht inhaltlich § 19 Abs. 3 PrPVG. § 12 HessPolG[393] regelt die Verantwortlichkeit für eigenes Verhalten und entspricht materiell § 19 Abs. 1 PrPVG. Es ist somit festzustellen, dass der Hessische Gesetzgeber § 19 PrPVG in zwei Paragraphen aufgeteilt hat. Ein Paragraph für die

---

[390] HmbBü-Drs. 5/75, S. 195.
[391] Ebd.
[392] HessGVBl. 1954, S. 205.
[393] Ebd., S. 204f.: „Wird die öffentliche Sicherheit oder Ordnung durch das Verhalten von Personen gestört oder gefährdet, so ist derjenige verantwortlich, der die Störung oder Gefahr verursacht hat."

Verantwortlichkeit für eigenes Verhalten und einen zweiten Paragraphen für die Verantwortlichkeit für das Verhalten anderer.

Es gibt lediglich eine Gesamtbegründung zu den Paragraphen 12–14. Hier wird festgestellt, dass diese bis auf unwesentliche redaktionelle Änderungen den §§ 19 und 20 PrPVG entsprechen.[394]

Es lässt sich festhalten: 1. § 13 HessPolG unterscheidet sich formal gegenüber § 19 PrPVG. 2. Materiell besteht keine Differenz.

bb) Hessisches Gesetz über die öffentliche Sicherheit und Ordnung von 1964

Das Hessische Gesetz über die öffentliche Sicherheit und Ordnung (HessSOG) vom 17.12.1964[395] löste das Hessische Polizeigesetz von 1954 ab. Auch in diesem Gesetz regelt § 13 die Verantwortlichkeit für das Verhalten anderer:

„(1) Verursachen Minderjährige oder Personen, die entmündigt sind oder unter vorläufige Vormundschaft stehen, die Störung oder Gefahr, so ist auch derjenige verantwortlich, dem die Sorge für eine solche Person obliegt.

(2) Verursacht jemand, der zu einer Verrichtung bestellt ist, die Störung oder Gefahr in Ausführung dieser Verrichtung, so ist auch derjenige verantwortlich, der den anderen zu der Verrichtung bestellt hat."[396]

Die Fassung des § 13 HessSOG gleicht bis auf zwei entscheidende Änderungen der Fassung von 1954. Die Altersgrenze der Kinder wird auf 21 Jahre[397] erhöht und es werden alle Personen, die, gleich aus welchem Grund, entmündigt sind oder unter vorläufiger Vormundschaft stehen, erfasst.[398] Diese Änderung stellt in Relation zum PrPVG und zu den bislang betrachteten Regelungen über die Zusatzverantwortlichkeit ein absolutes Novum dar.

Im Gesetzentwurf besitzt § 13 HessSOG noch die gleiche Wortfassung wie § 13 HessPolG von 1954.[399] Es existiert nur eine Gesamtbegründung zu den §§ 11–15 HessSOG. Hier wird festgestellt, dass § 13 wörtlich mit dem entsprechenden Paragraphen des HessPolG übereinstimme.[400] Der Hauptausschuss beschloss aber eine Änderung des § 13 HessSOG.[401] In der Begründung zu

---

[394] HessLT-Drs. I 2/964, S. 2129.
[395] HessGVBl. I 1964, S. 209 ff.
[396] Ebd., S. 211.
[397] Erst ab dem 1.1.1975 wurde die Volljährigkeit auf das Alter von 18 Jahren gesenkt.
[398] Vgl. hierzu auch HessLT-Drs. II 5/183, S. 3.
[399] HessLT-Drs. I 5/815, S. 5.
[400] Ebd., S. 31.
[401] HessLT-Drs. II 5/183, S. 3.

der Änderung heißt es, die Ausschüsse hätten eine *einschneidende Änderung* beschlossen. Weiterhin wird auf die Unterschiede hingewiesen.[402] Wie entscheidend die Änderung war, zeigt die Aussage des Abgeordneten Dr. Holzmann in der zweiten Lesung des Entwurfs am 13.11.1964: „Das Preußische Polizeiverwaltungsgesetz von 1931 war zweifellos eine bedeutsame Tat. Es stand ja auch ein berühmter und bekannter Gelehrter des öffentlichen Rechts hinter ihm; es war *Drews*. Wenn man über ein solches Gesetz hinauskommen will, sind zunächst verständliche Hemmnisse vorhanden. Trotzdem ist es nunmehr geglückt, dem § 13 eine moderne Fassung zu geben und die Verantwortlichkeit für das Verhalten anderer so abzugrenzen, wie es neuzeitlichen Gesichtspunkten und Erkenntnissen entspricht."[403] Die Bedeutung der Änderung spiegelt auch die Aussage des Abgeordneten Zinkahn in der gleichen Lesung wider: „Ich erinnere in diesem Zusammenhang beispielsweise an die Diskussion um den § 13, die zu einer recht bedeutsamen Fortentwicklung geführt hat. Wir haben hier die Verantwortung der sorgerechtlichen Personen für alle Minderjährigen und alle Personen, die, gleich aus welchem Grund, entmündigt sind oder unter vorläufiger Vormundschaft stehen, erfaßt, eine Bestimmung, die erstmals in dieser Klarheit in der Bundesrepublik geschaffen worden ist."[404] Die Abgeordneten nennen als Gründe für die Änderung, dass die neue Vorschrift moderner und klarer sei und eine Abgrenzung der Verantwortlichkeit des Verhaltens anderer nach neuzeitlichen Gesichtspunkten und Erkenntnissen vornehme. Die Begründung enthält keine anderen Argumente für die personelle Änderung.

Als Ergebnis lässt sich formulieren: 1. § 13 HessSOG ist anders aufgebaut als § 19 PrPVG. 2. § 13 HessSOG enthält sowohl gegenüber dem preußischen als auch gegenüber dem alten hessischen Recht eine eindeutige *Haftungserweiterung*.

g) *Niedersachsen*

Der Niedersächsische Landtag verabschiedete am 21.3.1951 das „Gesetz über die öffentliche Sicherheit und Ordnung".[405] In diesem Gesetz legt § 6 die Verhaltensverantwortlichkeit fest:

> „(1) Wird die öffentliche Sicherheit oder Ordnung durch das Verhalten von Personen gestört oder gefährdet, so haben sich die Verwaltungs- und die Polizeibehörden an diejenigen Personen zu halten, die die Störung oder Gefahr verursacht haben.
>
> (2) Für das ordnungsgemäße Verhalten von Kindern unter 14 Jahren und von Personen, die wegen Geisteskrankheit oder Geistesschwäche entmündigt oder unter vorläufige

---

[402] Ebd.
[403] HessLT-Drs. III 5/33. Sitzung, S. 1379.
[404] Ebd., S. 1383.
[405] NdsGVBl. 1951, S. 79 ff.

Vormundschaft gestellt sind, ist auch derjenige verantwortlich, dem die Sorge für eine solche Person obliegt.

(3) Wer einen anderen zu einer Verrichtung bestellt, ist neben ihm dafür verantwortlich, daß dieser sich in Ausführung der Verrichtung ordnungsgemäß verhält."[406]

Der Aufbau und der Inhalt des § 6 NdsSOG sind identisch mit § 19 PrPVG. Selbst der Wortlaut ist bis auf eine Ausnahme identisch.[407]

Im Gesetzentwurf regelt noch § 10 die Verhaltensverantwortlichkeit. In der Begründung des Entwurfs gibt es nur eine Gesamtbegründung für die §§ 9–12. Diese enthält die Aussage, dass die Paragraphen geltendem Recht entsprächen.[408] Die Begründung enthält keine eigenen Erwägungen.

§ 6 NdsSOG entspricht formal und materiell § 19 PrPVG.

h) Nordrhein-Westfalen

aa) Ordnungsbehördengesetz von 1956

Bevor der Nordrhein-Westfälische Gesetzgeber am 16.10.1956 ein Ordnungsbehördengesetz (OBG NRW)[409] erließ, galt in Nordrhein-Westfalen das PrPVG in einer Neufassung vom 27.11.1953.[410] Das PrPVG wurde gem. § 28 des Gesetzes über die Organisation und die Zuständigkeit der Polizei im Land Nordrhein-Westfalen vom 11.8.1953 neu bekannt gemacht.[411] Dieses Gesetz änderte § 19 PrPVG nicht. Das OBG NRW löste die Neufassung des PrPVG für den Zuständigkeitsbereich der Ordnungsbehörden ab. Für die Zuständigkeit der Polizei galt die Neufassung des PrPVG weiter. Das OBG NRW war ein eigenständiges neues Gesetz. Es normiert in § 17 die Verantwortlichkeit für das Verhalten von Personen:

„(1) Maßnahmen der Ordnungsbehörden, die durch das Verhalten von Personen erforderlich werden, sind gegen die Personen zu richten, die die Gefahr oder die Störung verursacht haben.

(2) Hat ein strafunmündiges Kind oder eine Person, die wegen Geisteskrankheit oder Geistesschwäche entmündigt oder unter vorläufige Vormundschaft gestellt ist, die Ge-

---

[406] Ebd., S. 80.
[407] Im ersten Absatz wurde das Wort „Verwaltungs-" eingefügt. Der zweite Absatz unterscheidet sich lediglich durch die Wörter „ordnungsgemäß" statt „polizeimäßig" und „unter 14 Jahren" statt „strafunmündige Kinder". Der dritte Absatz unterscheidet sich lediglich durch das Wort „ordnungsgemäß" statt „polizeimäßig".
[408] NdsLT-Drs. 1/1989, S. 1344.
[409] GVBl. NRW 1956, S. 289 ff.
[410] GVBl. NRW 1953, S. 403 ff.
[411] Ebd., S. 332 f.

fahr oder Störung verursacht, so kann die Ordnungsbehörde ihre Maßnahmen auch gegen den richten, dem die Sorge für eine solche Person obliegt.

(3) Wer einen anderen zu einer Verrichtung bestellt, ist neben ihm dafür verantwortlich, daß sich der andere bei der Ausführung der Verrichtung ordnungsgemäß verhält."[412]

Stellt man § 17 OBG NRW § 19 PrPVG gegenüber, so lässt sich erkennen, dass beide Paragraphen demselben Aufbau folgen. Inhaltlich sind beide Paragraphen identisch. Der dritte Absatz ist bis auf das Wort „ordnungsgemäß" identisch mit § 19 Abs. 3 PrPVG.

In dem Gesetzentwurf regelte noch § 15 die Verantwortlichkeit für das Verhalten von Personen. Zu den hier interessierenden zweiten und dritten Absatz wird Folgendes ausgeführt: „Die Absätze 2 und 3 regeln anschließend Sonderfälle der mittelbaren Verursachung."[413] Dabei ist zu bemerken, daß in den Fällen der Absätze 2 und 3 der unmittelbare Verursacher ebenfalls ordnungspflichtig bleibt."[414] Die Begründung stellt fest, dass es sich bei der Zusatzverantwortlichkeit um eine mittelbare Verursachung handelt.

§ 17 OBG NRW ist formal und materiell identisch mit § 19 PrPVG.

bb) Polizeigesetz von 1969

Art. IV Nr. 2 des Gesetzes zur Änderung des Gesetzes über die Organisation und die Zuständigkeit der Polizei im Land Nordrhein-Westfalen vom 8.7.1969[415] setzte das PrPVG in der geltenden Neufassung vom 27.11.1953 außer Kraft. Gem. Art. II des Gesetzes enthält das Gesetz über die Organisation und die Zuständigkeit der Polizei im Lande Nordrhein-Westfalen vom 11.8.1953[416] die Bezeichnung „Polizeigesetz". Am 28.10.1969 wurde die Neufassung des Polizeigesetzes bekannt gemacht.[417] § 22 PolG NRW regelt die Geltung des OBG NRW im PolG NRW. Gem. § 22 Abs. 1 PolG NRW finden auf die Befugnisse der Polizeibehörden die §§ 16–25 OBG NRW in der Fassung der Bekanntmachung vom 28.10.1969[418] entsprechend Anwendung. Der hier interessierende § 17 OBG NRW wurde in der Fassung des OBG NRW von 1969 unverändert vom OBG NRW von 1956 übernommen.[419]

---

[412] GVBl. NRW 1956, S. 291.
[413] Ob diese rechtliche Einordnung zutreffend ist, wird in Kapitel 2 B II 1 a) cc) (2) behandelt.
[414] LTNRW-Drs. 3/6, S. 6.
[415] GVBl. NRW 1969, S. 521 ff.
[416] GVBl. NRW 1953, S. 332 f.
[417] GVBl. NRW 1969, S. 740 ff.
[418] Ebd., S. 732 ff.
[419] Vgl. das Änderungsgesetz, ebd., S. 526 ff.

Im Übrigen gilt das zum OBG NRW von 1956 Gesagte.

i) Rheinland-Pfalz

Der Landtag von Rheinland-Pfalz beschloss am 26. 3. 1954 ein neues Polizeiverwaltungsgesetz (RLPPVG). Mit seinen 103 Paragraphen stellt es ein vollkommen neues Gesetz dar. § 24 normiert die Verantwortlichkeit für das Verhalten anderer Personen:

„(1) Verursachen Kinder unter 14 Jahren oder Personen, die wegen Geisteskrankheit oder Geistesschwäche entmündigt oder unter vorläufige Vormundschaft gestellt sind, die Störung oder Gefahr, so ist auch derjenige verantwortlich, dem die Sorge für eine solche Person obliegt.

(2) Wer einen anderen zu einer Verrichtung bestellt, ist neben ihm dafür verantwortlich, daß dieser sich in Ausführung der Verrichtung ordnungsmäßig verhält."[420]

Im Vergleich zu § 19 PrPVG gelten auch hier die schon zu § 13 HessPolG getroffenen Aussagen. In diesem Fall ist auch § 23 RLPPVG[421] materiell identisch mit § 19 Abs. 1 PrPVG. Es bleibt noch festzuhalten, dass Absatz 1 der Norm wortgleich mit § 13 HessPolG ist. Der zweite Absatz ist bis auf das Wort „ordnungsgemäß" wortgleich mit § 19 Abs. 3 PrPVG.

Die Begründung führt zu § 24 RLPPVG aus, dass dieser mit redaktionellen Änderungen dem § 19 Absatz 2 und 3 PrPVG entspreche. Die Verantwortlichkeit, die aus dem Recht und der Pflicht, für eine Person zu sorgen, hergeleitet werde, bestehe für zwei Personenkreise: für strafunmündige Kinder und für Personen, die wegen Geisteskrankheit oder Geistesschwäche entmündigt oder aus einem anderen Grund unter vorläufige Vormundschaft gestellt seien. Nach Absatz 2 hafte auch, wer einen anderen zu einer Verrichtung bestelle, neben diesem für das in Ausführung der Verrichtung beobachtete Verhalten. Die Vorschrift sei § 831 Absatz 1 BGB nachgebildet.[422]

Es bleibt festzuhalten, dass § 24 RLPPVG sich formal von § 19 PrPVG unterscheidet. Materiell besteht kein Unterschied.

j) Saarland

Im Saarland galten unter anderem die §§ 14–24 PrPVG weiter.[423]

---

[420] RLPGVBl. 1954, S. 33.
[421] Ebd.: „Wird die öffentliche Sicherheit oder Ordnung durch das Verhalten von Personen gestört oder gefährdet, so ist derjenige verantwortlich, der die Störung oder Gefahr unmittelbar verursacht hat."
[422] RLPLT-Drs. Abt. II 2/682, S. 2001 f.

B. Entwicklung nach Erlass des § 19 PrPVG

k) *Schleswig-Holstein*

Schleswig-Holstein erließ am 18.4.1967 ein Allgemeines Verwaltungsgesetz (Landesverwaltungsgesetz – LVwG).[424] § 185 dieses Gesetzes regelt die Verantwortlichkeit für das Verhalten von Personen:

„(1) Wird die öffentliche Sicherheit oder Ordnung durch das Verhalten von Personen gestört oder gefährdet, so ist derjenige verantwortlich, der die Störung oder Gefahr verursacht hat.

(2) Verursachen Personen, die das achtzehnte Lebensjahr noch nicht vollendet haben oder die wegen Geisteskrankheit oder Geistesschwäche entmündigt oder unter vorläufige Vormundschaft gestellt sind, die Störung oder Gefahr, so ist auch derjenige verantwortlich, dem die Sorge für eine solche Person obliegt.

(3) Verursacht jemand, der zu einer Verrichtung bestellt ist, die Störung oder Gefahr in Ausübung dieser Verrichtung, so ist auch derjenige verantwortlich, der den anderen zu der Verrichtung bestellt hat."[425]

Die Norm gleicht im Aufbau § 19 PrPVG. Inhaltlich sind beide Normen bis auf redaktionelle Änderungen identisch. Der Schleswig-Holsteinische Gesetzgeber hob die Altersgrenze für Jugendliche auf 18 Jahre an. Diese Änderung stellt den einzigen materiellen Unterschied zum PrPVG dar.

Die Begründung zu der im Entwurf noch unter § 180 geregelten Verantwortlichkeit für das Verhalten von Personen führt aus, dass die Vorschrift § 19 PrPVG nahezu wörtlich entspreche. Die einzige Ausnahme gegenüber § 19 PrPVG bestehe in Absatz 2 darin, dass die ordnungsgemäße Verantwortlichkeit der Personensorgeberechtigten bis zum vollendeten 18. Lebensjahr der Jugendlichen ausgedehnt werde. Die Polizeigesetze der anderen Länder würden entsprechend dem PrPVG diese Verantwortlichkeit bis zum 14. Lebensjahr begrenzen.[426] „Einzig das BadWü PolG dehnt in § 6 Abs. 2 diese Grenze bis zum 16. Lebensjahr aus. Der vorliegende Entwurf erweitert diese Grenze um weitere 2 Lebensjahre, weil keine überzeugenden Gründe dafür sprechen, die Verantwortlichkeit des Personensorgeberechtigten auf ordnungsrechtlichem Gebiet schon zu einem derart frühen Zeitpunkt enden zu lassen, wie nach der bisherigen Rechtslage. Es ist den Gewalthabern zuzumuten, die Jugendlichen über die Altersgrenze von 14 Jahren hinaus zu ordnungsgemäßem Verhalten zu veranlassen. Dem entspricht es, wenn das Jugendgerichtsgesetz in § 3 Jugendliche vom 14. bis 18. Lebensjahr

---

[423] *Hans Julius Wolff*, S. 11.
[424] S-HGVBl. 1967, S. 131 ff.
[425] Ebd., S. 167.
[426] S-HLT-Drs. 5/650, S. 257.

strafrechtlich nur beschränkt verantwortlich macht."[427] Die Begründung stellt die Gründe für die personelle Änderung anschaulich dar.

Es ist abschließend zu resümieren: 1. § 185 S-HLVwG ist formal identisch mit § 19 PrPVG. 2. Zwischen den Normen besteht kaum ein materieller Unterschied. 3. Der Schleswig-Holsteinische Gesetzgeber erhöht das Alter der Haftung für Jugendliche auf 18 Jahre. Diese Änderung enthält eine Haftungserweiterung.

3. Zusammenfassende Bewertung der ersten Gesetzgebung in Bund und Ländern

Nahezu alle Gesetzgeber folgen dem *Aufbau* des § 19 PrPVG. Ausnahmen stellen der Bund, Hessen und Rheinland-Pfalz dar. Der *Bundesgesetzgeber* hat bei § 13 BGSG einen anderen Aufbau gewählt. Absatz 1 regelt die Verhaltensverantwortlichkeit und die Zusatzverantwortlichkeit für Jugendliche und Personen die unter Vormundschaft oder unter vorläufige Vormundschaft gestellt sind. Der erste Absatz erfasst somit den Regelungsbereich von § 19 Abs. 1 – 2 PrPVG. Der zweite Absatz ist inhaltlich identisch mit § 19 Abs. 2 PrPVG. Es handelt sich jeweils nur um einen leicht abgeänderten Aufbau und nicht um einen vollständig neuen. *Hessen* und *Rheinland-Pfalz* haben einen eigenen Paragraphen für die Zusatzverantwortlichkeit geschaffen, der aus zwei Absätzen besteht. Der erste Absatz behandelt die Zusatzverantwortlichkeit für Jugendliche und unter Vormundschaft oder unter vorläufiger Vormundschaft stehenden Personen. Der zweite Absatz erfasst die Zusatzverantwortlichkeit für den Verrichtungsgehilfen. Die Normen sind inhaltlich identisch mit § 19 Abs. 2 – 3 PrPVG.

Materiell-rechtlich sind viele der neuen Vorschriften mit § 19 PrPVG identisch. Ausnahmen stellen hier der Bund, Baden-Württemberg, Bayern, Berlin, Hessen und Schleswig-Holstein dar. Der Bundesgesetzgeber, der Bayerische und der Berliner Gesetzgeber normieren den Aufsichtspflichtigen statt den Sorgeberechtigten als Zusatzverantwortlichen. Baden-Württemberg setzt die Altersgrenze für Jugendliche auf 16 Jahre fest. Schleswig-Holstein hebt diese auf 18 Jahre an. Hessen ist insoweit „Spitzenreiter": Das Land setzt zum einen die Altersgrenze für Jugendliche auf 21 Jahre und ab dem 1. 1. 1975 auf 18 Jahre fest und hebt zum anderen die Begrenzung auf die Gründe Geisteskrankheit und Geistesschwäche bei Personen, die unter Vormundschaft oder unter vorläufiger Vormundschaft stehen, auf. Alle Gesetzgeber normieren parallel zum preußischen Rechtszustand eine „echte" Zusatzverantwortlichkeit entsprechend der Fallgruppe 1. Die Haftung des „eigentlichen" Störers neben dem Zusatzverantwortlichem hat sich damit endgültig durchgesetzt. Ausdrückliche Feststellungen zum Zweck der Zusatzverantwortlichkeit finden sich nicht.

---

[427] Ebd.

B. Entwicklung nach Erlass des § 19 PrPVG

Ein Vergleich aller Vorschriften ergibt, dass viele von ihnen dieselbe Wortfassung enthalten. Die Absätze, welche die Zusatzverantwortlichkeit für Verrichtungsgehilfen regeln[428], sind häufiger wortgleich als die Absätze, welche die Zusatzverantwortlichkeit für Jugendliche und Personen, die unter Vormundschaft oder vorläufige Vormundschaft gestellt sind, erfassen.[429] Als Erklärung für dieses Ergebnis ist anzuführen, dass die Gesetzgeber der Regelung der Zusatzverantwortlichkeit für Verrichtungsgehilfen kaum Beachtung schenkten. Diese Aussage ist damit zu begründen, dass sogar vier der damals nur elf Bundesländer § 19 Abs. 3 PrPVG übernahmen. Die Gesetzgeber könnten die Vorschrift als ausgereift angesehen haben, so dass sie keinen rechtlichen Handlungsbedarf annahmen. Zum zweiten Fall ist zu sagen, dass auch hier die Häufung der identischen Regelungen zeigt, dass die Gesetzgeber einen Rechtsfortschritt nicht für notwendig hielten.

Zweck der Normierungen dürfte wie beim PrPVG gewesen sein, eine weitere haftende Person zu bestimmen. Im Gegensatz zum PrPVG besteht die Tendenz zu einer Haftungserweiterung, vgl. die materiell-rechtlichen Änderungen des Bundes, Baden-Württembergs, Bayerns, Berlins, Hessens und Schleswig-Holsteins. Hessen verdeutlicht diese Tendenz besonders gut: Hessen legte zunächst die Altersgrenze auf 14 Jahre fest[430] und erhöhte sie dann auf 21 bzw. 18 Jahre. Hessen hob in diesem Zusammenhang die Beschränkung der Haftung für Ent-

---

[428] Zu diesen Absätzen lässt sich ausführen, dass § 5 Abs. 3 BremPolG identisch ist mit § 19 Abs. 3 PrPVG. § 6 Abs. 3 NdsSOG, § 17 OBG NRW, § 22 Abs. 1 PolG NRW i. V. m. § 17 Abs. 3 OBG NRW und 24 Abs. 2 RLPPVG sind bis auf das Wort „ordnungsgemäß" identisch mit § 19 Abs. 3 PrPVG. § 13 Abs. 2 HessPolG (1954), § 13 Abs. 2 HessSOG (1964) und § 185 Abs. 3 S-HLVwG sind identisch. Das S-HLVwG ist erst am 18. 4. 1967 entstanden, so dass davon auszugehen ist, dass sich der Schleswig-Holsteinische Gesetzgeber die hessische Regelung zum Vorbild genommen hat. § 13 Abs. 2 BGSG und Art. 9 Abs. 3 BayPAG sind identisch bis auf die Worte „Bundesgrenzschutz" bzw. „Polizei". Das BayPAG wurde am 16. 10. 1954, das BGSG erst am 18. 8. 1972 erlassen. Der Bundesgesetzgeber hat sich an der bayerischen Regelung orientiert.

[429] Zu diesen Absätzen lässt sich ausführen, dass Art. 9 Abs. 2 BayPAG identisch ist mit § 17 Abs. 2 OBG NRW und § 22 Abs. 1 PolG NRW i. V. m. § 17 Abs. 2 OBG NRW. An dieser Stelle ist anzumerken, dass das BayPAG am 16. 10. 1954 und das OBG NRW erst am 16. 10. 1956 erlassen wurden. Das BayPAG ist damit genau zwei Jahre älter als das OBG NRW. Es liegt die Annahme nahe, dass der Nordrhein-Westfälische Gesetzgeber sich an der bayerischen Regelung orientiert hat. § 13 Abs. 1 HessPolG (1954) und § 24 Abs. 1 RLPPVG sind identisch. Das RLPPVG wurde am 26. 3. und das HessPolG am 10. 11. 1954 erlassen. Der Hessische Gesetzgeber hat sowohl den Aufbau als auch den zweiten Absatz der rheinland-pfälzischen Regelung übernommen. § 5 Abs. 2 BremPolG ist identisch mit § 6 Abs. 2 NdsSOG bis auf die Worte „polizeimäßig" bzw. „ordnungsgemäß". Beide Normen sind jedoch auch bis auf wenige Worte identisch mit § 19 Abs. 2 PrPVG. Der Bremische und der Niedersächsische Gesetzgeber haben die preußische Regelung so gut wie übernommen.

[430] Hessen hatte zuvor zumindest den ersten Absatz der rheinland-pfälzischen Regelung übernommen; s. die vorherige Fn.

mündigte auf die Gründe Geisteskrankheit und Geistesschwäche auf. Folge der Normierung des Aufsichtspflichtigen ist, dass die durch § 19 PrPVG eingeführte *feste Begrenzung* „aufweicht". Die *feste Begrenzung* in Preußen war gerade darin zu sehen, dass sich aus § 19 PrPVG in Verbindung mit dem BGB ergab, wem die Sorge oblag. Andere Verantwortliche gab es nicht. Der Kreis der Aufsichtspflichtigen ist aber größer und vor allem unbestimmter als der Kreis der Sorgeberechtigten. Dieses Ergebnis zeigen teilweise auch die Begründungen der jeweiligen Regelungen.[431] Es ist auffällig, dass die Änderungen teilweise nicht begründet werden. Die Erweiterung der Haftung des Aufsichtspflichtigen erläutern der Bund und Bayern nicht. Berlin hingegen begründet die personelle Änderung sehr anschaulich: Der Kreis der Sorgeberechtigten sei zu eng, deshalb sei es sinnvoll, den Kreis der Aufsichtspflichtigen mit einzubeziehen, da diese Personen erhebliche Einwirkungsmöglichkeiten auf die jugendlichen und entmündigten Störer hätten.[432] Baden-Württemberg erläutert die Erhöhung der Altersgrenze nicht. Hessen nennt als Gründe für die Änderung, dass die neue Vorschrift neuzeitlichen Gesichtspunkten und Erkenntnissen folge und klarer sei.[433] Schleswig-Holstein erklärt die Änderung sehr verständlich: Der Gesetzgeber führt einerseits aus, dass es keine überzeugenden Argumente gäbe, die ordnungsrechtliche Verantwortlichkeit des Personensorgeberechtigten mit 14 Jahren enden zu lassen. Andererseits sei es den Gewalthabern zuzumuten, die Jugendlichen über diese Altersgrenze hinaus zu ordnungsgemäßem Verhalten zu veranlassen. Dann zieht der Schleswig-Holsteinische Gesetzgeber als weiteres Argument die Parallele zum Strafrecht. Der Altersgrenze von 18 Jahren entspräche es, wenn § 3 JGG Jugendliche vom 14. bis 18. Lebensjahr strafrechtlich nur beschränkt verantwortlich macht.[434]

Schließlich ist zu sagen, dass keine der Begründungen sich mit der Frage, ob die Zusatzverantwortlichkeit notwendig ist, auseinandersetzt. Die Gesetzgeber sehen die Existenz der Zusatzverantwortlichkeit als gegeben an. Weiterhin führt auch kein Gesetzgeber Überlegungen zu einer weiteren Begrenzung der Zusatzverantwortlichkeit aus.

Abschließend ist festzuhalten, dass der Rechtszustand bis auf wenige materielle Änderungen derselbe ist wie am 1. 6. 1931, als das PrPVG in Kraft trat.

---

[431] So führt die Begründung zum BGSG aus, dass maßgeblich für die Bestimmung des Sorgeberechtigten die Bestimmungen des BGB sind. Daneben könnten aber noch Personen aufsichtspflichtig sein, denen die Aufsicht von den Sorgeberechtigten übertragen wurde. Der Berliner Gesetzgeber führt aus, dass die neue Regelung auf einen größeren Kreis der Verpflichteten abstelle. Aufsichtspflichten könnten auch durch Vertrag oder tatsächliche Übernahme entstehen.

[432] BerlAH-Drs. 6/1569, S. 16.

[433] Vgl. die Aussagen der Abgeordneten Dr. Holzmann und Zinkahn; HessLT-Drs. III 5/33. Sitzung, S. 1379 und S. 1383.

[434] Vgl. S-HLT-Drs. 5/650, S. 257.

II. Musterentwurf eines einheitlichen Polizeigesetzes

Das „Programm für die innere Sicherheit in der Bundesrepublik Deutschland" erhob die Forderung nach einem das materielle Polizeirecht umfassenden Musterentwurf. Diesen Entwurf sollten die Bundesländer übernehmen.[435] Der Musterentwurf sollte zur Vereinheitlichung der Polizeigesetze führen. Aus dieser Forderung ist der Musterentwurf eines einheitlichen Polizeigesetzes (MEPolG) in der Fassung des Beschlusses der ständigen Konferenz der Innenminister und Senatoren des Bundes und der Länder vom 25.11.1977 entstanden.[436] § 4 MEPolG bestimmt die Verantwortlichkeit für das Verhalten von Personen:

„(1) Verursacht eine Person eine Gefahr, so sind die Maßnahmen gegen sie zu richten.

(2) Ist die Person noch nicht 14 Jahre alt, entmündigt oder unter vorläufige Vormundschaft gestellt, können Maßnahmen auch gegen die Person gerichtet werden, die zur Aufsicht über sie verpflichtet ist.

(3) Verursacht eine Person, die zu einer Verrichtung bestellt ist, die Gefahr in Ausführung der Verrichtung, so können Maßnahmen auch gegen die Person gerichtet werden, die die andere zu der Verrichtung bestellt hat."[437]

§ 4 MEPolG folgt demselben Aufbau wie § 19 PrPVG. Materiell bestehen zwei Unterschiede zwischen den Normen: 1. Die Entmündigung und die vorläufige Vormundschaft sind nicht mehr auf Fälle der Geisteskrankheit oder der Geistesschwäche begrenzt. Hessen hatte zuvor schon die Beschränkung auf die genannten Gründe aufgehoben.[438] § 4 Abs. 2 MEPolG knüpft die Zusatzverantwortlichkeit an die Aufsichtspflicht statt an die Sorgeverpflichtung. Diese Änderung war zuvor im BGSG, im BayPAG und im BerlASOG vorgenommen worden.[439] Ansonsten sind die Normen bis auf redaktionelle Änderungen inhaltlich identisch. Die Ausweitung der Haftung auf alle Aufsichtspflichtigen entmündigter oder unter vorläufige Vormundschaft gestellter Personen stellt eine enorme Ausdehnung der Haftung dar.

Die Begründung zu § 4 Abs. 2 MEPolG führt aus, dass die Vorschrift im besonderen Maße der Vereinheitlichung des Polizeirechts diene, da insoweit zurzeit sehr unterschiedliche Regelungen bestünden. Bei jugendlichen Personen würden verschiedene Altersgrenzen gelten, so in Hessen 21 Jahre (§ 13 HessSOG), in Schleswig-Holstein 18 Jahre (§ 185 S-HLVwG), in Baden-Württemberg 16 Jahre (§ 6 BaWüPolG), sonst das 14. Lebensjahr. Angesichts der zunehmenden tat-

---
[435] *Knemeyer*, Rdnr. 11; *Heise/Riegel*, S. 15 f.
[436] Würdigung des Entwurfs durch *Knemeyer*, DÖV 1975, 34 ff.; *Scholler/Broß*, ZRP 1976, 270 ff. Darstellung bei *Drews/Wacke/Vogel/Martens*, Bd. 2, S. 19.
[437] MEPolG, S. 23.
[438] s. Kapitel 1 B I 2 f).
[439] s. Kapitel 1 B I 1 und 2 b) und c).

sächlichen und rechtlichen Verantwortlichkeit jugendlicher Personen erscheine es sachgerecht, die Grenze für die Verantwortlichkeit von Aufsichtspersonen wie vorgeschlagen festzulegen. Sie entspreche auch der Strafmündigkeit (§ 19 StGB). Hinsichtlich der Entmündigung enthalte das geltende Recht ebenfalls unterschiedliche Regelungen. Im Gegensatz zum Entwurf beschränkten einige Länderregelungen die Verantwortlichkeit der Aufsichtspflichtigen auf Fälle der Entmündigung wegen Geisteskrankheit oder Geistesschwäche. Eine solche Beschränkung erscheine nicht sachgerecht, zumal der Polizei die Gründe für die Entmündigung nur selten bekannt seien. Der Kreis der zur Aufsicht Verpflichteten sei größer als der der Sorgeberechtigten. Aufsichtspflichten könnten auch durch Vertrag oder tatsächliche Gewahrsamsübernahme entstehen. Es sei sinnvoll, die betroffenen Personen in den Kreis der Pflichtigen einzubeziehen, da sie erhebliche Einwirkungsmöglichkeiten auf die jugendlichen oder entmündigten Störer hätten.[440] Zu Absatz 3 stellt die Begründung fest, dass diese Vorschrift in allen bisherigen polizeirechtlichen Regelungen enthalten sei. Sie sei § 831 BGB nachgebildet. Die Verantwortlichkeit des Geschäftsherrn bestehe nur für Handlungen des Gehilfen in Ausführung, nicht bei Gelegenheit einer Verrichtung.[441] Die Begründung erläutert die personelle Veränderung gegenüber dem preußischen Recht. Die Beschränkung der Verantwortlichkeit des Aufsichtspflichtigen auf Fälle der Entmündigung aus den Gründen Geisteskrankheit oder Geistesschwäche sei nicht sinnvoll, da die Polizei die Gründe für die Entmündigung nicht kenne. Den Aufsichtspflichtigen als Zusatzverantwortlichen zu wählen, sei sachgerecht, weil dieser erhebliche Einwirkungsmöglichkeiten auf den „eigentlichen" Störer habe. Zu bemerken bleibt noch, dass die Begründung zu § 4 MEPolG keine Gründe für die Notwendigkeit der Zusatzverantwortlichkeit als solche anführt. Die Verfasser des MEPolG gehen genauso wie die Autoren der zuvor bearbeiteten Bestimmungen von der selbstverständlichen Existenz der Zusatzverantwortlichkeit aus. *Sie wollen eine weitere haftende Person bestimmen.*

Als Ergebnis ist festzuhalten: 1. § 4 MEPolG übernimmt den Aufbau des § 19 PrPVG. 2. Materiell-rechtlich unterscheiden sich die Vorschriften durch zwei Änderungen. 3. Die beiden Änderungen enthalten eindeutig eine *Haftungserweiterung*.

---

[440] MEPolG, S. 84.
[441] Ebd., S. 85.

III. Nachfolgende Gesetze in Bund und Ländern

1. Gesetzesänderungen bis zum Erlass des Betreuungsgesetzes

a) Änderungsgesetze

Nach der Veröffentlichung des MEPolG wäre zu erwarten gewesen, dass die Länder ihr Gefahrenabwehrrecht an diesen Vorschlag anpassen. Bis zum Inkrafttreten des Betreuungsgesetzes am 1.1.1992[442], der nächsten Zäsur im Gefahrenabwehrrecht nach der Veröffentlichung des MEPolG, folgten nur die Länder Bayern, Bremen, Hessen, Niedersachsen, Nordrhein-Westfalen, Rheinland-Pfalz und das Saarland dem Vorschlag.

Bayern: In der Neufassung des BayPAG vom 24.8.1978[443] regelt Art.7 BayPAG die Verantwortlichkeit für das Verhalten von Personen. *Bremen*: In dem Bremischen Polizeigesetz (BremPolG) vom 21.3.1983[444] regelt weiterhin § 5 die Verantwortlichkeit für das Verhalten von Personen. *Hessen*: Der Hessische Landtag beschloss am 26.6.1990 das Hessische Gesetz über die öffentliche Sicherheit und Ordnung (HessSOG).[445] § 6 HessSOG bestimmt die Verantwortlichkeit für das Verhalten von Personen. *Niedersachsen*: Das Niedersächsische Gesetz über die öffentliche Sicherheit und Ordnung (NdsSOG) vom 17.11.1981[446] regelt die Verantwortlichkeit für das Verhalten von Personen in § 6. *Nordrhein-Westfalen*: Das Gesetz zur Neuordnung des Polizei-, Ordnungs-, Verwaltungsvollstreckungs- und Melderechts vom 25.3.1980[447] enthält in Art.I das Polizeigesetz des Landes Nordrhein-Westfalen (PolG NRW) und in Art.II die Änderung des Ordnungsbehördengesetzes (OBG NRW).[448] Nach diesem Gesetz regeln § 4 PolG NRW und § 17 OBG NRW (Artikel II Nr.7) die Verantwortlichkeit für Personen. Beide Paragraphen sind wortgleich. *Rheinland-Pfalz*: Der Rheinland-Pfälzische Gesetzgeber verabschiedete am 1.8.1981 ein neues Polizeiverwaltungsgesetz (RLPPVG).[449] § 4 regelt die Verantwortlichkeit für das Verhalten von Personen. *Saarland*: Art.1 des Gesetzes Nr.1252 zur Neuordnung des Saarländischen Polizeirechts vom 8.11.1989[450] normierte das Saarländische

---

[442] G. vom 12.9.1990, BGBl.I 1990, S.2002.
[443] BayGVBl. 1978, S.561ff.
[444] BremGVBl. 1983, S.141ff.
[445] HessGVBl. I 1990, S.197ff.
[446] NdsGVBl. 1981, S.347ff.
[447] GVBl. NRW 1980, S.234ff.
[448] Bekanntmachung der Neufassung des OBG NRW – vom 13.5.1980, ebd., S.528ff.
[449] RLPGVBl. 1981, S.180ff.
[450] SaarlABl. 1989, S.1750ff.

Polizeigesetz (SaarlPolG). § 4 SaarlPolG regelt die Verantwortlichkeit für das Verhalten von Personen.

b) Inhalte in Relation zum MEPolG

Vollständig wörtlich übernommen haben den Vorschlag des MEPolG die Länder Bayern, Nordrhein-Westfalen, Rheinland-Pfalz und das Saarland. Alle oben aufgezählten Länder haben § 4 Abs. 1 MEPolG wörtlich übernommen. Hessen und Niedersachsen haben ohne Sinnänderung Absatz 2 verändert; diese Länder haben die Wörter „gegen die Person ..., die" gestrichen und die Wörter „gegen denjenigen ..., der" in den Text eingefügt. Bremen, Hessen und Niedersachsen haben Absatz 3 minimal verändert. Bremen verwendet anstelle von „können" die Wörter „so dürfen"; Hessen und Niedersachsen fügen vor das Wort „können" das Wort „so" ein.

Art. 7 BayPAG und die Gesetzestexte des Landes Nordrhein-Westfalen enthalten folgenden, bislang unbekannten Absatz 4:

„Die Absätze 1 bis 3 sind nicht anzuwenden, soweit andere Vorschriften dieses Gesetzes oder andere Rechtsvorschriften bestimmen, gegen wen eine Maßnahme zu richten ist."[451]

In der Begründung des *Bayerischen Gesetzes* heißt es unter „Allgemeines", dass der vorliegende Gesetzentwurf die Vorschriften des MEPolG übernehme. Soweit zur Klarstellung vom Wortlaut des MEPolG geringfügig abgewichen werde, weise die Begründung auf solche Abweichungen hin. Die Einheitlichkeit des Polizeirechts würde durch solche klarstellende Ergänzungen nicht beeinträchtigt.[452] Die Einzelbegründung zu dem ursprünglichen Art. 6 BayPAG des Gesetzentwurfs[453] stellt fest, dass Art. 6 Abs. 1–3 BayPAG inhaltlich dem alten Art. 9 entspreche.[454] Die Begründung übersieht, dass die Beschränkung der Verantwortlichkeit des Aufsichtspflichtigen für Entmündigte auf die Gründe Geisteskrankheit und Geistesschwäche aufgehoben wurde.

Der Gesetzentwurf des Landes *Bremen* enthält keine Begründung.[455]

---

[451] Art. 7 BayPAG, BayGVBl. 1978, S. 562; § 4 PolG, GVBl. NRW 1980, S. 235 und § 17 OBG, GVBl. NRW 1980, S. 530.
[452] BayLT-Drs. 8/8134, S. 15.
[453] Ebd., S. 5.
[454] Ebd., S. 17.
[455] Vgl. BremBü-Drs. 10/393 und 10/945.

Die Begründung zu Absatz 2–3 des *Hessischen Gesetzes* ist inhaltlich identisch mit der Begründung zu § 4 Abs. 2 und 3 MEPolG.[456] das gilt auch für die Begründung zu § 6 Abs. 2 und 3 NdsSOG.[457]

In der allgemeinen Begründung zur Änderung des Polizeigesetzes des Landes *Nordrhein-Westfalen* heißt es, dass der Gesetzentwurf die Vorschriften des MEPolG übernehme. Abweichungen vom Wortlaut des MEPolG sollen die Einheitlichkeit des Polizeirechts nicht in Frage stellen.[458] In der Einzelbegründung heißt es zu Absatz 2, dass dieser § 17 Abs. 2 OBG NRW entspreche, welcher die Verantwortlichkeit der Aufsichtspflichtigen auf Fälle der Entmündigung wegen Geisteskrankheit und Geistesschwäche beschränke. Eine solche Einschränkung sei nicht sachgerecht, da der Polizei die Gründe für die Entmündigung nur selten bekannt seien.[459] Es wird weiterhin ausgeführt, dass der Kreis der Aufsichtspflichtigen größer sei als der der Sorgeberechtigten. Aufsichtspflichten könnten auch durch Vertrag oder tatsächliche Gewährübernahme entstehen. Diese Personen seien in den Kreis der Pflichtigen einzubeziehen, da sie erhebliche Einwirkungsmöglichkeiten auf die jugendlichen oder entmündigten Störer hätten.[460] Zu Absatz 3 wird ausgeführt, dass diese Vorschrift § 17 Abs. 3 OBG NRW entspreche und § 831 BGB nachgebildet sei. Die Verantwortlichkeit des Geschäftsherrn bestehe nur für Handlungen des Gehilfen in Ausführung einer Verrichtung.[461] Zur Änderung des OBG NRW heißt es in der allgemeinen Begründung, dass dieses dem neuen PolG NRW in Inhalt und Wortlaut angeglichen würde, um die Übereinstimmung der Regelungen in beiden Gesetzen auch künftig zu gewährleisten.[462] Die Einzelbegründung Art II Nr. 7 führt aus, dass die Vorschrift Art. I § 4 entspreche.[463]

Der Gesetzentwurf des Landes *Rheinland-Pfalz* enthält keine Begründung.

Die Begründung des Entwurfs des *Saarlands* führt zu Absatz 2 aus, dass die Vorschrift inhaltlich die Bestimmung des § 19 Abs. 2 PrPVG übernehme, sie jedoch um den Kreis der sorgeberechtigten Verpflichteten erweitere. Aufsichtspflichten könnten auch durch Vertrag oder tatsächliche Gewährübernahme entstehen. Es sei daher sinnvoll, diesen Kreis in den der Pflichtigen einzubeziehen, zumal sie erhebliche Einwirkungsmöglichkeiten auf jugendliche oder entmündigte Störer hätten. Zu Absatz 3 führt die Begründung aus, dass diese Vorschrift in allen bisherigen polizeilichen Regelungen enthalten sei. Sie sei

---

[456] HessLT-Drs. 12/5794, S. 59.
[457] NdsLT-Drs. 9/1090, S. 72 f.
[458] LTNRW-Drs. 8/4080, S. 47.
[459] Ebd., S. 51.
[460] Ebd.
[461] Ebd.
[462] Ebd., S. 48.
[463] Ebd., S. 78.

§ 831 BGB nachgebildet. Die Verantwortlichkeit des Geschäftsherrn bestünde nur für Handlungen des Gehilfen in Ausführung, nicht bei Gelegenheit einer Verrichtung.[464]

Zu Art. 7 Abs. 4 BayPAG und den parallelen Bestimmungen des nordrheinwestfälischen Rechts fehlt eine Begründung.

Mit Blick auf die Absätze 1–3 dieser Normen kann vollständig auf das Ergebnis zu § 4 MEPolG verwiesen werden. Insoweit darf festgehalten werden, dass die Verfasser des MEPolG ihr Ziel, die Vereinheitlichung des Gefahrenabwehrrechts, vollständig erreicht haben.

2. Gesetzesänderungen nach dem Erlass des Betreuungsgesetzes

Der Bundesgesetzgeber, alle zuvor erwähnten Landesgesetzgeber der „alten" Bundesrepublik sowie die Gesetzgeber der neuen Bundesländer erlassen neues Gefahrenabwehrrecht nach der Verkündung des Betreuungsgesetzes. Soweit die Gesetzgeber der „alten" Bundesrepublik ihr Gefahrenabwehrrecht noch nicht an den MEPolG angepasst haben, holen sie dieses nach.

a) Änderungsgesetze

Bundesrepublik: Der Gesetzgeber des Bundes verabschiedete am 19. 10. 1994 das „Gesetz zur Neuregelung der Vorschriften über den Bundesgrenzschutz (Bundesgrenzschutzneuregelungsgesetz – BGSNeuRegG)".[465] § 17 regelt die Verantwortlichkeit für das Verhalten von Personen und stellt die immer noch aktuelle Fassung im heutigen Bundespolizeigesetz (BPolG[466]) dar. *Baden-Württemberg*: Das „Gesetz zur Änderung des Polizeigesetzes" vom 22. 10. 1991[467] änderte § 6 Abs. 2 BaWüPolG. In dieser Fassung gilt das Gesetz noch heute. *Bayern*: Das „Gesetz zur Ausführung des Gesetzes zur Reform des Rechts der Vormundschaft und Pflege für Volljährige" vom 27. 12. 1991[468] änderte das BayPAG in seiner bis dahin geltenden Fassung. Art. 6 Abs. 5 des Änderungsgesetzes änderte Art. 7 PAG. In dieser Fassung gilt das Gesetz noch heute. *Berlin*: Die Neufassung des Allgemeinen Gesetzes zum Schutz der öffentlichen Sicherheit und Ordnung in Berlin (BerlASOG)[469] regelt in § 13 die Verantwortlichkeit für das

---

[464] SaarlLT-Drs. 9/1929, S. 9.
[465] BGBl. I 1994, S. 2978 ff.
[466] Vom 19. 10. 1994, ebd., S. 2978.
[467] BaWüGVBl. 1991, S. 625 ff.
[468] BayGVBl. 1991, S. 496 ff.
[469] BerlGVBl. 1992, S. 119 ff.

B. Entwicklung nach Erlass des § 19 PrPVG   157

Verhalten von Personen. Diese Fassung stellt zugleich die aktuelle Fassung des § 13 BerlASOG dar. *Brandenburg*: Der Brandenburgische Gesetzgeber erließ am 13. 12. 1991 ein Gesetz über Aufbau und Befugnisse der Ordnungsbehörden – Ordnungsbehördengesetz (BbgOBG).[470] § 16 regelt die Verantwortlichkeit für das Verhalten von Personen. Art. 1 des „Gesetz(es) zur Neuordnung des Polizeirechts im Land Brandenburg" vom 19. 3. 1996[471] beinhaltet das „Gesetz über die Aufgaben und Befugnisse der Polizei im Land Brandenburg (Brandenburgisches Polizeigesetz – BbgPolG)". Das BbgPolG regelt in § 5 die Verantwortlichkeit für das Verhalten von Personen. *Bremen*: § 9 des bremischen Gesetzes zur Ausführung des BtG und zur Anpassung des Landesrechts vom 18. 2. 1992[472] änderte § 5 BremPolG und gab ihm seine aktuelle Fassung. *Hamburg*: Art. 5 des Gesetzes zur Ausführung des BtG und zur Anpassung des Hamburgischen Landesrechts an das BtG vom 1. 1. 1993[473] änderte § 8 Abs. 2 HmbSOG. § 8 Abs. 1 und 3 sind gegenüber der Fassung aus dem Jahr 1966 unverändert. *Hessen*: Art. 11 Nr. 1 des Hessischen Gesetzes zur Ausführung des BtG und zur Anpassung des hessischen Landesrechts an das BtG vom 5. 2. 1992[474] gibt § 6 HessSOG seine aktuelle Fassung. *Mecklenburg-Vorpommern*: Am 4. 8. 1992 verabschiedete Mecklenburg-Vorpommern ein Gesetz über die öffentliche Sicherheit und Ordnung (Sicherheits- und Ordnungsgesetz – SOG M-V).[475] § 69 regelt die Verantwortlichkeit für das Verhalten von Personen. *Niedersachsen*: Durch Art. 3 Nr. 1 des Gesetzes zur Anpassung des Landesrechts an das BtG vom 17. 12. 1991[476] erhält § 6 NdsSOG[477] seine aktuelle Fassung. *Nordrhein-Westfalen*: Art. 6 Nr. 1 des Dritten Gesetzes zur Änderung des Verwaltungsverfahrensgesetzes für das Land Nordrhein-Westfalen und zur Änderung anderer verwaltungsrechtlicher Vorschriften vom 24. 11. 1992[478] gibt § 4 Abs. 2 PolG NRW seine aktuelle Fassung. Art. 7 Nr. 1 des Dritten Gesetzes zur Änderung des Verwaltungsverfahrensgesetzes für das Land Nordrhein-Westfalen und zur Änderung anderer verwaltungsrechtlicher Vorschriften vom 24. 11. 1992[479] gibt § 17 Abs. 2 OBG NRW seine aktuelle Fassung. § 4 PolG NRW und § 17 OBG NRW sind wortgleich. *Rheinland-Pfalz*: Art. 1 Nr. 6 des Sechsten Landesgesetzes zur Änderung des Polizeiverwaltungsgesetzes von Rheinland-Pfalz vom

---

[470] BbgGVBl. I 1991, S. 636 ff.
[471] BbgGVBl. I 1996, S. 74 ff.
[472] BremGBl. 1992, S. 31 ff.
[473] HmbGVBl. 1993, S. 149 ff.
[474] HessGVBl. I 1992, S. 66 ff.
[475] GVBl. M-V 1992, S. 498 ff.
[476] NdsGVBl. 1991, S. 367 ff.
[477] Das Gesetz trug eine Zeitlang den Namen Niedersächsisches Gefahrenabwehrgesetz, kurz NGefAG.
[478] GVBl. NRW 1992, S. 446 ff.
[479] Ebd.

8.06.1993[480] gibt § 4 Abs. 2 RLPPVG seine aktuelle Fassung. *Saarland*: Art. 6 des Gesetzes Nr. 1293 zur Ausführung des Gesetzes zur Reform des Rechts der Vormundschaft und Pflegschaft für Volljährige (AG-BtG) und zur Änderung landesrechtlicher Vorschriften vom 15.7.1992[481] gibt § 4 seine aktuelle Fassung. *Sachsen*: Der Freistaat Sachsen erließ am 30.6.1991 ein Polizeigesetz (SächsPolG).[482] § 4 bestimmt die Maßnahmen gegenüber dem Verursacher. *Sachsen-Anhalt*: Sachsen-Anhalt verabschiedete am 19.12.1991 ein „Gesetz über die öffentliche Sicherheit und Ordnung des Landes Sachsen-Anhalt (LSA SOG)"[483]. § 7 regelt die Verantwortlichkeit für das Verhalten von Personen. *Schleswig-Holstein*: § 185 S-HLVwG wurde nicht an den MEPolG angepasst.[484] Art. 1 Nr. 21 des Gesetzes zur Änderung des Landesverwaltungsgesetzes vom 30.1.1992[485] änderte § 185 S-HLVwG. Die Neubekanntmachung des S-HLVwG behielt die geänderte Fassung bei. In dieser Fassung regelt § 218 die Verantwortlichkeit für das Verhalten von Personen. Diese Vorschrift ist identisch mit § 185 a.F. *Thüringen*: Am 4.6.1992 wurde das Thüringer Gesetz über die Aufgaben und Befugnisse der Polizei (Polizeiaufgabengesetz – ThürPAG)[486] verabschiedet. § 7 regelt die Verantwortlichkeit für das Verhalten von Personen. Am 18.6.1993 beschloss der Thüringer Gesetzgeber das Thüringer Gesetz über die Aufgaben und Befugnisse der Ordnungsbehörden (Ordnungsbehördengesetz – ThürOBG).[487] § 10 regelt die Verantwortlichkeit für das Verhalten von Personen.

b) *Inhalte in Relation zum MEPolG*

aa) Bestimmung des Verhaltens- und des Geschäftsherrnverantwortlichen

Die zuvor unter 1.b) analysierten Gesetze haben mit Blick auf ihre Absätze 1 und 3 keine Änderung durch die Anpassung an das neue Betreuungsrecht erfahren. Das Gleiche gilt für das Gesetz Hamburgs: Die hier einschlägigen Absätze 1 und 3 gelten in der Fassung des Gesetzes aus dem Jahr 1966.

Das Anpassungsgesetz des Bundes und die Anpassungsgesetze/Neugesetze der Bundesländer Berlin, Brandenburg, Sachsen-Anhalt und Thüringen entsprechen dem Vorschlag des MEPolG.

---

[480] RLPGVBl. 1993, S. 314ff.
[481] SaarlABl. 1992, S. 838ff.
[482] SächsGVBl. 1991, S. 291ff.
[483] LSAGVBl. 1991, S. 538ff.
[484] Vgl. dazu die Bekanntmachung einer Neufassung des S-HLVwG; S-HGVBl. 1979, S. 181ff. (221).
[485] S-HGVBl. 1992, S. 63ff.
[486] ThürGVBl. 1992, S. 199ff.
[487] ThürGVBl. 1993, S. 323ff.

B. Entwicklung nach Erlass des § 19 PrPVG

Eine gegenüber dem Vorschlag des MEPolG leicht veränderte Fassung hat § 6 Abs. 1 BaWüPolG erhalten:

„Wird die öffentliche Sicherheit oder Ordnung durch das Verhalten von Personen bedroht oder gestört, so hat die Polizei ihre Maßnahmen gegenüber demjenigen zu treffen, der die Bedrohung oder Störung verursacht hat."[488]

Mit diesem Text wortgleich ist § 4 Abs. 1 SächsPolG.[489]

Ebenfalls eine leicht veränderte Fassung gibt es in Mecklenburg-Vorpommern. § 69 Abs. 1 SOG M-V lautet:

„Wird die öffentliche Sicherheit oder Ordnung durch das Verhalten von Personen gestört oder im einzelnen Fall gefährdet, so ist die Person verantwortlich, die die Störung oder Gefahr verursacht hat."[490]

In Schleswig-Holstein lautet § 218 Abs. 1 S-HLVwG:

„Wird die öffentliche Sicherheit durch das Verhalten von Personen gestört oder im einzelnen Fall gefährdet, so ist die Person verantwortlich, die die Störung oder Gefahr verursacht hat."[491]

Es ist unmittelbar einsichtig, dass diese leicht veränderten Texte eine geänderte Aussage im Verhältnis zu den anderen Landesgesetzen nicht enthalten. Die Bestimmung des Verhaltensverursachers ist in allen Gesetzen trotz gelegentlich differenten Wortlauts gleich erfolgt.

Es gibt ferner leichte Veränderungen gegenüber dem MEPolG bei der Festlegung der Geschäftsherrnverantwortlichkeit. § 6 Abs. 3 BaWüPolG lautet:

„Ist die Bedrohung oder die Störung durch eine Person verursacht worden, die von einem anderen zu einer Verrichtung bestellt worden ist, so kann die Polizei ihre Maßnahmen auch gegenüber dem anderen treffen."[492]

Mit diesem Text wortgleich ist § 4 Abs. 3 SächsPolG.[493]

Ebenfalls eine leicht veränderte Fassung gibt es in Mecklenburg-Vorpommern. § 69 Abs. 3 SOG M-V lautet:

---

[488] BaWüGVBl. 1992, S. 2f.
[489] Vgl. SächsGVBl. 1991, S. 292.
[490] GVBl. MV 1992, S. 515.
[491] Vgl. S-HGVBl. 1992, S. 77 und die Bekanntmachung der Neufassung des S-HLVwG, S-HGVBl. 1992, S. 243ff. (299).
[492] BaWüGVBl. 1992, S. 2f.
[493] Vgl. SächsGVBl. 1991, S. 292.

160 Kap. 1: Entstehung und Entwicklung

„Verursacht eine Person, die zu einer Verrichtung bestellt ist, die Störung oder Gefahr, so ist auch die Person verantwortlich, die die andere zu der Verrichtung bestellt hat."[494]

In Schleswig-Holstein lautet § 218 Abs. 3 S-HLVwG:

„Verursacht eine Person, die zu einer Verrichtung bestellt ist, die Störung oder Gefahr, so ist auch die Person verantwortlich, die die andere Person zu der Verrichtung bestellt hat."[495]

Auch für den Tatbestand der Geschäftsherrnverantwortlichkeit ist unmittelbar einsichtig, dass diese leicht veränderten Texte eine geänderte Aussage im Verhältnis zu den anderen Landesgesetzen nicht enthalten. Die Bestimmung der Geschäftsherrnverantwortlichkeit ist in allen Gesetzen trotz gelegentlich differenten Wortlauts gleich erfolgt.

Die Gesetze der Länder Berlin, Brandenburg und Thüringen enthalten den zuvor unter 1. b) zitierten Absatz 4 in einer wortgleichen Formulierung.

bb) Bestimmung des Aufsichtsverantwortlichen und des Betreuers

Die Aufsichts- und Betreuerverantwortlichkeit ist in den Absätzen 2 der einschlägigen Normen sehr unterschiedlich geregelt. Die Bestimmung der Aufsichtsverantwortlichkeit entspricht gelegentlich der ersten Gesetzgebung nach Erlass der PrPVG. Neu ist immer die Normierung des Betreuungsrechts. Zu ihrer Analyse und zu ihrem Vergleich untereinander sind sie wörtlich zu zitieren.

(1) Bundesrecht

§ 17 Abs. 2 BGSG/BPolG lautet:

Ist die Person noch nicht vierzehn Jahre alt, so können die Maßnahmen auch gegen die Person gerichtet werden, die zur Aufsicht über sie verpflichtet ist. Ist für die Person ein Betreuer bestellt, so können die Maßnahmen auch gegen den Betreuer im Rahmen seines Aufgabenbereichs gerichtet werden.[496]

Vergleicht man § 17 Abs. 2 BGSG/BPolG mit § 4 Abs. 2 MEPolG, ergibt sich folgendes Ergebnis: Der zweite Absatz unterscheidet sich inhaltlich. Für Jugendliche haftet der Aufsichtspflichtige und für Betreute der Betreuer.

---

[494] GVBl. MV 1992, S. 515.
[495] Vgl. S-HGVBl. 1992, S. 77 und die Bekanntmachung der Neufassung des S-HLVwG, S-HGVBl. 1992, S. 243 ff. (299).
[496] BPolG vom 19. 10. 1994, BGBl. I 1994 S. 2978 ff. (2983).

B. Entwicklung nach Erlass des § 19 PrPVG

Fraglich ist, ob die Änderung des § 17 Abs. 2 BGSG/BPolG eine reine Anpassung an das BtG darstellt. Die aufgeworfene Frage kann nur durch einen Vergleich des alten Rechts mit dem neuen Recht beantwortet werden. Nach dem alten Recht gab es die Möglichkeit der Anordnung der Entmündigung oder der Gebrechlichkeitspflegschaft. Gem. § 6 BGB a. F. gab es drei Fälle der Entmündigung: Entmündigt wurde 1., wer infolge Geisteskrankheit oder Geistesschwäche seine Angelegenheiten nicht zu besorgen mochte; 2., wer durch Verschwendung sich oder seine Familie der Gefahr des Notstands aussetzte; 3., wer infolge von Trunksucht oder Rauschgiftsucht seine Angelegenheiten nicht zu besorgen vermochte oder sich oder seine Familie der Gefahr des Notstands aussetzte oder die Sicherheit anderer gefährdete.[497] Die Gebrechlichkeitspflegschaft gem. § 1910 BGB a. F. galt parallel zur Entmündigung.[498] Danach konnten die nicht unter Vormundschaft stehenden Personen einen Pfleger erhalten, wenn sie wegen körperlicher Gebrechen ihre Angelegenheiten nicht zu besorgen vermochten (Absatz 1) oder infolge geistiger oder körperlicher Gebrechen einzelne ihrer Angelegenheiten oder einen bestimmten Kreis ihrer Angelegenheiten nicht mehr besorgen konnten (Absatz 2). Unter „körperliche Gebrechen" fiel gem. § 1910 Abs. 1 a. F. insbesondere Taub-, Blind- oder Stummheit. „Die Aufzählung der körperlichen Gebrechen ist nur beispielhaft. Auch starke Kurzsichtigkeit, Lähmungen, Schwerhörigkeit und erhebliche Körperverletzungen [...] können zur Pflegschaft führen, wenn der Volljährige deshalb seine Angelegenheiten nicht besorgen kann. Die Anforderungen an das Unvermögen zur Besorgung der eigenen Angelegenheiten sind bereits dann erfüllt, wenn erhebliche Erschwerungen bestehen."[499] Zu den geistigen Gebrechen nach Absatz 2 zählten insbesondere auch Geisteskrankheit oder Geistesschwäche.[500] Das BtG ersetzte die Entmündigung, die Vormundschaft über Volljährige und die Gebrechlichkeitspflege durch das einheitliche Institut der Betreuung.[501] Gem. § 1896 Abs. 1 BGB kann für einen Volljährigeren, der auf Grund einer psychischen Krankheit oder einer körperlichen, geistigen oder seelischen Behinderung seine Angelegenheiten ganz oder teilweise nicht besorgen kann, ein Betreuer bestellt werden. Nach der amtlichen Begründung[502] und den Aussagen des Rechtsausschusses[503] decke sich der Kreis der Personen, für die ein Betreuer bestellt werden könne, weitestgehend mit dem Kreis der Personen, die früher entmündigt oder unter Gebrechlichkeitspflegschaft gestellt werden konnten. Die Entmündigungsgründe der Verschwendung, der Trunk- und Rauschgiftsucht wurden abgeschafft. Verschwendung, Trunk-

---

[497] *Zimmermann*, in: Soergel, 13. Aufl., Bd. 20, vor § 1896 Rdnr. 1.
[498] Vgl. ebd., Rdnr. 2.
[499] *Damrau*, in: Soergel, 12. Aufl., Bd. 8, § 1910 Rdnr. 3.
[500] Ebd., Rdnr. 4.
[501] *Holzhauer*, in: Erman, vor § 1896 Rdnr. 6.
[502] BT-Drs. 11/4528, S. 52.
[503] BT-Drs. 11/6949, S. 70.

und Rauschgiftsucht nahmen einerseits als Entmündigungsgründe und als Anlass einer Gebrechlichkeitspflegschaft eine geringe Rolle in der Praxis ein und andererseits konnten alle drei Gründe einen Krankheitswert erreichen.[504] Die Zusatzverantwortlichkeit des Aufsichtspflichtigen im MEPolG galt nur für die Fälle der Entmündigung und nicht für die Fälle der Gebrechlichkeitspflegschaft. § 17 Abs. 2 BGSG/BPolG bestimmt die Haftung des Betreuers für alle Fälle der Betreuung. Die Haftung des Betreuers wird insoweit eingeschränkt, als dieser nur in dem Bereich haftet, für den die Betreuung angeordnet ist. Zu bedenken ist aber, dass es weiterhin Fälle gibt, in denen die Betreuung für alle Aufgabenbereiche angeordnet ist und somit vom Umfang her Fällen der Vormundschaft für Entmündigte gleicht. Der Aufsichtspflichtige war nach dem Vorschlag des MEPolG nur für die letztgenannten Fälle zusätzlich verantwortlich.

Die Abweichung des § 17 Abs. 2 BGSG/BPolG vom Vorschlag des MEPolG enthält eine enorme Erweiterung des Haftungsumfangs. Würde man zur Verdeutlichung die Änderung des § 17 Abs. 2 BGSG/BPolG in das alte Recht zurück übertragen, dann wäre der Aufsichtspflichtige für die Fälle der Entmündigung (bis auf die abgeschafften Gründe der Verschwendung, der Trunk- und Rauschgiftsucht) und alle Fälle der Gebrechlichkeitspflegschaft zusätzlich verantwortlich. Hätte der Bundesgesetzgeber eine reine Anpassung an das Betreuungsrecht vornehmen wollen, hätte er die Verantwortlichkeit des Aufsichtspflichtigen zum Beispiel auf die Fälle des Nichtkönnens der Besorgung aller Angelegenheiten aufgrund einer psychischen Krankheit oder einer geistigen oder seelischen Behinderung beschränken können. Diese ausgewählten Fälle hätten in etwa dem im MEPolG vorgeschlagenen Umfang entsprochen.

Der Gesetzgeber ist den Empfehlungen des MEPolG nur insofern gefolgt, als er die Begrenzung der Zusatzverantwortlichkeit für die Fälle Entmündigung wegen Geisteskrankheit oder Geistesschwäche aufgehoben hat. Die aufgeworfene Frage, ob eine reine Anpassung an das Betreuungsrecht vorliegt, ist zu verneinen.

Die Begründung des Gesetzentwurfs zu § 17 stellt fest, dass die Vorschrift dem bisherigen § 13 BGSG unter redaktioneller Anpassung an § 4 MEPolG und der Entwicklung im Polizeirecht der Länder entspreche.[505] Die Abweichung des zweiten Absatzes von § 4 Abs. 2 MEPolG trage der Anpassung an das BtG Rechnung.[506] Diese Aussage ist nicht richtig. Wie zuvor festgestellt, handelt sich bei der Abweichung von § 4 Abs. 2 MEPolG nicht um eine reine Anpassung.

Folgendes ist festzuhalten: Die Abweichung vom Musterentwurf beinhaltet eine umfangreiche *Haftungserweiterung*.

---

[504] *Holzhauer*, in: Erman, § 1896 Rdnr. 4.
[505] BR-Drs. 418/94, S. 50.
[506] Ebd.

(2) Landesrecht

(a) Baden-Württemberg

§ 6 Abs. 2 BaWüPolG lautet:

„Ist die Bedrohung oder Störung durch eine Person verursacht worden, die das 16. Lebensjahr noch nicht vollendet hat, so kann die Polizei ihre Maßnahme auch gegenüber demjenigen treffen, dem die Sorge für diese Person obliegt. Ist für eine Person ein Betreuer bestellt, kann die Polizei ihre Maßnahmen auch gegenüber dem Betreuer im Rahmen seines Aufgabenbereichs treffen."[507]

Ein Vergleich von § 6 BaWüPolG und § 4 MEPolG ergibt, dass sich die beiden Normen formal nicht unterscheiden. Materiell-rechtlich unterscheiden sich der erste und der dritte Absatz nicht. Der zweite Absatz enthält jedoch einige Abweichungen: 1. Der Baden-Württembergische Gesetzgeber setzt die Altersgrenze für Jugendliche weiterhin auf 16 Jahre fest. 2. Der Baden-Württembergische Gesetzgeber normiert weiterhin den Sorgeberechtigten und nicht den Aufsichtspflichtigen als Zusatzverantwortlichen. 3. Die Abweichung hinsichtlich des BtG stellt nicht nur eine reine Anpassung an dieses dar; vgl. hierzu die Ausführungen zum BGSG/BPolG. Die erste und die dritte Abweichung enthalten eine Haftungserweiterung im Verhältnis zum Vorschlag des MEPolG. Der zweite Punkt beinhaltet eine Haftungsbeschränkung gegenüber dem MEPolG. Insgesamt überwiegen die Haftungserweiterungen.

In der Begründung zu dieser Änderung heißt es, dass diese sich aus dem BtG vom 12. 9. 1990, welches am 1. 1. 1992 in Kraft trete, ergebe.[508] Die Änderung des zweiten Absatzes ergibt sich nicht nur aus dem BtG. Insoweit darf auf die Ausführungen zum BGSG/BPolG verwiesen werden.

§ 6 Abs. 2 BaWüPolG unterscheidet sich materiell vom MEPolG in drei Punkten, die teilweise eine Haftungserweiterung und teilweise eine Haftungsbeschränkung enthalten.

(b) Bayern

Art. 7 Abs. 2 BayPAG lautet:

„Ist die Person noch nicht 14 Jahre alt, oder ist für sie wegen einer psychischen Krankheit oder einer geistigen oder seelischen Behinderung zur Besorgung aller ihrer Angelegenheiten ein Betreuer bestellt[509], können Maßnahmen auch gegen die Person gerichtet werden, die zur Aufsicht über sie verpflichtet ist. Dies gilt auch, wenn der

---
[507] BaWüGVBl. 1991, S. 625 ff. (625).
[508] BaWüLT-Drs. 10/5230, S. 36.
[509] Vgl. Art. 6 Abs. 5 Nr. 1 des Gesetzes zur Ausführung des Gesetzes zur Reform des Rechts der Vormundschaft und Pflege für Volljährige; BayLT-Drs. 12/2980 S. 4: „1. Die

Aufgabenkreis des Betreuers die in § 1896 Abs. 4 und § 1905 des Bürgerlichen Gesetzbuchs bezeichneten Angelegenheiten nicht erfaßt."[510]

Art. 7 Abs. 2 Satz 1–2 BayPAG stellt eine reine Anpassung an das BtG dar. Der Bayerische Gesetzgeber zeigt beispielhaft, wie eine reine Anpassung an das BtG aussehen kann. Die Gründe für die Betreuung sind begrenzt auf eine psychische Krankheit und auf eine geistige oder seelische Behinderung. Als weitere Voraussetzung muss der Betreuer zur Besorgung aller Angelegenheiten bestellt worden sein. Diese Fälle sind mit den Fällen der Entmündigung vergleichbar. Nur auf diese Fälle bezieht sich die Zusatzverantwortlichkeit. Der Bayerische Gesetzgeber setzt voraus, dass der Betreuer aufsichtspflichtig ist[511], oder, dass noch andere Personen als der Betreuer für den Betreuten aufsichtspflichtig sind.[512] Die Änderung beinhaltet keine gegenständliche Haftungserweiterung. Die Änderung hat einen Haftungsgleichlauf mit dem MEPolG zur Folge. Demgegenüber stellt Art. 7 Abs. 2 Satz 3 BayPAG klar, dass der Betreuer auch haftet, wenn sein Aufgabenkreis die Bereiche der § 1896 Abs. 4 und § 1905 BGB nicht erfasst. § 1896 BGB regelt die Entscheidung über den Fernmeldeverkehr des Betreuten und über die Entgegennahme, das Öffnen und das Anhalten der Post des Betreuten. § 1905 regelt die Einwilligung in die Sterilisation des Betreuten. Die Einbeziehung dieser Regelungsbereiche erweitert den Umfang der Verantwortlichkeit des Betreuers für den Betreuten gegenüber den zuvor analysierten „Anpassungen" an das BtG.[513]

Die Begründung führt nichts zur Zusatzverantwortlichkeit aus, sondern nur zu den Änderungen durch das BtG.[514]

Der Bayerische Gesetzgeber nimmt ausschließlich eine Anpassung an das BtG vor.

Worte ‚entmündigt oder unter vorläufige Vormundschaft gestellt' werden durch die Worte ‚oder ist für sie wegen einer psychischen Krankheit oder einer geistigen Behinderung oder seelischen Behinderung zur Besorgung aller ihrer Angelegenheiten ein Betreuer bestellt' ersetzt."

[510] Vgl. Art. 6 Abs. 5 Nr. 2 des Gesetzes zur Ausführung des Gesetzes zur Reform des Rechts der Vormundschaft und Pflege für Volljährige BayLT-Drs. 12/2980 S. 4: „2. Es wird folgender Satz 2 angefügt:
‚Dies gilt auch, wenn der Aufgabenkreis des Betreuers die in § 1896 Abs. 4 und § 1905 des Bürgerlichen Gesetzbuchs bezeichneten Angelegenheiten nicht erfaßt.'"

[511] Ob der Betreuer aufsichtspflichtig ist, wird in Kapitel 2 B II 1 b) beantwortet.

[512] Ob noch andere Personen außer dem Betreuer für einen Betreuten aufsichtspflichtig sein können, wird in Kapitel 2 B II 1 b) beantwortet.

[513] Ob eine Ausweitung der ordnungsrechtlichen Haftung auf Fälle des Fernmeldeverkehrs, das Öffnen und Anhalten von Post und über die Einwilligung in eine Sterilisation sinnvoll bzw. praktisch relevant ist, wird in Kapitel 2 B I 2 b) cc) erörtert.

[514] BayLT-Drs 12/2980, S. 9f.

(c) Berlin

§ 13 Abs. 2 BerlASOG hat folgende Fassung:

„Ist diese Person noch nicht 14 Jahre alt, so können die Maßnahmen auch gegen die Person gerichtet werden, die zur Aufsicht über sie verpflichtet ist. Ist für die Person ein Betreuer bestellt, so können die Maßnahmen auch gegen den Betreuer im Rahmen seines Aufgabenbereiches gerichtet werden."[515]

Es gelten die Ausführungen zum BGSG/BPolG. Der Gesetzentwurf enthält keine Begründung.[516] An dieser Stelle wird auf die Ergebnisse zum BGSG/BPolG verwiesen.

(d) Brandenburg

§ 16 Abs. 2 BbgOBG lautet:

„Ist die Person noch nicht 14 Jahre alt, können Maßnahmen auch gegen die Person gerichtet werden, die zur Aufsicht über sie verpflichtet ist. Ist für die Person ein Betreuer bestellt, so können die Maßnahmen auch gegen den Betreuer im Rahmen seines Aufgabenkreises gerichtet werden."[517]

Es darf auf die Ausführungen zum BGSG/BPolG verwiesen werden.

In der Begründung heißt es zu dem hier interessierenden Absatz 2, dass dieser die zusätzliche Verantwortlichkeiten von Aufsichtspflichtigen regelt.[518] In der Gesetzesberatung wurde festgestellt, dass es sich „bei diesem Gesetz wie auch bei vielen anderen Gesetzen dieser Art im wesentlichen um eine Wiederholung dessen [handelt], was in Nordrhein-Westfalen geregelt ist. Wir haben beim Zusammenlegen der Gesetze festgestellt, daß ein Paragraph tatsächlich anders ist bzw. weggelassen wurde ...".[519] Der erste, der dritte und der vierte Absatz sind identisch mit der nordrhein-westfälischen Regelung. Der zweite Absatz unterscheidet sich aber in dem Haftungsumfang für Betreute erheblich. Der Nordrhein-Westfälische Gesetzgeber hat eine reine Anpassung an das BtG vorgenommen, die keine Haftungserweiterung beinhaltet.

Hervorzuheben ist, dass § 16 Abs. 2 Satz 2 in dem Gesetzentwurf noch nicht vorhanden war.[520] Ein Änderungsantrag vom 5.11.1991[521] forderte die Auf-

---

[515] BerlGVBl. 1992, 119ff. (121).
[516] BerlAH-Drs. 12/858.
[517] BbgGVBl. I 1991, S. 636ff. (639).
[518] BbgLT-Drs. 1/268, S. 71 (S. 13 der Einzelbegründung).
[519] BbgLTPlPr. 1/23, S. 1715, Rede des Abgeordneten Walther.
[520] BbgLT-Drs. 1/268, S. 21.
[521] BbgLT-Drs, 1/501.

nahme des Satzes 2. In der Begründung zum Änderungsantrag heißt es, dass dieser Antrag auf dem BtG beruhe, welches zum 1.1.1992 in Kraft trete. Nach diesem Gesetz sollen ordnungsbehördliche Maßnahmen, die der Betreute selbst nicht erfüllen könne, auch gegen den Betreuer gerichtet werden können.[522] Die Annahme der Änderung erfolgte in der zweiten Lesung des Gesetzentwurfs am 6.11.1991.[523] Der Abgeordnete Gilde führte zur Änderung aus, dass das BtG zwar erst am 1.1.1992 in Kraft trete, so dass die Norm erst dann ihre Wirkung entfalten könne. Aber es solle eine kurzfristig absehbare Rechtsänderung vorfristig in das Gesetz aufgenommen werden, um eine Änderung kurz nach Erlass des Gesetzes zu vermeiden.[524]

Der ursprüngliche Gesetzentwurf enthält eine Haftungsbegrenzung gegenüber dem MEPolG. Die Begründung des Änderungsantrags ist aus mehreren Gründen nicht richtig: Erstens ersetzt das BtG die Entmündigung und die Gebrechlichkeitspflegschaft, schreibt aber nicht vor, dass ordnungsbehördliche Maßnahmen auch gegen den Betreuer gerichtet werden können. Gem. Art. 9 § 1 Abs. 1 BtG[525] werden mit Inkrafttreten des BtG die bisherigen Vormundschaften über Volljährige und die Pflegschaften nach § 1910 BGB a.F. zu Betreuungen nach dem BtG. Vorläufige Vormundschaften werden zu Betreuungen, bei denen der Betreuer als durch einstweilige Anordnung bestellt gilt. Diese Übergangsvorschrift hätte § 16 Abs. 2 BbgOBG nicht betroffen, da dort keine Zusatzverantwortlichkeit für Entmündigte angeordnet war. Es hätte somit entgegen der Aussage des Abgeordneten Gilde auch nicht die Notwendigkeit einer Gesetzesänderung nach Inkrafttreten des BtG bestanden. Hätte der Brandenburgische Gesetzgeber eine Zusatzverantwortlichkeit für Entmündigte geregelt, dann hätte das Gesetz an das BtG angepasst werden müssen. In welchen Umfang der Brandenburgische Gesetzgeber eine Anpassung vorzunehmen hätte, wäre ihm selbst überlassen gewesen, vgl. die Aussagen zum BGSG/BPolG. Zweitens können im Sinn der Zusatzverantwortlichkeit nicht nur ordnungsbehördliche Maßnahmen gegen den Betreuer gerichtet werden, die der Betreute nicht selbst erfüllen kann. Ob der Störer die Maßnahme selbst erfüllen kann, hat auf die Zusatzverantwortlichkeit keinen Einfluss. Dieses Ergebnis ergibt sich auch aus dem Wortlaut der Norm.

Es wird auf die Ausführungen zum BGSG/BPolG verwiesen.

§ 5 Abs. 2 BbgPolG enthält folgende Aussage:

„Ist die Person noch nicht vierzehn Jahre alt, können die Maßnahmen auch gegen die Person gerichtet werden, die zur Aufsicht über sie verpflichtet ist. Ist für die Person ein Betreuer bestellt, so können die Maßnahmen auch gegen den Betreuer im Rahmen

---

[522] Ebd.
[523] BbgLTPlPr. 1/28, S. 2088 f.
[524] Ebd., S. 2088.
[525] BGBl. I 1990, S. 2002 ff. (2026).

B. Entwicklung nach Erlass des § 19 PrPVG

seines Aufgabenkreises gerichtet werden. Dies gilt auch, wenn der Aufgabenkreis des Betreuers die in § 1896 Abs. 4 und § 1905 des Bürgerlichen Gesetzbuches bezeichneten Angelegenheiten nicht erfaßt."[526]

Die Vorschrift ist von Kleinigkeiten abgesehen und bis auf Satz 3 des zweiten Absatzes mit § 16 BbgOBG identisch. Insofern kann auf das dort Ausgeführte verwiesen werden. Für Absatz 2 Satz 3 wird ebenfalls auf die obigen Ausführungen verwiesen.

Die Begründung des Gesetzentwurfs führt zu Absatz 2 aus, dass Absatz 2 den Kreis der Verantwortlichen auch auf aufsichtspflichtige Personen erweitere, da ein Verschulden für die Verantwortlichkeit der Handlungsstörer ohne Bedeutung sei.[527] „Der Kreis der zur Aufsicht Verpflichteten ist größer als der der Sorgeberechtigten. Aufsichtspflichten können auch durch Vertrag oder tatsächlicher Gewährübernahme entstehen. Diese Personen sind in den Kreis der Pflichtigen einzubeziehen, da sie erhebliche Einwirkungsmöglichkeiten auf die jugendlichen oder unter Betreuung gestellten Störer haben. Die Vorschrift entspricht § 16 Abs. 2 des Ordnungsbehördengesetzes und berücksichtigt das BtG."[528] Zu Absatz 3 wird ausgeführt, dass die Vorschrift § 16 Abs. 3 BbgOBG entsprechen würde. Sie sei § 831 BGB nachgebildet und die Verantwortlichkeit des Geschäftsherrn bestehe nur für Handlungen des Gehilfen in Ausführung und nicht bei Gelegenheit einer Verrichtung.[529]

Materiell-rechtlich kann auf die Ausführungen zum BGSG/BPolG verwiesen werden. § 5 BbgPolG enthält noch umfangreichere Haftungserweiterungen im Verhältnis zum MEPolG, da der brandenburgische Gesetzgeber die ordnungsrechtliche Haftung des Betreuers auf die Fälle der §§ 1896 Abs. 4 und 1905 BGB ausgedehnt hat.

(e) Bremen

§ 5 Abs. 2 BremPolG hat folgende Fassung:

„Ist die Person noch nicht 14 Jahr[530] alt oder ist für sie ein Betreuer bestellt, so dürfen Maßnahmen auch gegen die Person gerichtet werden, die zur Aufsicht über sie verpflichtet ist."[531]

---

[526] BbgGVBl. I 1996, S. 74 ff. (76).
[527] BbgLT-Drs. 2/1235, S. 67.
[528] Ebd.
[529] Ebd., S. 68.
[530] Richtig wohl: „Jahre".
[531] Vgl. BremGBl. 1992, S. 36: § 9 Änderung des Bremischen Polizeigesetzes: „In § 5 Abs. 1 des Bremischen Polizeigesetzes vom 21. März 1982 (BremGBl. S. 141, 301-205-a-1), zuletzt geändert durch Gesetz vom 7. Mai 1991 (BremGBl. S, 159), wird

Die Änderung stellt nicht nur eine reine Anpassung an das BtG dar; vgl. die Ausführungen zum BGSG/BPolG. Weiterhin ist hervorzuheben, dass der Betreuer nur verantwortlich ist, wenn er aufsichtspflichtig ist. Es stellt sich bei der Formulierung der Regel die Frage, ob der Betreuer nur in seinem Aufgabenbereich aufsichtspflichtig ist oder allgemein für alle Bereiche.[532]

Der Gesetzentwurf enthält keine Begründung.[533]

§ 5 BremPolG setzt voraus, dass der Betreuer aufsichtspflichtig ist. Im Übrigen kann auf das Ergebnis zum BGSG/BPolG verwiesen werden.

(f) Hamburg

§ 8 Abs. 2 HmbSOG bestimmt:

„Ist die Person noch nicht 14 Jahre alt, so können die Maßnahmen auch gegen die Person gerichtet werden, die zur Aufsicht über sie verpflichtet ist. Ist für die Person ein Betreuer bestellt, so können die Maßnahmen auch gegen den Betreuer gerichtet werden, sofern sein Aufgabenkreis die Personensorge, die Aufsicht über die Person oder den Bereich, auf den die Maßnahme gerichtet ist, umfasst."[534]

Verglichen mit dem MEPolG unterscheidet sich § 8 HmbSOG formal von diesem nicht. Die Änderung des § 8 HmbSOG stellt nicht nur eine Anpassung an das Betreuungsrecht dar, sondern beinhaltet eine umfangreiche Haftungserweiterung. Es wird der Aufsichtsverpflichtete statt des Sorgeberechtigten als Verantwortlicher normiert. Dieses Ergebnis entspricht dem Vorschlag des MEPolG. Zu beachten ist, dass nach § 8 Abs. 2 Satz 2 HmbSOG der Betreuer zusätzlich verantwortlich für den Betreuten ist, wenn sein Aufgabenkreis die Personensorge, die Aufsicht über die Person oder den Bereich, auf den die Maßnahme gerichtet ist, umfasst. Nach dem BGSG/BPolG ist der Betreuer immer nur zusätzlich ordnungsrechtlich verantwortlich, wenn die Maßnahme der Polizei in seinen Aufgabenbereich als Betreuer fällt. Diese Verpflichtung besteht nach § 8 Abs. 2 Satz 2 HmbSOG für die dort genannten drei Fälle. Der Betreuer ist ordnungsrechtlich verantwortlich, wenn sein Aufgabenkreis die Personensorge, die Aufsicht über die Person sowie den Bereich betrifft, für den der Betreuer konkret bestellt ist. Dieses Ergebnis ergibt sich bei einem ersten Blick aus dem Wortlaut.[535] Ein zweiter Blick lässt aber auch folgendes Ergebnis als möglich erscheinen: Der

---

nach dem Wort ‚alt' das Komma gestrichen: die Worte ‚ist sie entmündigt oder unter vorläufige Vormundschaft gestellt' werden durch die Worte ‚oder ist für sie ein Betreuer bestellt' ersetzt."

[532] Dieses Problem wird in Kapitel 2 B I 2 b) bb) gelöst.
[533] BremBü-Drs 13/37.
[534] Vgl. HmbGVBl. 1993, S. 149 ff. (150).
[535] s. *Beaucamp*, in: Beaucamp/Ettemeyer/Rogosch/Stammer, S. 72.

Betreuer haftet, sobald sein Aufgabenbereich die Personensorge oder die Aufsicht über die Person erfasst, immer als Zusatzverantwortlicher, weil das Gesetz die gefahrenabwehrende Maßnahme nicht auf diese Bereiche bezieht, sondern „einfach" von Maßnahme spricht – damit kommt ein zur Personenbetreuung Verpflichteter als Adressat jeder gefahrenabwehrenden Maßnahme in Betracht, die gegen den Betreuten zulässig ist. Bei dieser Lesart enthält die Gesetzeslage eine Haftungserweiterung, die weit über die des BGSG/BPolG hinausgeht.

Die Begründung führt nichts zu der hier interessierenden Zusatzverantwortlichkeit aus.[536]

§ 8 HmbSOG entspricht formal dem MEPolG. Materiell konkretisiert Absatz 2, folgt man der ersten Auffassung, die Zusatzverantwortlichkeit des Betreuers gegenüber dem BGSG/BPolG, indem er drei Fälle der Haftung benennt.

(g) Hessen

Die aktuelle Fassung des § 6 Abs. 2 HessSOG hat folgenden Wortlaut:

„Ist die Person noch nicht 14 Jahre alt, so können Maßnahmen auch gegen die Person gerichtet werden, die zur Aufsicht über sie verpflichtet ist. Ist für die Person eine Betreuerin[537] oder ein Betreuer bestellt, so können die Maßnahmen auch gegen die Betreuerin[538] oder den Betreuer im Rahmen des jeweiligen Aufgabenkreises gerichtet werden."[539]

Die Veränderungen des § 6 HessSOG stellen nicht nur eine Anpassung an das Betreuungsrecht dar; vgl. die Ausführungen zum BGSG/BPolG.

Die Begründung führt aus, dass es sich um eine Anpassung an das neue Betreuungsrecht handele.[540] Weil die Veränderungen des § 6 HessSOG mehr als eine Anpassung an das Betreuungsrecht beinhalten, ist die Begründung des Hessischen Gesetzgebers unrichtig.

Es darf auf das Ergebnis zum BGSG/BPolG verwiesen werden.

---

[536] Vgl. HmbBü-Drs. 14/2571.

[537] Die Worte „eine Betreuerin oder" wurden durch Artikel 1 Nummer 3 a) des Gesetzes zur Änderung des Hessischen Gesetzes über die öffentliche Sicherheit oder Ordnung vom 24.3.1994 eingefügt, vgl. HessGVBl. I 1994, S. 137f. Die Begründung zum Gesetzentwurf enthält keine weiteren Aussagen, s. HessLT-Drs. 13/4670.

[538] Vgl. die Fn. zuvor.

[539] Vgl. zu Absatz 2 HessGVBl. I 1992, S. 69.

[540] HessLT-Drs 13/555, S. 21.

(h) Mecklenburg-Vorpommern

§ 69 Abs. 2 SOG M-V lautet:

„Verursachen Personen, die das 14. Lebensjahr noch nicht vollendet haben, die Störung oder Gefahr, so ist auch diejenige Person verantwortlich, der die Sorge für die minderjährige Person obliegt. Ist für die Person ein Betreuer bestellt, so können die Maßnahmen im Rahmen seines Aufgabenkreises auch gegen ihn gerichtet werden."[541]

§ 69 Abs. 2 SOG M-V stellt zum einen eine Haftungserweiterung gegenüber dem MEPolG dar, die nicht durch das BtG bedingt ist; vgl. die Ausführungen zum BGSG/BPolG. § 69 Abs. 2 SOG M-V normiert aber zum anderen entgegen der Empfehlung des MEPolG weiterhin den Sorgeberechtigten als Zusatzverantwortlichen für Jugendliche. Darin liegt eine Haftungseinschränkung im Verhältnis zum MEPolG.

Die Begründung führt zu Absatz 2 aus, dass dieser die Verantwortlichkeit des Personensorgeberechtigten auf ordnungsrechtlichem Gebiet regele.[542] „Die maßgebliche Altersgrenze entspricht den einschlägigen Vorschriften in den anderen Ländern und orientiert sich an der Strafmündigkeit Jugendlicher nach § 19 StGB und § 1 Abs. 2 Jugendgerichtsgesetz."[543] Die Begründung zu Absatz 3 ist sehr ausführlich. Zunächst wird festgestellt, dass der Geschäftsherr für das Verhalten des Verrichtungsgehilfen verantwortlich sei.[544] Dann werden die Begriffe „Verrichtungsgehilfe" und „Geschäftsherr" definiert: „Verrichtungsgehilfe ist jede Person, die weisungsabhängig für einen anderen tätig wird. Wer einen anderen zu einer Verrichtung bestellt, ist der Geschäftsherr."[545] Ferner wird ausgeführt, dass die Vorschrift dem Rechtsgedanken des § 831 BGB entspreche. „Ein wesentlicher Unterschied besteht allerdings insofern, als der Geschäftsherr nach § 831 BGB dann nicht für das Handeln des Verrichtungsgehilfen haftet, wenn er bei der Auswahl und der Überwachung des Verrichtungsgehilfen sorgfältig gehandelt hat. Im Polizei- und Ordnungsrecht ist die Frage der Schuld aber unerheblich. Insoweit kann sich der Geschäftsherr von der Verantwortlichkeit nicht befreien."[546]

Materiell darf auf die Aussagen zum BGSG/BPolG verwiesen werden. Festzuhalten ist, dass die Vorschrift an der Haftung des Sorgeberechtigten festhält und insofern eine Haftungsbegrenzung normiert.

---

[541] GVBl. M-V 1992, S. 498 ff. (515).
[542] LTM-V-Drs. 1/1612, S. 90.
[543] Ebd.
[544] Ebd.
[545] Ebd.
[546] Ebd.

B. Entwicklung nach Erlass des § 19 PrPVG

(i) Niedersachsen

§ 6 Abs. 2 NdsSOG legt fest:

„Ist die Person noch nicht 14 Jahre alt, so können die Maßnahmen auch gegen die Person gerichtet werden, die zur Aufsicht über sie verpflichtet ist. Ist für die Person eine Betreuerin oder[547] ein Betreuer bestellt, so können die Maßnahmen im Rahmen ihres oder[548] seines Aufgabenkreises auch gegen die Betreuerin oder[549] den Betreuer gerichtet werden."[550]

Die Änderung des § 6 NdsSOG stellt nicht nur eine Anpassung an das BtG dar; vgl. die Ausführungen zum BGSG / BPolG.

Die Begründung zu Art. 3 führt aus, dass es sich um eine Anpassung an das BtG handelt.[551] Weil die Veränderungen des § 6 NdsSOG mehr als eine Anpassung an das Betreuungsrecht beinhalten, ist die Begründung des Niedersächsischen Gesetzgebers unrichtig.

Es darf auf das Ergebnis zum BGSG / BPolG verwiesen werden.

(j) Nordrhein-Westfalen

§ 4 Abs. 2 PolG NRW und § 17 Abs. 2 OBG NRW lauten in ihrer aktuelle Fassung:

„Ist die Person noch nicht 14 Jahre alt oder ist für sie zur Besorgung aller ihrer Angelegenheiten ein Betreuer bestellt, können Maßnahmen auch gegen die Person gerichtet werden, die zur Aufsicht über sie verpflichtet ist. Dies gilt auch, wenn der Aufgabenkreis des Betreuers die in § 1896 Abs. 4 und § 1905 des Bürgerlichen Gesetzbuchs bezeichneten Angelegenheiten nicht erfasst."[552]

---

[547] Die Worte „eine Betreuerin oder" wurden durch Art. I Nr. 4 des Gesetzes zur Änderung des Niedersächsischen Gesetzes über die öffentliche Sicherheit und Ordnung vom 18. 2. 1994 eingefügt; vgl. NdsGVBl. 1994, S. 71. Durch die Änderung soll allein der Beschluss des Landesministeriums vom 9. 7. 1991 (NdsMBl. S. 911) über die Gleichbehandlung von Frauen und Männern in der Rechtssprache umgesetzt werden; vgl. Begründung zum Gesetzentwurf NdsLT-Drs. 12/4140, S. 43.

[548] Die Worte „ihres oder" wurden durch Art. I Nr. 4 des Gesetzes zur Änderung des NdsSOG eingefügt; vgl. NdsGVBl. 1994, S. 71 u. s. die Fn. zuvor.

[549] Die Worte „die Betreuerin oder" wurden durch Art. I Nr. 4 des Gesetzes zur Änderung des NdsSOG eingefügt; vgl. NdsGVBl. 1994, S. 71 u. s. die Fn. zuvor.

[550] Vgl. zu Absatz 2 NdsGVBl. 1991, S. 368.

[551] NdsLT-Drs. 12/2331, S. 14.

[552] In Satz 1 wurden die Worte „entmündigt oder unter vorläufige Vormundschaft gestellt" durch die Worte „oder ist für sie zur Besorgung aller ihrer Angelegenheiten ein Betreuer bestellt" ersetzt. Weiterhin wurde folgender Satz 2 eingefügt: „Dies gilt auch, wenn der Aufgabenkreis des Betreuers die in § 1896 Abs. 4 und § 1905 des Bürgerlichen Gesetzbuchs bezeichneten Angelegenheiten nicht erfaßt."; vgl. Art. 6 Nr. 1 und Art. 7

Die Änderungen des PolG NRW und des OBG NRW stellen eine reine Anpassung an das BtG dar. Der entscheidende Unterschied zu vielen anderen Regelungen besteht darin, dass der Betreuer hier für die Besorgung aller Angelegenheiten bestellt sein muss. Durch diese Einschränkung entfallen alle Fälle, die früher nicht unter die Vormundschaft gefallen wären. Der Umfang der Haftung ist somit gleich geblieben.

In der allgemeinen Begründung heißt es, dass die Änderungen zur Umsetzung des BtG erfolgen.[553] Die Einzelbegründungen zu den Änderungen des PolG NRW und des OBG NRW führen jeweils aus, dass die Gesetze an die aktuelle Rechtslage angepasst werden müssten.[554]

Die Änderungen des § 4 PolG NRW und des § 17 OBG NRW stellen eine reine Anpassung an das BtG dar.

(k) Rheinland-Pfalz

§ 4 Abs. 2 PLPPVG legt fest:

„Ist die Person noch nicht 14 Jahre alt, können Maßnahmen auch gegen die aufsichtspflichtige Person gerichtet werden."[555]

Die Änderung des § 4 Abs. 2 RLPPVG ist erstaunlicher Weise ganz anders ausgefallen als andere Regelungen. Der Rheinland-Pfälzische Gesetzgeber schafft die Zusatzverantwortlichkeit für Betreute bzw. Entmündigte ab. Diese Ausgestaltung der Vorschrift ist ein absolutes Novum. Die Änderung enthält eine Haftungsbeschränkung.

In der Begründung zu Art. 1 Nr. 6 zum Entwurf des Änderungsgesetzes heißt es, dass das BtG das Recht der Geschäftsunfähigkeit neu regele. Es werde nunmehr ein Betreuer für einen bestimmten Aufgabenbereich bestellt. „Dieser Gesetzesänderung wird Rechnung getragen. Maßnahmen gegen den Betreuer sind nicht denkbar, da dieser nicht aufsichtspflichtig gegenüber dem Betreuten ist."[556] Es stellt sich die Frage, ob der Betreuer aufsichtspflichtig gegenüber dem Betreuten ist.[557] Wäre diese Frage zu verneinen, wie es der Rheinland-Pfälzische

---

Nr. 1 des Dritten Gesetzes zur Änderung des Verwaltungsverfahrensgesetzes für das Land Nordrhein-Westfalen und zur Änderung anderer verwaltungsrechtlicher Vorschriften, GVBl. NRW 1992, S. 446 ff. (447 f).

[553] LTNRW-Drs. 11/3080, S. 21.
[554] Ebd., S. 23 f.
[555] Vgl. zur Änderung des Abs. 2 RLPGVBl. 1993, 314 ff. (314).
[556] RLPLT-Drs. 12/2542, S. 33.
[557] Es ist auffallend, dass in der Literatur zu dieser Vorschrift entweder die Gesetzesbegründung übernommen wird, s. *Roos*, § 4 Rdnr. 23, oder das Problem nicht erkannt und

Gesetzgeber getan hat, wären alle anderen Regelungen, die eine Zusatzverantwortlichkeit des Betreuers beinhalten, rechtlich ausgeschlossen.[558]

§ 4 RLPPVG normiert keine Zusatzverantwortlichkeit des Betreuers. Die Norm hat eine Haftungsbeschränkung zur Folge.

(l) Saarland

§ 4 Abs. 2 SaarlPolG lautet in seiner aktuellen Fassung:

„Ist die Person noch nicht 14 Jahre alt, so können die Maßnahmen auch gegen die Person gerichtet werden, die zur Aufsicht über sie verpflichtet ist. Ist für die Person ein Betreuer bestellt, so können die Maßnahmen auch gegen den Betreuer im Rahmen seines Aufgabenkreises gerichtet werden."[559]

Die Änderung des § 4 Abs. 2 SaarlPolG stellt mehr als eine Anpassung an das BtG dar; vgl. hierzu die Ausführungen zum BGSG/BPolG.

Die Sammelbegründung stellt fest, dass es sich um eine Anpassung an das BtG handelt.[560]

Es darf auf das Ergebnis zum BGSG/BPolG verwiesen werden.

(m) Sachsen

§ 4 Abs. 2 bestimmt:

„Ist die Bedrohung oder die Störung durch eine Person verursacht worden, die das 14. Lebensjahr noch nicht vollendet hat, so kann die Polizei ihre Maßnahmen auch gegenüber demjenigen treffen, dem die Sorge für diese Person obliegt. Ist für eine Person ein Betreuer bestellt, so kann die Polizei ihre Maßnahmen auch gegenüber dem Betreuer im Rahmen seines Aufgabenbereichs treffen."[561]

Materiell enthält § 4 Abs. 2 SächsPolG zum einen eine Haftungserweiterung gegenüber dem MEPolG; vgl. die Ausführungen zum BGSG/BPolG. Festzuhalten ist aber, dass § 4 Abs. 2 SächsPolG zum anderen eine Haftungsbeschränkung gegenüber dem MEPolG beinhaltet, weil die Norm weiterhin an der Haftung des Sorgeberechtigten festhält.

---

deshalb auch nicht angesprochen wird, s. *Ruthig/Fikentscher*, in: Hendler/Hufen/Jutzi, S. 201.
[558] Die aufgeworfene Frage wird in Kapitel 2 B I 2 a) beantwortet.
[559] Zur Änderung des Abs. 2 vgl. SaarlABl. 1992, S. 838 ff. (839).
[560] SaarlLT-Drs. 10/876, S. 14.
[561] SächsGVBl. 1991, S. 291 ff. (292).

Der Gesetzentwurf enthält keine Einzelbegründung zu den Paragraphen.[562] In der allgemeinen Begründung finden sich keine Aussagen zu dem hier interessierenden Absatz 2.

Materiell gibt es zum MEPolG im zweiten Absatz zwei Unterschiede. Der eine enthält eine Haftungserweiterung und der andere eine Haftungsbeschränkung.

(n) Sachsen-Anhalt

§ 7 Abs. 2 LSA SOG hat folgende Fassung:

„Ist die Person noch nicht vierzehn Jahre alt, so können die Maßnahmen auch gegen die Person gerichtet werden, die zur Aufsicht über sie verpflichtet ist. Ist für die Person ein Betreuer bestellt, so können die Maßnahmen auch gegen den Betreuer im Rahmen seines Aufgabenkreises gerichtet werden."[563]

Die Abweichung des zweiten Absatzes vom MEPolG bezüglich des Betreuungsrechts enthält eine Haftungserweiterung; vgl. die Ausführungen zum BGSG/BPolG. Der Gesetzentwurf enthält keine Begründung.[564] Es darf auf das Ergebnis zum BGSG/BPolG verwiesen werden.

(o) Schleswig-Holstein

§ 218 Abs. 2 S-HLVwG, identisch mit § 185 Abs. 1 S-HLVwG a. F., bestimmt:

„Verursachen Personen, die das 14. Lebensjahr noch nicht vollendet haben, die Störung oder Gefahr, so ist auch diejenige Person verantwortlich, der die Sorge für die minderjährige Person obliegt. Ist für die Person eine Betreuerin oder ein Betreuer bestellt, so ist auch die betreuende Person im Rahmen ihrer Betreuungsaufgabe verantwortlich."[565]

Zum MEPolG bestehen zwei materielle Abweichungen: Zum einen enthält die Anpassung an das BtG eine Haftungserweiterung; vgl. die Ausführungen zum BGSG/BPolG. Zum anderen normiert der Schleswig-Holsteinische Gesetzgeber weiterhin den Sorgeberechtigten. Es bleibt noch darauf hinzuweisen, dass der Schleswig-Holsteinische Gesetzgeber dem Vorschlag des MEPolG bezüglich der Altersgrenze gefolgt ist.

Die allgemeine Begründung zu dem Gesetzentwurf führt unter anderem aus, dass keine Anpassung des S-HLVwG an den MEPolG stattgefunden habe. Ziel des Gesetzentwurfs sei es unter anderem, eine übereinstimmende Gestaltung der gesetzlichen Grundlagen mit denen anderer Bundesländer anzustreben.[566]

---

[562] SächsLT-Drs. 1/238.
[563] LSAGVBl. 1991, S. 538 ff. (540).
[564] LSALT-Drs. 1/660.
[565] S-HGVBl. 1992, 63 ff. (77).

Die Begründung zu Art. 1 Nr. 21 führt lediglich aus, dass es sich um eine redaktionelle Folgeänderung handele.[567]

§ 185 S-HLVwG folgt demselben Aufbau wie § 4 MEPolG. Die Abweichungen der Norm beinhalten zum einem eine *Haftungserweiterung* und zum anderen eine *Haftungsbeschränkung*. Dieses Ergebnis ist unter anderem darauf zurückzuführen, dass weiterhin der Sorgeberechtigte Zusatzverantwortlicher ist.

(p) Thüringen

§ 7 Abs. 2 ThürPAG legt fest:

„Ist die Person noch nicht 14 Jahre alt, unter Betreuung oder unter vorläufige Betreuung gestellt, können Maßnahmen auch gegen die Person gerichtet werden, die zur Aufsicht über sie verpflichtet ist."[568]

Die Abweichung des zweiten Absatzes vom MEPolG bezüglich der Aussagen zum Betreuer stellt nicht nur eine reine Anpassung an das BtG dar; vgl. die Ausführungen zum BGSG/BPolG. Weiterhin ist hervorzuheben, dass der Betreuer nur verantwortlich ist, wenn er aufsichtspflichtig ist; vgl. die Ausführungen zum BremPolG.

Die Begründung führt zu Absatz 2 aus, dass dieser den Kreis der zur Aufsicht Verpflichteten als mögliche Handlungsstörer beschreibe. Die Altersgrenze von 14 Jahren entspreche dabei der Strafunmündigkeit gem. § 19 StGB und stimme mit § 4 Abs. 2 MEPolG überein. Der Begriff „unter Betreuung" sei an die Stelle von Entmündigungsregelungen getreten.[569] Zu Absatz 3 wird gesagt, dass dieser § 831 BGB nachgebildet sei. Die Verantwortlichkeit des Geschäftsherrn bestehe nur für Handlungen des Gehilfen in Ausführung, nicht bei Gelegenheit einer Verrichtung.[570]

Materiell besteht ein Unterschied durch die durch das BtG bedingte Änderung; vgl. die Ausführungen zum BGSG/BPolG.

§ 10 Abs. 2 ThürOBG lautet:

„Ist die Person noch nicht 14 Jahre alt, können Maßnahmen auch gegen die zur Aufsicht verpflichtete Person gerichtet werden. Ist für eine Person ein Betreuer bestellt, können Maßnahmen auch gegen den Betreuer im Rahmen seines Aufgabengebietes gerichtet werden."[571]

---

[566] S-HLT-Drs. 12/1575, S. 41 f.
[567] Ebd., S. 66.
[568] ThürGVBl. 1992, S. 199 ff. (200).
[569] ThürLT-Drs 1/1025, S. 28 f.
[570] Ebd., S. 29.

Bezüglich der materiell-rechtlichen Aussagen darf auf die Ausführungen zum BGSG/BPolG verwiesen werden.

In der Begründung heißt es, die Absätze 2 und 3 würden die Verantwortlichkeit für fremdes Verhalten regeln. Die Altersgrenze von 14 Jahren entspreche dabei der Strafmündigkeit gem. § 19 StGB. Der Begriff „unter Betreuung" sei an die Stelle von Entmündigungsregelungen getreten. Weiterhin sei durch das BtG die Pflegschaft neu geregelt worden. Seien mehrere Personen verantwortlich, so entscheide die Ordnungsbehörde nach pflichtgemäßem Ermessen (Auswahlermessen), welche Personen in Anspruch genommen werden sollen.[572] Die Begründung zeigt sehr deutlich, dass die erfolgte Haftungserweiterung durch die Anpassung an das BtG vom Gesetzgeber als solche nicht wahrgenommen wurde.

Es darf auf das Ergebnis zum BGSG/BPolG verwiesen werden.

3. Zusammenfassende Bewertung der nachfolgenden Gesetzgebung in Bund und Ländern

Die meisten Gesetzgeber folgen dem *Aufbau* des § 4 MEPolG. Einige Gesetzgeber erweitern die Vorschrift um einen vierten Absatz, der die Subsidiarität der Bestimmung klarstellt.[573]

Materiell-rechtlich folgen alle Gesetzgeber dem Vorschlag des § 4 Abs. 1 und 3 MEPolG. Hinsichtlich des zweiten Absatzes muss differenziert werden. § 4 Abs. 2 MEPolG regelt unter anderem die Zusatzverantwortlichkeit des Aufsichtspflichtigen für Entmündigte. Da die Entmündigung durch das neue Betreuungsrecht abgeschafft wurde, muss der Rechtszustand vor und nach der Anpassung an das neue Recht betrachtet werden. Vor Inkrafttreten des BtG passten der Bayerische, der Bremische, der Hessische, der Niedersächsische, der Nordrhein-Westfälische, der Rheinland-Pfälzische und der Saarländische Gesetzgeber den zweiten Absatz ihrer hier einschlägigen Vorschrift an den die Zusatzverantwortlichkeit betreffenden Vorschlag § 4 Abs. 2 MEPolG an. Der Bund, Baden-Württemberg, Berlin, Hamburg, Schleswig-Holstein und die neuen Bundesländer nahmen erst eine Änderung der jeweiligen Vorschrift bzw. eine Neuregelung nach Inkrafttreten des neuen Betreuungsrechts vor. Unabhängig von den Anpassungen an das Betreuungsrecht bestehen nur noch wenige Abweichungen von § 4 Abs. 2 MEPolG: Mecklenburg-Vorpommern, Sachsen und Schleswig-Holstein bestimmen weiter den Sorgeberechtigten als Zusatzverantwortlichen. Der

---

[571] ThürGVBl. 1993, S. 323 ff. (325).
[572] ThürLT-Drs. 1/2047, S. 26.
[573] Vgl. Art. 7 BayPAG, § 13 BerlASOG, § 16 BbgOBG, § 5 BbgPolG, § 17 OBG NRW, § 4 PolG NRW, § 7 ThürPAG, § 10 ThürOBG.

Baden-Württembergische Gesetzgeber setzt die Altersgrenze für Jugendliche auf 16 Jahre fest und bestimmt auch den Sorgeberechtigten als Zusatzverantwortlichen. Die Anpassungen an das Betreuungsrecht fielen unterschiedlich aus. Auffällig ist die Rheinland-Pfälzische Umsetzung, nach der die Möglichkeit entfällt, den Betreuer als Zusatzverantwortlichen in Anspruch zu nehmen. Der durch die Anpassungen entstandene und somit heutige Rechtszustand wird nachfolgend dargestellt.

Ein Vergleich aller Vorschriften ergibt, dass viele Gesetzgeber den Text des MEPolG unverändert übernahmen.[574] Nach der Anpassung an das Betreuungsgesetz unterscheiden sich die zweiten Absätze aller Vorschriften gegenüber § 4 Abs. 2 MEPolG. Es gibt jedoch unter den zweiten Absätzen viele gleiche Fassungen und Ähnlichkeiten: § 17 Abs. 2 BGSG, § 13 Abs. 2 BerlASOG, § 4 Abs. 2 SaarlPolG und § 7 Abs. 2 LSA SOG sind identisch. Sie enthalten eine Anpassung an das Betreuungsrecht. § 16 Abs. 2 BbgOBG und § 5 Abs. 2 BbgPolG unterscheiden sich von den zuvor genannten Regelungen um ein Wort bzw. zwei Wörter. § 6 Abs. 2 HessSOG und § 6 Abs. 2 NdsSOG unterschieden sich von den genannten Regelungen nur in der Aufnahme der weiblichen Fassung eines Worts, um die Gleichstellung der Frau auch in der Fassung des Gesetzes zu realisieren. § 6 BaWüPolG ist bis auf das Alter der Grenze für Jugendliche identisch mit § 4 SächsPolG. In Baden-Württemberg ist die Altersgrenze für zusätzliche Verantwortlichkeit für Jugendliche auf 16 Jahre festgesetzt, während Sachsen die üblichen 14 Jahre bestimmt. § 69 SOG M-V ist identisch mit § 185 S-HLVwG SH a. F./§ 218 S-HLVwG.

Die Tendenz zu einer Haftungserweiterung besteht weiterhin. Der MEPolG normiert den Aufsichtspflichtigen als Zusatzverantwortlichen. Dieser Empfehlung folgen der Bund und fast alle Bundesländer. Ausnahmen stellen Baden-Württemberg, Mecklenburg-Vorpommern, Sachsen und Schleswig-Holstein dar. Der MEPolG schlägt vor, die Begrenzung der Verantwortlichkeit des Aufsichtspflichtigen auf Fälle der Entmündigung wegen Geisteskrankheit oder Geistesschwäche aufzuheben. Diesem Vorschlag folgen zumindest die Länder, die eine

---

[574] Den Text des § 1 MEPolG übernehmen der Bundesgesetzgeber, der Bayerische, der Berliner, der Brandenburgische (OBG), der Bremische, der Hessische, der Niedersächsische, der Rheinland-Pfälzische, der Saarländische, der Sachsen-Anhaltische und der Thüringische Gesetzgeber (OBG und PolG). Der Nordrhein-Westfälische und der Brandenburgische Gesetzgeber (PolG) sind § 1 MEPolG bis auf ein Wort Unterschied gefolgt. Die Wortfassung des § 2 MEPolG übernahmen der Bayerische, der Hessische, der Niedersächsische, der Nordrhein-Westfälische, der Rheinland-Pfälzische und der Saarländische Gesetzgeber. Der Bremische Gesetzgeber ist der Wortfassung des § 2 MEPolG bis auf zwei Worte Unterschied gefolgt. Diese Regelungen behandeln die Zusatzverantwortlichkeit noch nach dem Entmündigungsrecht. Der Wortfassung des § 3 MEPolG folgten der Bund, Bayern, Berlin, Brandenburg (OBG und PolG), Hessen, Niedersachsen, Nordrhein-Westfalen, Rheinland-Pfalz, Saarland, Sachsen-Anhalt und Thüringen (OBG und PolG). Bremen übernahm § 3 MEPolG bis auf ein Wort.

Anpassung an den MEPolG vornehmen. Das neue Betreuungsrecht lässt diese Vorgabe hinfällig werden. Zum größten Teil enthalten die Anpassungen der Vorschriften an das BtG eine Haftungserweiterung. Grund für diese Erweiterungen ist, dass das neue Betreuungsrecht die Fälle der Entmündigung und der Gebrechlichkeitspflegschaft umfasst. Nach der alten Rechtslage war der Aufsichtspflichtige nur für den Entmündigten verantwortlich, während nach der neuen Rechtslage der Betreuer in seinem Aufgabenbereich vollständig für den Betreuten verantwortlich ist. Da die Vorschriften größtenteils keine Beschränkung der Gründe für die Anordnung der Betreuung enthalten, umfasst die Verantwortlichkeit des Betreuers mehr Fälle als die Entmündigung nach der alten Rechtslage. Die Ausführungen zum BGSG/BPolG zeigen diese Folge auf. Hervorzuheben ist, dass die Gesetzgeber, die eine solche Haftungserweiterung vornehmen, diese Erweiterung anscheinend nicht bewusst vornehmen. In den Begründungen ist zumeist nur die Rede von einer „Anpassung an das neue Betreuungsrecht".

Die Tendenz zur Haftungserweiterung wird teilweise unterbrochen. Es gibt zwei Fälle der Haftungsbeschränkung. Eine Beschränkung betrifft das Alter. Alle Gesetzgeber bis auf den Baden-Württembergischen setzen die Altersgrenze auf 14 Jahre fest. Die zweite, auch nur einmal vorhandene, Beschränkung hat in Rheinland-Pfalz zum Gegenstand, dass die Haftung des Betreuers entfällt.

Weder die Verfasser des MEPolG noch die Gesetzgeber begründen die Zusatzverantwortlichkeit als solche. *Der Zweck der Gesetze dürfte darin bestehen, eine weitere haftende Person neben dem Störer zu bestimmen.*

C. Gesamtergebnis

Der Gedanke „Zusatzverantwortlichkeit" ist schon im ALR zu finden. Es handelt sich hierbei um Normen aus dem Zivil- und dem Strafrecht. In den Süddeutschen Polizeistrafgesetzbüchern sind Regelungen zu finden, die der „polizeirechtlichen Zusatzverantwortlichkeit" ähneln. Im BGB wird zum ersten Mal ausdrücklich die Zusatzverantwortlichkeit geregelt für den Aufsichtspflichtigen und den Geschäftsherrn. Betrachtet man die genannten zivilrechtlichen und strafrechtlichen Zusatzverantwortlichkeiten unter dem Aspekt der historischen Entwicklung des Polizeirechts, dann ist festzustellen, dass der Gedanke „polizeirechtliche Zusatzverantwortlichkeit" sich aus Normen wie den genannten entwickelt haben muss. Diese Normen waren somit Vorläufer der polizeirechtlichen Zusatzverantwortlichkeit, wie sie im PrPVG ihren Niederschlag findet.

Die Rechtsprechung und die Lehre entwickeln Ende des 19. und Anfang des 20. Jh. Aussagen zur Problematik, wen die Polizei für eine Störung der öffentlichen Sicherheit oder Ordnung in Anspruch nehmen darf. In diesem Zusammenhang wird auch die Zusatzverantwortlichkeit im Gefahrenabwehrrecht

C. Gesamtergebnis

geschaffen. Nach einer häufig vertretenen Auffassung haftet jeder für das Verhalten der Personen, für die er verantwortlich ist. Es gibt keine Beschränkung des Personenkreises der Verpflichteten. Aus heutiger Sicht nicht mehr verständliche Ergebnisse sind die Folge.

In § 33 Abs. 2 ThürLVO wird die Zusatzverantwortlichkeit zum ersten Mal in einem Gesetz normiert. Die erste Normierung der Zusatzverantwortlichkeit hat aber nur eine Bestätigung der durch die Rechtsprechung und Lehre entwickelten Grundsätze und keinen Rechtsfortschritt zur Folge. Anders zu bewerten ist der zweite Fall der Normierung der Zusatzverantwortlichkeit im PrPVG. Die Festlegung im PrPVG bringt eine Rechtsänderung mit sich. § 19 Abs. 2–3 PrPVG begrenzt die Zusatzverantwortlichkeit auf bestimmte Personengruppen. Diese Begrenzung der Zusatzverantwortlichkeit ist notwendig. Sie hat Rechtsklarheit und Rechtssicherheit zur Folge. Durch die Fassung der Zusatzverantwortlichkeit im PrPVG wird nicht, wie man annehmen könnte, die polizeirechtliche Haftung auf weitere Personen ausgedehnt, sondern beschränkt. Es handelt sich bei der Regelung der Zusatzverantwortlichkeit also nicht um eine *Haftungserweiterung*, sondern um eine *Haftungsbeschränkung*. Dieses Ergebnis geht auch aus der Begründung hervor, in der von einer *festen Begrenzung* gesprochen wird.[575] Dieses Gesetz schließt jedenfalls in Preußen eine lange Entwicklung mit einem fortschrittlichen Resultat ab.

Die Schaffung des PrPVG von 1931 geht weitestgehend auf die Arbeiten von *Drews* zurück.[576] Es ist somit nicht verwunderlich, dass die dargestellten Ansichten zur Zusatzverantwortlichkeit von *Drews*[577] denen der Kodifikation ähneln. Die Ansicht von *Drews* hat sich somit weitestgehend durchgesetzt.

Der Gedanke „Zusatzverantwortlichkeit" ist seit dem Inkrafttreten des § 19 PrPVG Teil des geschriebenen Polizei- und Ordnungsrechts. Bei § 19 PrPVG handelt es sich um einen haftungsbegründenden Tatbestand im Sinn der obigen Nr. 1 a. Alle Gesetze aus der Zeit nach Beendigung des Zweiten Weltkriegs gehen selbstverständlich von der Notwendigkeit aus, sie zu normieren und das auch. Eine Begründung, die sich mit der Zusatzverantwortlichkeit als solcher auseinandersetzt, fehlt durchgehend. *Es ist für die Gesetzgeber selbstverständlich, neben dem Störer eine weitere haftende Person zu bestimmen.* Die Begründungen sind formelhaft. Teilweise sind die Begründungen sachlich unrichtig. Trotz des MEPolG ist ein einheitliches Recht der Zusatzverantwortlichkeit weder in formaler noch in materieller Hinsicht entstanden.

---

[575] s. Sp. 11 der Begründung, GStA, I. HA., Rep. 84a, Ministerium der Justiz, Nr. 3741, Bl. 234.
[576] *Naas*, passim.
[577] s. Kapitel 1 A III 13.

Im Folgenden wird ein *Überblick* über das aktuelle Recht der Zusatzverantwortlichkeit in der Bundesrepublik gegeben.

Der *erste* Absatz der die Zusatzverantwortlichkeit betreffenden Normen behandelt immer die Verhaltensverantwortlichkeit. Materiell-rechtlich bestehen an dieser Stelle keine Unterschiede zwischen den verschieden Vorschriften.

Der *zweite* Absatz der Normen bestimmt immer die Zusatzverantwortlichkeit für *Jugendliche* und *Betreute*.

Die Zusatzhaftung für *Jugendliche*: Die *Altersgrenze* der Haftung für Jugendliche legen alle Gesetzgeber bis auf den Baden-Württembergischen auf 14 Jahre fest. In Baden-Württemberg gilt eine Altersgrenze von 16 Jahren. Auch für die *haftende Person* gibt es unterschiedliche Aussagen. Für das Verhalten dieser Jugendlichen ist der Aufsichtspflichtige in der Regel zusatzverantwortlich. In den Ländern Baden-Württemberg, Mecklenburg-Vorpommern, Sachsen und Schleswig-Holstein ist der Sorgeberechtigte Zusatzverantwortlicher für Jugendliche.

Die Zusatzhaftung für *Betreute*: Die *Haftung des Betreuers* ist unterschiedlich geregelt: 1. Der Betreuer haftet für den Betreuten: Das BGSG/BPolG, das BaWüPolG, das BerlASOG, das BbgOBG, das HessSOG, das SOG M-V, das NdsSOG, das SaarlPolG, das SächsPolG, das LSA SOG, das S-HLVwG, das ThürOBG bestimmen die Haftung des Betreuers im Rahmen seines Aufgabenbereichs. Das BbgPolG erweitert die Haftung des Betreuers auch auf die Fälle, in denen der Aufgabenkreis des Betreuers die in § 1896 Abs. 4 und § 1905 BGB bezeichneten Angelegenheiten nicht erfasst. Das HmbSOG konkretisiert die Haftung des Betreuers für die Aufgabenkreise Personensorge, Aufsicht über die Person oder den Bereich, auf den die Maßnahme gerichtet ist. 2. Der Aufsichtspflichtige haftet für den Betreuten: Der Bayerische Gesetzgeber bestimmt die Haftung des Aufsichtspflichtigen für Personen, für die wegen einer psychischen Krankheit oder einer geistigen oder seelischen Behinderung zur Besorgung aller ihrer Angelegenheiten ein Betreuer bestellt wurde. Dies gilt auch, wenn der Aufgabenkreis des Betreuers die in § 1896 Abs. 4 und § 1905 BGB bezeichneten Angelegenheiten nicht erfasst. Der Nordrhein-Westfälische Gesetzgeber normiert die Haftung des Aufsichtspflichtigen im OBG NRW und im PolG NRW auch für Personen, für die zur Besorgung aller ihrer Angelegenheiten ein Betreuer bestellt wurde. Dies gilt auch, wenn der Aufgabenkreis des Betreuers die in § 1896 Abs. 4 und § 1905 BGB bezeichneten Angelegenheiten nicht erfasst. Der Bremische und der Thüringische (ThürPAG) Gesetzgeber bestimmen die Haftung des Aufsichtspflichtigen auch für Personen, für die ein Betreuer bestellt ist. In diesen Fällen muss der Betreuer aufsichtspflichtig sein. 3. Keine Haftung für den Betreuten: Der Rheinland-Pfälzische Gesetzgeber hat die gefahrenrechtliche Verantwortlichkeit des Betreuers für Betreute abgeschafft.

C. Gesamtergebnis

Der *dritte Absatz* regelt die Haftung des Geschäftsherrn für den Verrichtungsgehilfen. Zwischen den unterschiedlichen Wortfassungen der Normen bestehen keine inhaltlichen Unterschiede.

Art. 7 BayPAG, § 13 BerlASOG, § 16 BbgOBG, § 5 BbgPolG, § 17 OBG NRW, § 4 PolG NRW, § 7 ThürPAG, § 10 ThürOBG enthalten einen *vierten Absatz*, der die Subsidiarität der Regelung feststellt.

Die zuvor dargestellten Ergebnisse lassen sich unter dem Aspekt der unterschiedlichen Ausgestaltung der Gesetze wie folgt darlegen: Die Zusatzverantwortlichkeit für Jugendliche und Betreute ist nicht einheitlich ausgestaltet. Insoweit finden sich mehrere Unterschiede:

- Die Altersgrenze für Jugendliche schwankt zwischen 14 und 16 Jahren.
- Die für Jugendliche haftende Person ist zum einen der Aufsichtspflichtige, zum anderen der Sorgeberechtigte.
  - Für die (alleinige) Haftung des Betreuers finden sich drei Varianten:
  - Der Betreuer haftet für den Betreuten im Rahmen seines Aufgabenbereichs.
  - Der Betreuer haftet für den Betreuten im Rahmen seines Aufgabenbereichs, ferner auch für die Fälle, in denen der Aufgabenkreis des Betreuers die in § 1896 Abs. 4 und § 1905 BGB bezeichneten Angelegenheiten nicht erfasst.
  - Der Betreuer haftet für den Aufgabenbereich Personensorge, Aufsicht über die Person oder den Bereich, auf den die Maßnahme gerichtet ist.
- Für die Haftung des Aufsichtspflichtigen, der *auf den ersten Blick* nicht der Betreuer sein muss, gibt es zwei Varianten:
  - Der Aufsichtspflichtige haftet für Personen, für die wegen einer psychischen Krankheit oder einer geistigen oder seelischen Behinderung zur Besorgung aller ihrer Angelegenheiten ein Betreuer bestellt wurde. Dies gilt auch, wenn der Aufgabenkreis des Betreuers die in § 1894 Abs. 4 und § 1905 erfassten Angelegenheiten nicht erfasst.
  - Der Aufsichtspflichtige haftet für Personen, für die zur Besorgung aller ihrer Angelegenheiten ein Betreuer bestellt wurde. Dies gilt auch, wenn der Aufgabenkreis des Betreuers die in § 1894 Abs. 4 und § 1905 erfassten Angelegenheiten nicht erfasst.
- Die Haftung des Betreuers entfällt.

Kapitel 2

Recht und Praxis der Zusatzverantwortlichkeit

A. Bestandsaufnahme und Fragen

I. Gesetze

Wie zuvor im Gesamtergebnis am Schluss dargestellt, sind die Gesetze zur Zusatzverantwortlichkeit unterschiedlich ausgestaltet. Im Falle der Aufsichtshaftung für Minderjährige gibt es zwei Unterschiede: Die eine Differenz betrifft das Alter, die andere die Person des Verantwortlichen. Im Falle der Betreuung gibt es ebenfalls zwei Unterschiede: Die eine Differenz betrifft das Problem, ob neben dem Betreuer eine weitere Aufsichtsperson verantwortlich ist. Die andere Differenz betrifft den Umfang der Zusatzverantwortlichkeit. Hier lassen sich fünf Varianten unterscheiden. Es ist zu fragen, ob es für diese Differenzen einleuchtende Gründe gibt oder ob im Ergebnis ein Gleichlauf der Verantwortlichkeit in allen Gesetzen vorzuschlagen ist.

II. Vollzug

Es ist vorab darauf hinzuweisen, dass es zur Handhabung der Zusatzverantwortlichkeit durch die Gefahrenabwehrbehörden keine Daten gibt. Ein gewisser Rückschluss auf die Häufigkeit der Anwendung der Normen, die die Zusatzverantwortlichkeit regeln, ist denkbar aufgrund der durch die Gerichte entschiedenen Fälle. Was sich daraus sicher schließen lässt, wird später Gegenstand der Analyse sein.

1. Theoretisch denkbare „Einsatzmöglichkeiten"

Wie in der Einleitung[1] dargelegt, ist der „Einsatz" oder die „Geltendmachung" des Haftungstatbestands „Zusatzverantwortlichkeit" davon abhängig, dass primär eine bestimmte Person als Verhaltensverantwortlicher haftet. Die zustän-

---

[1] s. Einleitung A I 1 a. E.

A. Bestandsaufnahme und Fragen 183

dige Behörde kann einen Verhaltensverantwortlichen auf drei[2] unterschiedlichen „Ebenen"[3] in Anspruch nehmen: *Erste Ebene*: Der Verhaltensverantwortliche ist Adressat einer Gefahrenabwehrverfügung (präventives bzw. Schaden verhütendes Handeln der zuständigen Behörde). *Zweite Ebene*: Der Verhaltensverantwortliche ist Adressat einer Vollstreckungsmaßnahme, z. B. der Festsetzung eines Zwangsgelds. *Dritte Ebene*: Der Verhaltensverantwortliche ist Adressat einer Kostenverfügung. In den ersten beiden Fällen handelt es sich um Maßnahmen – aus der Sicht der Behörde – im Zusammenhang einer Fremdvornahme der Gefahrenbeseitigung, im dritten Fall liegt eine Eigenvornahme der Gefahrenbeseitigung vor.

In diesen drei Fällen und nur in diesen drei Fällen kann die Zusatzverantwortlichkeit praktisch zum Einsatz gelangen. Die Ermächtigungsgrundlagen für die Inanspruchnahme des Zusatzverantwortlichen seien anhand des Brandenburgischen Rechts vorgestellt. Erster Fall: § 16 Abs. 2, 3 BbgOBG; zweiter Fall: § 16 Abs. 2, 3 BbgOBG i. V. m. §§ 15 Abs. 1, 20 Abs. 1 BbgVwVG (gestrecktes Verfahren, Zwangsgeld); dritter Fall: § 16 Abs. 2, 3 BbgOBG i. V. m. §§ 15 Abs. 2, 19 Abs. 1 BbgVwVG (unmittelbare Ausführung, Ersatzvornahme) i. V. m. § 11 Abs. 2 Nr. 7 BbgKostO.

Andere als diese drei Fälle, den Haftungstatbestand „Zusatzverantwortlichkeit" einzusetzen, sind nicht vorstellbar, weil es im Bereich des Vollzugs verwaltungsrechtlicher Normen nur diese drei Fallvarianten gibt. Diese Aussage – das Resultat sei vorweggenommen – bestätigt die sogleich vorzunehmende Darstellung der von den Gerichten entschiedenen Fälle der Zusatzhaftung.

2. Darstellung

Nach der Quellenlage ist eine unveröffentlichte Entscheidung des OVG Berlin aus dem Jahre 1976[4] keiner der drei Ebenen zuzuordnen. Das Gericht hält eine Hundehalterin für verantwortlich für das pflichtwidrige Verhalten ihrer Angestellten. Ihr oblag die Verwahrung eines bissigen Hundes. Der Hund konnte entweichen und biss einen Menschen. Die Hundehalterin ist Geschäftsherrin, die Angestellte Verrichtungsgehilfin.

---

[2] Es ist häufig auch von nur zwei Ebenen die Rede. Die Primärebene betrifft den Adressaten einer Ordnungpflicht, die Sekundärebene die Frage nach dem Adressaten eines Kostenbescheids, s. *Möller/Wilhelm*, S. 62.

[3] Begriff bei *Knemeyer*, Rdnr. 355, hier auch zum Folgenden.

[4] OVG Berlin, Beschluss vom 3.2.1976, Az.: 1 S 13/76. Der Beschluss ist erwähnt bei *Sadler*, S. 23.

184   Kap. 2: Recht und Praxis der Zusatzverantwortlichkeit

a) Gefahrenbeseitigungsmaßnahmen – Erste Ebene

Der BaWüVGH[5] hält es für rechtmäßig, wenn die Polizeibehörde einen Schiffskapitän, der in einen Frontalzusammenstoß seines Schiffs mit einem anderen Schiff verwickelt war, in dessen Folge sein Schiff sank und den Rhein blockierte, ebenso wie den Eigentümer des gesunkenen Schiffs zur Beseitigung des Hindernisses in Anspruch nimmt. Rechtsgrundlage für die Inanspruchnahme des Eigentümers ist § 25 Abs. 2 WaStrG. Nach dieser Vorschrift ist derjenige, der einen anderen zur Verrichtung bestellt, verantwortlich dafür, dass der andere sich bei der Ausführung der Verrichtung ordnungsgemäß verhält. Der Kapitän sei Verrichtungsgehilfe des Eigentümers und habe sich nicht ordnungsgemäß verhalten.

Das OVG NRW[6] hält es für rechtmäßig, wenn gegen den Eigentümer eines verunfallten Tanklastwagens, aus dem Öl ausläuft und im Boden versickert, Rettungsmaßnahmen angeordnet werden. Der Eigentümer sei Geschäftsherr seines Fahrers. Ermächtigungsgrundlage für die Anordnung ist § 17 Abs. 3 OBG NRW.

Das OVG NRW[7] analysiert im Rahmen der Prüfung, ob ein Mitglied eines Landesvorstands einer politischen Gruppe für „wildes Plakatieren" nach § 17 Abs. 3 OBG NRW als Zusatzverantwortlicher in Anspruch genommen werden könne, das Problem, welche Kriterien erfüllt sein müssen, damit eine Person Verrichtungsgehilfe einer anderen Person sei. Weil das Mitglied des Landesvorstands eine Klebekolonne nicht „in Marsch gesetzt" habe, entfalle die Relation Geschäftsherr – Verrichtungsgehilfe und mit ihr die Zusatzverantwortlichkeit.

Das HmbVG[8] hält es für rechtmäßig, einen Gastwirt nach § 8 Abs. 3 HmbSOG als Zusatzverantwortlichen in Anspruch zu nehmen, wenn sein Portier Passanten zum Besuch seines Vergnügungslokals zu überreden versucht (sog. „Kobern"). Der Portier sei Verrichtungsgehilfe des Gastwirts.

Der BayVGH[9] untersucht im Rahmen einer auf das Wasser- und Abfallrecht gestützten Beseitigungsverfügung den Begriff „Verrichtungsgehilfe". In diesem Zusammenhang geht das Gericht mit Blick auf die Ermächtigungsgrundlage davon aus, dass es einen „Erfüllungs- oder Verrichtungsgehilfen" „im sicherheitsrechtlichen Sinne" gibt, der allein als Folge der Existenz dieser „Rechtsfigur" als Handlungsstörer in Anspruch genommen werden könne – ohne dass es in dem konkreten Recht, welches zum Einsatz kommt, eine gesetzliche Bestimmung über die Zusatzverantwortlichkeit geben muss. Da die Rechtsfigur

---

[5] BaWüVGH, ZfW 1981, 102, 104.
[6] OVG NRW, DVBl. 1969, 594.
[7] OVG NRW, DVBl. 1979, 735 = NJW 1979, 2266.
[8] HmbVG, GewArch 1982, 204.
[9] BayVGH, NVwZ 1989, 681.

"Verrichtungsgehilfe im sicherheitsrechtlichen Sinn" im Gefahrenabwehrrecht immer nur im Zusammenhang mit einem Geschäftsherrn gedacht werden kann, geht das Gericht davon aus, dass es auch ungeschrieben die Geschäftsherrnverantwortlichkeit gibt (in der Sache prüft das Gericht die Frage, ob eine bestimmte Person für den Verrichtungsgehilfen im sicherheitsrechtlichen Sinn haftet – ein klarer Fall der Zusatzverantwortlichkeit). Die im konkreten Fall geprüften Normen Art. 68 Abs. 3 BayWG i. V. m. § 34 Abs. 1 WHG und Art. 19 Abs. 1, 2 Satz 1 BayAbfG i. V. m. § 4 AbfG normieren ausdrücklich eine Zusatzhaftung nicht. Art. 68 Abs. 3 BayWG[10] lautet: "Die Kreisverwaltungsbehörden können im Rahmen des Absatzes 1 Anordnungen für den Einzelfall [...] erlassen." Art. 19 Abs. 1 BayAbfG[11] lautet: "Wer in unzulässiger Weise Abfälle [...] ablagert, ist zur Beseitigung des rechtswidrigen Zustands verpflichtet." Art. 19 Abs. 2 Satz 1 BayAbfG regelt die Zuständigkeit für den Erlass einer Beseitigungsverfügung. Eine Begründung für die Existenz des Haftungstatbestands "Dienstherrnverantwortlichkeit" unabhängig von einer gesetzlichen Normierung liefert das Gericht nicht.

b) Verwaltungsvollstreckungsmaßnahmen – Zweite Ebene

Das OVG Lüneburg[12] hält es für rechtmäßig, wenn gegen den Vorsitzenden des Gründungsausschusses einer politischen Partei ein Zwangsgeld festgesetzt wird, wenn er Mitglieder und Anhänger der politischen Partei beauftragt, Werbeplakate zu verteilen und diese die Plakate an Stellen ankleben, deren Verunreinigung durch Polizeiverordnung verboten ist. Die Festsetzung des Zwangsgelds setzt die rechtmäßige Inanspruchnahme des Vorsitzenden als Handlungsstörer voraus. Rechtsgrundlage ist § 19 Abs. 3 PrPVG. Der Vorsitzende haftet als Zusatzverantwortlicher. Die Plakatkleber seien Verrichtungsgehilfen, die gegen eine Polizeiverordnung verstoßen hätten.

Das OVG Lüneburg[13] sieht § 19 Abs. 3 PVG als erfüllt an, wenn eine Person sich bei der Wahrnehmung ihrer Angelegenheiten Jugendlicher bedient. Der Vorsitzende eines Sportvereins hat jugendliche Mitglieder des Vereins beauftragt, Werbeplakate für eine Veranstaltung zu kleben. Die Jugendlichen haben die Plakate außerhalb der Anschlagtafeln angebracht. Diese sind nach Auffassung

---

[10] Die Norm ist identisch mit der heutigen Fassung des Gesetzes, BayWG in der Fassung der Bekanntmachung vom 19. 7. 2009, GVBl. S. 822, zuletzt geändert am 27. 7. 2009, S. 376, 379.
[11] Text bei *Kunig/Schwermer/Versteyl*, S. 613.
[12] OVG Lüneburg, DVBl. 1951, 733 mit zustimmender Anm. *Frege*. – Das OVG Lüneburg wird hier entgegen der sonstigen Zitierweise nicht nach dem Sitzland zitiert, weil es sehr lange das gemeinsame Oberverwaltungsgericht der Länder Niedersachsen und Schleswig-Holstein war.
[13] OVG Lüneburg, MDR 1958, 950.

des Gerichts Verrichtungsgehilfen des Vereinsvorsitzenden. Das Zwangsgeld sei deshalb rechtmäßig festgesetzt worden.

c) Kostenbeitreibung – Dritte Ebene

Das OVG NRW[14] hält es für rechtmäßig, wenn der Eigentümer eines Tanklastwagens auf Ersatz der Kosten in Anspruch genommen wird, die durch Abräumung verseuchten Erdreichs entstanden sind, weil nach dem Unfall des Tanklastwagens Öl in das Erdreich versickerte und in das Grundwasser zu gelangen drohte. Der Fahrer ist Handlungsstörer und Verrichtungsgehilfe des Eigentümers. Der Eigentümer des Tankwagens ist Zusatzverantwortlicher und haftet nach der Rechtsgrundlage § 17 Abs. 3 OBG NRW. Diese Entscheidung bestätigt das Gericht später.[15] In der bestätigenden Entscheidung befasst es sich ausführlich mit dem Begriff „Verrichtungsgehilfe".

Der BaWüVGH[16] stellt im Zusammenhang mit einem Kostenbescheid gegen den Eigentümer eines Heizöltanks fest, dass dann, wenn beim Befüllen mit Heizöl der Öltank überläuft und Erdreich verseucht, die Mitarbeiter der Öllieferfirma Verrichtungsgehilfen des Eigentümers des Öltanks sind.

Der BaWüVGH[17] befasst sich im Rahmen einer Kosteninanspruchnahme mit dem Begriff „Verrichtungsgehilfen". Ein Unternehmer haftet für einen Subunternehmer. Dieser sei bei der Ausführung der Arbeiten vom Willen des Bestellers abhängig und deshalb Verrichtungsgehilfe. Der Unternehmer haftet konkret nach § 36 Abs. 2 Nr. 2 BaWüFeuerwG, der für die Zusatzhaftung auf 6 Abs. 3 BaWüPolG verweist.

3. Analyse und Fragen

a) Anwendungsbereich – rechtstatsächliche Fragen

Wie dargelegt, kennt das allgemeine Polizei- und Ordnungsrecht drei Fälle der Zusatzverantwortlichkeit: die Aufsichtsverantwortlichkeit, die Betreuerverantwortlichkeit und die Geschäftsherrnverantwortlichkeit. Die Rechtsprechung hatte ausschließlich Fälle der Geschäftsherrnverantwortlichkeit zu entscheiden. Quantitativ ist die Menge der entschiedenen Fälle überschaubar. Es ist zu fragen, ob es Gründe dafür gibt, warum es in der Tat nur wenige entschiedene

---

[14] OVG NRW, DVBl. 1964, 683.
[15] OVG NRW, DVBl. 1973, 924.
[16] BaWüVGH, NVwZ 1990, 684.
[17] BaWüVGH, NJW 1993, 1543.

einschlägige Fälle gibt und warum sich diese materiell allein auf die Geschäftsherrnverantwortlichkeit beziehen.

b) Anwendungsbereich – rechtsdogmatische Fragen

aa) Tatbestandsmerkmale

Die mit der Zusatzhaftung befassten Gerichte hatten zwei Rechtsprobleme zu lösen: Sie mussten die Tatbestandsmerkmale „Geschäftsherr" und „Verrichtungsgehilfe" bestimmen. Sie definieren den Begriff „Geschäftsherr" unter gelegentlicher Berufung auf literarische Quellen[18] durch Rückgriff auf die zu § 831 BGB ergangene zivilrechtliche Rechtsprechung. In gleicher Weise wie die Zivilgerichte gelangen sie zu einer Inhaltsbestimmung des Begriffs „Verrichtungsgehilfe". Es ist zu fragen, ob der Weg, den die Gerichte gehen, rechtlich zulässig ist.

bb) Notwendigkeit einer
gesetzlichen Ermächtigungsgrundlage

Alle Gerichte gehen davon aus, dass im Falle einer gesetzlichen Festlegung der Zusatzverantwortlichkeit eine Person bei Vorliegen der gesetzlichen Voraussetzungen in Anspruch genommen werden könne. Dieses Vorgehen ist unter der Prämisse, dass die Normen über die Zusatzverantwortlichkeit verfassungsmäßig sind – wovon alle Gerichte ohne Äußerung eines Zweifels ausgehen – problemlos. Es ist indes eine weitere Feststellung zu treffen: Der BayVGH[19] erkennt die Geschäftsherrnverantwortlichkeit außerhalb des geschriebenen Rechts an. Es stellen sich folgende Rechtsfragen: 1. Ist die gesetzliche Normierung des Haftungstatbestands „Zusatzhaftung" verfassungsmäßig? 2. Auf welche Weise lässt sich der Haftungstatbestand „Zusatzhaftung" außerhalb einer gesetzlichen Bestimmung begründen?

III. Literatur

1. Unterschiedliche Stufen der Befassung

Eine Sichtung der literarischen Stellungnahmen[20] zur gefahrenrechtlichen Verantwortlichkeit lässt mit Blick auf die Intensität der Befassung mit der Zusatzverantwortlichkeit vier Stufen erkennen. *Erste Stufe*: Es handelt sich der Sache nach

---

[18] BaWüVGH, NJW 1993, 1543 beruft sich auf *Reiff/Wöhrle/Wolf*, § 6 Rdnr. 19. Nach diesen Autoren kann die zu § 831 BGB ergangene Rechtsprechung der Zivilgerichte herangezogen werden.
[19] BayVGH, NVwZ 1989, 681.

um eine Nichtbefassung: In einem Kontext betreffend die Behandlung der polizeirechtlich Verantwortlichen wird der Zusatzstörer nicht oder nur ganz knapp erwähnt. Ein gesetzlicher Haftungstatbestand wird nicht erörtert. *Zweite Stufe*: Die Zusatzverantwortlichkeit wird erwähnt, aber sachlich nicht diskutiert. Sie wird möglicherweise instrumentell, zur Absicherung einer ein anderes Problem betreffenden Lösung eingesetzt. *Dritte Stufe*: Die Zusatzverantwortlichkeit wird inhaltlich dargestellt und es werden einige mit ihr verbundene Fragen angesprochen. *Vierte Stufe*: Die Zusatzverantwortlich wird ausführlich dargestellt und mit ihr verbundene Fragen werden auf wissenschaftlich anspruchsvolle Weise diskutiert.

2. Darstellung

a) Erste Stufe

In einer nicht geringen Zahl von Stellungnahmen findet die Zusatzverantwortlichkeit keine oder nur ganz knappe Erwähnung.[21] Die Stellungnahmen befassen sich mit den Aussagen der Gefahrenabwehrgesetze zur Verantwortlichkeit. Die Zusatzverantwortlichkeit ist ein Verantwortlichkeitstatbestand. Insoweit muss ein gewisses Erstaunen darüber zum Ausdruck gebracht werden, dass die Darstellung der polizeilichen Verantwortlichkeit unvollständig erfolgt.

b) Zweite Stufe

Die Erwähnung der Zusatzverantwortlichkeit mit dem Ziel ihrer instrumentellen Nutzung findet sich, soweit ersichtlich, in der Literatur einmal.[22] Der Verfasser behandelt die Frage, ob im Ordnungsrecht die an das Lebensalter anknüpfende Frage nach der zivilrechtlichen Geschäftsfähigkeit eine Rolle spielt. Er verneint die Frage unter Hinweis darauf, dass Maßnahmen gegen eine Auf-

---

[20] An dieser Stelle erfolgt eine Sichtung der Literatur in einem beschränkten Umfang. Die Sichtung bezieht sich ausschließlich auf die sog. polizeirechtliche Literatur. Das übrige Schrifttum, soweit sich in ihm einschlägige Aussagen finden, wird in Kapitel 2 B berücksichtigt.

[21] *Beital/Führing/Petersen-Thrö/Robrecht*; *Beaucamp*, JA 2009, 283; *Denninger* u. a. (Hrsg.), Alternativentwurf, S. 46; *Dittmann*, in: Maurer/Hendler, S. 289; *Gornig/Jahn*; *Habermehl*, S. 88; *Heise/Tegtmeyer/Braun*, § 4 Rdnr. 2; *Heyen*, in: Schütz/Classen, S. 129; *Hillmann/Fritz*, in: Friauf, S. 115; *Hoffmann-Riem*, in: Hoffmann-Riem/Koch, S. 180; *Jochum/Rühle*, S. 140 ff.; *Keller*; *Knemeyer*, in: Berg/Knemeyer/Papier/Steiner, S. 251; *Kramer*; *Pausch*; *Petersen-Thrö/Robrecht/Elzermann*; *Pieroth/Schlink/Kniesel*, § 9 Rdnr. 6; *Prümm/Thieß*; *Riegel*, POR, S. 13; *Roggan/Kutscha*; *Rupprecht*, S. 412; *Ruthig/Fickenscher*, in: Hendler/Hufen/Jutzi, S. 201; *Saipa*, in: Faber/Schneider, S. 373; *Scholler/Schloer*, S. 249; *Seidel/Reimer/Möstl*; *Stein/Paintner*; *Waechter*, in: Brandt/Schinkel, S. 225; *Würtenberger*, in: Achterberg/Püttner/Würtenberger, S. 450.

[22] *Hebeler*, in: Hermes/Groß, S. 168.

sichtsperson oder gegen einen Betreuer gerichtet werden dürfen, wenn der Verhaltensverantwortliche noch nicht 14 Jahre alt ist oder unter Betreuung steht.[23]

c) Dritte Stufe

Eine relativ große Zahl von Autoren, aber nicht die Mehrheit der Verfasser literarischer Stellungnahmen, behandelt die Zusatzverantwortlichkeit inhaltlich und liefert Antworten.[24] Nicht durchgehend, aber häufig findet sich eine knappe Erläuterung zu allen drei Formen der Zusatzverantwortlichkeit. Zur Aufsichtsverantwortlichkeit findet sich die Aussage, dass Aufsichtspflichtige die Eltern, der Vormund, der Pfleger oder eine sonstige Person, z. B. Kindermädchen sein können.[25] Ferner kann die Sorgeberechtigung durch Vertrag oder durch vorangegangenes Tun übernommen sein. Zur Betreuerverantwortlichkeit findet sich durchweg die Aussage, dass es sie gibt und dass der Betreuer zusätzlich haftet. Am ausführlichsten sind die Aussagen zur Verantwortlichkeit für den Verrichtungsgehilfen. Es wird darauf verwiesen, dass diese Haftung parallel zu der des § 831 BGB verlaufe und dass auf die Rechtsprechung zu dieser Vorschrift verwiesen werden könne. Zwei weitere relevante Aussagen finden sich regelmäßig. Sie betreffen alle drei Formen der Zusatzverantwortlichkeit: 1. Der Zusatzverantwortliche haftet neben dem „eigentlichen" Verantwortlichen. 2. Die Möglichkeit der Exkulpation, die der Geschäftsherr nach § 831 BGB habe, entfällt im Gefahrenabwehrrecht, weil es in diesem auf subjektive Elemente wie Verschulden nicht ankommt.

d) Vierte Stufe

Die überwiegende Zahl der Autoren behandelt die Zusatzverantwortlichkeit ausführlich, befragt den Tatbestand kritisch und beantwortet die Fragen hinreichend. Hinzuweisen ist aber darauf, dass es nur eine einzige Monographie[26] gibt,

---

[23] In diesem Zusammenhang erwähnt *Hebeler*, in: Hermes/Groß, S. 168, ganz knapp den Verrichtungsgehilfen.
[24] *Denninger*, in: Meyer/Stolleis, S. 267; *Habermehl*, S. 88f.; *Haurand*, S. 64; *Helmers/Waldhausen*, S. 45; *Holtzmann*, DVBl. 1964, 424f.; *Knemeyer*, Rdnr. 334; *Kirchhof*, JuS 1975, 380; *Krumrey/Schwan*, § 10 Rdnr. 9; *Kugelmann*, S. 266; *Möller/Wilhelm*, S. 63; *Klaus Müller*, S. 21f.; *von Mutius*, JURA 1983, 303; *Nitsche/Schmutterer*, S. 37; *Pausch/Prillwitz*, S. 123; *Pohl-Zahn*, in: von Brünneck/Peine, S. 272f.; *Prümm/Thieß*, S. 74; *Ruder/Schmitt*, S. 174f.; *Schenke, Ralf-Peter/Schenke, Wolf-Rüdiger*, in: Steiner, S. 272; *Schipper/Bock/Kobza/Kripgans/Schneider*, S. 169f.; *Schoch*, in: Schmidt-Aßmann/Schoch, S. 217; *Stein/Paintner*, S. 114; *Wagner*, Polizeirecht, S. 83; *Hans Julius Wolff*, S. 62; *Wolff/Bachof* III, S. 66.
[25] *Pausch/Prillwitz*, S. 123.
[26] *Bott*, Die Verantwortlichkeit wegen des Verhaltens Dritter im allgemeinen Sicherheits- und Polizeirecht. Mit Blick auf das Verhalten Dritter unterscheidet Verf. vier

die sich (relativ) ausführlich der Zusatzverantwortlichkeit widmet, und auch nur einen Aufsatz[27], der sich näher mit dem Tatbestand befasst. Die übrige Literatur besteht aus Aufsätzen, Lehrbüchern und Kommentaren.[28] Es finden sich

---

Fallgestaltungen: 1. Verursachereigenschaft wegen des Verhaltens Dritter, 2. Zustandsverantwortlichkeit wegen des Verhaltens Dritter, 3. Verantwortlichkeit neben dem Verursacher, 4. Verantwortlichkeit nach dem Verursacher, s. S. 25 ff. Der *ersten Gruppe* ordnet die Verf. die Fälle des sog. Zweckveranlassers und des Zusammentreffens mehrerer Verhaltensweisen zu, von denen keine allein eine sicherheitsrechtlich relevante Lage schafft, sondern die sicherheitsrechtlich relevante Lage vielmehr erst durch ihr Nebeneinander ausgelöst wird. Zur *zweiten Gruppe* zählt die Verf. zum einen die Sachverhalte, in denen der Gewalthaber einer Sache als Adressat ordnungsrechtlicher Maßnahmen in Betracht kommt, weil ein Dritter die Sache in einen gefährlichen Zustand versetzt; zum anderen die mögliche Zustandsverantwortlichkeit des Inhabers einer Sache, die wegen fehlender Sicherheitsvorkehrungen Dritte zu gefährlichen Verhaltensweisen herausfordert; ferner die Fälle der sog. latenten Störung. Zur *dritten Gruppe* gehören nach Ansicht der Verf. die Fälle der Zusatzverantwortlichkeit. Verf. unterscheidet zwischen den gesetzlich geregelten Fällen und einer möglichen Zusatzverantwortlichkeit in den Fällen gesetzlicher und rechtsgeschäftlicher Stellvertretung. In der *vierten Gruppe* behandelt Verf. die Rechtsnachfolge in eine sicherheitsrechtliche Verfügung. Ersichtlich ist im Zusammenhang der Untersuchung zunächst die dritte Gruppe bedeutungsvoll. Es wird aber auch die zweite Gruppe eine Rolle spielen, weil in der Literatur die Fälle der Zustandsverantwortlichkeit als Fälle der Zusatzverantwortlichkeit behandelt werden, s. z. B. *Götz*, Rdnr. 215 (13. Aufl.), in der 14. Aufl., § 9 Rdnr. 50, ist nur noch von „zusätzlich" die Rede. – Die Wortwahl „wegen des Verhaltens Dritter" ist zu kritisieren, weil Verf. mit ihr den Eindruck erweckt, ausschließlich die Zusatzverantwortlichkeit zu behandeln; denn unter dem Titel „Verantwortlichkeit für das Verhalten Dritter" behandelt die Literatur die Fälle der Zusatzverantwortlichkeit, s. z. B. *Gusy*, Rdnr. 346. *Bott* spricht für die Fälle der Zusatzverantwortlichkeit von „Verantwortung für Dritte im engeren Sinne", s. S. 28.

[27] *Holtzmann*, DVBl. 1964, 420 ff.
[28] *Alberts/Merten/Rogosch*, § 8 Rdnr. 3; *Beaucamp/Ettemeyer/Rogosch/Stammer*, S. 72 f.; *Berner/Köhler*, S. 76 f.; *Belz/Elzermann*, S. 38 f.; *Belz/Mußmann*, S. 111 f.; *Blümel/Drewes/Malmberg/Walter*, S. 289 ff.; *De Clerck/Schmidt*, B S. 134 f.; *Denninger*, in: Lisken/Denninger, E Rdnrn. 84 f., S. 141; *Drews/Wacke/Vogel/Martens*, S. 308 ff.; *Ebert/Honnacker/Seel*, S. 59 f.; *Gerhard Fischer*, S. 47 f.; *Friauf*, in: Schmidt-Aßmann, S. 150 f.; *Frings/Spahlholz*, Rdnr. 248; *Gallwas*, in: Gallwas/Mößle/Wolff, S. 130 f.; *Götz*, § 9 Rdnrn.. 40 f.; *Guckelberger*, in: Gröpl/Guckelberger/Wohlfarth; S. 278; *Gusy*, Rdnr. 346; *Haus/Wohlfahrt*, Rdnr. 381; *Heesen/Hönle/Peilert*, S. 598 f.; *Honnacker/Beinhofer*, S. 54 ff.; *Hornmann*, S. 70 f.; *Ipsen*, S. 71 f.; *Jochum/Rühle*, S. 137 f.; *Kay*, S. 231 f.; *Kay/Böcking*, S. 183 f.; *Klapper*, S. 35 f.; *König*, S. 56 f.; *Knape/Kiworr*, S. 189 f.; *Kunkel/Pausch/Prillwitz*, S. 23 f.; *Laux/Kaesehagen*, S. 12 f.; *Mandelartz/Sauer/Strube*, S. 25; *Mann*, in: Tettinger/Erbguth/Mann, Rdnr. 500; *Mayer/Ule*, in: Mayer/Ule, S. 465 f.; *Meixner*, S. 102 f.; *Meixner/Fredrich*, S. 93 f.; *Meixner/Martell*, S. 98 ff.; *Merten/Merten*, S. 83 ff.; *Möller/Wilhelm*, S. 62 f.; *Mühl/Leggereit/Hausmann*, S. 68; *Klaus Müller*, S. 78 f.; *Niehörster*, S. 29; *Poscher*, JURA 2007, 801; *Prümm*, in: Ley, S. 490 f.; *Prümm/Stubenrauch*, S. 50 f.; *Prümm/Sigrist*, S. 86 f.; *Rädert/Ruder/Fröhler*, S. 163 f.; *Rasch*, S. 55 f.; *Rhein*, S. 162; *Roos*, S. 83 ff.; *Ruder/Schmitt*, S. 174 ff; *Rühle*, S. 64 ff.; *Rühle/Suhr*, S. 82 f.; *Sadler*, S. 22 f.; *Schenke*, Rdnr. 265; *Steiner*, in: Schmidbauer/Steiner/Roese, Art. 7 Rdnr. 13; *Rolf Schmidt*, POR, S. 91 f; *Rolf Schmidt*, BesVR, S. 261 ff.; *Scholz/Decker*, S. 91 f.; *Schütz*, S. 46 f.; *Schumann*, S. 44; *Stein*, S. 188 ff.; *Stephan/Deger*, S. 157 f.; *Suckow/Hoge*, S. 152 ff.; *Tegtmeyer/Vahle*, 69 f.; *Waechter*, S. 265 ff.; *Wagner*, Komm., § 4

nahezu durchgehend ausführliche Darstellungen der drei Tatbestände der Zusatzverantwortlichkeit, Erläuterungen in Form von Beispielen sowie die zuvor unter c) dargestellten Aussagen. Weitere vorgefundene Aussagen zu den einzelnen Verantwortlichkeitstatbeständen sind: Die Haftung der Aufsichtspflichtigen oder Betreuer beruhe auf der gesetzlichen Vermutung, dass der beaufsichtigten Person die Fähigkeit fehle, die Gefahr zu beseitigen.[29] Nach § 12 VwVfG dürfe gegen handlungsunfähige Personen kein Verwaltungsakt erlassen werden[30] – in diesem Fall werde die Zusatzhaftung zur Alleinhaftung. Die Zusatzhaftung entfalle, wenn von dem Störer eine unvertretbare Handlung gefordert werde.[31] Bei der Forderung einer unvertretbaren Handlung könne von dem Zusatzverantwortlichen ein Beitrag zur Erfüllung der unvertretbaren Handlung gefordert werden.[32] Die Zusatzhaftung sei gegenüber der Haftung des primären Störers stets subsidiär – Folge sei, dass der zuständigen Behörde kein Ermessen bei der Störerauswahl zustünde.[33] Die Zusatzverantwortlichkeit stehe immer neben der „eigentlichen" Verantwortlichkeit. Wenn die Inanspruchnahme des „eigentlichen" Störers rechtswidrig sei, entfalle die Zusatzhaftung. Folge könnte sein, dass die Inanspruchnahme eines Störers vollständig entfällt. Eine Zusatzverantwortlichkeit könne auch für eine Person in Betracht kommen, die selbst verhaltensverantwortlich sei.[34] Eine Zusatzverantwortlichkeit bestehe auch dann, wenn das Kind im Einzelfall keiner Aufsicht bedürfe.[35] Das Recht der Zusatzverantwortlichkeit soll auch ohne eine gesetzliche Normierung im Abfallwirtschafts- und Altlastensanierungsrecht gelten.[36] Um einen Fall der Zusatzverantwortlichkeit soll es sich bei der Haftung des Wirts für seine vor dem Lokal lärmenden Gäste handeln.[37] Ganz allgemein sei der Gastwirt für das Verhalten seiner Gäste auch im Lokal verantwortlich.[38] Das gelte auch bei einem beliebigen Gastgeber für das Verhalten seiner Gäste.[39] Ein Sohn soll Verrichtungsgehilfe seines Vaters sein, wenn er in dessen Auftrag einen Einkauf erledigt und die gekaufte Sache einen Schaden verursacht, der dem Sohn als Verursacher zuzurechnen ist.[40] Die Stellung des Zusatzverantwortlichen wird als sicherheitsrechtliche Garantenstellung

---

Rdnrn. 5 ff.; *Wagner/Ruder*, S. 186 f.; *Wiegand/Heider/Geyer*, S. 17; *Wöhrle/Belz/Lang*, § 6 Rdnr. 8; *Wolf/Stephan*, S. 113; *Wolffgang/Hendricks/Merz*, S. 104 ff.; *Würtenberger/Heckmann*, S. 187; *Zeitler*, S. 49.

[29] *Rhein*, S. 162.
[30] *Poscher*, JURA 2007, 801.
[31] Ebd.
[32] Ebd., 801 f; *Möller/Wilhelm*, S. 62 f.
[33] Z. B. *Gusy*, Rdnr. 346.
[34] *Frings/Spahlholz*, Beispiel S. 124 oben.
[35] *Knape/Kiworr*, S. 189.
[36] *Ebert/Honnacker/Seel*, S. 65.
[37] *Gerhard Fischer*, S. 48.
[38] Ebd.
[39] *Rasch*, S. 56.

verstanden.⁴¹ Im Falle der Zustandsverantwortlichkeit treffe die Zustandsverantwortlichkeit den Inhaber der tatsächlichen Gewalt, dem Eigentümer werde „nur noch" eine Zusatzverantwortlichkeit auferlegt.⁴² Eine bewusstlose Person soll polizeipflichtig sein.⁴³ Zusatzverantwortlicher soll nur die Person sein, die die Möglichkeit oder gar Verpflichtung gehabt hätte, auf das Verhalten des Schutzbefohlenen oder Weisungsabhängigen Einfluss zu nehmen.⁴⁴ Im Falle des Verrichtungsgehilfen soll es bedeutungslos sein, ob er zivilrechtlich Erfüllungsgehilfe oder Verrichtungsgehilfe ist.⁴⁵ Die Zusatzverantwortlichkeit gebe es heute deswegen, weil es nicht immer möglich sei, gegen den Verursacher selbst einzuschreiten.⁴⁶ Nach dem Zivilrecht gebe es keine Haftung des Betreuers, deshalb müsse eine Zusatzhaftung des Betreuers im Gefahrenabwehrrecht ausscheiden.⁴⁷ Ein Tun oder Unterlassen einer Person brauche nicht von einem Handlungswillen getragen zu sein. Auch ein Epileptiker oder Betrunkener könne Handlungsstörer sein.⁴⁸ Für die Relation Betreuter-Betreuer wird festgestellt, die Polizei habe ihre Maßnahmen primär an den Handlungsstörer zu richten, an den Betreuer nur dann, wenn dessen Name und Anschrift bekannt seien. Nachforschungen nach einem Betreuungsverhältnis seien erst in zweiter Linie zu veranlassen.⁴⁹

3. Analyse und Fragen

a) Fragen zur Nichtbehandlung

Im Anschluss an die Erörterungen unter a) und b) zuvor ist zu fragen, ob es im Kontext der Abhandlung spezifische Gründe für die Nichtbeachtung/Nichtbehandlung der Zusatzverantwortlichkeit gibt.

---

⁴⁰ *Frings/Spahlholz*, S. 126.
⁴¹ *Gallwas*, in: Gallwas/Mößle/Wolff, S. 130.
⁴² *Götz*, Rdnr. 215 (13. Aufl.); in der 14. Aufl., § 9 Rdnr. 50, findet sich nur das Wort „zusätzlich".
⁴³ *Klapper*, S. 35.
⁴⁴ *Möller/Wilhelm*, S. 63.
⁴⁵ *Mußmann*, S. 183.
⁴⁶ *Niehörster*, S. 29.
⁴⁷ *Roos*, § 4 Rdnr. 23.
⁴⁸ *Ruder/Schmitt*, Rdnr. 260.
⁴⁹ *Honnacker/Beinhofer*, Art. 7 Anm. 5.

b) Anwendungsbereich – rechtsdogmatische Fragen

aa) Tatbestandsmerkmale

Als Aufsichtsverantwortliche finden sich in der Literatur folgende Personen erwähnt: Eltern (unabhängig davon, ob verheiratet oder geschieden)[50], ein Elternteil bei Tod des Ehepartners[51], ein Elternteil bei Scheidung der Ehe[52], Mutter eines nichtehelichen Kindes[53], Vormund, vorläufiger Vormund[54], der Pfleger bei Ergänzungspflegschaft[55], Hausmädchen[56], Kindergärtnerin[57], „Au-pair-Mädchen"[58], Lehrer[59], ältere Schüler auf einem Spielplatz[60], ältere Geschwister, Verwandte, Trainer in einem Sportverein, Babysitter, Krankenschwester/Krankenpfleger in einem Krankenhaus[61], unentgeltliches Auftragsverhältnis[62], Geschäftsführer ohne Auftrag.[63]

Als Fälle der Aufsichtsverantwortlichkeit werden folgende Tätigkeiten des zu Beaufsichtigenden als Beispiele gebildet: Ein Kindergartenkind schießt mit einer Steinschleuder auf Ampelanlagen und Laternen und zerstört diese.[64] Ein fünfjähriges Kind läuft mit einem Gummiball auf die Straße.[65] Ein sechsjähriges Kind wirft mit Steinen auf Straßenlaternen und macht sie funktionsunfähig.[66] Ein zehnjähriges Kind legt eine gefährliche Rutschbahn an.[67] Ein Vierzehnjähriger schießt im elterlichen Garten mit einer Steinschleuder auf leere Flaschen und gefährdet dadurch Vorübergehende.[68] Ein Kind, welches einen gefährlichen Gegenstand in die Wohnung verbracht hat, den die Polizei zur Abwehr einer gegenwärtigen Gefahr aus der Wohnung entfernen muss und die deshalb die

---

[50] *Kirchhof*, JuS 1975, 380; *von Mutius*, JURA 1983, 303; *Prümm/Stubenrauch*, S. 50.
[51] *Mußmann*, S. 182.
[52] *Prümm/Stubenrauch*, S. 50.
[53] *Wöhrle/Belz/Lang*, S. 65.
[54] Ebd.
[55] *Mußmann*, S. 182.
[56] *Kirchhof*, JuS 1975, 380; *von Mutius*, JURA 1983, 303.
[57] *Gerhard Fischer*, S. 47.
[58] *Prümm/Stubenrauch*, S. 51.
[59] *Gerhard Fischer*, S. 47.
[60] *Stein*, S. 189.
[61] Alle Beispiele bei *Frings/Spahlholz*, S. 123.
[62] *Rühle/Suhr*, S. 64.
[63] Ebd.
[64] *Kirchhof*, JuS 1975, 380.
[65] *Frings*, S. 59.
[66] *Von Mutius*, JURA 1983, 303.
[67] *Mühl/Leggereit/Hausmann*, S. 68.
[68] *Wöhrle/Belz/Lang*, S. 65.

Wohnung betritt.[69] Ein zwölfjähriges Kind schießt mit einem Luftgewehr auf Singvögel.[70] Zwei Kleinkinder verstecken sich hinter einer Hecke und werfen mit Schneebällen auf Autos.[71] Ein Zehnjähriger wirft mit Steinen nach Passanten.[72] Kinder verunreinigen einen Wasserlauf.[73] Eine Freundin der Mutter übernimmt die Aufsicht über deren Kind.[74] Die Mutter überwacht die Teilnehmer eines Kindergeburtstags.[75] Eine Nachbarin nimmt ein Kind, welches vor verschlossener Tür steht, vorübergehend zu sich.[76] Ein Fünfjähriger zerkratzt mit einer Glasscherbe die Lackierung von Autos.[77] Ein Kind wirft Dreck in einen Brunnen.[78] Ein Bergführer übernimmt die Führung von in Bergnot geratenen Wanderern.[79]

Die Relation Betreuer/Betreuter ist als solche nicht problematisch, weil sie kraft einer gerichtlichen Entscheidung besteht. Insoweit gibt es in der Literatur naturgemäß keine Beispielsfälle. Als Beispiel für einen Betreuten findet sich gelegentlich der Geisteskranke.[80] Als Beispiel für eine Inanspruchnahme des Betreuers findet sich der Fall, dass gegen ihn ein Platzverweis ausgesprochen werden darf, wenn ihm die Aufgabe obliegt, den Aufenthalt des Betreuten zu bestimmen.[81] Mit Blick auf den Umfang der Haftung des Betreuers findet sich die Behauptung, dass selbst dann, wenn sie gesetzlich unbeschränkt angeordnet sei, sie im Einzelfall auf die Bereiche zu begrenzen sei, für die die Betreuung angeordnet sei.[82]

Für die Relation Geschäftsherr/Verrichtungsgehilfe finden sich in der Literatur folgende Beispiele: Eltern und Hausmädchen[83], Arbeitgeber und Arbeitnehmer[84], Parteiorgan und Wahlhelfer[85], Vater – Sohn.[86]

---

[69] *Knape/Kiworr*, S. 189.
[70] *Brandt/Schlabach*, S. 167.
[71] *Frings/Spahlholz*, S. 122.
[72] *Meixner*, S. 103.
[73] *Mußmann*, S. 182.
[74] *Rühle/Suhr*, S. 64.
[75] Ebd.
[76] Ebd.
[77] Ebd.
[78] *Waechter*, S. 267.
[79] *Fischer/Hitz/Walter*, S. 287.
[80] *Frings/Spahlholz*, S. 122.
[81] *Rolf Schmidt*, POR, S. 91.
[82] Ebd.
[83] *Kirchhof*, JuS 1975, 380; *von Mutius*, JURA 1983, 303.
[84] *Von Mutius*, JURA 1983, 303.
[85] *Wöhrle/Belz/Lang*, S. 66.
[86] *Frings/Spahlholz*, S. 126.

Als Fälle der Geschäftsherrnverantwortlichkeit werden für die Verrichtung folgende Beispiele gebildet: Im Auftrag von Parteiorganen kleben Parteihelfer rechtswidrig Plakate an Gebäude, Bäume und Zäune.[87] Arbeitnehmer eines Abbruchunternehmers verursachen starken Staub beim Abbruch eines Hauses.[88] Ein Geschäftsherr beauftragt seinen Arbeitnehmer, Bauschutt in einen See zu kippen.[89] Ein Geselle wirft während der Durchführung von Dachdeckerarbeiten Dachziegel auf einen ungesicherten Gehweg und gefährdet dadurch Passanten.[90] Bei ruhestörendem Lärm in einer Gastwirtschaft haftet nach dem Eintritt der Polizeistunde der Wirt für den Lärm seiner Gäste.[91] Ein Spediteur haftet, wenn ein von seinem Angestellten gefahrener LKW Öl verliert und dieses die Straße verschmutzt.[92] Der Ladenbesitzer haftet für die Verkäuferin, die beim Verkaufen lebensmittelrechtliche Vorschriften missachtet.[93] Der Vater haftet für seinen Sohn, der in seinem Auftrag Schrauben kauft, eine verliert und diese Schraube bei einem Auto einen Reifen zerstört.[94] Der Halter eines Kraftfahrzeugs haftet für dessen Fahrer.[95] Ein Baggerführer beschädigt bei Baggerarbeiten eine Gasleitung, der Baggerführer arbeitet für ein Subunternehmen, welches ein Unternehmen beauftragt hat, Geschäftsherr ist hier der Subunternehmer.[96] Allgemein handelt es sich um Tätigkeiten in der Beziehung Meister-Geselle, Unternehmer-Fahrer, Chef-Angestellter[97], Bauherr-Heizungsbauer.[98]

Die in der dritten Stufe aufgelisteten Feststellungen zu den drei Verantwortlichkeitsfällen finden sich auch bei den Autoren, die auf der vierten Stufe dargestellt wurden, wieder.

Diese Analyse führt zu folgenden Fragen dogmatischer Natur: 1. Welche Fälle der Aufsichtsverantwortlichkeit sind theoretisch denkbar? Welches sind die mit den einzelnen Fällen der Aufsichtsverantwortlichkeit verbundenen Probleme und wie sind sie zu lösen? 2. Gibt es bei der Betreuerhaftung keine Probleme? 3. Ist die Dogmatik der Haftung des Geschäftsherrn, die im Zivilrecht entwickelt wurde, ohne weiteres auf das Öffentliche Recht übertragbar?

---

[87] *Wöhrle/Belz/Lang*, S. 66; kein Beispielsfall soll sein der Arbeiter, der im Auftrag des Unternehmers Altöl in einen Fluss schüttet; ein Bauherr, der einen Bauunternehmer beauftragt.
[88] Ebd., S. 67.
[89] *Brandt/Schlabach*, S. 167.
[90] *Gerhard Fischer*, S. 48.
[91] Ebd., S. 48.
[92] *Frings/Spahlholz*, S. 124.
[93] Ebd., S. 125.
[94] Ebd., S. 126. A. A. *Rühle/Suhr*, S. 65.
[95] *Helmers/Waldhausen*, S. 45.
[96] *Meixner*, S. 104.
[97] *Rühle/Suhr*, S. 65.
[98] *Waechter*, S. 266, Fn. 26.

Es ist ferner zu fragen, ob die sich auf die Tatbestandsmerkmale beziehenden Rechtsbehauptungen im Einzelfall rechtlich korrekt sind.

bb) Notwendigkeit einer gesetzlichen Ermächtigungsgrundlage

Alle Autoren gehen davon aus, dass im Falle einer gesetzlichen Festlegung der Zusatzverantwortlichkeit eine Person bei Vorliegen der gesetzlichen Voraussetzungen in Anspruch genommen werden könne. Einige Autoren gehen von der Anwendbarkeit des Haftungstatbestands außerhalb des geschriebenen Rechts aus, z. B. im Gaststättenrecht, Abfallwirtschaftsrecht, im Wasserrecht und im Bodenschutzrecht. Auch hier stellen sich die schon zuvor formulierten Fragen: 1. Ist die gesetzliche Normierung des Haftungstatbestands „Zusatzhaftung" verfassungsmäßig? 2. Auf welche Weise lässt sich der Haftungstatbestand „Zusatzhaftung" außerhalb einer gesetzlichen Bestimmung begründen?

cc) Einzelfragen

Die Auflistungen unter 2. c) und d) haben eine Fülle von Einzelfragen erbracht, die in der Literatur gestellt und beantwortet, aber höchst selten kontrovers diskutiert werden. Sie sind im Folgenden zu beantworten.

IV. Strukturierter Zusammenhang zur Beantwortung der Fragen

Die gestellten Fragen lassen sich grob in drei Gruppen zusammenfassen. Die *erste* Gruppe betrifft die Gesetzeslage. Die *zweite* Gruppe umfasst die rechtsdogmatischen Fragen. Es lassen sich folgende Untergruppen bilden: Die erste Untergruppe hat zum Gegenstand alle Fragen, die die Tatbestände der drei Verantwortlichkeiten aufwerfen. Im Ergebnis werden die gefundenen Resultate in einer Formulierung zusammengefasst, die die Möglichkeit unterschiedlicher Aussagen zur Verantwortlichkeit vermeidet. Im Rahmen der zweiten Untergruppe wird die Verfassungsmäßigkeit der erarbeiteten Formulierung geprüft. Bejahendenfalls werden in der dritten Untergruppe Einzelfragen behandelt, die sich einer der vorangegangenen Untergruppe nicht zuordnen lassen. Die *dritte* Gruppe behandelt die Frage der praktischen Bedeutung: warum die drei Haftungstatbestände in der Praxis relativ selten zum Einsatz gelangen.

B. Beantwortung der Fragen

I. Gesetze

Die Gesetze zur Zusatzverantwortlichkeit weisen für die Aufsichtsverantwortlichkeit und die Betreuerverantwortlichkeit die aufgezeigten Unterschiede auf.[99] Es sind die vorhandenen Unterschiede zwischen den einzelnen Gesetzen daraufhin zu untersuchen, ob sie gerechtfertigt sind. Sollte sich eine Regelung als sinnvoller erweisen, dann ist diese rechtspolitisch den betroffenen Gesetzgebern zur Änderung ihres Rechts vorzuschlagen.

Es ist in diesem Zusammenhang darauf hinzuweisen, dass für die Geschäftsherrnverantwortlichkeit Ausführungen an diesem Ort entfallen. Sie ist nicht unterschiedlich normiert.

1. Differenzen betreffend die Aufsichtsverantwortlichkeit

a) Lebensalter

Die aktuelle Gesetzeslage enthält zwei unterschiedliche Festsetzungen der Altersgrenze für Jugendliche. Die Mehrheit der Gesetze bestimmt das Erreichen des 14. Lebensjahrs als Grenze. Ausschließlich das Baden-Württembergische Gesetz normiert das Erreichen des 16. Lebensjahrs als Zeitpunkt der Beendigung der Zusatzhaftung.

Die Frage, welches Lebensalter als dasjenige festgelegt werden sollte, dessen Erreichen die Zusatzhaftung beendet, ist zu beantworten auf der Grundlage des Zwecks der Zusatzhaftung. Dieser besteht vorbehaltlich einer näheren Analyse darin, neben dem „eigentlichen" Störer eine weitere Person zu bestimmen, gegen die, wie sich zeigen wird, voraussetzungslos Gefahrenabwehrverfügungen, Vollstreckungsmaßnahmen sowie Kostentragungsbescheide gerichtet werden können. Die Frage lautet: Wie lange sollen diese für die Gefahrenabwehrbehörden günstigen Möglichkeiten bestehen?

Die Analyse der Gesetzesbegründungen hat erbracht, dass durchgehend die zuvor gestellte Frage nicht aufgeworfen und deshalb insoweit eine Antwort auch nicht gegeben wurde. Es spielten bei der Festlegung der Altersgrenze durchweg völlig andere Erwägungen eine Rolle.

Der MEPolG schlägt als Grenze das Erreichen des 14. Lebensjahrs vor. Der MEPolG begründet die Höhe der Altersgrenze mit der zunehmenden tatsächlichen und rechtlichen Verantwortlichkeit jugendlicher Personen.[100] Diesem Ar-

---

[99] s. Kapitel 2 A I 1.

gument ist zuzustimmen. Ab diesem Lebensjahr kann Jugendlichen die Alleinverantwortung für ihr Tun zugemutet werden. Für den (jedenfalls früher) sehr wichtigen Bereich der Religionsmündigkeit hat der Gesetzgeber die Konsequenz aus dieser Erkenntnis gezogen und die Religionsmündigkeit auf 14 Jahre festgelegt.[101] Unter der Bedingung der Fähigkeit, für sein Tun alleinverantwortlich zu sein, wäre es widersprüchlich, wenn der Gefahrenabwehrbehörde noch eine weitere Person als Verantwortliche zur Verfügung stünde.

Ein weiteres Argument für die Altersgrenze von 14 Jahren ergibt sich aus der Parallele zu § 19 StGB. Es erscheint konsequent, wenn ein Jugendlicher ab dem Zeitpunkt ordnungsrechtlich allein in Anspruch genommen werden kann, in dem er strafrechtlich schuldfähig ist und strafrechtlich belangt werden kann.

Für die Altersgrenze von 16 Jahren spricht, dass den Ordnungsbehörden zwei Jahre länger Zusatzverantwortliche zur Verfügung stehen. Dieses Ergebnis könnte eine effektivere Gefahrenabwehr zur Folge haben. Dieses Argument ist aber aus sachlichen Gründen nicht gerechtfertigt. Mit dieser Logik ließe sich zumindest immer das 18. Lebensjahr als Altersgrenze rechtfertigen. Der Grund „effektive Gefahrenabwehr" – ein im Polizeirecht ständig eingesetztes Argument[102] – rechtfertigte im Ergebnis sogar, dass es immer eine Zusatzverantwortlichkeit gibt. Die effektive Gefahrenabwehr taugt deshalb im Prinzip nicht einmal zur Begründung der Gefahrenabwehr bei unter Vierzehnjährigen.

Weiterhin ist zu bedenken: Die Inanspruchnahme als Zusatzverantwortlicher stellt eine Belastung der in Anspruch genommenen Person dar. Diese Belastung ist nur gerechtfertigt, wenn der „eigentliche" Störer im ordnungsrechtlichen Verantwortungsbereich dieser anderen Person handelt. Es stellt sich die Frage, bis zu welchem Alter Jugendliche sich im ordnungsrechtlichen Verantwortungsbereich ihrer Aufsichtspersonen bzw. ihres Sorgeberechtigten befinden sollen. Es erscheinen hier nur zwei Grenzen sinnvoll: 14 Jahre parallel zur Strafmündigkeit gem. § 19 StGB oder 18 Jahre parallel zur Volljährigkeit gem. § 2 BGB. Für die Bestimmung der Altersgrenze auf 16 Jahre gibt es keine Anhaltspunkte bzw. eine parallele gesetzliche Bestimmung, von dem Beispiel abgesehen, dass Jugendliche ab dem 16. Lebensjahr bei körperlicher Geeignetheit bei der Brandbekämp-

---

[100] s. Kapitel 1 B II.

[101] § 6 des Gesetzes über die religiöse Kindererziehung, RGBl. 1921, 939; das Gesetz gilt als Bundesrecht fort. Zur Religionsmündigkeit s. *Unruh*, S. 50 mit Fn. 25.

[102] Das Gefahrenabwehrrecht wird beherrscht vom Grundsatz der effektiven Gefahrenabwehr = Effektivitätsprinzip. Er bedeutet, dass die Gefahrenabwehrbehörde das Instrument zur Gefahrenabwehr wählen muss, welches am ehesten wirksam die Gefahr beseitigt, s. *Gusy*, Rdnr. 391. Die gelegentlich zu findende Äußerung, es komme auf die *Effizienz* der Gefahrenabwehr an, ist unzutreffend, da Effizienz das Verhältnis von Mitteleinsatz und Zielerreichung betrifft. Ein Mittel kann deshalb effektiv, ein anderes ineffektiv sein. Das effektive Mittel kann mehr oder weniger eingesetzt werden, in Abhängigkeit vom Maß des Einsatzes ist es mehr oder weniger effizient.

fung zur Mitwirkung aufgefordert werden können, § 32 Abs. 2 BaWüFeuerwG. Offensichtlich vermag dieses Beispiel keinen Beitrag zur Beantwortung der Ausgangsfrage zu leisten. Der Hinweis, dass gem. § 9 Abs. 1 Nr. 1 JuSchG an Jugendliche ab dem 16. Lebensjahr bestimmte alkoholhaltige Getränke abgegeben werden dürfen, spricht nicht für das 16. Lebensjahr als hier relevanter Grenze. Die Norm enthält eine (schwer verständliche) Ausnahme vom Jugendschutz, der bei Alkohol im Normalfall bis zum 18. Lebensjahr reicht. Die Norm bezieht sich ferner auf das Handeln „Dritter", nicht auf das des Jugendlichen. Insoweit ist die Norm hier als Vergleichsnorm unbrauchbar. Die Begründung des Gesetzentwurfs des BaWüPolG befasst sich nicht mit der Regelung der Altersgrenze.[103] Auszugehen ist davon, dass ein Jugendlicher im Alter von 14 Jahren in einem solchen Maß selbständig verantwortlich handelt bzw. handeln kann, dass er sich nicht mehr im ordnungsrechtlichen Verantwortungsbereich seiner Aufsichtsperson bzw. seines Sorgeberechtigten befinden soll. Eine höher festgesetzte Altersgrenze würde die Haftung der Aufsichtspersonen bzw. der Sorgeberechtigten ohne das Vorliegen eines aus der Sache folgenden inneren Grundes ausweiten und der Gefahrenabwehr ausschließlich günstigere Möglichkeiten verschaffen. Die höhere Altersgrenze stellt deshalb eine nicht gerechtfertigte Belastung der Person des Aufsichtspflichtigen dar.

Es ist kein Grund ersichtlich, warum die Altersgrenze in der Bundesrepublik unterschiedlich festgesetzt sein sollte. Der Anregung des MEPolG ist zuzustimmen. Es wird vorgeschlagen, die Altersgrenze durchgängig auf 14 Jahre festzusetzen.

b) Verpflichtete

Die Gesetze legen als die für Jugendliche zusätzlich haftende Person zum einen den Aufsichtspflichtigen, zum anderen den Sorgeberechtigten fest. Der Begriff „Aufsichtspflichtiger" ist umfassender als der Begriff „Sorgeberechtigter". Für Jugendliche müssen die durch das BGB verpflichteten Personen sorgen, primär die Eltern, § 1626 Abs. 1 Satz 1 BGB. „Aufsichtspflichtig" können Personen nicht nur kraft Gesetzes, wie beispielsweise die Eltern, sein, sondern Aufsichtspflichten können auch kraft Vertrags oder durch tatsächliche Gewahrsamsübernahme entstehen.[104] Eine Sorgeverpflichtung kraft Vertrags oder tatsächlicher Gewahrsamsübernahme (= Inobhutnahme oder [ältere Sprache] Gewährübernahme) existiert nicht.[105]

Mit der gesetzlichen Ausdehnung der Zusatzverantwortlichkeit auf aufsichtspflichtige Personen erhalten die Gefahrenabwehrbehörden eine Erweiterung ihrer

---

[103] s. Kapitel 1 B III 2 a).
[104] s. Näheres Kapitel 2 B II 1 a) aa).
[105] Zum Vorstehenden s. *Sprau*, in: Palandt, § 832 Rdnrn. 4 ff.

Handlungsmöglichkeiten. Die Frage lautet auch hier: Sollen diese für die Gefahrenabwehrbehörden günstigen Möglichkeiten bestehen?

Nach der Begründung des MEPolG soll es sinnvoll sein, die aufsichtspflichtigen Personen in den Kreis der Polizeipflichtigen einzubeziehen, da sie erhebliche Einwirkungsmöglichkeiten auf die jugendlichen Störer hätten.[106] Dieses Argument ist sicherlich bedeutungsvoll, wenn zu entscheiden ist, ob dem Zusatzverantwortlichen eine Maßnahme aufgegeben werden soll, die darauf abzielt, den Jugendlichen zu beeinflussen. Für das *Entstehen* der Zusatzverantwortlichkeit hat es aber nur dann Bedeutung, wenn dafür ein kausaler Beitrag einer anderen Person zur Gefahr- bzw. Schadensentstehung Voraussetzung ist. Dann spielt das praktische Einwirken bzw. dessen Unterlassen eine Rolle, und nur dann ist der Hinweis auf die erheblichen Einwirkungsmöglichkeiten auf die jugendlichen Störer relevant. Indes ist die Situation, dass es auf die erheblichen Einwirkungsmöglichkeiten für die Begründung der Zusatzhaftung ankommt, nicht gegeben. Es wurde bereits in der Einleitung dargelegt[107] und wird demnächst[108] bewiesen werden, dass die Zusatzverantwortlichkeit kraft Gesetzes entsteht, ohne dass der Zusatzverantwortliche irgendeinen „Beitrag" zur Gefahr- bzw. Schadensentstehung leisten muss. Demnach unterstellt die Begründung des MEPolG eine tatsächliche Situation als rechtlich relevant, die in Wirklichkeit rechtlich irrelevant ist.

Gleichwohl darf – vorbehaltlich einer verfassungsrechtlichen Prüfung – der Gesetzgeber auch für Aufsichtspflichtige die Zusatzverantwortlichkeit normieren. Ob das aber sinnvoll ist, ist die Frage. Insbesondere ist fraglich, ob sich eine Inanspruchnahme des Aufsichtspflichtigen auf der dritten Ebene[109], der Aufsichtspflichtige als Adressat einer Kostenverfügung, rechtfertigen lässt. Aufsichtspflichten können durch *tatsächliche Gewahrsamsübernahme* entstehen. Eine Kostenverfügung könnte daher an beliebige Personen ergehen, bei denen ein ihnen fremdes Kind sich aufhält. Dieses Ergebnis ist durch ein Beispiel zu verdeutlichen:

Die Eltern des zehnjährigen K bringen diesen zu einem Freund F nach Hause zum Spielen. Die Eltern des F übernehmen durch die *tatsächliche Gewahrsamsübernahme* die Aufsicht über K. Sie sind Aufsichtspflichtige i. S. d. Gefahrenabwehrrechts. K und F spielen in dem an einen Wald angrenzenden Garten des Hauses der F. K hat von zuhause unerlaubterweise Streichhölzer mitgenommen. Die Eltern des K hatten die Streichhölzer vor K versteckt. K hatte aber zufällig das Versteck entdeckt. Plötzlich zündet K die Streichhölzer an und wirft sie über die Grundstücksgrenze in den Wald. Da es Sommer ist und der Wind ungünstig

---

[106] s. Kapitel 1 B II.
[107] s. Einleitung A I.
[108] s. Kapitel 2 B II 1 a) cc).
[109] s. Kapitel 2 B II 1 a) ff).

B. Beantwortung der Fragen

steht, fängt der Wald sofort an zu brennen. Das Feuer breitet sich rasch in den Wald vom Grundstück weg aus. Die Eltern des F sind ihrer Aufsichtspflicht korrekt nachgekommen und haben unter keinen Umständen das Handeln des K verhindern können. Die Eltern des F rufen sofort die Feuerwehr und versuchen, selbst den Brand zu löschen. Die Feuerwehr hat erhebliche Mühe, den Brand zu löschen. Die zuständige Gefahrenabwehrbehörde fordert nach erfolgreicher Arbeit der Feuerwehr die Kosten für den Einsatz von den Eltern des F. Ob die Eltern des K für das Verhalten ihres Kindes haften, ist hier bedeutungslos, da sie vermögenslos sind. Die Eltern des F verweigern die Zahlung mit dem Hinweis darauf, dass sie weder Verhaltensstörer noch Zustandsstörer seien. Ihnen falle kein pflichtwidriges Unterlassen zur Last und ihr Grundstück sei vom Brand nicht betroffen (beide Aussagen sollen als richtig unterstellt werden). Die Behörde bestreitet diese Aussagen nicht, fordert aber die Kosten deshalb, weil die Eltern des F zusatzverantwortlich für K seien. Diese Zusatzverantwortlichkeit sei entstanden, weil sie die Aufsicht für K übernommen hätten. Nach dem zuvor Festgestellten müssen die Eltern des F die Kosten für den Feuerwehreinsatz übernehmen.

Das Beispiel mag gekünstelt wirken, verdeutlicht aber die Problematik. In diesem konkreten Fall ist die Effektivität der Gefahrenabwehr nicht entscheidend, sondern nur die Kostentragungspflicht. Die Inanspruchnahme einer Person, der kein Verursachungsbeitrag zur Schadensentstehung zur Last gelegt werden kann, für das Tragen von Kosten, die eine andere Person verursacht hat, zu der kein Verhältnis außer dem der tatsächlichen Gewahrsamübernahme über sie besteht, kann nicht gerechtfertigt sein. Die Rechtfertigung entfällt, weil nach Gefahrenabwehrrecht eine Gefälligkeit mit einer Kostentragungspflicht verknüpft ist, obwohl derjenige, der gefällig sein wollte, zur Entstehung der Kosten keinen rechtlich relevanten Beitrag geleistet hat. Der Sache nach zahlt im Unglücksfall der freundliche Mensch für seine Freundlichkeit. Dieses Resultat ist zum einen evident ungerecht, zum anderen auch durch den das Gefahrenabwehrrecht beherrschenden Grundsatz der Effektivität der Gefahrenabwehr nicht geboten. Weiterhin „erzeugt" dieses Ergebnis folgenden Widerspruch: Wären die Eltern des F haftpflichtversichert, zahlte die Haftpflichtversicherung den Schaden, aber nur bei einem Verschulden der Eltern. Daran fehlt es schon deshalb, weil die Eltern zur Schadensentstehung keinen kausalen Beitrag geleistet haben: keine Aufsichtspflichtverletzung. Die Eltern des F stehen sich mithin unter dem Aspekt der finanziellen Belastung dann besser, wenn sie schuldhaft gehandelt bzw. etwas unterlassen haben, und nicht dann, wenn sie nichts gemacht bzw. unterlassen, also sich rechtmäßig verhalten haben. Dieses Resultat ist absurd.

Die Inanspruchnahme des Aufsichtspflichtigen kraft Gewahrsamsübernahme sollte auf der dritten Ebene = Kostenübernahme entfallen.

Fraglich ist weiterhin, ob bei der Übernahme von Aufsichtspflichten *durch Vertrag* ein Haften auf der dritten Ebene gerechtfertigt ist. Es ist als erstes zu unterscheiden zwischen einem entgeltlichen und einem unentgeltlichen Vertrag. Es ist unmittelbar einsichtig, dass die zur Gewahrsamsübernahme angestellten Erwägungen ebenfalls für den unentgeltlichen Vertrag ausschlaggebende Bedeutung besitzen. Die Inanspruchnahme des Aufsichtspflichtigen kraft unentgeltlichen Vertrags sollte auf der dritten Ebene = Kostenübernahme wegfallen.

Denkbar ist, dass für die Inanspruchnahme des Aufsichtspflichtigen kraft entgeltlichen Vertrags ein anderes Ergebnis angezeigt ist. Dagegen sprechen aber folgende Erwägungen: Die Inanspruchnahme des Aufsichtspflichtigen widerspricht der historischen Entwicklung und konterkariert das als Ergebnis der Entwicklung entstandene Resultat. Absicht des preußischen Gesetzgebers war es, die Zusatzhaftung in ihrem Umfang zu reduzieren und mit der Reduzierung Rechtssicherheit zu erreichen. Er wollte und erreichte eine feste Begrenzung.[110] Das historische Argument hat auch heute nicht an Wirksamkeit verloren. Alle Gesetzgeber des Polizeirechts betonen ihre Verbundenheit mit dem preußischen Recht, in dessen Tradition sie ihre Gesetze stellen. Mit der Tradition brechen sie aber, wenn sie den Aufsichtspflichtigen als Zusatzverantwortlichen festlegen. Der Begriff „Aufsichtspflichtiger" ist auszulegen. Die Auslegung führt zu einer gewissen Rechtsunsicherheit. Historisch ist die Wahl des Aufsichtspflichtigen als Zusatzverantwortlichen nicht zu rechtfertigen.

Weiterhin spricht gegen diese Wahl, dass in den meisten Fällen der Inanspruchnahme eines Aufsichtspflichtigen als Zusatzverantwortlichen der Aufsichtspflichtige selbst Störer aus pflichtwidrigem Unterlassen ist. Es entsteht also keine Regelungslücke. Für die Richtigkeit dieses Arguments spricht auch, dass die Haftung des Aufsichtspflichtigen bislang kaum praktisch relevant gewesen ist.[111] Gegen die Haftung des Aufsichtspflichtigen spricht schließlich, dass das Risiko für den Aufsichtspflichtigen kaum zu tragen ist. Der Aufsichtspflichtige kann das Risiko nicht kontrollieren, da seine Haftung unabhängig von einem eigenen Verursachungsbeitrag ist. Die Inanspruchnahme des Aufsichtspflichtigen kraft entgeltlichen Vertrags sollte auf der dritten Ebene = Kostenübernahme entfallen.

Die Problematik erübrigt sich nicht dadurch, dass angenommen wird, der Auftraggeber sei Geschäftsherr, der beauftragte Aufsichtspflichtige sei Verrichtungsgehilfe. Diese Annahme mag gelegentlich zutreffen, in der Regel indes nicht. Der Verrichtungsgehilfe ist weisungsgebunden, der Aufsichtspflichtige ist in der Regel nicht weisungsgebunden.[112] Regelmäßig entfällt deshalb die Zusatzverantwortlichkeit als Folge der Beziehung Geschäftsherr-Verrichtungsgehilfe. Der Verrichtungsgehilfe haftet. Ein Ausschluss der Haftung des Aufsichtspflichtigen als Verrichtungsgehilfen widerspricht indes der Geschäftsherrnhaftung. Denkbar ist indes eine Sonderregel für diesen Fall.

---

[110] s. Kapitel 1 A IV 4 b).
[111] s. Kapitel 2 A II 2.
[112] s. Kapitel 2 B II 1 a) bb) und c) bb).

B. Beantwortung der Fragen

Eine gesetzliche Festlegung, die an den Aufsichtspflichtigen anknüpft und diese Erwägungen berücksichtigt, ist wohl nicht zu realisieren und wäre wohl auch nicht praktikabel, weil das Feststellen der Voraussetzungen mit einem sehr hohen Verwaltungsaufwand verbunden ist.

Eine Inanspruchnahme der Aufsichtspflichtigen könnte auf der *ersten und zweiten Ebene* gerechtfertigt sein, da in diesen Fällen die Effektivität der Gefahrenabwehr ausschlaggebend ist. Aber auch in diesem Fall ist das angedeutete Ergebnis nicht akzeptabel. Die auf den ersten beiden Ebenen Inanspruchgenommenen tragen ebenfalls die Kosten der Abwehr- bzw. Schadensbeseitigungsmaßnahmen. Denn diese Maßnahmen sind in einem weiteren Sinn niemals kostenfrei. Dann aber gelten die zuvor angestellten Erwägungen auch für diese Fälle.

Alle Argumente sprechen für die ausschließliche Normierung des Sorgeberechtigten als Zusatzverantwortlichen. Da keine Gründe für unterschiedliche Bestimmungen innerhalb der Bundesrepublik ersichtlich sind, wird vorgeschlagen, durchgehend den Sorgeberechtigten als Zusatzverantwortlichen zu normieren.

Es wird vorgeschlagen, als Zusatzverantwortliche bei Jugendlichen ausschließlich die Sorgeberechtigten zu bestimmen.

Es ist abschließend darauf hinzuweisen, dass Schadensersatzansprüche aus dem Bereich der Sorge praktisch nur in dem Bereich entstehen, der die Aufsicht umfasst. Über sein Vermögen kann der Jugendliche nicht verfügen. Er kann deshalb mit seinem Vermögen auch keine Schäden verursachen.

c) Rechtspolitischer Vorschlag

Als Resultat der vorangegangenen Überlegungen ergibt sich folgender Gesetzesvorschlag: „Ist die Person noch nicht 14 Jahre alt, können Maßnahmen auch gegen denjenigen gerichtet werden, der für die Person zu sorgen hat, soweit die Aufsicht betroffen ist."

2. Differenzen betreffend die Betreuerverantwortlichkeit

a) Regelungsverzicht

aa) Erwägung des Rheinland-Pfälzischen Gesetzgebers

Nach der Rechtslage in Rheinland-Pfalz[113] gibt es keine Verantwortlichkeit des Betreuers für die Schäden, die eine betreute Person verursacht. Die Begründung für diese einmalige Regel stellt fest, dass Maßnahmen gegen den Betreuer nicht

---

[113] s. Kapitel 1 B III 2 k) bb).

denkbar seien, da dieser nicht aufsichtspflichtig gegenüber dem Betreuten sei.[114] Zu prüfen ist, ob diese Aussage richtig ist.

Nach dem BtG gehört die Beaufsichtigung des Betreuten nur im Rahmen der Personensorge kraft Gesetzes zum Aufgabenkreis des Betreuers. Wenn keine Personensorge angeordnet ist, bedarf es der gerichtlichen Festsetzung der Beaufsichtigung als eines besonderen Aufgabenkreises.[115]

Die Übertragung der Aufsichtspflicht auf den Betreuer ist aber unüblich, weil sie mit wesentlichen Grundgedanken der Betreuung, insbesondere dem fehlenden Erziehungsrecht des Betreuers, schwer zu vereinbaren ist.[116] Sie ist ein Ausnahmefall.[117] Aus diesem Grund wird die Auffassung vertreten, die Haftung des Betreuers gem. § 832 BGB falle komplett aus.[118] Dem ist zuzustimmen, wenn gemeint ist, infolge fehlender gerichtlicher Anordnung einer Betreuung entfalle die Anwendbarkeit des § 832 BGB. Wenn damit gemeint sein sollte, § 832 BGB könne aus Rechtsgründen niemals zur Anwendung gelangen, so ist die Aussage unrichtig. Zumindest im Fall der gerichtlichen Anordnung der Personensorge gibt es die Aufsichtspflicht des Betreuers immer.

Für die zivilrechtliche Haftung des Betreuers bei Pflichtverletzungen, die er selbst begeht, sind zwei Konstellationen zu unterscheiden: zum einen die Haftung des Betreuers gegenüber dem Betreuten, zum anderen die Haftung des Betreuers gegenüber Dritten bei einem Schaden, den eine Handlung des Betreuten verursacht hat, der aber nicht entstanden wäre, wenn der Betreuer seine Aufsichtspflicht nicht verletzt hätte. Im ersten Fall besteht eine Haftung des Betreuers nach §§ 1833 i.V.m. 1908i Abs. 1 Satz 1 BGB. Dieser Fall ist hier nicht von Interesse.[119] Von Bedeutung ist hier der zweite Fall (weil, wie sich zeigen wird, ihm parallel die Zusatzhaftung des Betreuers zu konstruieren ist). Die zivilrechtliche Haftung des Betreuers gegenüber Dritten ist vorhanden. Der Betreuer haftet Dritten gegenüber nach den allgemeinen Grundsätzen, insbesondere aus unerlaubter Handlung. Verletzt ein Betreuer seine Aufsichtspflicht und kommt es als Folge der Verletzung zu einem Schaden, so haftet der Betreuer bei Vorliegen der weiteren gesetzlichen Voraussetzungen nach § 832 Abs. 1 BGB.[120] Der Betreuer ist ein Aufsichtspflichtiger kraft Gesetzes i.S. dieser Norm, wenn

---

[114] s. auch *De Clerck/Schmidt/Pitzer*, B S. 124.

[115] LG Bielefeld, NJW 1998, 2682; *Bienwald/Sonnenfeld/Hoffmann*, S. 102; *Diederichsen*, in: Palandt, § 1896 Rdnr. 20; *Jürgens*, in: Jürgens, § 832 Rdnr. 2.

[116] *Jürgens*, in: Jürgens, § 832 Rdnr. 2.

[117] *Pardey*, § 18 Rdnrn. 37 ff.

[118] *Bauer/Knieper*, BtPrax 1998, 124 f.

[119] Beispiele für Haftungsfälle bei *Diederichsen*, in: Palandt, Einführung vor § 1896 Rdnr. 16.

[120] Ebd., Rdnr. 17.

ihm die Personensorge oder ausdrücklich die Aufsicht vom Gericht übertragen wurde.[121]

Die Zusatzhaftung des Betreuers entfiele aber dann, wenn die Zielrichtung der Betreuertätigkeit nicht drittschützend wäre.[122] Wenn bereits im Zivilrecht aus diesem Grund die Betreuerhaftung entfiele, käme auch eine öffentlich-rechtliche Zusatzhaftung nicht in Betracht. Diese Auffassung ist abzulehnen. Aufsicht wird über eine Person aus zwei Gründen angeordnet: Selbstschutz und Drittschutz. Eine Aufsicht allein aus Gründen des Selbstschutzes gibt es nicht. Dieses zeigt § 832 BGB. Ein Schadensersatzanspruch Dritter wegen Schäden als Folge der Verletzung der Aufsichtspflicht setzt zwingend den Schutz Dritter im Rahmen der Aufsicht voraus. Wenn mit der Aufsicht also immer der Drittschutz verbunden ist, kann die Zusatzhaftung für diesen Fall angeordnet werden.

Der Gesetzgeber kann nach diesen Erkenntnissen parallel zum Zivilrecht eine öffentlich-rechtliche Zusatzverantwortlichkeit ohne weiteres anordnen. Die Begründung des Rheinland-Pfälzischen Gesetzgebers geht fehl.

Das Entfallen der Betreuerverantwortlichkeit nach dem Landesrecht Rheinland-Pfalz beruht nach dem zuvor Festgestellten auf einem Rechtsirrtum und bedarf der Korrektur, wenn dem Gesetzgeber des Landes Rheinland-Pfalz daran gelegen ist, sein Gefahrenabwehrrecht in Einklang mit dem Gefahrenabwehrrecht des Bundes und der Länder zu bringen.

bb) Weitere Erwägungen

Für die Lösung des Landes Rheinland-Pfalz könnte unabhängig von den Erwägungen des Rheinland-Pfälzischen Gesetzgebers vorgebracht werden, dass die Festsetzung des Betreuers als Zusatzverantwortlichen für einen Betreuten eine gewisse Rechtsunsicherheit zur Folge hat. Wie soll ein Mitarbeiter der Gefahrenabwehrbehörde in einer konkreten Gefahrenabwehrsituation feststellen, ob eine Person der Betreuung unterliegt? Wenn er dieses festgestellt haben sollte, steht immer noch nicht fest, in welchem Umfang die Betreuung angeordnet worden ist. Steht das fest, ist die betreuende Person ausfindig zu machen, wenn gegen sie eine Gefahrenabwehrmaßnahme verfügt werden soll. Dieses alles ist sehr aufwändig und steht dem Grundsatz der schnellen und erfolgreichen Gefahrenabwehr entgegen. Die Festlegung der Zusatzhaftung auf der ersten Ebene erleichtert die schnelle und erfolgreiche Gefahrenabwehr wohl nicht.

Für die gesetzliche Bestimmung des Betreuers als Zusatzverantwortlichen für den Betreuten (über den dem Betreuer die Pflicht zur Aufsicht aufgetragen wor-

---
[121] *Diederichsen*, in: FS Deutsch, S. 143f.; *Jürgens / Kröger / Marschner / Winterstein*, Rdnr. 257; *Spindler*, in: Bamberger / Roth, § 832 Rdnr. 7; *Sprau*, in: Palandt, § 832 Rdnr. 5.
[122] *Bauer / Knieper*, BtPrax 1998, 124f.

den ist) lässt sich anführen, dass diese Regelung keine rechtlichen Probleme verursacht, einfach zu handhaben und insoweit in der Praxis ohne weiteres umzusetzen ist. Es mag auf den *ersten beiden Ebenen* Probleme bei der Feststellung der *tatsächlichen Voraussetzungen* der Norm geben. Diese erweisen sich aber auf der *dritten Ebene* als bedeutungslos, wenn es um die Kosten geht, weil die Gefahrenabwehrbehörde hier nicht unter Zeitdruck steht. Entfiele die Betreuerverantwortlichkeit, entstünde eine Regelungslücke und damit die Möglichkeit, dass der Staat für die Kosten einzustehen hat, die der Betreuer tragen müsste, wenn dessen Zusatzverantwortlichkeit normiert wäre.

Als weiteres und wichtiges Argument für die Festlegung des Betreuers als Zusatzverantwortlichen lässt sich der „Gleichlauf" der verschiedenen Fälle der Zusatzverantwortlichkeit anführen. Eine Inanspruchnahme des Aufsichtspflichtigen neben einem zur Personensorge Verpflichteten als Zusatzverantwortlichen ist nach den obigen[123] Ausführungen zwar nicht gerechtfertigt. Der Betreuer als Aufsichtspflichtiger ist aber in den meisten Fällen zugleich zur Personensorge berechtigt. Für den Sorgeberechtigten begegnet die Anordnung der Zusatzverantwortlichkeit indes keinen Bedenken. Die Fälle, die kennzeichnet, dass eine Person nicht sorgeverpflichtet, sondern nur aufsichtsverpflichtet ist, sind nach den obigen[124] Ausführungen quantitativ zu vernachlässigen. Zu beachten ist schließlich, dass es sich bei der Zusatzverantwortlichkeit um einen Sonderfall handelt, der eine denkbare Haftungslücke schließen soll. Auf die Normierung dieses Falls sollte nicht ohne Not verzichtet werden.

cc) Zwischenergebnis

Die gesetzliche Inpflichtnahme des Betreuers als Zusatzverantwortlichen für Betreute ist an sich zu bejahen. Es sind weiterhin keine Gründe für eine insoweit unterschiedliche Regelung auf dem Bundesgebiet ersichtlich.

b) *Gesetzliche Ausgestaltung*

aa) Betreuerverantwortlichkeit und Aufsichtsverantwortlichkeit

Bevor der Umfang der Betreuerverantwortlichkeit diskutiert wird, ist auf den Sonderfall einzugehen, dass der Gesetzgeber für bestimmte Fälle die Bestellung eines formellen Betreuers voraussetzt, die Zusatzverantwortlichkeit aber an den Aufsichtspflichtigen anknüpft. Der Bayerische Gesetzgeber bestimmt die Haftung des Aufsichtspflichtigen für Personen, für die wegen einer psychischen

---

[123] s. Kapitel 2 B I 1 b).
[124] s. ebd.

Krankheit oder einer geistigen oder seelischen Behinderung zur Besorgung aller ihrer Angelegenheiten ein Betreuer bestellt wurde. Dies gilt auch, wenn der Aufgabenkreis des Betreuers die in § 1896 Abs. 4 und § 1905 BGB bezeichneten Angelegenheiten nicht erfasst. Der Nordrhein-Westfälische Gesetzgeber normiert die Haftung des Aufsichtspflichtigen im OBG NRW und im PolG NRW auch für Personen, für die zur Besorgung aller ihrer Angelegenheiten ein Betreuer bestellt wurde. Dies gilt auch, wenn der Aufgabenkreis des Betreuers die in § 1896 Abs. 4 und § 1905 BGB bezeichneten Angelegenheiten nicht erfasst. Darin liegt eine gesetzliche Erweiterung der Verantwortlichkeit gegenüber dem Umfang der gerichtlich angeordneten Betreuung.

Die beiden Gesetze gehen davon aus, dass für eine bestimmte Person eine Gesamtbetreuung mit der Ausnahme der Fälle §§ 1896 Abs. 4, 1904 BGB angeordnet ist. Diese Einschränkung ist nach dem zuvor Festgestellten bedeutungslos.

Beide Gesetze erwecken auf den ersten Blick den Eindruck, als sei von der Zusatzverantwortlichkeit allein der Aufsichtspflichtige, nicht aber der Betreuer betroffen. Es ist zu überprüfen, ob dieser Eindruck der Rechtslage entspricht.

Bei dem Betreuer, der als solcher bestellt wird, umfasst die Betreuung nach den obigen[125] Ausführungen die Aufsichtspflicht. Der Bayerische und der Nordrhein-Westfälische Gesetzgeber gehen von dieser vollumfänglichen Bestellung des Betreuers aus. Den Gesetzestexten lässt sich nicht die Einschränkung entnehmen, der Betreuer werde für die Personensorge mit Ausnahme der Aufsicht bestellt. Damit umfasst der Bereich des Betreuers immer die gesamte Personensorge. Damit ist er stets aufsichtspflichtig und damit ist er stets zusatzverantwortlich. Wenn das Gesetz jetzt aber die Zusatzverantwortlichkeit an den *Aufsichtspflichtigen* knüpft, dann macht das, ausgehend vom Wortlaut der Norm, nur Sinn, wenn eine vom Betreuer zu unterscheidende Person gemeint ist, da der Betreuer immer aufsichtspflichtig ist. Diese Interpretation führt zu einem real denkbaren Sachverhalt. Sie geht nicht an der Praxis der Personensorge und damit an der Sorgeverpflichtung vorbei. Aufsichtspflichten für einen Betreuten können auch durch Vertrag übernommen werden. Dieses geschieht häufig in Einrichtungen für betreutes Wohnen.[126] Es war bereits ausgeführt worden[127], dass es eine Übernahme der Aufsicht als Teil der Personensorge durch Vertrag und durch Gewahrsamsübernahme gibt. Diese beiden Fälle können die Gesetzgeber im Blick gehabt haben. Der Bayerische Gesetzgeber und der des Landes Nordrhein-Westfalen setzen voraus, dass noch andere Personen als der Betreuer Zusatzverpflichtete sein können. Das ist nach dem zuvor Gesagten der Fall.

---

[125] s. zuvor unter a).
[126] *Jürgens*, in: Jürgens, § 832 Rdnr. 3.
[127] s. Kapitel 2 B I 1 b).

Es ist zu fragen, ob Aufsichtspflichtige, die nicht zur Personensorge i. S. d. Betreuungsrechts verpflichtet sind, zur Zusatzverantwortung herangezogen werden sollen. Für den Fall der Zusatzverantwortlichkeit bei Kindern unter 14 Jahren ist festgestellt worden[128], dass die Zusatzverantwortlichkeit ausschließlich bei der Sorgeverpflichtung ansetzen sollte. Die dort erarbeiteten Argumente gelten auch hier. Tauscht man den Tatbestand „Jugendlicher unter 14 Jahren" gegen den Tatbestand „betreute Person" aus, so zeigt sich, dass der ursprüngliche Text dieselbe Überzeugungskraft besitzt wie der neue Text. Es ist zusätzlich das „Gleichlaufargument" zu beachten. Die Aufsichtsverantwortlichkeit und die Betreuerverantwortlichkeit erfahren eine gleiche gesetzliche Behandlung. Diese ist gerechtfertigt, weil die Begründung der Zusatzverantwortlichkeit des Betreuers in einem engen Zusammenhang mit der Zusatzverantwortung der Eltern für ihre Kinder steht.[129] Es geht um die Personensorge.

Es wird deshalb vorgeschlagen, dass der Bayerische und der Nordrhein-Westfälische Gesetzgeber in den fraglichen Normen die Zusatzverantwortlichkeit allein an der Person des Betreuers „festmachen".

Dieses Ergebnis führt wohl nicht zu einer Regelungslücke für den Fall der Unterbringung betreuter Personen in Einrichtungen des betreuten Wohnens oder in Pflegeheimen. Verursacht der Betreute einen Schaden, so dürfte dieser in aller Regel darauf zurückzuführen sein, dass das betreuende Personal seiner Aufsichtsverpflichtung nicht nachgekommen ist. In diesem Fall ist die ihre Pflicht verletzende Person kraft eigenen Verhaltens gefahrenrechtlich verantwortlich.

bb) Ansatzpunkt

Die Gesetzgeber wählen unterschiedliche Ansatzpunkte für das Entstehen der Zusatzverantwortlichkeit des Betreuers.

Die meisten Gesetze legen den *Aufgabenbereich* als Anknüpfungspunkt für das Entstehen der Zusatzverantwortlichkeit des Betreuers fest. Sie knüpfen damit den Haftungstatbestand an den Umfang der zivilrechtlichen Betreuerbestellung.

Der Aufgabenbereich kann die Vollbetreuung umfassen, aber auch Beschränkungen auf spezielle Aufgabenkreise. Die Wortfassungen der Gesetze setzen die Möglichkeit der vollumfänglichen Betreuung voraus. Die Bestellung eines Betreuers für alle Angelegenheiten lässt § 1896 Abs. 2 Satz 1 BGB zu.[130] § 13 Nr. 2 BWahlG übernimmt diese Möglichkeit ausdrücklich als Voraussetzung für den Ausschluss vom Wahlrecht, § 286 Abs. 1 Nr. 1 FamFG setzt diese Möglichkeit voraus. Für die Bestellung eines Betreuers für alle Angelegenheiten muss

---

[128] s. ebd.
[129] *Schmitz*, S. 244.
[130] *Diederichsen*, in: Palandt, § 1896 Rdnr. 18; *Jürgens*, in: Jürgens, § 1896 Rdnr. 29.

B. Beantwortung der Fragen

es dem Betreuten unmöglich sein, seinen konkreten Alltag wenigstens teilweise zu beherrschen oder zu gestalten, und es muss in allen weiteren Bereichen konkreter Handlungsbedarf bestehen.[131] Von der Festsetzung der Betreuung für alle Angelegenheiten ist immer die gesamte Personensorge umfasst. Somit ist dieser Betreuer immer aufsichtspflichtig.[132]

Von diesem Ausgangspunkt unterscheidet sich erstens die Hamburger Regelung.[133] Der Hamburger Gesetzgeber erklärt die *Personensorge*, die *Aufsicht über die Person* oder die *Betreuung in dem die Maßnahme betreffenden Bereich* zu Ansatzpunkten. Das Hamburger Recht kennt also drei unterschiedliche Ansätze zur Begründung der Betreuerverantwortlichkeit. Der dritte Fall des Hamburger Rechts entspricht der Entscheidung der meisten Gesetzgeber für die Festsetzung der Betreuung nach Bereichen. Es kann folglich auch nach Hamburger Recht eine Vollbetreuung geben. Die beiden anderen Fälle dürfen als Beispielsfälle für den dritten Fall gesehen werden, weil dessen allgemeine Formulierung die beiden „Spezialaufgabenkreise" erfasst.

Vom überwiegend gewählten Ausgangspunkt unterscheidet sich zweitens die Nordrhein-Westfälische Normierung. Der Gesetzgeber dieses Landes knüpft die Haftung des Aufsichtspflichtigen (= Betreuer[134]) an solche Betreute, für die zur Besorgung aller ihrer Angelegenheiten ein Betreuer bestellt ist, das ist die *Vollbetreuung*. Weil eine Vollbetreuung sehr selten ist, sind nur wenige Fälle der Betreuerhaftung vorstellbar.

Die dritte abweichende Festlegung gibt es in Bayern. Der Bayerische Gesetzgeber bestimmt die Haftung des Aufsichtspflichtigen (= Betreuer[135]) nur für Personen, für die wegen einer psychischen Krankheit oder einer geistigen oder seelischen Behinderung zur Besorgung aller ihrer Angelegenheiten ein Betreuer bestellt wurde, Anknüpfungspunkt ist die Vollbetreuung in speziellen Fällen. Diese Regelung ist noch wesentlich enger als die Nordrhein-Westfälische Bestimmung.

Es ist zu fragen, ob es Gründe für die unterschiedliche Wahl des Anknüpfungspunkts der Betreuerhaftung gibt, und ob die Existenz unterschiedlicher Regelungen sinnvoll ist. Zu untersuchen ist überdies, welche der vorgestellten Regelungen in einer Weise überzeugt, dass sie sich als Ausgangspunkt für eine Rechtsvereinheitlichung aufdrängt, wenn eine solche Rechtsvereinheitlichung sinnvoll ist.

---

[131] BayObLG, BtPrax 2002, 216.
[132] s. Kapitel 2 B I 2 a).
[133] s. Kapitel 1 B III 2 b) bb) (2) (f).
[134] s. Kapitel 1 B III 2 b) bb) (2) (j).
[135] s. Kapitel 1 B III 2 b) bb) (2) (b).

Als Grund für die unterschiedlichen gesetzlichen Festlegungen lässt sich anführen, dass durch das neue Betreuungsrecht alle Länder gezwungen waren, unabhängig voneinander eine Rechtsanpassung vorzunehmen, weil es insoweit zu einem von den Ländern erarbeiteten gemeinsamen Vorschlag nicht gekommen ist. Das neue Betreuungsrecht unterscheidet sich stark vom alten Vormundschaftsrecht. Diesen Unterschied setzten die Gesetzgeber verschieden in das Gefahrenabwehrrecht um. Gesetzgeber, wie der Bayerische und der Nordrhein-Westfälische, versuchten, die neuen Bestimmungen so zu gestalten, dass die zusatzverantwortlichen Personen dieselben wie zuvor sind. Nahezu alle anderen Gesetzgeber haben die Zusatzverantwortlichkeit auf alle Bereiche des neuen Betreuungsrechts ausgedehnt. Aus welchen Gründen die Gesetzgeber gehandelt haben, ist nach den obigen[136] Analysen nicht ersichtlich. Es spricht nichts dafür, den Tatbestand unterschiedlich zu regeln. Vielmehr erscheint es sinnvoll, eine einheitliche Bestimmung zu schaffen, genau so, wie es der MEPolG zuvor versucht hat.

Zu prüfen ist, welche der unterschiedlichen Vorschriften überzeugt. Zuerst zur Normierung der Zusatzverantwortung des Betreuers in seinem Aufgabenbereich. Mit dieser Aussage wird die Haftung auch auf Fälle erweitert, die weder den Aufgabenkreis Personensorge allgemein noch den der Aufsichtspflicht speziell erfassen. Die Bereiche, in denen der Betreuer haftet, werden enorm ausgedehnt. Die Aussagen zum BGSG/BPolG haben diese Ausdehnung veranschaulicht.[137] Die Ausdehnung der Verantwortlichkeit entspricht nicht der Tradition der Zusatzhaftung, die der preußische Gesetzgeber begründet hat.[138]

Die Vorschrift des Hamburger Gesetzgebers ist aus den zuvor dargelegten Erwägungen abzulehnen. Die Haftung des Betreuers ist zwar auf den ersten Blick begrenzt, da der jeweilige Bereich erfasst wird, in den die Maßnahme fällt. Dieser Bereich kann aber ein beliebiger sein. Die Vorschrift dehnt deshalb die Haftung gegenüber dem ursprünglichen Zustand vor Einführung des neuen Betreuungsrechts zu stark aus.

Den Vorschriften des Bayerischen und des Nordrhein-Westfälischen Gesetzgebers ist hier die Anerkennung versagt worden, soweit sie den *Aufsichtspflichtigen* zusätzlich verpflichten.[139] Ungeachtet dessen ist zu prüfen, ob die in den Gesetzen vorhandenen weiteren Voraussetzungen sinnvoll sind. Beide Gesetzgeber gehen davon aus, dass der Betreuer für alle Angelegenheiten bestellt worden sein muss. Dieser Ansatzpunkt der Zusatzhaftung unterscheidet sich von den zuvor aufgeführten gesetzlichen Anknüpfungen. Es ist aber auf Folgendes zu verweisen: Der Anwendungsbereich des Bayerischen und des Nordrhein-West-

---

[136] s. Kapitel 1 B III 2 b) bb) (2) (a) (p).
[137] s. Kapitel 1 B III 2 b) bb) (1).
[138] s. Kapitel 1 A IV 4 b).
[139] s. bei Fn. 137 und 138.

fälischen Gesetzes ist sehr beschränkt. Die Formulierung „Betreuung in allen Angelegenheiten" fungiert als Einschränkung mit Blick auf denkbare Haftungsfälle, weil die Vollbetreuung sehr selten angeordnet wird. So gesehen ist dem Anknüpfungspunkt gegenüber anderen Anknüpfungspunkten der Vorzug zu geben. Die (weitere) Einschränkung des Bayerischen Gesetzgebers auf Personen, für die wegen einer psychischen Krankheit oder einer geistigen oder seelischen Behinderung ein Betreuer mit dem Aufgabenkreis all ihrer Angelegenheiten bestellt ist, erscheint sinnvoll, weil das Gesetz nur Fälle erfassen soll, die früher unter die Entmündigung fielen. Darin liegt eine weitere Begrenzung des Kreises denkbarer Haftender. Dieses entspricht der preußischen Tradition der Reduktion des Kreises der haftenden Personen.

Es ist nicht zweckmäßig, die Zusatzverantwortlichkeit auf weitere Fälle von Behinderungen auszudehnen. Die bei der Diskussion des relevanten Lebensalters aufgeworfene Frage nach dem ordnungsrechtlichen Verantwortungsbereich des Aufsichtspflichtigen[140] stellt sich ebenso beim Betreuer. Für andere als die genannten Behinderungen entfällt der ordnungsrechtliche Verantwortlichkeitsbereich. Weiterhin stellt die Zusatzverantwortlichkeit eine Ausnahme gegenüber dem „normalen" Haftungssystem dar. Eine solche Ausnahme sollte nicht zu weit ausgedehnt werden. Es entsteht auch keine Regelungslücke. Seit der Geltung des neuen Rechts ist kein Fall bekannt geworden, der die Inanspruchnahme eines Zusatzverantwortlichen auf dem Gebiet der mit dem Erlass des BtG denkbaren Rechtserweiterung betrifft. Der Einschränkung der Bayerischen Regelung ist deshalb zuzustimmen.

cc) Umfang

Die meisten Gesetze regeln den Umfang der Betreuerhaftung entsprechend den gesetzlich geregelten möglichen Betreuerkreisen. Gelegentlich geht der Haftungsumfang darüber hinaus. Davon ist auszugehen, wenn der Gesetzgeber die Haftung für die Fälle des § 1896 Abs. 4 und § 1905 BGB anordnet, falls diese Fälle der Aufgabenkreis des Betreuers nicht erfasst. In dieser Weise gehen sowohl der Bayerische als auch der Nordrhein-Westfälische Gesetzgeber vor.

Es ist davon auszugehen, dass die Zusatzverantwortlichkeit des Betreuers sich ohne weiteres auf Haftungsfälle bezieht, die den Bereich der Personensorge oder Aufsicht betreffen. Es ist fraglich, ob sich für die über die Personensorge oder die Aufsicht hinausgehenden Fälle die Zusatzverantwortlichkeit des Betreuers begründen lässt.[141] Es ist hier daran zu erinnern, dass die öffentlichrechtliche Zusatzhaftung parallel zur privatrechtlichen Haftung des Betreuers geregelt ist.[142] Den Ausgangspunkt für die Beantwortung der Frage bildet die

---

[140] s. Kapitel 2 B I 1 a).
[141] s. *Schmitz*, S. 245.

Erwägung, dass nur dann, wenn dem Betreuer die Personensorge und damit als Teil derselben die Aufsicht über eine Person oder der Aufgabenkreis „Aufsicht" übertragen worden ist, für ihn die Rechtspflicht besteht, Dritte vor möglichen Gefährdungen durch den Betreuten zu schützen.[143] Wenn der Aufgabenkreis des Betreuers nicht die Aufsicht umfasst, muss sich die Betreuung allein am Willen bzw. Wohl des Betreuten orientieren. Drittinteressen sind hier bedeutungsvoll, wenn sie mit den Interessen des Betreuten übereinstimmen.[144] Es ist unmittelbar einsichtig, dass die Maßnahmen der Gefahrenabwehr, die der Betreuer ergreifen muss, nicht notwendig dem Willen des Betreuten entsprechen müssen. Das gilt auch dann, wenn das Handeln des Betreuers die Polizeipflicht des Betreuten beendet oder wenn er Kosten von dem Betreuten abwendet.[145] Die Anordnung der Zusatzverantwortlichkeit des Betreuers wird deshalb dann problematisch, wenn Maßnahmen der Gefahrenabwehr nicht dem Willen bzw. Wohl des Betreuten entsprechen.

Die Rechtsstellung des Betreuers ist in dem Recht, welches die Zusatzverantwortlichkeit für Fälle anordnet, die über die Aufsicht hinausgehen, parallel zur Rechtsstellung der Sorgeberechtigten bei unter 14 Jahre alten Kindern konstruiert.[146] Dieses beruht insoweit auf einem Missverständnis, als die Rechtsstellung eines Kindes nicht mit der eines Betreuten übereinstimmt. Beim Kind ist relevant das Kindeswohl, § 1627 Satz 1 BGB – dieses lässt sich objektiv bestimmen. Beim Betreuten ist bedeutungsvoll dessen Wohl, zu dem auch dessen Wünsche und Vorstellungen zählen, § 1901 Abs. 2 BGB – darin liegt eine starke subjektive Komponente. Insoweit sind die Positionen unterschiedlich. Das erfordert eine unterschiedliche Rechtsstellung für Sorgeberechtigte und Betreuer.

Die Anordnung der Zusatzverantwortlichkeit des Betreuers außerhalb der Personensorge/der Aufsicht kann also zu einem Konflikt des Betreuers mit den §§ 1896 ff. BGB führen. Das gilt auch dann, wenn die Gefahrenabwehrbehörde den Betreuer nicht dazu verpflichtet, auf den Betreuten zwecks Gefahrvermeidung/Schadensbeseitigung einzuwirken, sondern vom Betreuer selbst ein Tun, Dulden oder Unterlassen fordert. Auch diese Verpflichtung kann dem Willen des Betreuten widersprechen. Sie kann weiterhin nicht aus der Betreuerstellung abgeleitet werden. Wenn der Betreuer Drittinteressen nicht berücksichtigen muss, erfasst seine Betreuerstellung diesen Fall nicht. Dann entfällt die Zusatzverantwortlichkeit. Er ist in diesem Fall ein beliebiger Dritter[147], der nur dann

---

[142] s. Kapitel 2 B I 2 a).
[143] *Deinert/Lütgens/Meier*, S. 116 ff.; *Schmitz*, S. 245.
[144] *Meier*, Handbuch, Rdnr. 1177; *Schmitz*, S. 245.
[145] *Schmitz*, S. 245.
[146] So auch *Schmitz*, S. 245.
[147] Ebd.

Verpflichteter ist, wenn er einen Beitrag zur Entstehung der Gefahr entsprechend der Zurechnungslehre geleistet hat.

Es sollte als Folge dieser Erwägungen die Verantwortlichkeit des Betreuers auf die Fälle der Aufsicht beschränkt werden. Es empfiehlt sich nicht, die Personensorge in diesem Zusammenhang zu erwähnen[148], weil diese mehr als Aufsicht zum Gegenstand hat.

Das Gleiche gilt für die Aussage, dass der Aufgabenkreis des Betreuers die in § 1896 Abs. 4 und § 1905 des Bürgerlichen Gesetzbuchs bezeichneten Angelegenheiten nicht erfasst.

dd) Zwischenergebnis

Als bestmögliche Regelung ist die Bayerische Vorschrift in einer abgeänderten Version vorzuschlagen, in der für den Betreuten der Betreuer haftet und nicht der Aufsichtspflichtige. Es wird vorgeschlagen, den Betreuer als Zusatzverantwortlichen zu verpflichten, wenn folgende Bedingung vorliegt: Die Betreuung erfolgt wegen einer psychischen Krankheit oder einer geistigen oder seelischen Behinderung zur Besorgung aller Angelegenheiten. Die Haftung des Betreuers beschränkt sich auf den Aufgabenkreis Aufsicht.

c) *Rechtspolitischer Vorschlag*

Es wird vorgeschlagen, folgende Regelung bundesweit zu übernehmen: „Ist für eine Person wegen einer psychischen Krankheit oder einer geistigen oder seelischen Behinderung zur Besorgung aller ihrer Angelegenheiten ein Betreuer bestellt, können Maßnahmen, die die Aufsicht über den Betreuten betreffen, auch gegen den Betreuer gerichtet werden."

3. Zusammenfassende Bewertung der Gesetze

Die Analyse der sehr differenzierten Gesetzgebung führt alles in allem dazu, vorzuschlagen, diese zu vereinheitlichen. Die Vereinheitlichung beseitigt Ungereimtheiten, korrigiert offensichtliche Fehler und führt die Zusatzverantwortlichkeit auf ein Maß zurück, welches in der Tradition des Preußischen Gesetzgebers in Ansehung der Haftungsreduktion steht. Regelungslücken entstehen nicht. Risiken, die mit der Übernahme von Aufsichts- und Betreuerverantwortlichkeit verbunden sind, werden reduziert. Insgesamt erscheint es möglich, die Zusatzhaftung zu entschärfen.

---

[148] So aber *Schmitz*, S. 246, der seinen Ansatz nicht folgerichtig zu Ende denkt.

Dieses Bestreben schlägt sich in folgendem Gesetzesvorschlag nieder, der den Absatz 2 der hier relevanten Normen bildet: „Ist die Person noch nicht 14 Jahre alt, können Maßnahmen auch gegen denjenigen gerichtet werden, der für die Person zu sorgen hat, soweit die Aufsicht betroffen ist. Ist für eine Person wegen einer psychischen Krankheit oder einer geistigen oder seelischen Behinderung zur Besorgung aller ihrer Angelegenheiten ein Betreuer bestellt, können Maßnahmen, die die Aufsicht über den Betreuten betreffen, auch gegen den Betreuer gerichtet werden."

II. Dogmatik

1. Verantwortlichkeitstatbestand

a) Aufsichtsverantwortlichkeit

aa) Beteiligte Personen

An dem Rechtsverhältnis „Aufsichtsverantwortlichkeit" sind als Personen beteiligt die beaufsichtigte Person und die Aufsichtsperson. Mit der Formel „beaufsichtigte Person" soll ausgedrückt werden, dass eine Person rechtlich unter Aufsicht steht, nicht aber, dass sie auch tatsächlich beaufsichtigt wird.

Beaufsichtigte Person ist ein Jugendlicher, der das 14. Lebensjahr noch nicht erreicht hat – von Baden-Württemberg abgesehen, dessen Gesetze das 16. Lebensjahr bestimmen.

Für die Aufsichtsperson ist abzustellen einerseits auf die Aufsichtsperson kraft Gesetzes, anderseits auf die kraft Vertrags und drittens auf die kraft Gewahrsamsübernahme. Mit Blick auf den ersten Fall ist zu unterscheiden zwischen der Aufsichtsperson kraft Familienrechts und der kraft „sonstigen Rechts". Die Differenzierung folgt der zu § 832 BGB entwickelten Lehre. Auf diese Norm bzw. den zu ihr gewonnenen Erkenntnissen in Rechtsprechung und Literatur darf zurückgegriffen werden, weil jedenfalls der Tatbestand der Norm – 832 Abs. 1 Satz 1 BGB – Vorbild für die polizeirechtliche Aufsichtshaftung war.[149]

Familienrechtliche Aufsichtspersonen sind für die folgenden Fälle nach dem BGB diese Personen[150]:

---

[149] Nicht relevant ist in diesem Zusammenhang wegen der Festlegung des Alters die Haftung für Volljährige. Erwähnt sei, dass *volljährige Personen* wegen ihres geistigen oder körperlichen Zustands der Beaufsichtigung bedürfen können, beispielsweise Kranke, geistig oder körperlich Behinderte, Epileptiker, Blinde. Ob im Einzelfall eine Aufsichtspflicht besteht, ist abhängig von Schadensneigungen, Aggressionen oder sonstigen greifbaren Anhaltspunkten für eine Gefährdung oder Schädigung von Personen oder Sachen.

B. Beantwortung der Fragen

- elterliche Sorge: § 1626 BGB Normalfall: die Eltern; § 1671 BGB Getrenntleben: beide Eltern oder ein Elternteil vollständig oder partiell[151]; § 1680 BGB Tod eines Elternteils: der Überlebende; §§ 1673, 1674, 1675 1678 BGB Ruhen der elterlichen Sorge oder tatsächliche Verhinderung der Ausübung: der andere Elternteil;
- Adoption: § 1754 BGB: der oder die Adoptierende(n);
- Vormundschaft: § 1793 BGB: der Vormund;
- Pflegschaft, soweit sie die Personensorge umfasst: § 1909 BGB: der Pfleger.[152]

Diesen Personen obliegt die Sorge über das Kind. Sie sind sorgeberechtigt. Die elterliche Sorge (als Beispiel) umfasst gem. § 1626 Abs. 1 Satz 2 BGB die Personensorge und die Vermögenssorge. Gem. § 1631 Abs. 1 BGB erfasst die Personensorge insbesondere das Recht und die Pflicht, das Kind zu beaufsichtigen. Diese Personen sind deshalb, worauf es in dieser Arbeit insbesondere ankommt, *Sorgeberechtigte*.

Sonstige gesetzliche Aufsichtspersonen sind beispielsweise folgende:

- Lehrer[153];
- Leiter und Mitarbeiter von Pflegeheimen.[154]

Diese Personen sind *Aufsichtsverpflichtete*.

Diese Personen sind Aufsichtspersonen kraft Gesetzes.

Aufsichtspflichten kraft Vertrags entstehen, wenn ein Vertrag mit dem Vertragsgegenstand „Aufsicht" wirksam abgeschlossen wird.[155] Voraussetzung für die vertragliche Übernahme der Aufsicht ist nicht, dass eine gesetzliche Aufsichtspflicht über die betroffene Person besteht, die der Aufsichtspflichtige „weitergibt". Es kann deswegen eine Aufsicht über jedes Kind bzw. jeden Jugendlichen vereinbart werden.[156] In Betracht kommt die vertragliche „Weitergabe"

---

[150] Hinzuweisen ist darauf, dass sich in älteren Lehrbüchern die Änderungen im Familienrecht zwangsläufig nicht finden; die hier einschlägigen Aussagen sind überholt. S. z. B. *Prümm/Sigrist*, S. 86f.

[151] § 1671 BGB enthält eine einheitliche Regelung für die Übertragung der elterlichen Sorge auf einen Elternteil vor und im Zusammenhang mit der Scheidung einer Ehe, der Beendigung einer nichtehelichen Lebensgemeinschaft sowie für Eltern, die zwar gemeinsam sorgeberechtigt waren, aber nicht zusammengelebt haben, *Diederichsen*, in: Palandt, § 1671 Rdnr. 1.

[152] Aufsichtspflichtige Personen sind nicht der Beistand (§ 1712) oder der Gegenvormund (§ 1792), s. *Sprau*, in: Palandt, § 832 Rdnr. 5.

[153] In Brandenburg folgt dieses Ergebnis aus den §§ 44 Abs. 1, 63f. BbgSchulG.

[154] Z. B. § 13 Abs. 1 Nr. 9 HeimG.

[155] *Sprau*, in: Palandt, § 832 Rdnr. 6.

[156] *Wagner*, in: Säcker/Rixecker, § 832 Rdnr. 15.

der Aufsichtpflicht durch eine Person, die diese kraft Gewahrsamsübernahme innehat. Der Vertrag kann ausdrücklich oder stillschweigend zustande kommen. Die Aufsicht kann Nebenpflicht eines anderen Vertrags sein, beispielsweise bei einem Vertrag über die Aufnahme eines Kindes bzw. eines Jugendlichen in ein Erziehungs- oder Pflegeheim. Die Aufsichtspflicht kann nicht nur der Aufsichtspflichtige mit der dritten Person vereinbaren, sondern z. B. auch das Jugendamt.[157] Das Ausmaß der übernommenen Aufsicht unterliegt der einvernehmlichen Festlegung. Fehlt es daran, richtet sich der Umfang der Aufsicht danach, was nach den Umständen als Aufsichtsleistung erwartet werden kann. Hier ist insbesondere auf die Möglichkeiten der die Aufsicht übernehmenden Person abzustellen.[158]

Für folgende Personen in folgenden Fällen ist ein vertragliches Aufsichtsverhältnis anzunehmen: Stiefvater oder Stiefmutter bei gemeinsamer Erziehung einer minderjährigen Person[159], Pflegeeltern bei der Betreuung eines Pflegekindes, Erwachsener bei der Betreuung eines Kindes oder einer jugendlichen Person, Ärzte und Pfleger einer offenen psychiatrischen Klinik[160] oder eines Krankenhauses für die Patienten[161], Kindermädchen für das behütete Kind, Personal eines Kindergartens für die im Kindergarten befindlichen Kinder, Leitung und Lehrer einer Privatschule für die Schüler, Inhaber einer Schülerpension für die Schüler, Betreuer eines Ferienlagers oder eines Fußballcamps für die Teilnehmer, Leiter und Mitarbeiter eines Heims für schwer erziehbare Jugendliche, eines Heilerziehungs- oder Pflegeheims für die in das Heim Eingewiesenen.[162] Diese Personen sind *vertragliche Aufsichtsverpflichtete*.

In diesem Zusammenhang stellt sich das Problem, wie es zu beurteilen ist, wenn der Vertrag unwirksam oder schwebend unwirksam ist. Im Falle einer Gefahrenabwehrmaßnahme ist ein effektives Handeln geboten. Dem Handlungserfolg kann es entgegenstehen, wenn der verfügende Beamte die Wirksamkeit von Rechtsbeziehungen prüfen müsste. Diese Prüfung kann deshalb im Interesse einer effektiven Gefahrenabwehr nicht verlangt werden. Ein unwirksamer oder schwebend unwirksamer Vertrag lässt die wirksame Inanspruchnahme eines „nach außen" wirksam „bestellten" Zusatzverantwortlichen deshalb nicht entfallen.

Die Aufsichtspflicht kraft Gewahrsamsübernahme ist die tatsächliche Übernahme der Aufsicht, sofern sie von einem entsprechenden Willen zur Aufsicht getragen ist. Gewahrsam ist die tatsächliche Herrschaft über eine Person, sofern

---

[157] *Sprau*, in: Palandt, § 832 Rdnr. 6.
[158] OLG Saarbrücken, VersR 2000, 457.
[159] OLG Düsseldorf, NJW-RR 1999, 857.
[160] BGH, NJW 1985, 677.
[161] BGH, FamRZ 1976, 210.
[162] Beispiele bei *Sprau*, in: Palandt, § 832 Rdnr. 6.

sie von einem entsprechenden Willen zur Ausübung der Herrschaft getragen ist.[163] Nach absolut herrschender Meinung[164] entsteht im öffentlichen Recht im Fall der Gewahrsamsübernahme die Zusatzverantwortlichkeit. Die Aufsicht kann deshalb im Wege eines unentgeltlichen Verhältnisses[165] oder als Geschäftsführung ohne Auftrag erfolgen.[166] Die Personen, die willentlich eine Aufsicht tatsächlich ohne vertragliche Verpflichtung übernehmen, sind *Aufsichtsverpflichtete kraft Gewahrsamsübernahme.*

Die Aufsichtspflicht kraft Gewahrsamsübernahme ist kein Fall des § 832 BGB, weil das Gesetz ausdrücklich von der Aufsicht „kraft Gesetzes" ausgeht. Eine nur tatsächliche Übernahme der Aufsicht lässt eine zivilrechtliche Verpflichtung zur Haftung nicht entstehen.[167]

Ein spezielles Problem stellt die Konstellation dar, dass Minderjährige die Aufsicht über andere (i. d. R. jüngere) Minderjährige führen. Als Beispiel wird angeführt, dass ältere Geschwister ihre jüngeren bewachen.[168] In diesen Fällen ist das ältere Kind weder kraft Gesetzes noch kraft Vertrags Aufsichtsperson. Ein wirksamer Vertrag zwischen den Eltern des älteren Kindes und diesem ist nicht zustande gekommen. Die Eltern können das Kind nicht wirksam vertreten. Wenn die Aufsichtsperson beispielsweise ein älteres Nachbarkind ist (Fall des Kindermädchens/Babysitters), wäre ein wirksamer Vertrag nur dann zustande gekommen, wenn die Eltern der Aufsichtsperson dessen Vertrag genehmigen. Ob das der Fall ist, kann nicht generell vorhergesagt werden. Es kann der Fall einer Aufsicht kraft Gewahrsamsübernahme vorliegen. Auch das ist eine Frage des Einzelfalls. Es lässt sich deshalb feststellen, dass ein minderjähriges Kind oder ein minderjähriger Jugendlicher Aufsichtsperson sein kann. Ist dieses Kind noch nicht 14 bzw. 16 Jahre alt, sind seine gesetzlichen Vertreter Zusatzverantwortliche.

Die Aufsichtspflicht kraft Vertrags und die kraft Gewahrsamsübernahme lassen die gesetzlich bestehende Aufsichtspflicht nicht entfallen. Dieses Resultat folgt schon aus der einfachen Überlegung, dass gesetzliche Pflichten nur durch Änderung des Gesetzes erlöschen. Die Aufhebung eines Gesetzes als actus contrarius zu dessen Inkraftsetzung erfordert ein Gesetz. Andere Überlegungen sind in diesem Zusammenhang vollkommen irrelevant.[169] Deshalb ist festzu-

---

[163] Im Strafrecht spricht man von Gewahrsam dann, wenn eine tatsächliche Sachherrschaft, getragen von einem Herrschaftswillen, vorliegt, BGHSt 8, 275; *Thomas Fischer*, § 242 Rdnr. 11.
[164] s. die Nachweise in Kapitel 2 A III 2 c) und d).
[165] s. die Nachweise in Kapitel 2 A III 2 c) und d).
[166] s. die Nachweise ebd.
[167] Ebd. A. A. *Wagner*, in: Säcker/Rixecker, § 832 Rdnr. 18.
[168] *Frings/Sparholz*, S. 123.
[169] Dieses gilt für die Überlegungen bei *Bott*, S. 294 ff.

halten, dass in den Fällen der Übernahme der Aufsichtspflicht durch Vertrag oder tatsächlichen Gewahrsam der Gefahrenabwehrbehörde mehrere Zusatzverantwortliche zur Verfügung stehen.

Zusammenfassend darf festgehalten werden, dass die Gesetzgeber die unwiderlegbare Vermutung aufstellen, dass ein Kind sich bis zu einem bestimmten Alter im Verantwortungsbereich der Aufsichtspflichtigen bzw. Sorgeberechtigten befindet. Deswegen sind die Aufsichts- bzw. Sorgeberechtigten zusatzverantwortlich.

Die in der Literatur vorgefundenen Beispiele für eine Zusatzverantwortlichkeit im Bereich Aufsichts-/Sorgeverpflichtung[170] entsprechen den hier erarbeiteten Ergebnissen.

bb) Verantwortlichkeit auslösende oder beseitigende „Umstände"

Nach der Rechtsprechung des BGH bedürfen Minderjährige wegen ihrer Minderjährigkeit stets der Aufsicht. Nur der Umfang der Aufsicht richtet sich nach den konkreten Umständen des Einzelfalls.[171] Die kompromisslose Haltung des BGH erscheint zunächst unangemessen. Ausgleichend wirkt aber die Möglichkeit der Entlastung durch den Entlastungsbeweis gem. § 832 Abs. 1 Satz 2 BGB. Im Einzelfall sind deshalb immer fallangemessene Resultate zu erzielen.

Wäre die auf den ersten Blick kompromisslose Rechtsprechung auf das Recht der Zusatzverantwortlichkeit zu übertragen, gäbe es die Zusatzverantwortlichkeit immer, selbst dann, wenn die zu beaufsichtigende Person im Einzelfall der Aufsicht nicht bedarf oder sie nicht beaufsichtigt werden sollte. *Beispiel*: Der Schüler muss lernen, seinen Schulweg ohne die Begleitung durch eine Aufsichtsperson zu bewältigen. Ist bis zum 14. oder 16. Lebensjahr insoweit eine begleitende Aufsichtsperson vorhanden, dürfte das schwerwiegende negative Folgen für die Entwicklung des Jugendlichen haben. Es gibt demnach Bereiche, die von privater und damit von privatrechtlich zu beurteilender Aufsicht frei sein sollten. Kann diese Erwägung auf das öffentliche Recht übertragen werden?

Nach der zivilrechtlichen Lage gibt es „Umstände", die dazu führen, dass eine Haftung entfällt. Diese „Umstände" gibt es nach der öffentlich-rechtlichen Zusatzverantwortlichkeit nicht. Die öffentlich-rechtliche Verantwortlichkeit geht von vollkommen anderen Ansatzpunkten aus als die zivilrechtliche Haftung.

---

[170] s. Kapitel 2 A III 3 b) aa).
[171] BGH, NJW 1976, 1145.

Wie mehrfach[172] erwähnt, spielt ausschließlich die effektive Gefahrenbeseitigung eine Rolle. Anknüpfungspunkt ist deshalb ausschließlich ein objektiv störendes Verhalten einer Person.[173] Dieses bedeutet: Jeder in der Person des Verantwortlichen liegende „Umstand" ist bedeutungslos: das Alter[174], die fehlende (§ 104 BGB) oder beschränkte Geschäftsfähigkeit (§ 106 BGB) sowie die fehlende Deliktsfähigkeit (§ 828 BGB), die im Einzelfall nicht notwendige oder aus pädagogischer Sicht sogar schädliche Aufsicht, die physische oder psychische Unfähigkeit zur Gefahren-/Schadensbeseitigung, Einsichts- und Verschuldensfähigkeit[175], strafrechtliche Schuldunfähigkeit (§ 14 StGB). Ein Tun oder Unterlassen muss nicht von einem Handlungswillen getragen sein, deshalb können Betrunkene oder „Anfallskranke" Handlungsstörer sein.[176] Sicherheitsrechtlich relevant ist das Verhalten von Personen bereits dann, wenn eine Gefahr entsteht, die das Einschreiten einer Gefahrenabwehrbehörde erforderlich macht. Diese Aussage gilt sowohl für den „primären" Verantwortlichen als auch für den Zusatzverantwortlichen. Dieser besitzt weiterhin nicht die Möglichkeit, sich entsprechend § 832 Abs. 1 Satz 2 BGB zu entlasten. Nach dem Recht des Entlastungsbeweises kann der Aufsichtspflichtige diesen in zweifacher Richtung führen[177]: zum einen in Richtung Erfüllung der Aufsichtspflicht – diese Möglichkeit entfällt im Bereich der Zusatzverantwortlichkeit, weil, wie sich zeigen wird[178], die Erfüllung der Aufsichtspflicht (und nicht ihr Unterlassen) notwendige Bedingung für das Vorliegen des Tatbestands Zusatzverantwortlichkeit ist. Das bedeutet, dass das, was im Zivilrecht zur Entlastung führt, im öffentlichen Recht die Belastung erst begründet. Zum anderen kann der Entlastungsbeweis in Richtung fehlende Ursächlichkeit der Aufsichtspflichtverletzung für die Entstehung der Gefahr geführt werden – diese Möglichkeit entfällt im Bereich der Zusatzverantwortlichkeit, weil, wie sich zeigen wird[179], es im Recht der Zusatzverantwortlichkeit immer darauf ankommt, dass ein kausaler Beitrag des Zusatzverantwortlichen für die Entstehung der Gefahr notwendig entfallen muss. Das bedeutet, dass die fehlende Ursächlichkeit nicht zur Entlastung, sondern zur Belastung als Zusatzverantwortlicher führt.

Die Verantwortlichkeit entfällt, wenn die Inanspruchnahme des Kindes oder des Jugendlichen oder des Zusatzverantwortlichen im Einzelfall rechtswidrig ist. Es geht in diesem Zusammenhang nicht darum, dass der objektive Tatbestand

---

[172] s. z. B. Kapitel 2 B I 1 a).
[173] *Drews/Wacke/Vogel/Martens*, S. 293.
[174] Die Regelung des § 828 Abs. 2 BGB, dass ein noch nicht sieben Jahre altes Kind für einen von ihm verursachten Schaden nicht haftet, gilt nicht im Gefahrenabwehrrecht.
[175] VG Berlin, NJW 2001, 2489f.
[176] *Ruder/Schmitt*, Rdnr. 260.
[177] Zu diesen beiden Möglichkeiten s. *Sprau*, in: Palandt, § 832 Rdnr. 8.
[178] s. Kapitel 2 B II 1 a) cc) (3).
[179] s. ebd.

einer speziellen „Haftungsnorm" oder der polizeilichen Generalklausel nicht erfüllt ist. Dieses ist kein Fall hier relevanter „Umstände". Es geht darum, dass der Grundsatz der Geeignetheit einer Maßnahme als Teil des Grundsatzes der Verhältnismäßigkeit auch hier Anwendung finden muss, weil dieser Grundsatz der Ausübung der Staatsgewalt zu jeder Zeit und unter allen denkbaren Umständen eine Grenze setzt.[180] Wann das im Einzelnen der Fall ist, kann hier nicht vorhergesehen werden. Es soll nur festgestellt werden, dass auch im Bereich der Gefahrenabwehr und speziell im Bereich der Zusatzverantwortlichkeit die Aussage, dass die Effektivität der Gefahrenabwehr jedes Handeln der zuständigen Behörde gestattet, nicht richtig ist.

cc) „Erfolgsbeitrag" der beteiligten Personen

Die beaufsichtigte Person muss einen i. S. d. Theorie der unmittelbaren Verursachung[181] kausalen Beitrag für die Entstehung der Gefahr durch ihr Tun, Dulden oder Unterlassen geleistet haben. Sie muss – mit anderen Worten – Verursacher sein. Diese Aussage folgt zwingend aus den in diesem Zusammenhang relevanten Gesetzen. Die beaufsichtigte Person ist nach ihnen primärer Verhaltensstörer. Demnach muss sie die Bedingungen erfüllen, die zu dieser „Einordnung" führen.

(1) „Erfolgsbeitrag" der beaufsichtigten Person

(a) Entfallende Inanspruchnahme der beaufsichtigten Person

Es ist zu diskutieren, welche Folgen es hat, wenn eine Person Verursacher ist, aber *als Störer nicht in Anspruch genommen werden kann*, weil die Inanspruchnahme z. B. unverhältnismäßig wäre. Zwei unterschiedliche Konsequenzen sind vorstellbar: entweder es entfällt die rechtliche Einordnung als Verhaltensstörer, oder es entfällt „nur" die Möglichkeit, gegen sie eine gefahrenabwehrende Maßnahme zu verfügen. Richtigerweise sollte ausschließlich von der zweiten Möglichkeit ausgegangen werden. Im ersten Referentenentwurf des späteren § 19 PrPVG haftet der Zusatzverantwortliche anstelle des „eigentlichen" Störers.[182] Dessen Haftung wäre bei Realisierung des Entwurfs vollständig entfallen. Die Haftung des Zusatzverantwortlichen wurde im nächsten Entwurf aber *neben* der Haftung des „eigentlichen" Störers vorgeschlagen.[183] Für diesen Vorschlag trugen seine Autoren die effektivere Gefahrenabwehr als Grund vor. Dem folgte

---

[180] *Badura*, C 28.
[181] PrOVGE 31, 409 ff.; 103, 139 ff.; *Schenke*, Rdnr. 242: „Ein Verhalten ist demnach dann ursächlich, wenn es für sich gesehen die polizeiliche Gefahrenschwelle überschreitet und dadurch die hinreichende Wahrscheinlichkeit eines Schadenseintritts begründet oder erhöht wird."
[182] s. Kapitel 1 A IV 4 a) bb).
[183] s. Kapitel 1 A IV 4 a) cc).

der Gesetzgeber. Diese historische Gegebenheit kann als Indiz dafür gesehen werden, dass der Zusatzverantwortliche auch bei einer nicht möglichen Inanspruchnahme des „eigentlichen" Störers mit dem Ziel „Gefahrenabwehr/Schadensbeseitigung" haften soll. Grund für die Verantwortlichkeit des Zusatzverantwortlichen ist, dass eine Störung in seinem Verantwortungsbereich entsteht. Voraussetzung dafür ist, dass eine Person aus dem Verantwortungsbereich des Zusatzverantwortlichen eine Störung *verursacht* hat. Eine „Haftung" des „eigentlichen" Störers ist nach diesen Erwägungen nicht notwendig. Dieses Ergebnis erbringt auch die Wortlautinterpretation der meisten Gesetze, die nur von einer „Verursachung" des „eigentlichen" Störers sprechen und nicht von seiner „Verantwortlichkeit" oder „Haftung". Aus der Tatsache, dass eine gefahrenabwehrende Verfügung im Einzelfall unverhältnismäßig ist, kann weiterhin noch nicht folgen, dass gegen die Person auch keine Kostenverfügung erlassen werden dürfte. Die Zulässigkeit von Maßnahmen auf den je unterschiedlichen Ebenen ist streng zu trennen. Wer als Verursacher einer Gefahr aus physischen Gründen eine Gefahr nicht beseitigen kann, etwa weil er im Zusammenhang der Gefahrverursachung bewusstlos geworden ist, kann ohne weiteres die Kosten tragen (können), die der Behörde durch eine Ersatzvornahme entstehen.[184] Für die Kosten haftet dann auch der Zusatzverantwortliche. Als Ergebnis ist festzuhalten, dass der Zusatzverantwortliche auch dann in Anspruch genommen werden kann, wenn der „eigentliche" Störer die Gefahr nur verursacht hat, aber selbst nicht verantworten muss.

Der in der Literatur[185] vorhandenen Aussage, dass die Zusatzhaftung entfalle, wenn die Inanspruchnahme des „eigentlichen" Störers rechtswidrig sei und deshalb die Inanspruchnahme eines Störers vollständig entfalle, ist deshalb nicht zu folgen. Im Fall der Existenz eines Zusatzverantwortlichen besitzt die Gefahrenabwehrbehörde deshalb immer eine Person, die sie zumindest auf der dritten Ebene in Anspruch nehmen kann.

(b) Verpflichtung zur Vornahme einer unvertretbaren Handlung

Problematisch ist, ob die Zusatzverantwortlichkeit entfällt, wenn von dem Störer eine *unvertretbare Handlung* gefordert wird. Dieses dürfte i. d. R. der Fall sein, wenn eine sog. „polizeiliche Standardmaßnahme" gefordert wird. Die Zusatzverantwortlichkeit steht, wie zuvor dargelegt, *neben* der Verantwortlichkeit des „eigentlichen" Störers. Voraussetzung für die Zusatzverantwortlichkeit ist aber nicht, dass der „eigentliche" Störer haftet. Dieses Ergebnis ist zuvor erarbeitet worden. Die Zusatzverantwortlichkeit als solche entfällt somit noch nicht, wenn eine unvertretbare Handlung vom „eigentlichen" Störer gefordert wird.

---

[184] Eingeschränkt zuzustimmen ist deshalb der Ansicht von *Klapper*, S. 35.
[185] *Frings/Spahlholz*, S. 124.

Vom Zusatzverantwortlichen könnte zum einen verlangt werden, in bestimmter Weise auf den Beaufsichtigten einzuwirken. Zum anderen könnte vom Zusatzverantwortlichen verlangt werden, selbst die Handlung vorzunehmen, die der „eigentliche" Störer vorzunehmen sich weigert.

Es ist für den zweiten zuvor erwähnten Fall aber zu bedenken, dass das Wesen der unvertretbaren Handlung darin besteht, dass sie „höchstpersönlich" ist. Das bedeutet, dass die Handlung niemand anders als der Inanspruchgenommene vornehmen kann. Dann kann der Zusatzverantwortliche die Handlung nicht vornehmen. Seine Inanspruchnahme richtet sich auf etwas tatsächlich Unmögliches, von der Möglichkeit des Verantwortlichen abgesehen. Ob § 44 Abs. 2 Nr. 4 VwVfG diesen Fall erfasst, bleibe offen. In jedem Fall dürfte die Inanspruchnahme rechtswidrig sein. Bei einer unvertretbaren Handlung scheidet auch eine Ersatzvornahme der Gefahrenabwehrbehörde aus. Der Zusatzverantwortliche kann deshalb auch nicht Adressat einer rechtmäßigen Kostenverfügung werden. Deshalb entfällt bei Forderung einer unvertretbaren Handlung vom „eigentlichen" Verursacher eine Verantwortlichkeit des Zusatzverantwortlichen. Eine vertretbare Handlung in Gestalt eines Beitrags zur Erfüllung der unvertretbaren Handlung darf gefordert werden.[186]

(2) „Erfolgsbeitrag" des Aufsichtspflichtigen

Ein weiteres Problem bildet die Frage, ob es Voraussetzung für die Inanspruchnahme als Zusatzverantwortlicher ist, dass der *potentiell Zusatzverantwortliche einen eigenen kausalen Beitrag für die Entstehung der Gefahr* durch sein Tun, Dulden oder Unterlassen geleistet haben muss[187], oder ob gerade dieser Beitrag zwingend fehlen muss, damit die Zusatzverantwortlichkeit gesetzlich entsteht.[188] Der Gesetzgeber des Landes Nordrhein-Westfalen ging seinerzeit davon aus, der Zusatzverantwortliche sei mittelbarer Störer.[189] Es ist zu untersuchen, welche Konsequenzen mit dieser Einordnung verbunden sind, wenn sie zutrifft. Wäre diese Auffassung richtig, dann wäre immer von einem eigenen kausalen Beitrag des Zusatzverantwortlichen für die Gefahr-/Schadensentstehung auszugehen, der aber nur *mittelbar* wirkt. Dieses Resultat folgt aus dem Verständnis des Begriffs „Mittelbarer Störer". Den Ausgangspunkt für dessen Bestimmung

---

[186] *Poscher*, JURA 2007, 801 f.

[187] In jedem Fall ist davon auszugehen, dass die Zeugung eines Kindes kein Beitrag in diesem Sinn ist, vgl. *Bartholmes*, S. 68 mit Fn. 146.

[188] Das OVG Lüneburg, MDR 1958, 951 geht in diesem Zusammenhang nicht von einer Alternative aus, sondern es ist der Auffassung, dass in beiden Fällen die Zusatzverantwortlichkeit besteht.

[189] LTNRW-Drs. 3/6, S. 6. – *Becker*, § 3 Rdnr. 18 (S. 34 [5]) betrachtet die Zusatzverantwortlichkeit als mittelbare Täterschaft. Der mittelbare Täter hafte auch ohne die Existenz einer die Zurechnung anordnenden Rechtsnorm.

bildet die gesetzlich nicht ausdrücklich normierte „Polizeipflicht" des Bürgers.[190] Sie besagt (soweit hier von Interesse), dass jeder Bürger sich so zu verhalten (und die seiner Sachherrschaft unterworfenen Gegenstände so zu verwalten) hat, dass keine Gefahr für die öffentliche Sicherheit (oder Ordnung) entsteht.[191] Die „Polizeipflicht" bezeichnet die Verhaltensverantwortlichkeit (und die Zustandsverantwortlichkeit). Verhaltensverantwortlicher ist nach der Theorie der unmittelbaren Verursachung[192], „wer bei wertender Betrachtung unter Einbeziehung aller Umstände des jeweiligen Einzelfalls die Gefahrengrenze überschritten und damit die unmittelbare Ursache für den Eintritt der Gefahr gesetzt hat."[193] Störer ist nur der unmittelbare Verursacher (= unmittelbarer Störer), der mittelbare Verursacher (= mittelbarer Störer) ist Veranlasser. Er ist nicht verantwortlich.[194] Mittelbarer Störer ist somit nach der Theorie der unmittelbaren Verursachung, wer einen kausalen Beitrag zur Gefahrentstehung geleistet hat und nicht unmittelbarer Störer ist. Dieses hat folgende Konsequenz: Die rechtliche Zuordnung des Gesetzgebers des Landes Nordrhein-Westfalen kann nicht richtig sein: Der mittelbare Störer haftet nicht, der Zusatzverantwortliche haftet. Das ist widersprüchlich. Die Eigenschaften Zusatzverantwortlicher und mittelbarer Störer können in einer Person nicht zusammentreffen. Die Antwort auf die Ausgangsfrage kann auf diese Weise nicht gefunden werden.

Es gibt zwei nur schwer der Theorie der unmittelbaren Verursachung zuzuordnende Fälle: den latenten Störer und den Zweckveranlasser. „‚Latenter Störer' soll nach der *Unmittelbarkeitslehre* derjenige sein, der Handlungen mit Dauerwirkung vornimmt, die zunächst niemanden beeinträchtigen, sondern erst durch Hinzutreten weiterer, äußerer Umstände zu Gefahren werden."[195] „‚Zweckveranlasser' [...] ist [...] derjenige, welcher zwar die Gefahrengrenze überschreitet, aber nicht die zeitlich letzte Handlung vor dem Schadenseintritt vornimmt."[196] Beide sollen unmittelbare Störer sein. Offensichtlich treffen die Konstruktionen „latenter Störer" und „Zweckveranlasser" auf den Zusatzverantwortlichen nicht zu. Mit ihrer Hilfe lässt sich die Ausgangsfrage nicht beantworten.

Nach der *Rechtswidrigkeitslehre* ist Verhaltensverantwortlicher, „wer eine rechtliche Handlungs- oder Unterlassenspflicht zu verletzen und dadurch geschützte Rechtsgüter zu gefährden droht."[197] Der Zusatzverantwortliche verletzt

---

[190] s. zu ihr Einleitung Fn. 29.
[191] *Denninger*, in: Lisken/Denninger, E Rdnr. 69.
[192] Überblick bei *Selmer*, JuS 1992, 97ff.
[193] OVG NRW, NVwZ 1985, 356 m.w. Nachw. Weitere Theorien zur Bestimmung der Handlungsverantwortlichkeit z. B. bei *Gusy*, Rdnr. 334.
[194] OVG RLP, NVwZ 1992, 499f.; OVG NRW, NVwZ 1997, 507f.; *Denninger*, in: Lisken/Denninger, E Rdnr. 77; *Götz*, § 9 Rdnr. 18ff.; *Schenke*, Rdnr. 242.
[195] *Gusy*, Rdnr. 337.
[196] Ebd., Rdnr. 336.

nicht bereits dadurch eine rechtliche Handlungs- oder Unterlassenspflicht, dass der *Beaufsichtigte* durch *sein* Tun, Dulden oder Unterlassen eine Gefahr verursacht. Auch auf diesem Weg findet sich keine Antwort auf die Ausgangsfrage.

Es ist zu erkennen, dass die Theorien zur Bestimmung der Verhaltensverantwortlichkeit nicht auf die Zusatzverantwortlichkeit „passen". Der Verantwortlichkeitstatbestand „Zusatzverantwortlichkeit" entzieht sich ihren Kategorien. Diese Lehren setzen an einem „Erfolgsbeitrag" an. Wären sie anwendbar, müsste der Zusatzverantwortliche immer Verursacher sein. Ob er das nach der Konstruktion der Gesetzgeber sein muss, ist nach deren Willen, nicht nach den genannten Theorien zu bestimmen.

In der Einleitung[198] war bereits darauf hingewiesen worden, dass es in der Literatur Vertreter[199] der Ansicht gibt, dass der Begriff „Zusatzhaftung" (fälschlicherweise) den Eindruck erwecke, die Verantwortlichkeit greife nur zusätzlich ein. Das sei nicht der Fall. Nach den gesetzlichen Vorschriften sollen beide, der Verursacher und der Zusatzhaftende, gleichrangig in Anspruch genommen werden können. Der Zusatzhaftende sei in eigener Person für seine Pflichtverletzung verantwortlich. Seine Pflichten seien die in seiner Person begründeten Rechtspflichten nach dem BGB oder anderen Gesetzen. Mehrfach ist in dieser Arbeit bereits festgestellt worden[200], dass dieser Ansicht nicht zu folgen ist. Es ist nunmehr die Begründung für die hier vertretene Ansicht zu liefern. An dieser Stelle erfolgt aber aus Gründen der Gliederung der Arbeit nur eine Teilantwort, und zwar für den Bereich der Aufsichtsverantwortlichkeit.

In der Beziehung Aufsichtspflichtiger – Beaufsichtigter sind mit Blick auf die Beseitigung einer Gefahr, die der Beaufsichtigte verursacht hat, mehrere unterschiedliche Konstellationen denkbar[201]:

Erstens: Der Aufsichtspflichtige ist gesetzlicher Vertreter des Beaufsichtigten und an der Entstehung der Gefahr vollkommen unbeteiligt (erfolgreicher Entlastungsbeweis gem. § 832 Abs. 1 Satz 2 BGB): Der gesetzliche Vertreter ist verpflichtet, dafür zu sorgen, dass die in der Person des Vertretenen (Beaufsichtigten) entstandenen Pflichten erfüllt werden. Diese Verpflichtung ist von der Rechtsnatur der Pflicht des Vertretenen unabhängig. Der Vertreter muss deshalb auch öffentlich-rechtliche Verpflichtungen des Vertretenen erfüllen.[202] Regelmäßig geschieht die Erfüllung dadurch, dass der Vertreter die notwendigen Tathand-

---

[197] Ebd., Rdnr. 338.
[198] Einleitung A I.
[199] *Scholler/Schloer*, S. 249.
[200] s. z. B. Einleitung A I.
[201] *Bott*, S. 291 f. behandelt in diesem Zusammenhang gesondert die Person des Sorgepflichtigen. Wie sich im Folgenden zeigen wird, ist diese Differenzierung überflüssig.
[202] *Forsthoff*, S. 183; *Wolff/Bachof* I, S. 250.

lungen selbst ausführt oder die notwendigen Willenserklärungen im Namen des Vertretenen abgibt. Der gesetzliche Vertreter kann in dieser Situation als Zusatzverantwortlicher ordnungsrechtlich verpflichtet werden. Das ist aber nicht nötig, da er die ordnungsrechtlichen Verpflichtungen des Vertretenen zu erfüllen hat. Für den Fall der gesetzlichen Vertretung ist die Normierung der Zusatzhaftung überflüssig. – Da jedes geschäftsunfähige oder beschränkt geschäftsfähige Kind einen gesetzlichen Vertreter hat, ist die Normierung der Zusatzhaftung für den Aufsichtspflichtigen, der gesetzlicher Vertreter ist, immer überflüssig.

Zweitens: Der Aufsichtspflichtige ist gesetzlicher Vertreter und an der Entstehung der Gefahr mit einem eigenen kausalen Beitrag beteiligt. Er ist Mitverursacher. Die Behörde kann die Mitverursacher einzeln oder gemeinsam ordnungsrechtlich in Anspruch nehmen. Dabei hat sie die Grenzen der Ausübung rechtmäßigen Ermessens zu beachten.[203] Die Behörde kann den primären Verursacher, vertreten durch seinen Vertreter, verpflichten, soweit ihr Vorgehen ermessensfehlerfrei ist. Diese Situation ist dann identisch mit der unter erstens beschriebenen. Die Gefahrenabwehrbehörde kann den Mitverursacher allein (oder zusammen mit dem Verursacher) zur Gefahrenabwehr in Anspruch nehmen, soweit dieses Vorgehen ermessensfehlerfrei ist. Immer steht der Behörde ein Verantwortlicher zur Verfügung. In dieser Situation ist der Tatbestand Zusatzverantwortlichkeit ebenfalls überflüssig.

Drittens: Der Aufsichtspflichtige ist „Nur-Aufsichtspflichtiger" und an der Entstehung der Gefahr vollkommen unbeteiligt (erfolgreicher Entlastungsbeweis gem. § 832 Abs. 1 Satz 2 BGB). In dieser Situation kann gegen den Aufsichtspflichtigen nur dann vorgegangen werden, wenn gesetzlich eine Zusatzhaftung existiert, die ihrerseits voraussetzungsfrei angeordnet ist. Die Gesetze normieren die Zusatzverantwortlichkeit voraussetzungsfrei. In dieser Situation macht die Normierung der Zusatzverantwortlichkeit aus Gründen der effektiven Gefahrenabwehr Sinn, weil der Behörde eine zusätzlich haftende Person in der Person des „Nur-Aufsichtspflichtigen" zur Verfügung steht. Die Möglichkeit, in dieser Situation auf eine weitere Person ordnungsrechtlich Zugriff zu nehmen, existierte anderenfalls nicht.

Viertens: Der Aufsichtspflichtige ist „Nur-Aufsichtspflichtiger" und an der Entstehung der Gefahr mit einem eigenen kausalen Beitrag beteiligt. Er ist Mitverursacher. Es gilt das unter zweitens Festgestellte. In dieser Situation ist der Tatbestand Zusatzverantwortlichkeit zum dritten Mal überflüssig.

Es hat sich gezeigt, dass in den vier theoretisch wie praktisch denkbaren Fällen in der Beziehung Aufsichtspflichtiger – Beaufsichtigter nur ein einziges Mal die Zusatzverantwortlichkeit normiert werden muss, damit der Aufsichtspflichtige herangezogen werden kann.

---

[203] *Schenke*, Rdnrn. 285 ff.

Es ist zu fragen, ob die Gesetzgeber auch für den Fall, dass die Zusatzverantwortlichkeit überflüssig ist, diese anordnen wollten. Die Gesetzgebungsmaterialien – sowohl die des Preußischen, des Bundes- wie der Landesgesetzgeber – enthalten zu dieser Frage keine Aussage. Die Frage hat sich keiner der Gesetzgeber gestellt. Die vorangegangene Analyse haben die Gesetzgeber nicht durchgeführt. Die Analyse findet sich bislang auch nicht in der einschlägigen juristischen Literatur. Was die Gesetzgeber geregelt hätten, wenn sie in der zuvor angestellten Weise gedacht hätten, bleibt hypothetisch.

Den von den Gesetzgebern für die Festlegung der Zusatzverantwortlichkeit gewählten Anknüpfungspunkten Aufsichtsverpflichteter oder Sorgeberechtigter lässt sich entnehmen, dass der gesetzliche Vertreter des Beaufsichtigten jedenfalls dann Zusatzverantwortlicher sein soll, wenn er keinen Verursachungsbeitrag zur Gefahr-/Schadensentstehung geleistet hat. Dieses Resultat legen die Fallgruppen „erstens" und „drittens" nahe. Weiterhin lässt sich der Ausschluss der Fallgruppe „erstens" aus dem Anwendungsbereich der einschlägigen Normen von deren Wortlaut ausgehend nicht rechtfertigen. Demnach haben die Gesetzgeber eine Doppelnormierung für den Fall des Zusammenfallens von gesetzlichem Vertreter und Aufsichtsverantwortlichem vorgenommen, soweit diese Person Rechtspflichten, die eine Verursacherhaftung begründet, nicht verletzt hat.

Dafür, dass die Zusatzverantwortlichkeit auch dann greifen soll, wenn der denkbare Zusatzverantwortliche einen eigenen „Tatbeitrag" geleistet haben soll, lässt sich der Entstehungsgeschichte der Normen kein Argument entnehmen. Die Interpretation der Normen nach ihrem Wortlaut erbringt insoweit ebenfalls keine Hinweise. Der Gesichtspunkt der effektiven Gefahrenabwehr erfordert auch nicht, in diesem Zusammenhang den Mitverantwortlichen gerade als Zusatzverantwortlichen heranzuziehen.

Unbeleuchtet blieb bisher der gesetzgeberische Grund für die Anordnung der Zusatzhaftung. Ihm lässt sich möglicherweise ein entscheidendes Argument entnehmen. Insoweit findet sich in der Literatur[204] diese Aussage: Einerseits sei die Befugnis des Aufsichtspflichtigen, das künftige Tun und Lassen des Verursachers zu bestimmen, für die ordnungsrechtliche Normierung der Zusatzverantwortlichkeit kein ausreichender Grund, weil die Beseitigung des Verursachten dem Zusatzverantwortlichen nur dann aufgegeben werden könne, wenn es gerade kein höchstpersönliches Verhalten des Verursachers erfordere. Der Zusatzverantwortliche müsse, so lässt sich diese Erwägung zu Ende denken, zur Beseitigung des Verursachten in der Lage sein. Andererseits sei der Grund für die gesetzliche Anordnung der Zusatzverantwortlichkeit, dass nicht nur der Verursacher selbst, sondern auch der Aufsichtspflichtige der Gefahr näher stehe als die Allgemeinheit – aufgrund rechtlicher Wertung und wegen der tatsächlichen Nähe des

---

[204] *Bott*, S. 291.

Aufsichtsverpflichteten zum Beaufsichtigten. Deshalb sei der Aufsichtspflichtige „greifbar" und damit der geeignete Adressat zur effektiven Beseitigung der Gefahr an Ort und Stelle, zu der der Verursacher selbst möglicherweise aus denselben tatsächlichen Gründen, die ihn der Aufsicht unterwürfen, nicht in der Lage sei.

Diesen Erwägungen ist nicht zu folgen. Die erste Überlegung ist schon im Ansatz falsch. Der Aufsichtspflichtige kann das Tun und Unterlassen des Beaufsichtigten nicht bestimmen. Der Aufsichtspflichtige muss den Beaufsichtigten dahingehend belehren, dass dieser bestimmte Dinge tut, duldet oder unterlässt. Er muss ihn insoweit überwachen. Was im Einzelfall geschieht, ist nicht vorherzusehen – dieses schon deshalb, weil die permanente Überwachung nicht gefordert werden kann, was das Gesetz (§ 832 BGB) anerkennt. Dann entfallen die an das Bestimmungsrecht anknüpfenden Überlegungen, weil sie keine Basis haben. Damit bilden sie nicht den gesetzgeberischen Grund für die Anordnung der Zusatzverantwortlichkeit. Ferner bildet nicht die Nähe zur Tat des Zusatzverantwortlichen und damit seine effektive Möglichkeit zur Gefahrenabwehr den Grund des Gesetzgebers für seine Anordnung. Wie der Entstehungsgeschichte[205] der Zusatzverantwortlichkeit zu entnehmen ist, wurde die Haftung bestimmter Personen für das Tun, Dulden oder Unterlassen bestimmter anderer Personen ohne gesetzliche Normierung angenommen bzw. vorausgesetzt. Diesen „Wildwuchs" betreffend die Verantwortlichkeit wollte der Gesetzgeber beenden.[206]

Die Verantwortung des Aufsichtspflichtigen für die seiner Obhut unterstehenden Personen lässt sich im deutschen Recht für eine sehr lange Zeit zurückverfolgen. Der moderne Gesetzgeber hat diese Rechtspflicht im Zivilrecht vorgefunden. Der Gesetzgeber des Gefahrenabwehrrechts hat diese Verantwortlichkeit vorgefunden. Indem er sie in das Gefahrenabwehrrecht überträgt, stellt er der Sache nach eine im gesamten Recht vorfindliche Pflicht ausdrücklich klar. Das Motiv für die Normierung einer Zusatzverantwortlichkeit besteht also darin, die als selbstverständlich vorausgesetzte Verantwortung des Aufsichtspflichtigen für die seiner Obhut unterstehenden Personen (auch) in öffentlich-rechtlicher Hinsicht zum Ausdruck zu bringen und durch die Anordnung von Rechtsfolgen bei Gefahrverursachung / Schadensentstehung das Bewusstsein der Verantwortlichen für ihre Verantwortlichkeit zu stärken.

Dieses Motiv, dieser Grund bedingt: Eine „Mahnwirkung" des die Aufsichtsverantwortlichkeit regelnden Gesetzes hat nicht zum Gegenstand „Fehler" des Aufsichtspflichtigen, sondern „Fehler" des Beaufsichtigten. Die Vermeidung eigener „Fehler" des Aufsichtspflichtigen fordert das Gefahrenabwehrrecht von jeder Person und damit auch vom Aufsichtspflichtigen als Teil der Rechtsunterworfenen. Insoweit ist ein besonderes Gesetz nicht nötig. „Angemahnt" wird der

---

[205] s. Kapitel 1 A III 19.
[206] s. Kapitel 1 A IV 4 b).

Aufsichtspflichtige, damit er dafür sorge, dass der Beaufsichtigte gefahrenrechtlich bedeutsame Fehler vermeidet.

Demnach bleibt es dabei, dass der Aufsichtspflichtige nur dann Zusatzverantwortlicher ist, wenn er keinen eigenen Beitrag zur Gefahrverursachung/Schadensentstehung geleistet hat. Zusatzhaftende sind folglich:

- der Aufsichtspflichtige/gesetzliche Vertreter (= Sorgeberechtigter), und
- der „Nur-Aufsichtspflichtige",

soweit diese Personen Rechtspflichten, die eine Verursacherhaftung begründen, nicht verletzt haben.[207]

Nur in diesen beiden Fällen hat der Tatbestand „Zusatzverantwortlichkeit" einen eigenständigen Anwendungsbereich.[208] Auf diese beiden Fälle bezieht sich also die Zusatzverantwortlichkeit des Aufsichtspflichtigen. Nur dieses Resultat lässt sich plausibel begründen.[209] Damit ist für den Bereich der Aufsichtspflichtigkeit die in der Arbeit mehrfach aufgestellte Behauptung, dass ein eigener „Tatbeitrag" des Aufsichtspflichtigen nicht vorliegen darf, als richtig bewiesen.[210]

Demnach scheidet eine Zusatzverantwortlichkeit einer Person, die selbst Verhaltensverantwortliche ist, aus. Die Zusatzhaftung in diesem Fall anzunehmen, ist unnötig, da diese Person kraft ihrer eigenen Verhaltensverantwortlichkeit in Anspruch genommen werden darf. Die beaufsichtigte Person und die Aufsichtsperson als Verantwortliche kraft eines eigenen Verursachungsbeitrags haften gemeinsam – Fall der Störermehrheit.[211]

Die Auffassung, in der Zusatzverantwortlichkeit eine Verantwortlichkeit für fremdes, nicht für eigenes Verhalten zu sehen, findet Anerkennung in Rechtsprechung[212] und Literatur.[213] In der Literatur findet sich aber auch die Frage, ob die Zusatzverantwortlichkeit ein gesetzlich normierter Ausnahmefall von dem Erfordernis der Unmittelbarkeit der Verursachung ist.[214] Hingewiesen wird in diesem Zusammenhang auf die Aussagen, die Zusatzhaftung sei eine besondere gesetzliche Regelung des mittelbaren Störers bei strafunmündigen Kindern[215],

---

[207] Es ist also theoretisch denkbar, dass ein Zustandshaftender Zusatzverantwortlicher eines Verhaltensstörers ist.

[208] Im Ergebnis nicht vollkommen korrekt *Bott*, S. 290.

[209] *Bartholmes*, S. 69.

[210] Wie hier im Ergebnis *Honnacker/Beinhofer*, Art. 7 Rdnrn. 3 u. 7; *Steiner*, in: Schmidbauer/Steiner/Roese, Art. 7 Rdnr. 13: „selbst nicht störende Person".

[211] *Gusy*, Rdnr. 367.

[212] BaWüVGH, NVwZ 1990, 684.

[213] *Bartholmes*, S. 67; *Drews/Wacke/Vogel/Martens*, S. 308; *Gusy*, Rdnr. 275; *von Mutius*, JURA 1983, 298, 303.

[214] *Bartholmes*, S. 67.

mit ihr werde dem Aufsichtspflichtigen ein Organisationsversagen angelastet[216], die Zusatzhaftung erfasse die Verletzung der Aufsichtspflicht[217], der Zusatzverantwortliche sei wie der Zweckveranlasser mittelbarer Verhaltensstörer.[218]

Zur Einordnung des Zusatzverantwortlichen als mittelbaren Störer ist zuvor[219] bereits ablehnend Stellung genommen worden. Ferner ist die gesetzliche Anordnung oder die Übernahme der Aufsicht durch Vertrag oder durch Begründung von Gewahrsam nicht kausal für die Gefahrverursachung durch das Kind.[220] Schließlich kann in der Zusatzverantwortlichkeit keine Verantwortlichkeit für eine nicht hinreichende Wahrnehmung der Aufsichtspflicht gesehen werden, weil die Haftung auch bei ordnungsgemäßer Erfüllung der Pflicht eintritt – ein Organisationsversagen entfällt.[221]

Unabhängig davon ist festzustellen, dass es auf einen Organisationsfehler überhaupt nicht ankommt. Diese Behauptung lässt sich aber nicht damit begründen, dass es vor Erlass des § 19 Abs. 3 PrPVG eine durchgängige Haftung des Geschäftsherrn für das Fehlverhalten seiner Arbeitnehmer gegeben habe und dass dieses Fehlverhalten als eigenes des Geschäftsherrn verstanden worden sei.[222] Dieses Argument besäße nur dann Bedeutung, wenn diese Rechtslage heute noch bedeutungsvoll wäre. Das ist sie nicht. Sie ist vielmehr durch § 19 Abs. 3 PrPVG entscheidend verändert worden. Spätere Gesetze haben dessen Aussage wiederum verändert. Mit überholtem Recht lässt sich ein spezifischer Inhalt heutigen Rechts nicht begründen.

Endlich führt die Zusatzhaftung nicht dazu, dass das tatsächliche Nichtverhindern der Gefahrverursachung durch die beaufsichtigte Person als polizeirechtlich bedeutsamer Beitrag durch Unterlassen seitens der Aufsichtsperson gewertet werden darf.[223] Die Zusatzverantwortlichkeit tritt ein, ohne dass die Gefahr tatsächlich oder rechtlich zu verhindern war. Die Möglichkeit der Einflussnahme auf das Geschehen ist bedeutungslos. Die Zusatzhaftung greift selbst dann, wenn die Gefahr im Einzelfall nur durch verbotene Maßnahmen hätte abgewendet werden können, z. B. durch Einsperren des Kindes.[224] Entgegenstehenden Aussagen in der Literatur ist nicht zu folgen.[225] Dass die beaufsichtigte Person im Einzelfall keiner Aufsicht bedurfte, ist ebenfalls bedeutungslos.[226]

---

[215] *Rietdorf*, § 16 Anm. 6.
[216] *Waechter*, POR, Rdnr. 382.
[217] *Scholler/Schloer*, S. 249.
[218] *Frings/Spahlholz*, Rdnrn. 243 (Schaubild), 248.
[219] s. Kapitel 2 B II 1 a) cc) (2).
[220] *Bartholmes*, S. 68.
[221] Ebd.
[222] Ebd.
[223] Ebd., S. 69.
[224] Ebd.

(3) Zusammenfassung

Die Aufsichtsperson haftet als Zusatzverantwortliche, wenn sie wirksam (regelmäßig kraft Gesetzes) Aufsichtspflichten erfüllen muss. Weitere Voraussetzungen für eine Begründung der Haftung müssen nicht erfüllt sein. Die Verpflichtung zur Haftung greift selbst dann, wenn der „eigentliche" Störer nicht verantwortlich oder die geforderte Maßnahme eine höchstpersönliche ist. (Die Behauptung, die Zusatzhaftung beruhe auf der Erwägung, dass neben dem unmittelbaren Verursacher auch derjenige als Verantwortlicher zu betrachten ist, der die Gefahr auf Grund einer Weisung oder wegen mangelnder Aufsicht über eine Person mit Reifedefiziten [mit-]veranlasst habe[227], ist deshalb unrichtig.) Der Zusatzverantwortliche haftet ferner, wenn die beaufsichtigte Person im Einzelfall keiner Aufsicht bedarf. Der Zusatzverantwortliche kann sich nicht entlasten. Der Zusatzverantwortliche haftet ausschließlich für fremdes Verhalten.

dd) Gefahrenabwehrmaßnahmen – erste Ebene

(1) Beaufsichtigte Person als Adressat

Als Adressat von Gefahrenabwehrmaßnahmen kommt der Verursacher der Gefahr in Betracht. Das ist die nach Gefahrenabwehrrecht unter Aufsicht stehende Person.

Die sich in diesem Zusammenhang stellenden Fragen können nicht mit dem Hinweis auf ihre praktische Bedeutungslosigkeit unbeantwortet bleiben. Zwar ergab sich, dass es publizierte Verwaltungsentscheidungen gegen die genannten Personen und auch bekannt gewordene Entscheidungen der Verwaltungsgerichte nicht gibt. Weiterhin sind die Beispiele, die die Literatur in diesem Zusammenhang bildete, „künstlich" und wohl heute völlig unrealistisch (der Junge mit der Zwille). Es sind aber durchaus realistische Fälle vorstellbar: Ein betrunkenes Kind liegt auf der Straße und blockiert den Verkehr.[228] Ein Kind erbt ein einsturzgefährdetes Haus, welches eine erhebliche Gefahr für Passanten darstellt.[229] In jedem dieser beiden Beispielsfälle liegt eine Gefahr für die öffentliche Sicherheit vor. Im ersten Fall sind das Kind und der öffentliche Straßenverkehr gefährdet. Im zweiten Beispiel sind die Passanten gefährdet.

Es stellen sich drei Fragen: Können die Gefahrenabwehrbehörden überhaupt gegen Kinder vorgehen? Diese Frage hat eine materiell-rechtliche und eine ver-

---

[225] *Frings/Spahlholz*, S. 124; *Möller/Wilhelm*, S. 63.
[226] *Knape/Kiworr*, S. 189.
[227] *Schäling*, S. 167f.; *Steenbuck*, NVwZ 2005, 656.
[228] Die Zahl der betrunkenen und unter 14 Jahre alten Kinder, die die Polizei aufgriff und ärztlich versorgen ließ, ist in Berlin in jüngster Zeit in erschreckendem Maß gestiegen.
[229] Beide Beispiele bei *Meyer*, S. 116.

waltungsverfahrensrechtliche Komponente. Wie können sie gegen Kinder vorgehen? Haben Kinder Rechtsschutzmöglichkeiten?[230]

(a) Materiell-rechtliche Verpflichtung

Der materiell-rechtliche Teil der ersten Frage ist bereits beantwortet. Nach den obigen Feststellungen[231] sind in der Person des Verursachers liegende Umstände bedeutungslos. Die Geschäftsunfähigkeit oder die beschränkte Geschäftsfähigkeit des Kindes lässt seine Verantwortlichkeit nicht entfallen. Das Kind ist materiell polizeipflichtig.[232] Deshalb können nach diesen Ausgangsfeststellungen Beseitigungsmaßnahmen bereits gegen Kleinkinder verfügt werden. Sie sind aber nicht an das Kind als solches zu adressieren, sondern an das Kind, vertreten durch seinen gesetzlichen Vertreter.[233]

(b) Handlungsfähigkeit

Mit diesen Feststellungen ist die Frage aber noch nicht vollständig erledigt. Der materiell-rechtlichen Verantwortlichkeit muss nicht zwingend eine entsprechende Handlungsfähigkeit korrespondieren.[234] Es ist zu fragen, ob die Beseitigungsmaßnahme vom Kind direkt/unmittelbar gefordert werden darf. Mit „direkt/unmittelbar" ist in diesem Zusammenhang gemeint, dass die Pflicht zur Vornahme der Beseitigungsmaßnahme der beaufsichtigten Person persönlich – ohne „Zwischenschaltung" ihres gesetzlichen Vertreters – bekannt gegeben wird. Die Anordnung einer Beseitigungsmaßnahme durch die Gefahrenabwehrbehörde ist ein Verwaltungsakt i. S. d. § 35 Satz 1 VwVfG. Zu klären ist, ob gegen Minderjährige „direkt/unmittelbar" ein wirksamer Verwaltungsakt erlassen werden kann. Diese Frage ist verwaltungsverfahrensrechtlicher Natur. Die Wirksamkeit des Verwaltungsakts ist abhängig von der Handlungsfähigkeit des Adressaten i. S. v. § 12 Abs. 1 Nr. 2 VwVfG.[235]

Minderjährige verfügen in diesem Zusammenhang nicht über die partielle Handlungsfähigkeit nach bürgerlichem Recht gem. § 12 Abs. 1 Nr. 2 Alt. 1 VwVfG. Der Erlass einer Beseitigungsverfügung ist für ihren Adressaten kein Geschäft nach bürgerlichem Recht.[236] Deshalb können sie für diesen Verfahrensgegenstand nicht partiell handlungsfähig sein. Einige[237] Stimmen nehmen an, die Vorschriften der

---

[230] s. *Meyer*, ebd.
[231] s. Kapitel 2 B II 1 a) bb).
[232] *Schenke*, Rdnr. 492.
[233] Ebd.
[234] *Wallerath*, S. 253.
[235] BayVGH, DÖV 1984, 433.
[236] Beispielsfälle bei *Kopp/Ramsauer*, § 12 Rdnr. 6.

Verhaltensverantwortlichkeit seien als öffentlich-rechtliche Bestimmungen i. S. d. § 12 Abs. 1 Nr. 2 Alt. 2 VwVfG zu betrachten. Nach dieser Norm sind beschränkt Geschäftsfähige dann handlungsfähig, wenn ihnen öffentlich-rechtliche Normen die Handlungsfähigkeit zuerkennen. Unabhängig davon, ob dieser Auffassung zuzustimmen ist, ist bejahendenfalls die Antwort noch immer unvollständig. Da nach den Ausgangsfeststellungen auch Geschäftsunfähige Adressat einer Beseitigungsmaßnahme sein können, muss sich eine Lösung des Problems finden, ob Geschäftsunfähige partiell handlungsfähig sind, wenn gegen sie gerichtete Gefahrenabwehrmaßnahmen erlassen werden.

Von den polizeirechtlichen Autoren geht z. B. *Poscher* davon aus, dass gegen Geschäftsunfähige kein Verwaltungsakt erlassen werden dürfe.[238] Geschäftsunfähige seien immer handlungsunfähig i. S. d. VwVfG. Gegen sie könne deshalb eine Gefahrenabwehrverfügung nicht erlassen werden. Dieses Ergebnis findet sich in der übrigen Literatur zur Zusatzverantwortlichkeit nicht wieder. Es wird aber auch nicht bestritten. Das Resultat kann mit Erfolg auch nicht in Frage gestellt werden. Der Wortlaut einer Norm bildet die Grenze jeder Interpretation. Der hier einschlägige § 12 Abs. 1 Nr. 2 VwVfG – die übrigen Nrn. des Absatzes 1 sind hier bedeutungslos – handelt von beschränkt geschäftsfähigen Personen. Eine geschäftsunfähige Person erfüllt dieses Tatbestandsmerkmal nicht.

Damit steht fest: Eine gegen eine geschäftsunfähige Person als solche erlassene Beseitigungsmaßnahme ist unwirksam.[239]

Zu beantworten bleibt die Frage, ob an eine beschränkt geschäftsfähige Person trotz Fehlens gesetzlicher Regelungen direkt eine Beseitigungsmaßnahme gerichtet werden darf. Diese Frage wird teilweise bejaht. Nach dieser Ansicht[240] soll die beschränkt geschäftsfähige Person unter bestimmten Bedingungen handlungsfähig sein. Die Bedingungen seien erstens, dass die Erfüllung übergeordneter öffentlicher Aufgaben, insbesondere die Erfüllung wichtiger und unverzichtbarer staatsbürgerlicher Pflichten, oder ordnungsrechtlicher Pflichten zwingend den Erlass einer Ordnungsverfügung erforderlich erscheinen ließe, und dass zweitens der gesetzliche Vertreter nicht oder nicht rechtzeitig am Verfahren teilnehmen könne. In diesem Fall müsse der Schutz des Minderjährigen gem. § 12 Abs. 1 Nr. 2 VwVfG zurücktreten.[241]

---

[237] Vorerst statt vieler BT-Drs. 7/910, S. 43.

[238] *Poscher*, JURA 2007, 801. Ebenso BVerwG, NJW 1985, 576; BayVGH, NJW 1984, 2845; *Bonk/Schmitz*, in: Stelkens/Bonk/Sachs, § 12 Rdnr. 4; *Knack*; § 12 Rdnr. 5, *Kopp/Ramsauer*, § 12 Rdnr. 12; *Robbers*, DVBl. 1987, 713; *Schenke*, Rdnr. 492.

[239] Vgl. BayVGH, DÖV 1984, 433: Einem Geschäftsunfähigen kann ein Fahrerlaubnisentziehungsbescheid nicht rechtswirksam bekannt gegeben (zugestellt) werden; es ist bedeutungslos, ob die Behörde von der Geschäftsunfähigkeit Kenntnis besitzt.

[240] So OVG Lüneburg, DVBl. 1982, 218; *Meyer/Borgs-Maciejewski*, § 12 Rdnr. 1.

[241] *Meyer*, S. 118.

Es ist schwer vorstellbar, dass ein beschränkt geschäftsfähiger unter 14 Jahre alter Jugendlicher, der Gefahrenabwehrmaßnahmen nicht vornimmt, die Erfüllung übergeordneter öffentlicher Aufgaben hindert. Welche Aufgaben sollten das sein (man denke an den Schaden des „Jungen mit der Zwille")? Die Literatur nennt keine Beispiele. Im Fall des Beispiels „betrunkenes Kind auf der Straße" ist die gegen das Kind gerichtete Verfügung, sich zu entfernen, evident rechtswidrig, weil dann, wenn das Kind noch einsichtsfähig wäre, es längst die Straße verlassen hätte. Auch alle anderen denkbaren Verfügungen, wie beispielsweise eine Duldungsverfügung betreffend das Wegtragen, sind evident rechtswidrig. Rechtmäßig sind Maßnahmen, hier z. B. eine Ingewahrsamnahme[242], im Wege des Sofortvollzugs/der unmittelbaren Ausführung.[243] Im Fall des baufälligen Hauses muss die Behörde den Verwaltungsakt an den gesetzlichen Vertreter des Kindes richten. Entfällt diese Möglichkeit vorübergehend, muss die Gefahrenabwehrbehörde selbst tätig werden. Sie darf jedenfalls ein Kind, welches wegen seiner beschränkten Geschäftsfähigkeit nichts zur Gefahrenbeseitigung veranlassen kann, nicht in Anspruch nehmen. Es ist deshalb in den hier relevanten Fällen die Auffassung abzulehnen, gegen eine beschränkt geschäftsfähige Person könne gefahrenabwehrrechtlich vorgegangen werden, weil das Polizeirecht eine öffentlich-rechtliche Bestimmung i. S. d. § 12 Abs. 1 Nr. 2 Alt. 2 VwVfG sei.

Unabhängig davon, dass es aus realen Gründen nicht notwendig ist, der abgelehnten Auffassung zu folgen, ist der Hinweis richtig, dass das Gefahrenabwehrrecht genügend andere Möglichkeiten bereithält, die Problematik zu lösen.[244] Auf die unmittelbare Ausführung war zuvor bereits hingewiesen worden. Weiter unabhängig davon darf der Minderjährigenschutz nur soweit zurücktreten, wie es zur Erfüllung der Verwaltungsaufgaben unbedingt notwendig ist.[245] Diese Notwendigkeit ergeben die vorangegangenen Ausführungen nicht.

Als Ergebnis ist festzuhalten, dass gegen einen unter 14 Jahre alten Verursacher aus Gründen des verwaltungsverfahrensrechtlichen Minderjährigenschutzes eine Gefahren-/Schadensbeseitigungsmaßnahme nicht verfügt werden darf. Sie ist nicht rechtswirksam. In der Folge ist eine Maßnahmen eines Mitarbeiters einer Gefahrenabwehrbehörde, die direkt/unmittelbar das Kind verpflichtet, in den obigen Beispielsfällen[246] unwirksam. Die Maßnahe muss sich gegen das Kind, vertreten durch den gesetzlichen Vertreter, richten. Dieser dürfte nicht immer anwesend sein, wenn Kinder „Streiche spielen".

Für die Inanspruchnahme des Zusatzverantwortlichen ist dieses Ergebnis folgenlos. Wie erarbeitet[247], ist seine Verantwortlichkeit gegeben, wenn der Be-

---

[242] Ebenso ebd.
[243] *Wallerath*, S. 253.
[244] *Kopp/Ramsauer*, § 12 Rdnr. 11.
[245] So mit Recht *Meyer*, S. 118.
[246] Zuvor unter dd) (1).

aufsichtigte eine Gefahr verursacht. Die Möglichkeit, den Beaufsichtigten als Verantwortlichen in Anspruch zu nehmen, ist bedeutungslos für die Haftung des Zusatzverantwortlichen. Ihn darf die Behörde bei Vorliegen der weiteren erarbeiteten Voraussetzungen (Beachtung der Grenzen, die der Grundsatz der Verhältnismäßigkeit zieht) verpflichten. Die Zusatzhaftung wird der Sache nach zu einer Alleinhaftung.[248]

Wenn der Zusatzverantwortliche bei dem „Streichspielen" eines Kindes nicht anwesend ist, wird der Mitarbeiters einer Gefahrenabwehrbehörde das Kind ermahnen und dann, wenn Gefahrenabwehrmaßnahmen notwendig sind, diese selbst vornehmen oder vornehmen lassen im Wege des Selbstvollzugs. Im wesentlichen werden Gefahren durch Kinder ein Problem der dritten Ebene sein: Der Zusatzverantwortliche wird die Kosten tragen müssen.

(c) Rechtsschutz

Die Frage nach dem Rechtsschutz des Minderjährigen stellt sich, wenn gegen ihn ein Verwaltungsakt erlassen wird, der ihm persönlich bekannt gegeben wird. Dieser Verwaltungsakt ist unwirksam.[249]

Wenn es an der passiven Handlungsfähigkeit fehlt, kann auf die aktive Handlungsfähigkeit nicht geschlossen werden.[250] Das Kind kann selbständig weder eine Anfechtungsklage noch im Falle der Erledigung des Verwaltungsakts eine Fortsetzungsfeststellungsklage[251] erheben. Es muss sich durch seine gesetzlichen Vertreter vertreten lassen. Anderes gilt, wenn das Kind unrichtig als passiv handlungsfähig betrachtet wurde. Neben seinem gesetzlichen Vertreter ist dem Kind das Recht zum selbständigen Einlegen des Widerspruchs gegen den Grundverwaltungsakt sowie das Recht, die Nichtigkeit des Verwaltungsakts entsprechend § 44 Abs. 5 VwVfG festzustellen, einzuräumen.[252] Gem. § 43 Abs. 1 VwGO kann das Kind auch selbständig Klage mit dem Ziel erheben, die Nichtigkeit des Verwaltungsakts festzustellen oder Anfechtungsklage nach § 42 Abs. 1 VwGO zu erheben.[253]

---

[247] s. Kapitel 2 B II 1 a) cc) (3).
[248] Wie hier im Ergebnis *Poscher*, JURA 2007, 801.
[249] *Meyer*, S. 98.
[250] Ebd., S. 118.
[251] Zu ihr s. *Ehlers*, in: Ehlers/Schoch, S. 700 ff.; *Peine*, Klausurenkurs, Rdnrn. 344 ff.
[252] *Meyer*, S. 99.
[253] Zum Nebeneinander dieser beiden Rechtsschutzmöglichkeiten s. *Kopp/Ramsauer*, § 44 Rdnrn. 66 ff.

(2) Aufsichtspflichtiger als Adressat

Welche Personen als Aufsichtspflichtige in Betracht kommen und unter welchen Bedingungen gegen diese Personen Gefahrenabwehrmaßnahmen verfügt werden können, ist bereits[254] erarbeitet worden. Zusatzhaftender sind nach diesen Ausführungen

- der Aufsichtspflichtige/gesetzliche Vertreter (= Sorgeberechtigter), und
- der „Nur-Aufsichtspflichtige",

soweit diese Personen Rechtspflichten, die eine Verursacherhaftung begründen, nicht verletzt haben.

In diesem Zusammenhang stellt sich das Problem, wie der Fall zu behandeln ist, dass die als Zusatzverantwortliche in Anspruch genommene Person objektiv nicht Zusatzverantwortliche ist. Es handelt sich bei der Person also um eine „Anscheinszusatzverantwortliche". Es wird hier vorgeschlagen, diesen Fall parallel zum Fall des „Anscheinsstörers" zu lösen. Anscheinsstörer ist derjenige, der eine Anscheinsgefahr auslöst. „Anscheinsgefahr" bezeichnet eine Situation, welche bei objektiver Betrachtung als Gefahr erschien, „ohne in Wahrheit gefährlich zu sein."[255] Für die Gefahr und die Anscheinsgefahr ist unter dem Aspekt des handelnden Beamten festzuhalten, dass „bei Gefahr der spätere Schadenseintritt [...] erkennbar wahrscheinlich war, bei der ‚Anscheinsgefahr' [...] zwar ebenfalls erkennbar wahrscheinlich, für ihn unerkennbar jedoch objektiv ausgeschlossen war."[256] Dieses führt dazu, eine Anscheinsgefahr als Gefahr im polizeilichen Sinn zu betrachten.[257] Der Anscheinsstörer ist deshalb Störer, aber nur scheinbar. Dann sollte auch der Anscheinszusatzverantwortliche als Zusatzverantwortlicher behandelt werden dürfen. Er ist deshalb Zusatzverantwortlicher, aber nur scheinbar. Dem Anscheinsstörer entsteht kein Nachteil, weil eine Gefahr nicht zu beseitigen ist. Ihm steht unter Umständen eine Entschädigung zu.[258] Einem nicht erkennbaren Fehler eines Beamten folgt kein Nachteil für die vom Fehler betroffenen Personen. Das Gleiche muss auch für den Anscheinszusatzverantwortlichen gelten. Deshalb ist die vorgeschlagene Lösung akzeptabel.

(3) Auswahlermessen

Wenn der Gefahrenabwehrbehörde mehrere Verantwortliche als Adressaten für verpflichtende Maßnahmen zur Verfügung stehen, stellt sich die Frage, wel-

---

[254] Zuvor unter cc) (2).
[255] *Gusy*, Rdnr. 122.
[256] Ebd.
[257] Ebd. m.w.N. aus der Rspr.
[258] *Pieroth/Schlink/Kniesel*, § 9 Rdnr. 21.

che Person sie verpflichten soll. Regelmäßig findet sich die Antwort, der Behörde sei insoweit Ermessen eingeräumt. Sie müsse das Ermessen unter Beachtung des Rechts der Ermessensbegrenzung[259] sowie der möglichst effektiven Gefahrenabwehr ausüben. Das führe regelmäßig dazu, dass die Behörde die Person verpflichten dürfe, die geeignet sei, die Gefahr zu beseitigen: Der Leistungsfähige sei vor dem weniger Leistungsfähigen in Anspruch zu nehmen.[260]

Für die Beziehung Störer-Zusatzverantwortlicher wird häufig darauf hingewiesen, dass die Behörde im zuvor beschriebenen Sinn Ermessen dahingehend habe, ob sie den Störer oder den Zusatzverantwortlichen verpflichte. Diese Aussage findet sich aber nicht durchgehend. Es wird gelegentlich behauptet, dass die Verantwortlichkeit prinzipiell bei dem Verursacher selbst liege. Erst subsidiär seien Maßnahmen gegen den Zusatzverantwortlichen zulässig, wenn und weil Maßnahmen gegen den Handelnden selbst unzulässig, unzweckmäßig oder sonst untunlich seien.[261]

Die zuletzt genannte Ansicht „Subsidiarität zwischen Verantwortlichem und Zusatzverantwortlichem" geht von einer Rangfolge der Inanspruchnahme aus. Der Zusatzverantwortliche darf nur nachrangig beansprucht werden. Diese Beziehung müsste sich aus der Norm, die die Zusatzverantwortlichkeit regelt, ergeben. Davon kann nicht ausgegangen werden. Die Entstehungsgeschichte der Vorgängernorm der heutigen hier bedeutsamen Normen, § 19 PrPVG, regelt die Verantwortlichkeit des Zusatzverantwortlichen als Verantwortung „neben" dem Störer. Das bedeutet Gleichrangigkeit. Von einer Nachrangigkeit der Verantwortlichkeit des Zusatzverantwortlichen ist an keiner Stelle der Materialien zur Entstehung des § 19 PrPVG die Rede. Ferner ergeben die Materialien über die Entstehung des jetzt geltenden Rechts keinen Hinweis auf ein anderes Ergebnis. Es ist vielmehr so, dass es viele Stellen gibt, die besagen, dass sich die jeweiligen Gesetzgeber an dem PrPVG orientieren.[262] Schließlich spricht der Wortlaut der heute geltenden Gesetze gegen die analysierte Ansicht. Die Gesetze enthalten das Wort „auch". Damit gilt das insoweit zu § 19 PrPVG Festgestellte. Der Zusatzverantwortliche ist gleichrangig mit dem „eigentlichen" Störer verantwortlich.

Damit stellt sich die Frage nach der rechtmäßigen Ermessensausübung. Zuvor war erarbeitet worden, dass gegen beaufsichtigte Personen wegen ihrer Minderjährigkeit „direkt/unmittelbar" eine Verfügung nicht erlassen werden darf. Eine dennoch „direkt/unmittelbar" an sie adressierte Verfügung ist unwirksam. In der Folge besteht für die Gefahrenabwehrbehörde kein Spielraum bei der Ermessensausübung, diese Person in Anspruch zu nehmen.

---

[259] s. dazu z. B. *Peine*, Verwaltungsrecht, Rdnrn. 216 ff.
[260] Zum Vorstehenden statt vieler *Gusy*, Rdnr. 369.
[261] *Gusy*, Rdnr. 346.
[262] Z. B. Kapitel 1 B I 2 c).

Die Verfügung könnte an die beaufsichtigte Person, vertreten durch ihren gesetzlichen Vertreter gerichtet werden. Es sind zwei Fälle zu unterscheiden. Erstens: Der gesetzliche Vertreter ist bei der Gefahrentstehung anwesend. In dieser Situation ist es ohne weiteres rechtmäßig, wenn sich der Mitarbeiter der Gefahrenabwehrbehörde direkt an den gesetzlichen Vertreter der beaufsichtigten Person wendet und eine Verfügung ausspricht. Zweitens: Der gesetzliche Vertreter ist nicht anwesend. In dieser Situation ist dieses Vorgehen rechtmäßig, wenn unter dem Aspekt der effektiven Gefahrenabwehr genügend Zeit vorhanden ist, in dieser bürokratischen Weise vorzugehen. Diese Möglichkeit kann im Einzelfall nicht ausgeschlossen werden. Weitere Voraussetzung ist in beiden Fällen, dass der gesetzliche Vertreter in der Lage ist, eine gefahrenabwehrende Maßnahme zu ergreifen. Entfällt diese Möglichkeit, kann zum einen ein sog. Nichtverantwortlicher in Anspruch genommen werden, wenn die gesetzlichen Voraussetzungen insoweit vorliegen. Zum anderen entspricht es dem Grundsatz der Verhältnismäßigkeit, wenn die Behörde selbst oder durch eine dritte beauftragte Person (Ersatzvornahme) tätig wird.

Diese Überlegungen gelten auch für den Fall, dass eine sonstige Aufsichtsperson die Aufsicht führt. Die Behörde hat sich als erstes an diese zu wenden. Sie kann sich auch an die beaufsichtigte Person, vertreten durch ihre gesetzlichen Vertreter wenden, wenn dieses Vorgehen hinreichend ist.

Es ergibt sich nach allem, dass für den Gedanken der Subsidiarität bei der Ausübung des Ermessens kein Raum ist.

(4) Mehrere Verantwortliche

Entsprechend den Lehren des allgemeinen Gefahrenabwehrrechts kann die Gefahrenabwehrbehörde bei Vorliegen bestimmter Voraussetzungen mehrere Personen als Verantwortliche in Anspruch nehmen. Sie müssen lediglich jeweils verantwortlich sein. Es darf ferner nicht ermessensfehlerhaft sein, mehrere Personen verantwortlich zu machen. Unter diesen Bedingungen ist es ohne weiteres möglich, sowohl den Störer als auch den Zusatzverantwortlichen zusammen in Anspruch zu nehmen. Es ist ferner möglich, gegen den Zusatzverantwortlichen kraft Gesetzes und den kraft Vertrags gemeinsam Gefahrenbeseitigungsmaßnahmen zu verfügen.

(5) Zusammenfassung

Die beaufsichtigte Person ist „direkt/unmittelbar" niemals Adressat einer rechtmäßigen Gefahrenabwehrverfügung. Voraussetzung für eine rechtmäßige Gefahrenabwehrverfügung ist, dass sie an die beaufsichtigte Person, vertreten durch ihren gesetzlichen Vertreter, gerichtet ist. Zusatzhaftender sind der Aufsichtspflichtige/gesetzliche Vertreter (= Sorgeberechtigter) und der „Nur-Aufsichtspflichtige", soweit diese Personen Rechtspflichten, die eine Verursacherhaftung begründen, nicht verletzt haben. Für den Gedanken der Subsidiarität ist bei der Ausübung des Ermessens kein Raum.

ee) Verwaltungsvollstreckungsmaßnahmen – zweite Ebene

Ein Verwaltungsakt, der auf die Vornahme einer Handlung oder auf Duldung oder Unterlassung gerichtet ist, kann mit Zwangsmitteln durchgesetzt werden, wenn er unanfechtbar ist oder wenn ein Rechtsmittel keine aufschiebende Wirkung hat. Diesen Fall nennt man „gestrecktes Verfahren".[263] Davon zu unterscheiden ist der „Sofortvollzug". Der Verwaltungszwang kann ohne vorausgehenden Verwaltungsakt angewendet werden, wenn das zur Abwehr einer gegenwärtigen Gefahr notwendig ist und die Gefahrenabwehrbehörde hierbei innerhalb ihrer Befugnisse handelt.[264] Einige Bundesländer kennen anstelle des Sofortvollzugs die „unmittelbare Ausführung" einer Maßnahme.[265] Diese ist eine Form des Sofortvollzugs.[266] Der Unterschied liegt in der verschiedenen rechtlichen Verortung der Instrumente. Die unmittelbare Ausführung ist im Zusammenhang der Verantwortlichkeit normiert, der Sofortvollzug bei der Vollstreckung. Die einschlägigen Fälle werden in gleicher Weise gelöst.[267] Einige Bundesländer kennen ferner die unmittelbare Ausführung neben dem Sofortvollzug.[268] Die unmittelbare Ausführung einer Maßnahme ist gegenüber dem Sofortvollzug vorrangig.

Das Instrument „unmittelbare Ausführung" muss hier nicht speziell behandelt werden, da an dieser Stelle die Vollstreckung relevant ist. Den Charakter eines Vollstreckungsinstruments besitzt die „unmittelbare Ausführung" nicht.

(1) Direkte Verwaltungsvollstreckungsmaßnahmen gegen die beaufsichtigte Person

Wie erarbeitet, ist ein „direkt/unmittelbar" an die beaufsichtigte Person gerichteter Verwaltungsakt unwirksam. Dieser kann deshalb nicht mit Zwangsmitteln durchgesetzt werden. Sollte gegen die beaufsichtigte Person ein Zwangsmittel angedroht, festgesetzt und angewendet werden, kann diese Person nach den obigen[269] Ausführungen die zulässigen Rechtsschutzmittel gegen diese Maßnahmen ergreifen. Sie ist prozessfähig.

---

[263] *Gusy*, Rdnr. 438.
[264] Ebd., Rdnr. 439.
[265] § 8 BaWüPolG, § 7 HambSOG, § 6 SächsPOLG.
[266] *Gusy*, Rdnr. 440.
[267] Ebd.
[268] Art. 9, 53 Abs. 2 BayPAG, weitere Nachweise bei *Gusy*, Rdnr. 440 mit Fn. 11.
[269] s. Kapitel 2 B II 1 a) dd) (cc).

Die Rechtsschutzinstrumente sind abhängig von der Rechtsnatur der einzelnen Maßnahmen in der Zwangsvollstreckung. Ob die *Androhung* eines Zwangsmittels ein Verwaltungsakt ist, ist streitig.[270] Der Streit kann hier unentschieden bleiben, weil nach den meisten Polizei- bzw. Ordnungsbehördengesetzen sowie nach den Verwaltungsvollstreckungsgesetzen des Bundes und der Länder bei Androhung eines Zwangsmittels die Rechtsmittel ergriffen werden dürfen, die gegen den Verwaltungsakt zulässig sind, dessen Durchsetzung erzwungen werden soll.[271] Die Androhung des Zwangsmittels ist deshalb unter dem Aspekt des Rechtschutzes wie ein Verwaltungsakt zu behandeln.[272] Das bedeutet: Gegen die Androhung des Zwangsmittels ist der Widerspruch und die Anfechtungsklage statthaft. Zu bedenken ist, dass nach § 80 Abs. 2 Satz 2 VwGO die Länder unter bestimmtem Bedingungen bestimmen können, dass Rechtsbehelfe in der Verwaltungsvollstreckung keine aufschiebende Wirkung entfalten, s. z. B. § 39 BbgVwVG. In diesem Fall ist der beaufsichtigten Person die Prozessfähigkeit für einen Antrag auf Anordnung der aufschiebenden Wirkung gem. § 80 Abs. 5 VwGO zuzusprechen.[273] Die *Festsetzung* des Zwangsmittels ist ein Verwaltungsakt. Es gilt das zur Androhung Gesagte. Die *Anwendung* des Zwangsmittels ist ein Realakt. Dieser ist mit der Leistungs- oder Feststellungsklage anzugreifen. Die Leistungsklage ist statthaft in ihrer Form „Unterlassungsklage". Die Statthaftigkeit der Feststellungsklage ergibt sich aus § 43 Abs. 1 VwGO. *Hinzuweisen* ist in diesem Zusammenhang auf ein bereits gewonnenes Ergebnis[274]: Rechtmäßig sind Maßnahmen gegen die beaufsichtigte Person im Wege des Sofortvollzugs/ der unmittelbaren Ausführung[275], z. B. eine Ingewahrsamnahme einer hilflosen Person, die der Aufsicht unterliegt.[276]

(2) Verwaltungsvollstreckungsmaßnahmen gegen die gesetzlich vertretene beaufsichtigte Person

Maßnahmen gegen die gesetzlich vertretene beaufsichtigte Person sind nur dann zulässig, wenn gegen diese Person eine „Grundverfügung" erlassen worden ist, die wirksam ist. Daran fehlt es, wenn gegen sie ein Rechtsmittel eingelegt worden ist, das aufschiebende Wirkung entfaltet. Das ist bei Einlegung eines Widerspruchs oder Erhebung der Anfechtungsklage der Fall. Ob die Grundverfügung rechtmäßig ist, ist in diesem Zusammenhang allerdings nicht bedeutungslos. Wenn ein Polizeivollzugsbeamter[277] handelt, gilt § 80 Abs. 2 Nr. 2 VwGO.

---

[270] s. *Peine*, Verwaltungsrecht, Rdnr. 1302.
[271] s. z. B. § 18 VwVG-Bund.
[272] s. *Peine*, Verwaltungsrecht, Rdnr. 1302.
[273] *Meyer*, S. 99f.
[274] s. Kapitel 2 B II 1 a) dd) (1) (b).
[275] *Wallerath*, S. 253.
[276] Ebenso *Meyer*, S. 99f.

Gegen seine unaufschiebbaren Anordnungen und Maßnahmen entfalten Widerspruch und Anfechtungsklage keine aufschiebende Wirkung. In diesem Zusammenhang ist zu diskutieren, ob Voraussetzung für die Rechtmäßigkeit der Vollstreckungsmaßnahme die Rechtmäßigkeit der Grundverfügung ist.[278] Gegen die Annahme der Rechtmäßigkeit der Grundverfügung spricht, dass im Falle einer unaufschiebbaren Maßnahme dem Vollzugsbeamten kaum Zeit für eine rechtliche Prüfung bleibt. Dieses Argument ist aber in seiner Bedeutung begrenzt. Es entfällt, wenn die Rechtswidrigkeit der Grundverfügung offensichtlich ist. In diesem Fall ist die Vollstreckung unzulässig.[279]

Maßnahmen der Verwaltungsvollstreckung sind die Ersatzvornahme, das Zwangsgeld mit subsidiärer Zwangshaft und der unmittelbare Zwang. Diese Maßnahmen dürfen nur ergriffen werden, wenn bestimmte gesetzliche Voraussetzungen erfüllt und der Grundsatz der Verhältnismäßigkeit beachtet ist.

Auf die gesetzlichen Voraussetzungen für eine zulässige Anordnung einer dieser Vollstreckungsmaßnahmen muss an dieser Stelle nicht eingegangen werden. Es ist bereits erarbeitet worden[280]: Der gesetzliche Vertreter ist verpflichtet, dafür zu sorgen, dass die in der Person des Vertretenen entstandenen Pflichten erfüllt werden. Diese Verpflichtung ist von der Rechtsnatur der Pflicht des Vertretenen unabhängig. Der Vertreter muss deshalb auch öffentlich-rechtliche Verpflichtungen des Vertretenen erfüllen.[281] Regelmäßig geschieht die Erfüllung dadurch, dass der Vertreter die notwendigen Tathandlungen selbst ausführt oder die notwendigen Willenserklärungen im Namen des Vertretenen abgibt. Die Vollstreckungsmaßnahme richtet sich gegen die Person des Vertretenen, vertreten durch die Person des gesetzlichen Vertreters. Dieser muss im Namen des Beaufsichtigten der Vollstreckungsmaßnahme nachkommen. Erfüllt er die Pflicht nicht, kann die Erfüllung von dem Vertretenen nicht direkt bzw. unmittelbar gefordert werden. Der Vertretene haftet nicht in der Weise für Unterlassungen des Vertreters, dass er dessen Handlungen vorzunehmen hat. Dafür müsste er geschäftsfähig sein. Das aber ist er gerade nicht. Anderenfalls benötigte er keinen Vertreter.

Als Ergebnis ist festzuhalten, dass der gesetzliche Vertreter Maßnahmen der Verwaltungsvollstreckung erfüllen muss. Kommt er dem nicht nach, kann nicht ersatzweise gegen den Vertretenen vorgegangen werden. Geschieht dieses gleichwohl, besitzt der Vertretene die zuvor erörterten Rechtsschutzmöglichkeiten.

---

[277] Gemeint ist die Vollzugspolizei im institutionellen Sinn, also die Schutzpolizei (insb. also die Verkehrs-, Kriminal-, Bereitschafts-, Wasserschutz- und Bundespolizei), nicht die allgemeinen Sicherheits- und Ordnungsbehörden, OVG NRW, OVGE 34, 242; *Puttler*, in: Sodan/Ziekow, § 80 Rdnr. 64.
[278] s. *Gusy*, Rdnr. 438.
[279] s. ebd.
[280] s. Kapitel 2 B II 1 a) cc) (2).
[281] *Forsthoff*, S. 183; *Wolff/Bachof* I, S. 250.

(3) Verwaltungsvollstreckungsmaßnahmen gegen den Zusatzverantwortlichen

Ist gegen den Zusatzverantwortlichen eine wirksame Grundverfügung erlassen worden und erfüllt der Zusatzverantwortliche die ihm auferlegte Pflicht nicht, so können gegen ihn die gesetzlich vorgesehenen Maßnahmen der Verwaltungsvollstreckung ergriffen werden. Es handelt sich um einen „normalen" Fall der Verwaltungsvollstreckung. Insoweit darf auf Darstellungen des Rechts der Verwaltungsvollstreckung verwiesen werden.[282]

(4) Zusammenfassung

Ein „direkt/unmittelbar" an die beaufsichtigte Person gerichteter Verwaltungsakt ist unwirksam. Maßnahmen gegen die gesetzlich vertretene beaufsichtigte Person sind nur dann zulässig, wenn gegen diese Person eine wirksame „Grundverfügung" erlassen worden ist. Ist gegen den Zusatzverantwortlichen eine wirksame Grundverfügung erlassen worden und erfüllt der Zusatzverantwortliche die ihm auferlegte Pflicht nicht, so können gegen ihn die gesetzlich vorgesehenen Maßnahmen der Verwaltungsvollstreckung ergriffen werden.

ff) Kostenbeitreibung – dritte Ebene

Im Rahmen der Verwaltungsvollstreckung können Kosten entstehen durch eine Maßnahme des Sofortvollzugs, eine Ersatzvornahme, die Festsetzung eines Zwangsgelds und durch die Ausübung unmittelbaren Zwangs. Näheres über die Höhe der Kosten regeln die Verwaltungsvollstreckungsgesetze i.V.m. Kostenordnungen.

Die beaufsichtigte Person kann nur dann rechtmäßig wegen Zahlung von Kosten in Anspruch genommen werden, wenn gegen sie eine rechtmäßige Verwaltungsvollstreckungsmaßnahme angeordnet wurde und der Kostenbescheid an sie, vertreten durch den gesetzlichen Vertreter, adressiert ist. Der Zusatzverantwortliche haftet für Kosten entsprechend den allgemein geltenden Regeln.

Wenn die beaufsichtigte Person als „eigentlicher" Störer und der Zusatzverantwortliche gemeinsam zur Gefahrenabwehr in Anspruch genommen wurden und in der Folge Kosten entstanden sind, die die Gefahrenabwehrbehörde einfordert, stellt sich die Frage, ob der „eigentliche" Störer und der Zusatzverantwortliche als Gesamtschuldner haften. Für den Anspruch auf Gebühren ist regelmäßig gesetzlich eine Gesamtschuldnerschaft geregelt. Kosten der Ersatzvornahme oder Zwangsgelder sind keine Gebühren.

---

[282] s. z.B. *Peine*, Verwaltungsrecht, Rdnr. 1282 mit weiteren Nachweisen.

Die Annahme einer Gesamtschuldnerschaft außerhalb einer gesetzlichen Anordnung ist zulässig. Es muss eine Situation vorliegen, die der des § 421 BGB gleicht[283]: Zwei Personen schulden eine Leistung, die der Gläubiger nur einmal fordern darf. Das ist bei einer Gefahrenbeseitigung der Fall. Es ist deshalb insoweit von einem Gesamtschuldverhältnis auszugehen.[284] Es könnte eingewandt werden, dass die in § 421 Satz 1 BGB vorhandene Aussage, nach der der Gläubiger das Geschuldete nach seinem Belieben von jedem Schuldner ganz oder zum Teil zu fordern hat, auf das Gefahrenabwehrrecht nicht übertragen werden könne, weil das Ermessen der Gefahrenabwehrbehörde durch spezifische ermessensleitende Gesichtspunkte, insbesondere durch den Gedanken der Effektivität des polizeilichen Handelns, beschränkt sei.[285] Dieser Gesichtspunkt verhindert aber nicht, § 426 BGB für den Innenausgleich heranzuziehen.[286]

Die Gesamtschuldnerschaft ist auch für den Fall der Kostentragung bedeutungsvoll. Die Kostentragung folgt dem materiellen Recht. Es erscheint widersinnig, wenn die Gefahrenabwehrbehörde von zwei Personen die ganze Leistung beanspruchen könnte, diese Möglichkeit aber nicht hätte, wenn es um die Kostentragung nach einer Ersatzvornahme geht, weil die gesamtschuldnerische Haftung fehlt. Der „eigentliche" Störer und der Zusatzverantwortliche haften als Gesamtschuldner, wenn gegen beide eine auf dasselbe Ziel gerichtete Grundverfügung erlassen wurde.

gg) Zwischenergebnis

Die *Dogmatik des Tatbestands „Aufsichtsverantwortlichkeit"* ist wie folgt zu formulieren: An dem Rechtsverhältnis „Aufsichtsverantwortlichkeit" sind als Personen beteiligt die beaufsichtigte Person und die Aufsichtsperson. Beaufsichtigte Person ist ein Jugendlicher, der das 14. Lebensjahr noch nicht erreicht hat – von Baden-Württemberg abgesehen, dessen Gesetze das 16. Lebensjahr bestimmen. Für die Aufsichtsperson ist abzustellen einerseits auf die Aufsichtsperson kraft Gesetzes, anderseits auf die kraft Vertrags und drittens auf die kraft Gewahrsamsübernahme. Die Verantwortlichkeit entfällt, wenn die Inanspruchnahme des Kindes oder des Jugendlichen oder des Zusatzverantwortlichen im Einzelfall rechtswidrig ist. Es geht in diesem Zusammenhang nicht darum, dass der objektive Tatbestand einer speziellen „Haftungsnorm" oder der polizeilichen Generalklausel nicht erfüllt ist. Es geht darum, dass der Grundsatz der Geeignet-

---

[283] *Grüneberg*, in: Palandt, § 421 Rdnr. 3.

[284] s. BayVGH, BayVBl. 1989, 470; *Gornig/Hakema*, JuS 2002, 23; *Kloepfer/Thull*, DVBl. 1989, 1121 ff.; *Kugelmann*, Kap. 6 Rdnr. 80; *Schenke*, Rdnr. 288; *Schoch*, JuS 1994, 1029; *Schwabe*, UPR 1984, 9 ff.; *Seibert*, DÖV 1983, 964 ff.; *Tettinger/Erbguth/Mann*, Rdnr. 536.

[285] *Schenke*, Rdnr. 288.

[286] Ebd. A. A. BGH, DÖV 1981, 843 f. Diese Ansicht ist überholt.

B. Beantwortung der Fragen

heit einer Maßnahme als Teil des Grundsatzes der Verhältnismäßigkeit auch hier Anwendung finden muss, weil dieser Grundsatz der Ausübung der Staatsgewalt zu jeder Zeit und unter allen denkbaren Umständen eine Grenze setzt. Der Zusatzverantwortliche kann auch dann in Anspruch genommen werden, wenn der „eigentliche" Störer die Gefahr nur verursacht hat, aber selbst nicht verantworten muss. Bei Forderung einer unvertretbaren Handlung vom „eigentlichen" Verursacher entfällt eine Verantwortlichkeit des Zusatzverantwortlichen, aber nur insoweit, als die unvertretbare Handlung betroffen ist. Vom Zusatzverantwortlichen kann verlangt werden, in bestimmter Weise auf den Beaufsichtigten einzuwirken. Zusatzverantwortlich ist ein Aufsichtspflichtiger nur dann, wenn er keinen eigenen Beitrag zur Gefahr-/Schadensentstehung geleistet hat. Zusatzhaftender sind der Aufsichtspflichtige/gesetzliche Vertreter, und der „Nur-Aufsichtspflichtige", soweit sie Rechtspflichten, die eine Verursacherhaftung begründen, nicht verletzt haben. Die Gefahrenabwehrbehörde ist bei der Auswahl, ob sie den „eigentlichen" Störer oder den Zusatzverantwortlichen in Anspruch nimmt, nicht an den Grundsatz der Subsidiarität gebunden. Sie kann den „eigentlichen" Störer und den Zusatzverantwortlichen gemeinsam in Anspruch nehmen. Die beaufsichtigte Person ist niemals direkter/unmittelbarer Adressat einer rechtmäßigen Gefahrenabwehrverfügung. Voraussetzung für eine sie betreffende rechtmäßige Gefahrenabwehrverfügung ist, dass sie an die beaufsichtigte Person, vertreten durch ihren gesetzlichen Vertreter, gerichtet ist. Ein direkt/unmittelbar an die beaufsichtigte Person gerichteter Verwaltungsakt ist unwirksam. Dieser kann deshalb nicht mit Zwangsmitteln durchgesetzt werden. Sollte gegen die beaufsichtigte Person ein Zwangsmittel angedroht, festgesetzt und angewendet werden, kann diese Person die zulässigen Rechtsschutzmittel gegen diese Maßnahmen ergreifen. Sie ist prozessfähig. Rechtmäßig sind Maßnahmen gegen die beaufsichtigte Person im Wege des Sofortvollzugs/der unmittelbaren Ausführung, z. B. eine Ingewahrsamnahme einer hilflosen Person, die der Aufsicht unterliegt. Der gesetzliche Vertreter muss Maßnahmen der Verwaltungsvollstreckung gegen den Vertretenen erfüllen. Kommt er dem nicht nach, kann nicht ersatzweise gegen den Vertretenen vorgegangen werden. Geschieht dieses gleichwohl, besitzt der Vertretene alle statthaften Rechtsschutzmöglichkeiten. Ist gegen den Zusatzverantwortlichen eine wirksame Grundverfügung erlassen worden und erfüllt der Zusatzverantwortliche die ihm auferlegte Pflicht nicht, so können gegen ihn die gesetzlich vorgesehenen Maßnahmen der Verwaltungsvollstreckung ergriffen werden. Die beaufsichtigte Person kann nur dann rechtmäßig wegen Zahlung von Kosten in Anspruch genommen werden, wenn gegen sie eine rechtmäßige Verwaltungsvollstreckungsmaßnahme angeordnet wurde und der Kostenbescheid an sie, vertreten durch den gesetzlichen Vertreter, adressiert ist. Der Zusatzverantwortliche haftet für Kosten entsprechend den allgemein geltenden Regeln. Der „eigentliche" Störer und der Zusatzverantwortliche haften als Gesamtschuldner, wenn gegen beide eine auf dasselbe Ziel gerichtete Grundverfügung erlassen wurde.

b) Betreuerverantwortlichkeit

aa) Beteiligte Personen

Für die beteiligten Personen ist zu unterscheiden zwischen dem Betreuten und dem Betreuer.

Betreuter ist eine Person, für die das Betreuungsgericht einen Betreuer bestellt hat. Dieses ist nur möglich, wenn die Person volljährig ist.[287] Betreuer ist eine Person, die das Betreuungsgericht als Betreuer für eine andere Person bestellt hat. Entscheidend ist ausschließlich der gerichtliche Bestellungsakt. An diesen Bestellungsakt knüpfen die hier einschlägigen Gesetze die Existenz der Betreuerverantwortlichkeit. Es gibt kein vom Bürgerlichen Recht unterschiedenes öffentlich-rechtliches Betreuungsverhältnis.

Auch hier stellt sich die Frage, welche Konsequenzen es für die Gefahrenabwehrbehörde hat, wenn die Bestellung als Betreuer mit Rechtsmängeln behaftet ist, die zur Unwirksamkeit der Bestellung führen (können). Ebenso wie bei der fehlerhaften Aufsichtsübernahme durch Vertrag[288] entfällt für die Behörde die Pflicht, die Wirksamkeit der Bestellung zu kontrollieren.

Zum Umfang der Betreuung und damit zum Umfang der Zusatzverantwortlichkeit darf auf die obigen Ausführungen verwiesen werden. Entscheidend ist der Umfang der Anordnung durch das Betreuungsgericht.[289] Gelegentlich erweitern die Gesetzgeber den Umfang in zwei Fällen.

Neben der Zusatzverantwortlichkeit des Betreuers kann ohne weiteres als Spezialfall eine Aufsichtsverantwortlichkeit von Aufsichtspersonen bestehen. Dieses ist z. B. dann gegeben, wenn eine betreute Person sich in einem Pflegeheim aufhält und der Betreuer nicht vor Ort lebt. Dann sind die Personen, die in dem Pflegeheim die Aufsicht innehaben, Aufsichtsverantwortliche. Es liegt dann ein Fall der Mehrfachverantwortlichkeit vor.[290]

---

[287] *Diederichsen*, in: Palandt, § 1896 Rdnr. 3.

[288] s. o. Kapitel 2 B II 1 a) aa).

[289] Der Auffassung von *Rolf Schmidt*, POR, S. 91, dass die Haftung dann, wenn sie gesetzlich unbeschränkt angeordnet sei, sie im Einzelfall auf die Bereiche zu begrenzen sei, für die die Betreuung angeordnet sei, ist nicht zu folgen. Es gibt keine Gesamthaftung jenseits der gerichtlich angeordneten Bestimmung des Aufgabenkreises.

[290] Der Begriff Doppelverantwortlichkeit soll nicht Verwendung finden, weil es sich in der Literatur eingebürgert hat, vom Doppelstörer dann zu sprechen, wenn eine Person aus mehreren Gründen verantwortlich ist, beispielsweise als Handlungs- und als Zustandsstörer, s. *Gusy*, Rdnr. 367.

bb) Verantwortlichkeit auslösende oder beseitigende „Umstände"

Jede Gefahr, die der Betreute in dem Bereich, für den die Betreuung angeordnet ist, verursacht, ist eine Ursache, die die Betreuerverantwortlichkeit entstehen lässt. Soweit die Betreuung angeordnet ist, ist jede in der Person des Betreuten liegende persönliche Eigenschaft bedeutungslos. Für den Betreuer sind auf die einschlägigen Aussagen zur Aufsichtsverantwortlichkeit zu verweisen.[291]

cc) „Erfolgsbeitrag" der beteiligten Personen

Es darf insoweit vollständig auf die Ausführungen zur Aufsichtsverantwortlichkeit verwiesen werden.[292]

dd) Gefahrenabwehrmaßnahmen – erste Ebene

Gefahrenabwehrende Maßnahmen können gegen den *Betreuten* verfügt werden, soweit der Aufgabenkreis des Betreuers nicht berührt ist. Soweit dessen Aufgabenkreis tangiert ist, vertritt der Betreuer den Betreuten. Die Vertretung ist unabhängig von einer bestehenden Geschäftsfähigkeit bzw. Geschäftsunfähigkeit.[293] In diesem Fall sind die Verfügungen an den Betreuten, vertreten durch den Betreuer, zu richten.

Der in der Literatur zu findenden Aussage, dass die Gefahrenabwehrbehörde ihre Maßnahmen primär an den Betreuten als Handlungsstörer zu richten habe, ist deshalb nicht zu folgen. Der Betreute ist in dem Aufgabenkreis, für den ein Betreuer bestellt ist, nicht handlungsfähig. Eine an den Betreuten adressierte Verfügung ist unwirksam. Deshalb kann auch nicht gesagt werden, Nachforschungen nach einem Betreuungsverhältnis seien erst in zweiter Linie veranlasst.[294]

Im Übrigen darf auf die Ausführungen zur Aufsichtsverantwortlichkeit verwiesen werden.[295]

Der Betreuer darf in Anspruch genommen werden bei einer höchstpersönlichen Maßnahme, die der Betreute zu erfüllen hat, wenn die höchstpersönliche Maßnahme zu seinem Aufgabenkreis zählt. Davon ist für die Bestimmung des Aufenthaltsorts auszugehen, wenn es zum Aufgabenkreis des Betreuers zählt, den Aufenthalt des Betreuten zu bestimmen.[296]

---

[291] s. Kapitel 2 B II 1 a) bb).
[292] s. Kapitel 2 B II 1 a) cc).
[293] *Diederichsen*, in: Palandt, § 1896 Rdnr. 13.
[294] *Honnacker/Beinhofer*, Art. 7 Anm. 5.
[295] s. zuvor unter a) dd).

ee) Verwaltungsvollstreckungsmaßnahmen – zweite Ebene

Es darf auf die Ausführungen zur Aufsichtsverantwortlichkeit verwiesen werden.[297]

ff) Kostenbeitreibung – dritte Ebene

Es darf auf die Ausführungen zur Aufsichtsverantwortlichkeit verwiesen werden.[298]

gg) Zwischenergebnis

Die *Dogmatik des Tatbestands „Betreuerverantwortlichkeit"* ist wie folgt zu formulieren: Betreuter ist eine volljährige Person, für die das Betreuungsgericht einen Betreuer bestellt hat. Betreuer ist eine Person, die das Betreuungsgericht als Betreuer für eine andere Person bestellt hat. Entscheidend ist ausschließlich der gerichtliche Bestellungsakt. Neben der Zusatzverantwortlichkeit des Betreuers kann ohne weiteres eine Aufsichtsverantwortlichkeit von Aufsichtspersonen bestehen. Jede Gefahr, die der Betreute in dem Bereich, für den die Betreuung angeordnet ist, verursacht, ist eine Ursache, die die Betreuerverantwortlichkeit entstehen lässt. Soweit die Betreuung angeordnet ist, ist jede in der Person des Betreuten liegende persönliche Eigenschaft bedeutungslos. Soweit der Aufgabenkreis des Betreuers tangiert ist, vertritt der Betreuer den Betreuten. Die Vertretung ist unabhängig von einer bestehenden Geschäftsfähigkeit bzw. Geschäftsunfähigkeit.[299] In diesem Fall sind die Verfügungen an den Betreuten, vertreten durch den Betreuer, zu richten. Der Betreuer darf in Anspruch genommen werden bei einer höchstpersönlichen Maßnahme, die der Betreute zu erfüllen hat, wenn zu seinem Aufgabenkreis Maßnahmen höchstpersönlicher Art zählen, z. B. den Aufenthalt des Betreuten zu bestimmen. Im Übrigen gelten die zum Recht der Aufsichtsverantwortlichkeit erarbeiteten Aussagen.

c) Geschäftsherrnverantwortlichkeit

aa) Beteiligte Personen

Für die beteiligten Personen ist zu unterscheiden zwischen dem Geschäftsherrn und dem Verrichtungsgehilfen. Rechtsprechung und Literatur behaupten,

---

[296] *Rolf Schmidt*, POR, S. 91.
[297] s. zuvor unter a) ee).
[298] s. zuvor unter a) ff).
[299] *Diederichsen*, in: Palandt, § 1896 Rdnr. 13.

dass für die Bestimmung des Inhalts der Begriffe auf die zu § 831 Abs. 1 Satz 1 BGB vorhandene Rechtsprechung und Literatur zurückgegriffen werden dürfe.[300] Dieses Vorgehen ist zulässig. Es war erarbeitet worden, dass der Preußische Gesetzgeber § 19 Abs. 3 PrPVG parallel zum Haftungstatbestand des § 831 Abs. 1 Satz 1 BGB entwickelte.[301] Die Gesetzgeber der hier einschlägigen Normen haben an keiner Stelle zum Ausdruck gebracht, dass die Geschäftsherrnverantwortlichkeit anders verstanden werden soll als sie seinerzeit der Preußische Gesetzgeber verstand. Gründe für ein Abweichen von dieser Tradition sind nicht ersichtlich. Die Begriffe „Geschäftsherr" und „Verrichtungsgehilfe" werden also i. S. d. BGB verstanden.

Geschäftsherr ist diejenige Person, die das Direktionsrecht in Bezug auf das Verhalten des Gehilfen besitzt.[302] Geschäftsherr ist regelmäßig eine natürliche Person. Geschäftsherr kann aber auch eine Gesellschaft bürgerlichen Rechts sein.[303] Es sind ferner mehrere Geschäftsherren als Prinzipale des Gehilfen denkbar.[304] In diesem Fall sind für die haftungsrechtliche Zuordnung objektive Kriterien von Bedeutung. Geschäftsherr ist diejenige Person, die Auswahl, Überwachung und Anleitung des Gehilfen im Interesse der Schadensvermeidung am Besten zu leisten vermag.[305]

Verrichtungsgehilfe ist diejenige Person, die vom Geschäftsherrn abhängig und weisungsgebunden ist.[306] Als Verrichtung ist jede Tätigkeit für einen anderen denkbar. Sie kann tatsächlicher oder rechtlicher Natur, dauerhaft oder vorübergehend, niederer oder höherer Natur sein, entgeltlich oder unentgeltlich erfolgen.[307] Innerhalb der Bindung zwischen Geschäftsherr und Verrichtungsgehilfe kann durchaus eine gewisse Selbständigkeit bestehen.[308] Entscheidend ist, dass das Direktionsrecht des Prinzipals faktisch besteht. Es ist ohne Bedeutung, ob das Direktionsrecht auf einem Rechtsverhältnis beruht und ob dieses Rechtsverhältnis wirksam ist.[309] Verrichtungsgehilfe ist insbesondere der Arbeitnehmer.[310] Verrichtungsgehilfenbeziehungen können auch in der Familie oder in einem Hause bestehen.[311] In diesen Fällen liegt eine Gehilfenstellung nur

---

[300] BaWüVGH, NJW 1993, 1544.
[301] s. Kapitel 1 A IV 4 b).
[302] RGZ 170, 8; BGHZ 80, 3 = NJW 1981, 1516; BGH, JZ 1983, 766 mit Anmerkung *Papier*; *Wagner*, in: Säcker/Rixecker, § 832 BGB Rdnr. 21.
[303] BGH, NJW 2003, 1446f.
[304] *Wagner*, in: Säcker/Rixecker, § 832 BGB Rdnr. 21.
[305] Ebd.
[306] OVG NRW, NJW 1979, 2266; *Wagner*, in: Säcker/Rixecker, § 832 Rdnr. 14;.
[307] *Rolf Schmidt*, POR, S. 92.
[308] OVG NRW, NJW 1979, 2266.
[309] *Wagner*, in: Säcker/Rixecker, § 832 BGB Rdnr. 14.
[310] Ebd.

dann vor, wenn die Person in den Organisationskreis des Geschäftsherrn eingegliedert ist, also in das Unternehmen oder den Haushalt des Geschäftsherrn.[312] Selbständige Unternehmen sind niemals Verrichtungsgehilfen, weil sie für ihr Verhalten selbst verantwortlich sind und ihr Vertragspartner darauf vertrauen darf, dass sie ihren deliktischen Sorgfaltspflichten nachkommen.[313] Der Bauherr haftet deshalb nicht für den von ihm beauftragten Generalunternehmer.[314] Der Bauunternehmer muss nicht für die Fehler eines hinzugezogenen Subunternehmers einstehen. Ein Abfallerzeuger haftet nicht für die Schlampereien eines Entsorgungsunternehmens. Ein Landwirt hat nicht für das Verhalten eines hinzugezogenen Schlachters einzustehen.[315]

Der Geschäftsherr haftet für das Verhalten des Verrichtungsgehilfen, wenn die Schädigung „in Ausführung der Verrichtung" erfolgt. Davon zu trennen ist ein Handeln bloß „bei Gelegenheit" der Verrichtung.[316] Für die Haftung ist nicht nur Kausalität, sondern auch ein qualifizierter, innerer Zusammenhang zwischen dem übertragenen Aufgabenkreis und der Schadenszufügung erforderlich.[317] Das ist unproblematisch gegeben, wenn einem Gehilfen bei der Ausführung seines Auftrags eine Unachtsamkeit unterläuft. Ferner wird der Zusammenhang zwischen der übertragenen Verrichtung und dem deliktischen Verhalten nicht unterbrochen, wenn der Verrichtungsgehilfe ausdrücklich Weisungen des Geschäftsherrn zuwiderhandelt oder die Grenzen seines Auftrags überschreitet. Schließlich haftet der Geschäftsherr für vorsätzlich begangene Delikte, wenn sie in Ausführung der Verrichtung ausgeführt werden.[318]

Es findet sich die Auffassung, dass es für die Bestimmung des Begriffs „Erfüllungsgehilfe" bedeutungslos sei, ob dieser zivilrechtlich Erfüllungsgehilfe oder Verrichtungsgehilfe sei.[319] Der Verrichtungsgehilfe unterscheidet sich vom Erfüllungsgehilfen dadurch, dass dieser selbständig und eigenverantwortlich handelt. Der Erfüllungsgehilfe ist deshalb niemals Verrichtungsgehilfe i. S. d. § 831 Abs. 1 Satz 1 BGB.[320] Der dargestellten Ansicht ist deshalb nicht zu folgen.

---

[311] BGH, FamRZ 1964, 83; VersR 1992, 845.
[312] *Wagner*, in: Säcker/Rixecker, § 832 BGB Rdnr. 15.
[313] Ebd., Rdnr. 16.
[314] Ebd.
[315] Sämtliche Beispiele ebd. mit weiteren Nachweisen.
[316] Ebd., Rdnr. 24.
[317] s. statt Vieler *Sprau*, in: Palandt, § 832 Rdnr. 9.
[318] Zum Vorstehenden mit umfangreichen Nachweisen aus der Rechtsprechung *Wagner*, in: Säcker/Rixecker, § 832 BGB Rdnr. 25.
[319] BayVGH, NVwZ 1989, 683; *Mußmann*, S. 183.
[320] *Wagner*, in: Säcker/Rixecker, § 832 BGB Rdnr. 14.

Für die in der Rechtsprechung und Literatur vorgefundenen Beispiele[321] ist festzustellen, dass diese regelmäßig richtige Beispiele für die Geschäftsherrnhaftung sind. Problematisch ist die Relation Vater–Sohn. Ein Fall der Geschäftsherrnverantwortlichkeit liegt nur dann vor, wenn der Sohn in den Geschäftskreis seines Vaters eingegliedert ist.[322] Allein die Vater-Kind-Beziehung führt noch nicht zur Geschäftsherrnverantwortlichkeit. Problematisch ist ferner die Relation Gastwirt-lärmender Gast. Nach richtiger Auffassung ist der Wirt dadurch, dass er seine Gaststätte betreibt, nicht Zusatzverantwortlicher als Geschäftsherr. Er muss sich den Lärm seiner Gäste, den diese vor der Gaststätte verursachen, zurechnen lassen und ist deshalb Störer, und zwar in der Gestalt des Zweckveranlassers.[323]

bb) Verantwortlichkeit auslösende
oder beseitigende „Umstände"

Jede Gefahr, die der Verrichtungsgehilfe in Ausübung der Verrichtung widerrechtlich verursacht, ist eine Ursache, die die Geschäftsherrnverantwortlichkeit entstehen lässt. Bedeutungslos ist es nach der herrschenden Meinung im Zivilrecht, ob der Verrichtungsgehilfe schuldhaft gehandelt hat.[324] Es reicht die „objektive Widerrechtlichkeit" der Rechtsgutverletzung. Soweit die Beziehung Geschäftsherr-Verrichtungsgehilfe besteht, ist jede in der Person des Verrichtungsgehilfen liegende persönliche Eigenschaft bedeutungslos.

Für den Geschäftsherrn findet sich in der Literatur durchgehend der Hinweis, dass er den nach § 831 Abs. 1 Satz 2 BGB möglichen Entlastungsbeweis im Bereich der Zusatzhaftung nicht führen könne, weil es auf „subjektive Elemente" im Gefahrenabwehrrecht nicht ankomme.[325] Es wird sich zeigen, dass diese Auffassung missverständlich ist. Dieses Resultat ist Folge der zur Aufsichtsverantwortlichkeit getroffenen Aussagen.[326]

---

[321] s. Kapitel 2 A II 2 und III 2.
[322] *Wagner*, in: Säcker/Rixecker, § 832 BGB Rdnr. 15.
[323] s. BVerwG, DVBl. 1965, 603f.; OVG NRW, GewArch 1968, 86f.; BaWüVGH, GewArch 1973, 245; OVG NRW, GewArch 1974, 241f.
[324] *Wagner*, in: Säcker/Rixecker, § 831 BGB Rdnr. 28.
[325] LG Hannover, NuR 2004, 67; OLG Celle, NuR 2004, 274; *Gusy*, Rdnr. 348; *Schenke*, Rdnr. 265.
[326] In der Literatur wird zum Teil zu § 831 Abs. 1 BGB eine andere Auffassung vertreten, s. u. Fn. 334. Folgt man dieser Auffassung, dann wird sich zeigen, dass es auf diesen Entlastungsbeweis nicht ankommt. In der Folge spielt das „subjektive Element" von vornherein keine Rolle.

cc) „Erfolgsbeitrag" der beteiligten Personen

Der Verrichtungsgehilfe muss einen i. S. d. Theorie der unmittelbaren Verursachung[327] kausalen Beitrag für das Entstehen der Gefahr durch sein Tun, Dulden oder Unterlassen geleistet haben. Er muss – mit anderen Worten – Verursacher sein. Diese Aussage folgt zwingend aus den in diesem Zusammenhang relevanten Gesetzen. Der Verrichtungsgehilfe ist nach ihnen primärer Verhaltensstörer. Demnach muss er die Bedingungen erfüllen, die zu dieser „Einordnung" führen.

Es ist nachgewiesen worden, dass sich der Gesetzgeber des PrPVG bei der Normierung der Geschäftsherrnverantwortlichkeit an § 831 Abs. 1 BGB orientiert hat.[328] § 831 Abs. 1 BGB ist ein zusammengesetzter Haftungstatbestand. Er mischt Elemente eines Gehilfendelikts mit solchen einer unerlaubten Handlung des Geschäftsherrn.[329] Die diesen betreffenden Elemente sind sorgfältige Auswahl, Anleitung und Überwachung des Verrichtungsgehilfen.

§ 831 Abs. 1 BGB ist parallel zu § 832 Abs. 1 BGB formuliert. Mit Blick auf den Entlastungsbeweis sind deshalb die zu § 832 Abs. 1 getroffenen Aussagen heranzuziehen. Sie[330] führen dazu, dass ein Geschäftsherr Zusatzhaftender nur dann ist, soweit er Rechtspflichten, die eine Verursacherhaftung begründen, nicht verletzt hat.[331] Es ist evident, dass ein Geschäftsherr diese Voraussetzung nur dann erfüllt, wenn er zivilrechtlich den Entlastungsbeweis erbracht hat.[332] Ge-

---

[327] s. o. Fn. 195 und 196.
[328] s. Kapitel 1 A IV 4 b).
[329] *Wagner*, in: Säcker/Rixecker, § 831 BGB Rdnr. 28.
[330] s. Kapitel 2 B II 1 a) bb).
[331] In der Rechtsprechung (OVG Lüneburg, MDR 1958, 951) und Literatur (*Klausener/Kerstiens/Kempner*, S. 197; *Franzen*, S. 241) findet sich die Auffassung, dass der Geschäftsherr auch dann Zusatzverantwortlicher sei, wenn dem Geschäftsherrn Versäumnisse bei der Auswahl oder Überwachung unterlaufen seien und er deshalb schuldhaft gehandelt habe. Dieser Auffassung ist nicht zu folgen. Für diesen Fall benötigt man die Zusatzhaftung nicht, da der Geschäftsherr selbst Störer ist. Die Auffassung wird auch nicht näher begründet. – Das OVG Lüneburg argumentiert in der Entscheidung ferner widersprüchlich. Denn es findet sich in den Gründen der richtige Satz: „Die Haftung aus § 19 Abs. 3 PVG ist ihrem Wesen nach keine Haftung für eigenes Verschulden, sondern ein Zwang zum Einstehen für fremde Ordnungswidrigkeiten …".
[332] Nach einer in der Literatur vertretenen Auffassung sind die Elemente Auswahl, Anleitung und Überwachung des Verrichtungsgehilfen nicht als Voraussetzung für die Haftung, sondern für den vom Geschäftsherrn zu führenden Entlastungsbeweis formuliert, s. *Wagner*, in: Säcker/Rixecker, § 832 BGB Rdnr. 32. Der Geschäftsherr haftet also deshalb, weil er Geschäftsherr ist, auf einen eigenen deliktischen Tatbeitrag kommt es nicht an. Der Tatbeitrag ist nur dann relevant, wenn der Geschäftsherr nicht haften will. Er kann den Nachweis führen, dass der eigene Tatbeitrag fehlt. Primär haftet der Geschäftsherr voraussetzungslos. Sekundär kann er sich entlasten. Die primäre voraussetzungslose Haftung des Geschäftsherrn entspricht seiner Zusatzhaftung nach Gefahrenabwehrrecht. Der Geschäftsherr leistet keinen eigenen Tatbeitrag. Wenn er einen eigenen leistete, wäre

fahrenabwehrrechtlich gibt es den Entlastungsbeweis natürlich nicht, weil es für die Störereigenschaft nicht auf ein Verschulden ankommt und deshalb für den Entlastungsbeweis kein Anwendungsbereich vorhanden ist. Diese Aussage ist in diesem Zusammenhang aber bedeutungslos, weil dann, wenn der potentiell Zusatzhaftende einen eigenen Tatbeitrag erbracht hätte, er als Zusatzhaftender nicht in Betracht zu ziehen wäre. Dann fehlt erst recht ein Anwendungsbereich für den Entlastungsbeweis.

Der Geschäftsherr ist als solcher zusatzverantwortlich, ohne dass weitere Voraussetzungen erfüllt sein müssen.

dd) Gefahrenbeseitigungsmaßnahmen – erste Ebene

Gefahrenbeseitigungsmaßnahmen können gegen den Geschäftsherrn und gegen den Verrichtungsgehilfen gerichtet werden. Die Grundsätze der rechtmäßigen Störerauswahl sind zu beachten. Beide Personen können auch gemeinsam zur Gefahrenabwehr herangezogen werden. Im Übrigen gilt das zur Aufsichtsverantwortlichkeit Gesagte entsprechend. Es sind insbesondere Beschränkungen bedeutsam, wenn der Verrichtungsgehilfe noch nicht volljährig ist.

ee) Verwaltungsvollstreckungsmaßnahmen – zweite Ebene

Es darf auf die Ausführungen zur Aufsichtsverantwortlichkeit verwiesen werden.[333]

ff) Kostenbeitreibung – dritte Ebene

Es darf auf die Ausführungen zur Aufsichtsverantwortlichkeit verwiesen werden.[334]

gg) Zwischenergebnis

Die *Dogmatik des Tatbestands „Geschäftsherrnverantwortlichkeit"* ist wie folgt zu formulieren: *Geschäftsherr* ist diejenige Person, die das Direktionsrecht in Bezug auf das Verhalten des Gehilfen besitzt. *Verrichtungsgehilfe* ist

---

er nicht Zusatzverantwortlicher, sondern unmittelbarer Störer. Die Frage nach dem Entlastungsbeweis stellt sich nicht. Sie hat zur Voraussetzung einen möglichen eigenen Tatbeitrag. Existierte dieser, wäre das Recht der Zusatzverantwortlichkeit nicht mehr einschlägig.

[333] s. zuvor unter a) ee).
[334] s. zuvor unter a) ff).

diejenige Person, die vom Geschäftsherrn abhängig und weisungsgebunden ist. Entscheidend ist, dass das Direktionsrecht des Prinzipals faktisch besteht. Es ist ohne Bedeutung, ob das Direktionsrecht auf einem Rechtsverhältnis beruht und ob dieses Rechtsverhältnis wirksam ist. Verrichtungsgehilfe ist insbesondere der Arbeitnehmer. Verrichtungsgehilfenbeziehungen können auch in der Familie oder in einem Hause bestehen. In diesen Fällen liegt eine Gehilfenstellung nur dann vor, wenn die Person in den Organisationskreis des Geschäftsherrn eingegliedert ist, also in das Unternehmen oder den Haushalt des Geschäftsherrn. Der Geschäftsherr haftet für das Verhalten des Verrichtungsgehilfen, wenn die Schädigung „in Ausführung der Verrichtung" erfolgt. Davon zu trennen ist ein Handeln bloß bei Gelegenheit der Verrichtung. Für die Haftung ist nicht nur Kausalität, sondern auch ein qualifizierter, innerer Zusammenhang zwischen dem übertragenen Aufgabenkreis und der Schadenszufügung erforderlich. Jede Gefahr, die der Verrichtungsgehilfe in Ausübung der Verrichtung widerrechtlich verursacht, ist eine Ursache, die die Geschäftsherrnverantwortlichkeit entstehen lässt. Die voraussetzungslose Haftung des Geschäftsherrn entspricht seiner Zusatzhaftung nach Gefahrenabwehrrecht. Der Geschäftsherr leistet keinen eigenen Tatbeitrag. Voraussetzung dafür ist, dass der Entlastungsbeweis gelingt. Im Übrigen darf auf das Recht der Aufsichtsverantwortlichkeit verwiesen werden.

d) Ergebnis

Die Zusatzverantwortlichkeit ist eine kraft Gesetzes bestehende selbständige Verantwortlichkeit. Die Gesetze erweitern den Adressatenkreis in einer Weise, die sich nicht aus der Unmittelbarkeitstheorie ableiten lässt. Nach Sinn und Zweck der Gesetze darf ein unmittelbarer Ursachenzusammenhang zwischen Gefahr und Verantwortlichkeit nicht vorliegen.[335]

2. Zusatzverantwortlichkeit und Zustandsverantwortlichkeit

In der Literatur finden sich Aussagen zur Beziehung Zusatzverantwortlichkeit und Zustandsverantwortlichkeit.[336] Auch bei der Zustandsverantwortlichkeit gebe es eine Zusatzverantwortlichkeit. Primär sei der Inhaber der tatsächlichen Gewalt für die störende Sache verantwortlich. Zusatzverantwortlicher sei ihr Eigentümer.[337]

---

[335] s. auch die prägnante Zusammenfassung bei *Berner/Köhler*, S. 76.
[336] s. z. B. *Guckelberger*, in: Gröpl/Guckelberger/Wohlfahrt, S. 279.
[337] Vgl. *Suckow/Hoge*, S. 124.; *Riegel*, Bundespolizeirecht, S. 83.

Bei der Zustandsverantwortlichkeit kann auf die Normierung eines Zusatzverantwortlichen verzichtet werden. Durch die bereits jetzt nach den Gefahrenabwehrgesetzen im engeren Sinn vorhandene Möglichkeit, den Inhaber der tatsächlichen Gewalt, den Eigentümer und häufig zusätzlich erwähnte andere Berechtigte in Anspruch zu nehmen, sind alle Personen erfasst, die auf die gefährliche Sache zur Gefahrenabwehr sinnvoll einwirken können.[338] Eine weitere Person oder mehrere weitere Personen als Zusatzverantwortliche zu bestimmen erweist sich als überflüssig.

Vereinzelt wird die Verantwortlichkeit des Eigentümers oder einer sonst an der Sache berechtigten Person als Zusatzverantwortlichkeit bezeichnet.[339] Den Eigentümer als Zusatzverantwortlichen zu bezeichnen, könnte seinen Grund darin finden, dass man den Eigentümer neben dem Inhaber der tatsächlichen Gewalt als zusätzlich verantwortlich sehen könnte, weil beide gleichrangig oder sogar gesamtschuldnerisch haften. Diesem Gedanken soll hier nicht weiter nachgegangen werden. Es besteht ein wesentlicher Unterschied zu der Zusatzverantwortlichkeit, wie sie hier verstanden wird. Das in dieser Untersuchung erarbeitete Verständnis von Zusatzverantwortlichkeit besteht darin, dass diese eine gesetzlich angeordnete voraussetzungslose Haftung für die Verursachung einer Gefahr durch bestimmte dritte Personen darstellt. Das Wesen der Zustandsverantwortlichkeit besteht aber darin, dass der Eigentümer genau genommen *nicht zusätzlich, sondern primär* verantwortlich ist. Der Eigentümer haftet primär, weil die Haftung an seine Rechtsstellung anknüpft. Die Haftung knüpft auch bei dem Inhaber der tatsächlichen Gewalt und bei anderen Berechtigten an ihre Rechtsstellung als solche an. Die Haftungsverpflichtung des Eigentümers ist somit dieselbe wie bei den anderen Zustandsstörern. Seine Haftung ist nicht voraussetzungslos. Damit ist sie keine Zusatzhaftung i. S. d. Verständnisses dieser Untersuchung.

Man könnte auch behaupten, der Inhaber der tatsächlichen Gewalt hafte neben dem Eigentümer als Zusatzverantwortlicher. Dem stehen ebenfalls die zuvor dargelegten Erwägungen entgegen. Alle Zustandsverantwortlichen haften nebeneinander aus demselben Grund. Es kann deshalb bei der Zustandsverantwortlichkeit keine Zusatzverantwortlichkeit geben.

Die Richtigkeit dieses Ergebnisses sei noch einmal mit einem Blick auf die Verhaltensverantwortung belegt. Bei der Verhaltenshaftung bildet den Ausgangspunkt der Haftung nicht eine Rechtsstellung als solche, sondern ein konkretes Verhalten des Verantwortlichen. Die Zusatzverantwortlichkeit bei der Verhaltenshaftung knüpft dann aber an die Rechtsstellung einer bestimmten Person an und bestimmt von dieser Person ausgehend den Zusatzverantwortlichen. Vom Ausgangspunkt der Verhaltenshaftung aus gesehen ist die Zusatzhaftung ein Sonderfall. Der Zusatzverantwortliche haftet nicht als Folge seines Verhaltens, son-

---

[338] Vgl. *Pieroth/Schlink/Kniesel*, § 9 Rdnr. 33.
[339] Vgl. *Suckow/Hoge*, S. 124.

dern wegen seiner Rechtsstellung. Deshalb haftet er neben dem „eigentlichen" Verursacher. Bei der Zusatzverantwortlichkeit gibt es also eine Haftung kraft Verhaltens kombiniert mit einer Haftung kraft Rechtsstellung. Bei der Zustandshaftung haften alle im Gesetz genannten Personen aus demselben Rechtsgrund. Das ist eine vollkommen andere Situation. Für die unterschiedlichen Situationen sollten unterschiedliche Bezeichnungen gewählt werden.

3. Zusatzverantwortlichkeit als ungeschriebenes Recht

a) Bestimmung des Einsatzbereichs

Den Haftungstatbestand „Zusatzverantwortlichkeit" als ungeschriebenes Recht[340] kann es nur dann geben, wenn sich seine Existenz mit Hilfe solcher Erwägungen begründen lässt, auf die die Existenz ungeschriebenen Rechts rechtlich anerkannt gestützt werden. Für die Bestimmung des Anwendungsbereichs des ungeschriebenen Rechts lassen sich einige Aussagen treffen:

Es ist selbstverständlich, dass eine geschriebene Aussage im Gefahrenabwehrgesetz zur Zusatzverantwortlichkeit fehlen muss. Insoweit ist zunächst bedeutungsvoll, dass es neben den analysierten allgemeinen Gesetzen des Gefahrenabwehrrechts Spezialgesetze des Gefahrenabwehrrechts gibt, die eine Zusatzverantwortlichkeit festlegen: z. B. § 10 Abs. 5 BSeuchenG; § 25 Abs. 1 Satz 2, Abs. 2 WaStrG; § 36 Abs. 2 Nr. 1 BaWüFeuerwG i. V. m. § 6 Abs. 2, 3 BaWüPolG; § 19 Abs. 4 BaWüLAbfG i. V. m. § 6 Abs. 2, 3 PolG; § 34 HmbWegeG; § 53 Abs. 4 HmbWG; § 84 Abs. 3 ThürWG; § 108 RLPWG. – Ein Spezialgesetz i. d. S. ist nicht § 7 Abs. 3 FStrG.[341]

Manche Gefahrenabwehrgesetze enthalten keine Ermächtigungsgrundlage für den Erlass von Ordnungsverfügungen, wie z. B. das BerlWG[342], oder verweisen auf das Ordnungsbehördenrecht, wie § 103 Abs. 2 Satz 2 BbgWG.[343] Wenn auf die allgemeine polizeirechtliche Generalklausel verwiesen wird oder diese gilt, weil eine Spezialermächtigung fehlt, gelten die allgemeinen gefahrenabwehrrechtlichen Bestimmungen über die Adressaten gefahrenabwehrrechtlicher Maßnahmen.[344] In diesen Fällen gibt es eine Zusatzverantwortlichkeit.

---

[340] Zum Begriff „ungeschriebenes Recht" s. *Heinrich Amadeus Wolff*, S. 196 ff.
[341] BVerwG, NJW 1989, 52 f.: Der Veranstalter einer Demonstration haftet nicht für die Verschmutzung der Straße durch die Demonstranten.
[342] Weitere Nachweise bei *Bartholmes*, Fn. 511.
[343] Weitere Nachweise ebd., Fn. 510.
[344] Ebd., S. 161. Zu den einschlägigen Bestimmungen im Wasserrecht, Naturschutzrecht, bodenschützendes Landesrecht sowie §§ 24 BImSchG, 21 Abs. 1 KrW-/AbfG und 10 Abs. 1 BBodSchG s. *Bartholmes*, S. 161 ff.

Manche Gefahrenabwehrgesetze enthalten zwar eine Ermächtigungsgrundlage, diese ist aber unvollständig, so dass ergänzend auf das allgemeine Ordnungsrecht zurückzugreifen ist, wie es z. B. bei der BbgBO der Fall ist.[345] Manche Umweltgesetze als spezielle Gefahrenabwehrgesetze enthalten spezielle Regeln über die Adressaten von Verfügungen. Wenn in diesen Fällen eine Regelung der Zusatzverantwortlichkeit fehlt, ist für die Möglichkeit, dass sie in diesen Fällen gilt, bedeutsam, ob der Gesetzgeber eine abschließende Regelung getroffen hat. Das trifft für die Regelungen der sog. polizeilichen Standardmaßnahmen zu.[346] Hat der *Bundesgesetzgeber* gehandelt, wie z. B. durch den Erlass des BBodSchG, dann können die *Landesgesetzgeber* bei einer abschließenden Normierung keine ergänzende Regelung der Zusatzverantwortlichkeit treffen, weil sie gem. Art. 72 Abs. 2 GG gesperrt sind. Eine ergänzende Regelung verstößt gegen Art. 31 GG. Dieses Resultat darf nicht dadurch umgangen werden, dass die in den allgemeinen Gefahrenabwehrgesetzen enthaltenen Normierungen der Zusatzverantwortlichkeit „ergänzend" angewandt werden.[347] Hat der Landesgesetzgeber gehandelt, kommt es ebenfalls auf dessen Willen an. Es fehlt aber ein verfassungsrechtliches Verbot der „ergänzenden" Anwendung. Ein Verbot findet sich manchmal im OBG/PolG. § 13 Abs. 4 BerlASOG lautet: „Die Absätze 1 bis 3 sind nicht anzuwenden, soweit andere Vorschriften dieses Gesetzes oder andere Rechtsvorschriften *abschließend*[348] bestimmen, gegen wen eine Maßnahme zu richten ist."

Für die Möglichkeit des Einsatzes der Zusatzverantwortlichkeit als ungeschriebenes Recht ist festzuhalten, dass der Einsatz ausscheidet, wenn es eine Zusatzverantwortlichkeit als geschriebenes Recht gibt oder auf sie verwiesen wird. Eine „ergänzende" Anwendung der Zusatzverantwortlichkeit erscheint nur dann denkbar, wenn eine abschließende Regelung der Verursacher der Gefahr fehlt.

b) Begründungsmöglichkeiten

aa) Element einer allgemeinen Verursacherhaftung

In der Literatur begründet *Schäling*[349] im Zusammenhang mit der Frage, ob es im BBodSchG trotz Fehlens einer ausdrücklichen Anordnung die Zusatzverantwortlichkeit gebe, deren Existenz mit folgenden Erwägungen: Die bodenschutzrechtliche Verursacherhaftung nach § 4 Abs. 3 Satz 1 Alt. 1 BBodSchG beruhe nicht auf einem eigenständigen bodenschutzrechtlichen Verursacherbegriff. Ei-

---

[345] s. zum Rückgriff auf die polizeiliche Generalklausel im Bauordnungsrecht *Peine*, Öffentliches Baurecht, Rdnr. 1121.
[346] s. statt Vieler *Schenke*, Rdnr. 228; *Möller/Wilhelm*, S. 62.
[347] *Peine*, in: Fluck, Bd. 4, Einleitung II zum BBodSchG, Rdnr. 349.
[348] Hervorhebung vom Verf.
[349] *Schäling*, S. 168 ff.

nen solchen habe der Gesetzgeber nicht schaffen wollen.[350] Deshalb sei für das Verständnis des Verursacherbegriffs auf das allgemeine Polizei- und Ordnungsrecht zurückzugreifen. Voraussetzung und Reichweite der Verursacherhaftung seien durch die Rechtsprechung geprägt. Die heutigen Gesetze betreffend die Verursacherhaftung dienten der Normenklarheit und Konkretisierung allgemeiner, durch die Rechtsprechung aufgestellter Grundsätze. Dieses habe erstmals § 19 Abs. 2, 3 PrPVG vorgenommen. Die Entstehungsgeschichte belege, dass die ordnungsrechtliche Zusatzhaftung kein eigenständiges Rechtsinstitut neben der Verursacherhaftung sei, sondern eine dogmatische Ausprägung der Verursacherhaftung selbst. Zwar habe diese mit ihrer Normierung in Gesetzen eine gewisse Verselbständigung erfahren. Das bedeute aber nicht, dass sie dort von vornherein ausscheide, wo sie gesetzlich nicht geregelt sei. Vielmehr könne unter Rückgriff auf tradierte Grundsätze des Polizeirechts von einer Zusatzhaftung ausgegangen werden, wenn nicht eindeutige Argumente dagegen sprächen, wie z. B. der erklärte Wille des Gesetzgebers. An entkräftenden Argumenten fehle es für das BBodSchG. Deshalb gelte im BBodSchG die Zusatzhaftung.[351]

Wenn diese Argumentation zutreffen sollte, könnte in vielen Gefahrenabwehrgesetzen ohne eine entsprechende Regelung die Zusatzhaftung zum Einsatz kommen, wenn die Rechtslage für einen Einsatz der Zusatzhaftung sich anbietet. Ein Beispiel für diese Konstellation bildet § 45 Abs. 1 Nr. 1 BbgBKG. Die Norm lautet: „Zum Ersatz der durch Einsätze entstandenen Kosten ist dem Aufgabenträger gegenüber verpflichtet, wer 1. die Gefahr oder den Schaden vorsätzlich oder grob fahrlässig herbeigeführt hat (..).″ Erfüllt ein Kind, ein Betreuter oder ein Verrichtungsgehilfe den Tatbestand, haftet nach dem vorgestellten Ansatz der Aufsichtspflichtige, der Betreuer oder der Geschäftsherr für den Schaden.

Für die Richtigkeit des Ansatzes könnte sprechen, dass tatsächlich die Rechtsprechung[352] – neben der Literatur[353] – Voraussetzung und Reichweite der polizeirechtlichen Verantwortlichkeit erarbeitet hat. Es ist deshalb nicht von vornherein ausgeschlossen, alle Elemente der Verursacherhaftung als *die eine* Verursacherhaftung zusammenzufassen. Dieses wäre der Rechtszustand vor Erlass des PrPVG gewesen. Damit dieser Zustand auch der des heutigen Rechts ist, müsste wenigstens das PrPVG diesen Rechtszustand übernommen haben. Das hat dieser Gesetzgeber nicht getan. Er hat, wie nachgewiesen[354], diesen Rechtszustand

---

[350] Dieser Ansatz entspricht vollkommen der h.M., s. BT-Drs. 13/6701, S. 22, 35; *Becker*, § 4 Rdnr. 18; *Frenz*, § 4 Abs. 3 Rdnr. 5; *Hilger*, in: Holzwarth/Radtke/Hilger/Bachmann, § 4 Rdnr. 88; *Oerder*, in: Oerder/Numberger/Schönfeld, § 4 Rdnr. 13; *Schoeneck*, in: Sanden/Schoeneck, § 4 Rdnr. 30; *Versteyl*, in: Versteyl/Sondermann, § 4 Rdnr. 39; *Wüterich*, in: Landel/Vogg/Wüterich, § 4 Rdnr. 50.
[351] Ähnlich *Frenz*, § 4 Abs. 1 Rdnrn. 52, 76. *Frenz* greift auf den MEPolG zurück.
[352] s. Kapitel 1 A II.
[353] s. Kapitel 1 A III.
[354] s. Kapitel 1 A IV 4.

als Ausgangspunkt seiner Überlegungen genommen und eigenständige Tatbestände unter weitgehender Berücksichtigung der Vorstellungen des *Bill Drews*[355] geschaffen. Insbesondere bei der Zusatzhaftung hat er lediglich dieses Haftungsmodell übernommen, es inhaltlich aber auf eine neue Grundlage gestellt, indem er den Haftungsumfang radikal reduzierte.[356] Als Folge dieses Vorgehens kann *nicht* davon gesprochen werden, eine Zusatzverantwortlichkeit gelte, wenn es einen Verantwortlichkeitstatbestand gebe, sondern eine Zusatzverantwortlichkeit gibt es, wenn sie gesetzlich angeordnet ist. Es ist der Sinn der Kodifikation des PrPVG gewesen, ungeschriebenes Recht zu kodifizieren. Daraus folgt unmittelbar, dass es neben dem geschriebenen Polizeirecht in Preußen, dem Geltungsbereich des PrPVG, ungeschriebenes wenigstens in dem Bereich nicht mehr geben soll, wo geschriebenes vorhanden ist.[357] Deshalb gibt es aus dem Gedanken der Verantwortlichkeit heraus keine ungeschriebene Zusatzverantwortlichkeit.

Schäling beruft sich für seinen Ansatz, es könne auf tradierte Grundsätze des Polizeirechts zur Begründung der Zusatzhaftung zurückgegriffen werden, nicht nur auf die Entstehungsgeschichte des PrPVG, sondern auch auf eine Stimme in der Literatur.[358] Diese Stimme trägt die Annahme nicht. Der einzige Satz, der in diesem Zusammenhang aus dem Aufsatz bedeutungsvoll sein könnte, lautet: „....; die Haftung des Geschäftsherrn für Schäden der Verrichtungsgehilfen entspricht polizeirechtlicher Tradition." Der Satz bezieht sich darauf, dass diese Haftung schon vor einer Kodifikation des Polizeirechts bestand und dass nach der Kodifikation in Preußen außerhalb des preußischen Rechts die Geschäftsherrnhaftung Anwendung findet.[359] Er bedeutet nicht, dass dort, wo ein normiertes Polizeirecht existiert, außerhalb der Normierung bei Fehlen der Zusatzverantwortlichkeit diese gleichsam traditionell gilt; jede weitergehende Interpretation sprengt Wortlaut und Sinn des Satzes.

Gegen die Auffassung *Schälings* spricht weiter, dass vor der Normierung der Zusatzhaftung diese sehr weit verstanden wurde. An dieses weite Verständnis müsste heute angeknüpft werden, wenn die Zusatzhaftung aus der Tradition heraus gelten sollte. Das aber würde der Sache nach bedeuten, dass dort, wo die Zusatzhaftung ausdrücklich nicht normiert worden ist, sie in einem viel weiterem Umfang Geltung beanspruchen könnte als im normierten Bereich. In der Folge wäre der Rechtszustand, den der Preußische Gesetzgeber überwinden wollte, also

---

[355] s. Kapitel 1 A III 13.
[356] s. Kapitel 1 A IV 4 b).
[357] Dieses Resultat schießt nicht aus, das im PrPVG geschriebene Recht als allgemeine Rechtsgrundsätze anzusehen, welche auch in Gebieten außerpreußischen Rechts anwendbar waren, so *Drews/Wacke*, 5. Aufl., § 5 II. Dieses bedeutet aber nicht, dass innerhalb Preußens die Zusatzverantwortlichkeit auch dann gilt, wenn ein spezielles Gefahrenabwehrgesetz die Zusatzverantwortlichkeit nicht normiert.
[358] *Peine*, NuR 2005, 154.
[359] So auch *Drews/Wacke*, S. 9.

die Rechtsunsicherheit, heute geltendes Recht. Alles Bemühen der Gesetzgeber wäre seit der Preußischen Kodifikation für das Gefahrenabwehrrecht im weiteren Sinn vergeblich gewesen. Dieses Resultat ist nicht haltbar. Dieser Aussage kann nicht entgegengehalten werden, dass der Wille des Gesetzgebers Vorrang habe und sein Wille, die Zusatzhaftung nicht normieren zu wollen, selbstverständlich beachtlich sei. Dieser Hinweis hat keine Durchschlagskraft, weil sich die Gesetzgeber außerhalb der Normierung des allgemeinen Polizeirechts nicht oder nur ausnahmsweise mit der Zusatzhaftung befasst haben.[360] Folglich würde diese zur Anwendung kommen, wenn eine ausdrückliche Aussage des Gesetzgebers zur Zusatzhaftung fehlt.

Der Auffassung *Schälings* ist nicht zu folgen.[361] Die Zusatzverantwortlichkeitstatbestände sind nicht im Verursacherbegriff des § 4 Abs. 3 Satz 1 Alt. 1 BBodSchG enthalten.[362] Seine weiteren Schlüsse[363] besitzen keine dogmatisch tragfähige Basis. Wenn der BayVGH[364], der von einem „Erfüllungs- oder Verrichtungsgehilfen im sicherheitsrechtlichen Sinne" spricht, sich zur Begründung seiner Ansicht auf die Verursacherverantwortlichkeit im zuvor dargelegten Sinn berufen hätte, entfiele die Berufung als nicht tragend. Insoweit gibt es diese Rechtsfigur nicht.

bb) Gewohnheitsrecht

Die Anerkennung von Gewohnheitsrecht setzt voraus, dass dasjenige, welches Recht sein soll,

- sich als Rechtssatz formulieren lässt (formales Element),
- langjährig tatsächlich praktiziert (objektives Element) und
- als Recht anerkannt wurde (subjektives Element).[365]

Kein einziger Fall der Zusatzverantwortlichkeit lässt sich mit dem Hinweis begründen, dass es vor Erlass des § 19 Abs. 2, 3 PrPVG eine durchgängige Haftung des Sorgeberechtigten für das Fehlverhalten der seiner Obhut unterstehenden Personen oder des Geschäftsherrn für das Fehlverhalten seiner Arbeitnehmer gegeben habe und dass dieses Fehlverhalten als eigenes des Sorgeberechtigten/

---

[360] s. den Nachweis der wenigen Normierungen der Zusatzhaftung außerhalb der Polizeigesetze oben unter 3 b) aa).

[361] Wie *Schäling* teilweise auch *Höltje*, S. 84 f., dem deshalb ebenfalls nicht zu folgen ist.

[362] *Duesmann*, S. 60; *Giesberts*, in: Fluck, § 4 BBodSchG Rdnrn. 217 ff. (anders Rdnr. 223); Schwarz-Schier, S. 69; *Steenbuck*, S. 57 ff.

[363] *Schäling*, S. 171.

[364] BayVGH, NVwZ 1989, 681.

[365] s. statt Vieler *Peine*, Verwaltungsrecht, Rdnr. 160.

Geschäftsherrn verstanden worden sei.[366] Dieses Argument besäße als Startpunkt der Bildung von Gewohnheitsrecht nur dann Bedeutung, wenn diese Rechtslage heute noch bedeutungsvoll wäre. Das ist sie nicht. Sie ist vielmehr durch § 19 Abs. 2, 3 PrPVG entscheidend verändert worden. Spätere Gesetze haben dessen Aussage wiederum verändert. Die Zusatzverantwortlichkeit hat deshalb zumindest in jüngerer Zeit nicht als Gewohnheitsrecht existiert. Mit überholtem Recht lässt sich ein spezifischer Inhalt heutigen Rechts nicht begründen. Insoweit gibt es die Zusatzverantwortlichkeit außerhalb des geschrieben Rechts nicht.

Auch auf dieses Konstrukt kann sich der BayVGH nicht mit Erfolg berufen.[367]

cc) Rechtsgrundsatz

Unter einem Rechtsgrundsatz versteht man eine Aussage, die prinzipiell für alle Gebiete des Rechts gilt und dessen Anwendung nicht auf Sondermaterien beschränkt ist.[368] Ein Rechtsgrundsatz ist deshalb eine Rechtsquelle[369] wie z. B. das geschriebene Gesetz und wird wie eine geschriebene Norm angewendet.[370] Ein allgemeiner Rechtsgrundsatz kommt als solcher nicht zur Anwendung, wenn er in einem geschriebenen Gesetz normiert ist. Das ist für die Zusatzverantwortlichkeit in einer Reihe von Gesetzen der Fall. Wenn es daran fehlt, wovon hier bei den Gesetzen des besonderen Gefahrenabwehrrechts auszugehen ist, gilt ein allgemeiner Rechtsgrundsatz[371] als Gewohnheitsrecht oder als Richterrecht. Dass die Zusatzverantwortlichkeit keinen Teil des Gewohnheitsrechts darstellt, ist zuvor nachgewiesen worden. Richterrecht ist die Zusatzverantwortlichkeit auch nicht, da soweit ersichtlich nur ein Gericht – zudem begründungsfrei – auf diese Konstruktion zurückgegriffen hat. Dieses ist für die Bildung von Richterrecht nicht hinreichend.[372]

Ein Grundsatz der sicherheitsrechtlichen Verantwortlichkeit des Sorgeberechtigten existiert somit nicht.[373] Dann gibt es auch keinen Grundsatz der sicherheitsrechtlichen Verantwortlichkeit für die beiden anderen Fälle der Zusatzverantwort-

---

[366] *Bartholmes*, S. 68.
[367] BayVGH, NVwZ 1989, 681.
[368] *Peine*, Verwaltungsrecht, Rdnr. 164.
[369] Ebd., Rdnr. 134.
[370] BVerwG, DÖV 1981, 857.
[371] Auf „allgemeine Grundsätze" zur Begründung der Geltung der Zusatzverantwortlichkeit im „besonderen" Gefahrenabwehrrecht greifen *Becker*, Komm., § 4 Rdnr. 18, und *Tiedemann*, S. 40, zurück.
[372] Zum Richterrecht ausführlich *Stern*, § 37 II 2e; zu Maß und Grenzen s. BVerfGE 65, 182 (190ff.); 74, 129 (152); BVerwGE 85, 323.
[373] A. A., aber ohne Begründung, *Frenz*, § 4 Abs. 1 Rdnrn. 76ff.

lichkeit. Deshalb gibt es gestützt auf diese Konstrukte auch keinen „Erfüllungs- oder Verrichtungsgehilfen im sicherheitsrechtlichen Sinne".

dd) Ergänzende Geltung der landesrechtlichen Zusatzverantwortlichkeit

Bickel[374] vertritt die Auffassung, dass insoweit, wie § 4 BBodSchG eine abschließende Regelung der Zusatzverantwortlichkeit nicht enthalte, auf die landesrechtlichen Aussagen zur Zusatzverantwortlichkeit zurückgegriffen werden dürfe. Diese ergänzten das BBodSchG. Die Richtigkeit dieser Auffassung ergebe sich aus der Verzahnung mit den übrigen in § 3 BBodSchG aufgeführten Vorschriften, wenn sich deren Durchsetzung nach Landesrecht richte. Es wäre mit allgemeinen Rechtsgrundsätzen unvereinbar, wenn Verstöße gegen diese Vorschriften, soweit sie eine schädliche Bodenveränderung zur Folge hätten, gegenüber den im Landesrecht genannten Personen zu ahnden wären, soweit aber Vorschriften in Rede stünden, die nicht in § 3 BBodSchG aufgeführt seien und Zuwiderhandlungen den Boden beeinträchtigten, dieser Umstand nur gegenüber den im BBodSchG genannten Personen zur Geltung gebracht werden könnte.

Auf das Landesrecht darf (wenn überhaupt[375]) nur dann zurückgegriffen werden, wenn sich ein Fachgesetz auf die Normierung bereichsspezifischer Besonderheiten beschränkt.[376] Nur dann ist das Fachgesetz lückenhaft. Das BBodSchG müsste eine lückenhafte Regelung der Verantwortlichen enthalten. Die Zusatzverantwortlichkeit fehlt in allen drei Spielarten. Das ist nur dann eine lückenhafte Bestimmung der Verantwortlichen, wenn es eine Zusatzverantwortlichkeit geben muss. Dafür müsste ein Grund vorhanden sein. Ein Grund könnte die durchgehende Realisierung eines gesetzgeberischen Programms sein, welches immer die Zusatzverantwortlichkeit bestimmt. Ein Indiz für die Existenz eines solchen Programms könnte sein, dass in anderen Gefahrenabwehrgesetzen, die eine Zusatzverantwortlichkeit nicht ausdrücklich normieren, sie zur Anwendung käme – weil ihr Fehlen als Lücke betrachtet wird, die geschlossen werden müsse. Das ist nicht der Fall. Hingewiesen sei auf das KrW-/AbfG. Es kennt in § 11 Abs. 1 als Pflichtige den Abfallerzeuger und den Abfallbesitzer. Von § 19 Abs. 4 BaWüLAbfG i.V.m. § 6 Abs. 2, 3 BaWüPolG abgesehen, kennt kein einziges Landesabfallgesetz weder direkt noch indirekt durch Verweis auf das Polizei- oder Ordnungsbehördengesetz die Zusatzverantwortlichkeit. Gerade auf diesem Gebiet hätte sich wegen der vielen Umweltskandale die Normierung der Zusatzverantwortlichkeit – in Gestalt der Geschäftsherrnverantwortlichkeit – aber angeboten. Weiterhin wird die Anwendung des Landesrechts selten diskutiert.[377]

---

[374] *Bickel*, § 4 Rdnr. 14.
[375] s. die verfassungsrechtlichen Begrenzungen oben in Kapitel 2 B II 3 a).
[376] *Steenbuck*, NVwZ 2005, 658.

Es gibt folglich keinen Grund dafür, dass es eine Zusatzverantwortlichkeit geben muss. Es kann deshalb nicht davon ausgegangen werden, dass immer dann ein Gefahrenabwehrgesetz lückenhaft ist, wenn es die Zusatzverantwortlichkeit nicht kennt. Es ist Sache des Gesetzgebers, die Zusatzverantwortlichkeit zu regeln.

Da das BBodSchG nicht deshalb lückenhaft ist, weil es die Zusatzverantwortlichkeit nicht kennt, kann nicht davon ausgegangen werden, dass das BBodSchG deshalb eine abschließende Regelung nicht enthalte. Die weitergehende Frage, ob die Lücke mit der Erwägung, die *Bickel* anstellt, geschlossen werden kann, stellt sich deshalb nicht mehr.

ee) Anwendung der §§ 25 ff. StGB

Becker[378] will die Zusatzverantwortlichkeit im BBodSchG damit begründen, dass die Anwendung der §§ 25 ff. StGB auf die Beziehung Geschäftsherr-Verrichtungsgehilfe im Bodenschutzrecht dazu führe, dass der Geschäftsherr für schädliche Bodenveränderungen des Verrichtungsgehilfen hafte. Wenn der Geschäftsherr mittelbarer Täter oder Anstifter einer Straftat nach § 324a StGB des Verrichtungsgehilfen sei, dann sei er auch Störer i. S. d. § 4 Abs. 3 BBodSchG.

Diese Aussage ist richtig. Sie hat aber nicht die Geltung der Zusatzverantwortlichkeit im BBodSchG zur Folge. Die genannten Personen sind selbst Verursacher. Sie können nicht Zusatzverantwortliche sein, weil sie einen eigenen Beitrag zur Gefahrentstehung leisten. Nach dem oben erarbeiteten Recht der Zusatzverantwortlichkeit schließt ein eigener Beitrag zur Gefahrentstehung die Haftung als Zusatzverantwortlicher aus.

ff) Analog anwendbares Recht

Die Zusatzverantwortlichkeit als analog anwendbares Recht wird für das Bodenschutzrecht behauptet. Neben § 4 Abs. 3 Satz 1 Alt. 1 BBodSchG sei die Zusatzverantwortlichkeit anwendbar. Der Verursacher einer schädlichen Bodenveränderung oder Altlast hafte als Sorgeberechtigter, Betreuer oder Geschäftsherr, wenn eine seiner Verantwortlichkeit unterstehende Person Verursacher ist. Betont wird regelmäßig, dass der Fall der Zusatzverantwortlichkeit für die Geschäftsherrnverantwortlichkeit relevant sei.

Nach der *bejahenden Ansicht* wird für eine Haftung des Zusatzverantwortlichen, sei es des Geschäftsherrn bei Verrichtungsgehilfen, sei es des Betreuers bei Betreuten, im Bereich des Bodenschutzrechts eine Notwendigkeit gesehen,

---
[377] s. Schlabach/Heck, VBlBW 2001, 52.
[378] Becker, NuR 2003, 514 ff.; ders., Komm. § 4 Rdnr. 18 (S. 34[4]); Nolte, NuR 2000, 260.

weil dann, wenn die Regelungslücke im Gesetz nicht geschlossen würde, eine sachlich nicht zu rechtfertigende Verantwortlichkeitslücke entstünde. Diese Verantwortlichkeitslücke führe zu einer einseitigen Verlagerung der Verantwortung auf den Grundstückseigentümer und liefe der Absicht des Gesetzgebers zuwider, einen effektiven Bodenschutz sicherzustellen.[379] Der Geschäftsherr oder der zur Aufsicht Verpflichtete sei als Zusatzverantwortlicher einer schädlichen Bodenveränderung zu betrachten.[380]

Es wird weiterhin vorgetragen, dass wegen des turbulenten Verfahrens im Vermittlungsausschuss von einem schlichten Redaktionsversehen des Gesetzgebers auszugehen sei.[381] Der Gesetzgeber habe die Zusatzverantwortlichkeit regeln wollen, die Normierung aber fehlerhaft unterlassen. Wegen der Lücke im BBodSchG sei das Recht der Zusatzverantwortlichkeit des Ordnungsrechts des jeweiligen Bundeslands anzuwenden.[382]

Nach der *verneinenden Ansicht* ist der Kreis der Sanierungspflichtigen in § 4 BBodSchG abschließend geregelt. Rechtsprechung[383] und Literatur[384] weisen darauf hin, dass § 4 Abs. 3, 6 BBodSchG detailliert die Störertypen im BBodSchG bestimme. Es fehle deshalb an einer Lücke, die zu schließen sei. Landesrechtliche Aussagen zu den Sanierungspflichtigen seien mit dem Inkrafttreten des BBodSchG unanwendbar.[385]

Dem *ersten* Argument der bejahenden Ansicht, der Regelungs- und der mit ihr verbundenen Verantwortlichkeitslücke, ist die bereits zuvor angestellte Erwägung entgegenzuhalten. Weiterhin existiert diese Lücke jedenfalls nicht in dem behaupteten Umfang, weil der Verrichtungsgehilfe oder der Betreute als Verhaltensstörer haften. Die Notwendigkeit, in den Fällen der Verhaltenshaftung

---

[379] *Schenke*, Rdnr. 266.

[380] Ebd., Rdnr. 267.

[381] *Hipp*, in: Hipp/Rech/Turian, Rdnr. 289; *Schlabach/Heck*, VBlBW 2001, 52.

[382] OLG Celle, NVwZ 2004, 380 (Das OLG Celle argumentiert, die Handlungen der Mitarbeiter seien dem Geschäftsherrn entsprechend § 831 Abs. 1 BGB zuzurechnen. Das ist unglücklich formuliert, weil § 831 BGB eine Haftung für vermutetes eigenes Verschulden regelt, wenn Verrichtungsgehilfen schuldhaft Schäden verursachen.); LG Hannover, NuR 2004, 67; OVG NRW, Beschluss vom 26. 3. 2007, zitiert nach juris; *Albrecht*, S. 143; *Frenz*, § 4 Abs. 1 Rdnr. 72; *Giesberts*, in: Fluck, § 4 Rdnrn. 223 f.; *Hilger*, in: Holzwarth/Radtke/Hilger/Bachmann, § 4 Rdnr. 67; *Oerder*, in: Oerder/Numberger/Schönfeld, § 4 Rdnr. 12; *Sparwasser/Engel/Voßkuhle*, § 9 Rdnr. 195; *Tiedemann*, S. 39 ff.

[383] BVerwG, NVwZ 2000, 1179; HessVGH, DVBl. 2000, 211 f. = DB 2000, 203; BayVGH, NVwZ-RR 2005, 466.

[384] *Knopp*, DÖV 2001, 442, 446; *Schink*, DÖV 1999, 802; *Spieth/Wolfers*, NVwZ 1999, 360; *Steenbuck*, NVwZ 2005, 658.

[385] BVerwG, NVwZ 2000, 1180; HessVGH, NuR 2000, 286; *Antweiler*, BB 2002, 1279; *Bartholmes*, S. 309, 312, 321; *Duesmann*, S. 47, 61; *Knopp*, DÖV 2001, 442, 446; *von Mutius*, DÖV 2000, 6; *Schink*, DÖV 1999, 802; *Spieth/Wolfers*, NVwZ 1999, 360; *Steenbuck*, NVwZ 2005, 658.

eines Betreuten eine Zusatzverantwortlichkeit zu normieren, sieht der Gesetzgeber des Landes Rheinland-Pfalz nicht. Es gibt deshalb bereits im allgemeinen Gefahrenabwehrrecht nicht durchgängig die Zusatzverantwortlichkeit. Die Verantwortlichkeitslücke existiert deshalb entweder überall, wo die Zusatzverantwortlichkeit fehlt, oder sie existiert überhaupt nicht. Sie gibt es jedenfalls nicht speziell in § 4 Abs. 3 Satz 1 BBodSchG.

Die Schließung der Regelungslücke durch analoge Anwendung des landesrechtlichen Rechts der Zusatzverantwortlichkeit ist nach dem Recht der analogen Anwendung nur dann gestattet,

- wenn eine nicht durch Auslegung zu schließende Regelungslücke existiert,
- wenn die Regelungslücke planwidrig, also vom Gesetzgeber nicht gewollt ist,
- wenn der nicht geregelte Sachverhalt dem von der bestehenden Norm geregelten Sachverhalt ähnelt.[386]

§ 4 Abs. 3 Satz 1 BBodSchG enthält eine abschließende Regelung. Es fehlt bereits an der ersten Bedingung: die Regelungslücke. Für diese Auffassung spricht die Entstehungsgeschichte des § 4 BBodSchG: Nach § 4 Abs. 3 des Entwurfs der Bundesregierung waren zunächst nur der Verursacher einer schädlichen Bodenveränderung, der Grundstückseigentümer und der Inhaber der tatsächlichen Gewalt sanierungspflichtig. Weitergehende Fragen (z.B. die Gesamtrechtsnachfolge) regelte der Entwurf nicht, da es sich laut Begründung insoweit „um spezifische Fragen des allgemeinen Polizei- und Ordnungsrechts (handelt), deren Klärung durch Vollzug und Rechtsprechung nicht präjudiziert werden soll."[387] Ursprünglich verzichtete also der Bundesgesetzgeber ausdrücklich auf eine weitergehende Inanspruchnahme seiner Gesetzgebungskompetenz zugunsten der Länder. Dieses Vorgehen traf auf Kritik[388], auf die der Vermittlungsausschuss schließlich mit den jetzt Gesetz gewordenen Erweiterungen reagierte.[389] Hat sich der Gesetzgeber nachträglich doch entschlossen, die spezifischen Fragen der Sanierungsverantwortlichkeit umfangreich zu regeln, so muss schon aus Gründen der Rechtssicherheit und in Anbetracht der Differenziertheit dieser Regelungen angenommen werden, dass er eine abschließende Regelung wollte.[390]

Die abschließende Regelung ergibt sich auch aus dem Wortlaut des § 21 BBodSchG, nachdem die Länder lediglich ergänzendes Verfahrensrecht erlassen können.

---

[386] Statt Vieler *Beaucamp*, AöR 2009, 83, 86.
[387] BT-Drs. 13/6701, S. 35.
[388] Vgl. nur die Stellungnahme des Bundesrats in BT-Drs. 13/6701, S. 48/50 f.
[389] Vgl. BT-Drs. 13/9637, S. 2.
[390] s. zum Vorstehenden *Peine*, in: Fluck, Bd. 4, Einleitung II zum BBodSchG, Rdnr. 349. Ebenso *Bartholmes*, S. 313.

Die Erfüllung der weiteren Bedingungen für eine analoge Anwendung des Landesrechts bedarf nicht mehr der Diskussion. Es sei insoweit ergänzend darauf hingewiesen, dass es einen einheitlichen Tatbestand der Zusatzverantwortlichkeit im Landesrecht nicht gibt, so dass schon die Bestimmung des Rechts, welches analog angewandt werden soll, Schwierigkeiten bereitet. Ferner dürfte die analoge Anwendung von Recht eines anderen Gesetzgebers nicht nur ungewöhnlich sein, sondern es dürften insoweit grundsätzliche Bedenken bestehen.[391]

Ferner stimmen die Schlüsse, die aus der scheinbaren Verantwortlichkeitslücke gezogen werden, nicht. Eine einseitige Haftung des Grundstückseigentümers entfällt, weil ein Handlungsstörer immer existiert; dieser Umstand ist Bedingung dafür, dass überhaupt eine Zusatzverantwortlichkeit normiert werden kann – bei der Zustandshaftung ist sie nicht denkbar.[392] Die Effektivität des Bodenschutzes leidet nicht unter der fehlenden Regelung, weil für jeden Fall der Haftung die Verantwortlichkeit einer Person geregelt ist.

Dem *zweiten* Argument der bejahenden Ansicht, legislatorisches Versehen, ist entgegen zu halten, dass der Gesetzgeber laut den Materialien die spezifische Frage der Sanierungsverantwortung bedacht und in dem Sinn beantwortet hat, dass es neben den in § 4 Abs. 3 BBodSchG genannten keine weiteren Verantwortlichen geben soll. Der Wortlaut des Gesetzes lässt keinen Spielraum für eine auf andere Personen ausgedehnte Verantwortlichkeit zu. Dafür spricht insbesondere, dass das Wort „Verantwortlichkeit" nicht zum Einsatz kommt.[393] Die systematische Interpretation bringt kein anderes Ergebnis. Die teleologische Interpretation erbringt als Zweck der Norm, dass die Sanierungsverantwortlichkeit umfassend geregelt werden sollte. Dieses Ziel hat der Gesetzgeber dadurch erreicht, dass das Gesetz eine Vielzahl von Personen als Verantwortliche erwähnt. Wenn der Gesetzgeber weitere Personen als Verantwortliche hätte bestimmen wollen, hätte er das tun können. Da er das nicht getan hat, fordert der Zweck der Norm kein anderes Ergebnis als das, dass es eine Zusatzverantwortlichkeit im BBodSchG nicht gibt.

Der verneinenden Ansicht ist zu folgen. Im BBodSchG gibt es keine Verantwortlichkeit des Aufsichtspflichtigen, Betreuers oder Geschäftsherrn.

gg) Wirkung des Analogieverbots

Unabhängig von den vorangegangenen Ausführungen und unabhängig davon, ob die Bedingungen für eine analoge Anwendung der landesrechtlichen Normen über die Zusatzverantwortlichkeit vorliegen, ist zu prüfen, ob hier ein

---

[391] *Bartholmes*, S. 314.
[392] s. Kapitel 2 B II 2.
[393] *Bartholmes*, S. 312.

Analogieverbot vorliegt, welches dazu führt, dass die Zusatzverantwortlichkeit im BBodSchG nicht zum Einsatz kommen kann. Diese Frage ist bislang nicht gestellt und beantwortet worden.

Im öffentlichen Recht gibt es ein allgemeines Analogieverbot nicht.[394] Jedoch können besondere Prinzipien des öffentlichen Rechts eine analoge Anwendung einer Norm im Einzelfall ausschließen. Zu diesem Ausschluss könnte der Grundsatz vom Vorbehalt des Gesetzes führen.

Der Vorbehalt des Gesetzes fordert, dass ein Eingriff in Freiheit und Eigentum des Bürgers (= belastender Eingriff) nur aufgrund einer gesetzlichen Ermächtigungsgrundlage rechtmäßig ist. In der Folge entfällt eine analoge Anwendung einer Norm, wenn erst die analoge Anwendung die Ermächtigungsgrundlage schafft. Denn dann ist für den Bürger nicht mehr erkennbar, dass die gegen ihn getroffene Maßnahme in einer gesetzlichen Norm angelegt ist.[395] Eine analoge Anwendung der landesrechtlichen Normen über die Zusatzverantwortlichkeit muss deshalb entfallen, wenn für Aufsichtspflichtige/Sorgeberechtigte, Betreuer und Geschäftsherrn ihre Haftung für Kinder, Betreute und Verrichtungsgehilfen nach § 4 Abs. 3 Satz 1 Alt. 1 BBodSchG nicht vorhersehbar ist. Davon ist auszugehen. Der Gesetzestext legt es unter keinen Umständen nahe, dass z. B. der Betreuer einer Person, die eine schädliche Bodenveränderung durch Unachtsamkeit verursacht, für die finanziellen Folgen der Tat einstehen muss.

Jedenfalls im BBodSchG besteht für die Zusatzverantwortlichkeit ein Analogieverbot.

Die zuvor gemachten Ausführungen lassen sich verallgemeinern. Immer dann, wenn in Gefahrenabwehrgesetzen die zur Gefahrenabwehr Verpflichteten speziell genannt werden, so wie es im BBodSchG geschehen ist, kommt eine analoge Anwendung des Rechts der Zusatzverantwortlichkeit nicht in Betracht. Ob es dann überhaupt Fälle der analogen Anwendung gibt, lässt sich nicht überblicken.

c) Ergebnis

Die Zusatzverantwortlichkeit als ungeschriebenes Recht gibt es aus einer Vielzahl von Gründen nicht. Die in Rechtsprechung und Literatur vorgefundenen Begründungsversuche sind nicht tragfähig. Letztlich scheitert die Zusatzverantwortlichkeit am Analogieverbot. Ob es im Gefahrenabwehrrecht „Restbefunde" gibt, für die das Analogieverbot nicht gilt, lässt sich nicht überblicken.

---

[394] *Torsten Ingo Schmidt*, VerwArch 2006, 155f.
[395] BVerfG, NJW 1996, 3146; BayVGH, NVwZ-RR 2003, 727; OVG NRW, NVwZ-RR 1992, 272; *Beaucamp*, AöR 2009, 100; *Caspar*, AöR 2000, 148; *Gern*, DÖV 1985, 563; *Guckelberger*, in: Gröpl/Guckelberger/Wohlfahrt, S. 329ff.; *Gusy*, DÖV 1992, 464; *Kellner*, NVwZ 2002, 396; *Konzak*, NVwZ 1997, 873; *Schenke*, Rdnr. 283.

4. Zweck der Zusatzverantwortlichkeit

Die Zusatzverantwortlichkeit ist, wie erarbeitet[396], eine kraft Gesetzes bestehende selbständige Verantwortlichkeit. Die Gesetze erweitern den Kreis der Verantwortlichen in einer Weise, die sich nicht aus der Unmittelbarkeitstheorie ableiten lässt. Nach Sinn und Zweck der Gesetze darf ein unmittelbarer Ursachenzusammenhang zwischen Gefahr und Verantwortlichkeit nicht vorliegen. Der Zusatzverantwortliche ist deshalb ein Nichtstörer. Die gesetzlichen Regeln der Zusatzverantwortlichkeit behandeln den Zusatzverantwortlichen aber nicht wie einen Nichtstörer, sondern wie einen Störer. Sie knüpfen an den Tatbestand Nichtstörer die Rechtsfolgen des Tatbestands Verhaltensstörer. Der Zusatzverantwortliche ist ein fiktiver Verhaltensstörer. Was ist der Zweck der Zusatzverantwortlichkeit und warum normiert der Gesetzgeber sie?

Als Ausgangspunkt für die unterschiedlichen Arten der Zusatzverantwortlichkeit darf Folgendes hervorgehoben werden: Die Gesetzgeber haben die unwiderlegbare Vermutung aufgestellt, dass ein Kind sich bis zu einem bestimmten Alter im Verantwortungsbereich der Aufsichtspflichtigen bzw. Sorgeberechtigten befindet. Das Gleiche gilt für den Betreuten. Er befindet sich im Verantwortungsbereich des Betreuers. Für die Beziehung Geschäftsherr-Verrichtungsgehilfe gilt diese Feststellung mutatis mutandis. Verantwortung bedeutet immer, rechtswidriges Tun, Dulden oder Unterlassen zu verhindern. Die verantwortliche Person besitzt rechtlich und tatsächlich die Möglichkeit, auf die Person, für die sie die Verantwortung trägt, einzuwirken, damit diese Person keine Gefahr/keinen Schaden verursacht. Schon vor der Normierung der Zusatzverantwortlichkeit im PrPVG haftete der Verantwortliche für eine Person für deren Gefahren/Schäden polizeirechtlich, das PrPVG normierte diese Haftung in einer personell reduzierten Form, die nachfolgende Gesetzgebung übernahm diese Verantwortlichkeit; die Gesetzgeber befassten sich nicht näher mit ihrem Zweck. Zweck der Gesetze war es von Anfang an, neben dem „eigentlichen" Störer eine weitere Person zu bestimmen, gegen die voraussetzungslos Gefahrenabwehrverfügungen, Vollstreckungsmaßnahmen sowie Kostentragungsbescheide gerichtet werden können.[397] „Ausgewählt" wurden die Personen, in deren Verantwortungsbereich sich bestimmte andere Personen befinden. Sachlicher Grund für die Inanspruchnahme von Zusatzverantwortlichen ist in diesem Zusammenhang, die Effektivität der Gefahrenabwehr sicherzustellen. Es ist die Frage zu beantworten, worin der Zweck der Normierung der Zusatzverantwortlichkeit *heute* besteht.

Der vom Gesetzgeber verfolgte Zweck ist *heute* jedenfalls nicht der ausschließliche Zweck der Gesetze. Es ist Folgendes erarbeitet worden: Die Aufsichtsperson haftet als Zusatzverantwortliche, wenn sie wirksam Aufsichtspflichten

---

[396] s. Kapitel 2 B II 1 d).
[397] s. dazu oben Kapitel 1 A IV 4 b).

erfüllen muss. Die Verpflichtung zur Haftung greift selbst dann, wenn der „eigentliche" Störer nicht verantwortlich oder die geforderte Maßnahme eine höchstpersönliche ist. Der Zusatzverantwortliche haftet ferner, wenn die beaufsichtigte Person im Einzelfall keiner Aufsicht bedarf. Der Zusatzverantwortliche haftet ausschließlich für fremdes Verhalten.[398] Für den Betreuer[399] und den Geschäftsherrn[400] ist auf diese Aussagen zur Aufsichtsverantwortlichkeit zu verweisen. Deshalb besteht der Zweck der die Zusatzverantwortlichkeit normierenden Gesetze heute *zusätzlich* darin, eine denkbare Haftungslücke durch die „Schaffung" eines Verantwortlichen zu füllen.

Die Rechtmäßigkeit eines Eingriffs setzt immer das objektive Vorliegen der polizeilichen Verantwortlichkeit voraus.[401] Die Zusatzverantwortlichkeit hat die Funktion, genau diese Voraussetzung zu überwinden. Das bedeutet für die Zusatzverantwortlichkeit: Sie „greift" immer. Bei einer Gefahr-/Schadensverursachung durch ein Kind unter 14 Jahren, einen Betreuten oder einen Verrichtungsgehilfen ist immer eine andere Person als Haftender existent. Die Zusatzverantwortlichkeit ist aus der Sicht der Gefahrenabwehrbehörden eine „Garantiehaftung".[402] Für die Richtigkeit dieses Ergebnisses spricht ein Blick auf die strafrechtliche Garantenstellung. Eine Garantenstellung im strafrechtlichen Sinn hat (auch) eine Person inne, die nach ihrer besonderen Stellung zu gewissen Gefahrenquellen[403] als „Garant" für den Nichteintritt eines rechtlich unerwünschten Erfolgs verantwortlich ist.[404] Diese Formulierung trifft ebenfalls auf die Zusatzverantwortlichkeit zu. Als Gefahrenquellen im sicherheitsrechtlichen Sinn sind bestimmte Personen zu verstehen. Der Zusatzverantwortliche ist für den Nichteintritt eines rechtlich unerwünschten Erfolgs, nämlich die Gefahr oder den Schaden, der aus diesen Gefahrenquellen sich ergibt, verantwortlich. Die Stellung des Zusatzverantwortlichen kann somit als sicherheitsrechtliche Garantenstellung verstanden werden. *Zweck des Gesetzes ist die „Bereitstellung" einer Garantiehaftung.*

---

[398] s. dazu Kapitel 2 B II 1 a) cc) (3).

[399] s. dazu Kapitel 2 B II 1 b) cc).

[400] s. dazu Kapitel 2 B II 1 c) cc).

[401] s. statt Vieler *Poscher*, S. 129.

[402] Wie hier *Gallwas*, in: Gallwas/Mößle/Wolff, S. 130, der von einer sicherheitsrechtlichen Garantenstellung spricht. Die gegenteilige Auffassung von *Bartholmes*, S. 69, ist nicht überzeugend. Er meint, die Garantiehaftung entfalle, weil einige Gesetze die Zusatzverantwortlichkeit ohne eine familienrechtliche Komponente normierten. Dieses ist bedeutungslos, weil in diesem Fall ebenfalls der Garantiehaftende der Aufsichtspflichtige ist. Eine Garantiehaftung ausschließlich im Falle einer familienrechtlichen Komponente gibt es nicht. Deshalb insgesamt eine Garantiehaftung abzulehnen, lässt sich nicht begründen.

[403] s. Einleitung A II.

[404] Vgl. *Otto*, § 9 Rdnr. 17.

Es findet sich die Behauptung, die Zusatzverantwortlichkeit solle konkurrierende Adressaten schaffen. Diese seien Hilfs- oder Ersatzadressaten.[405] Wenn dem so ist, dann fungiert diese Verantwortlichkeit als eine Art Ausfallhaftung für den „eigentlich" Verantwortlichen. Diese These stimmt mit der in der Literatur ausdrücklich geäußerten Ansicht überein, die Zusatzverantwortlichkeit gebe es heute nur deswegen, weil es nicht immer möglich sei, gegen den Verursacher selbst einzuschreiten.[406] Es müsse ein anderer Weg vorhanden sein, um die Aufrechterhaltung der öffentlichen Sicherheit zu gewährleisten.[407] In der Sache bedeutet diese Aussage, dass die Funktion der Zusatzverantwortlichkeit ausschließlich darin bestehe, der Gefahrenabwehrbehörde *immer* eine haftende Person zu „verschaffen". In der Tat ist der Zusatzverantwortliche eine immer haftende Person, weil eine Person voraussetzungslos haftet, wenn sie Zusatzverantwortliche ist. Hilfs- oder Ersatzadressat ist sie aber deshalb nicht, weil sie neben, und nicht anstelle des „eigentlichen" Störers haftet. Wenn dessen Haftung entfällt, ist sie „Haupthaftende".

In der Literatur wird die Ansicht vertreten, dass die Verantwortlichkeit des Aufsichtspflichtigen auf der gesetzlichen Vermutung beruhe, der beaufsichtigten Person fehle die Fähigkeit, die Gefahr zu beseitigen.[408] Zu ergänzen ist diese Auffassung durch den Hinweis, dass eine gesetzliche Aussage hinsichtlich einer Widerlegung der Vermutung fehlt. Deshalb gelte sie immer. Deshalb könne gegen die unter Aufsicht stehende Person nicht eingeschritten werden. Zweck des Gesetzes sei es deshalb, eine Haftungslücke zu schließen. Dieser Auffassung ist nur eingeschränkt zu folgen. Sie ist mit dem Wortlaut der einschlägigen Gesetze: „auch" nicht vollständig vereinbar.[409] Sie entspricht weiterhin nicht der Entstehungsgeschichte der Zusatzverantwortlichkeit. Die Haftung des Aufsichtspflichtigen beruht auf der Verantwortung für einen bestimmten Lebenskreis. Diese Haftung schließt die primäre Verantwortung des Störers nicht aus.[410] In der Folge steht die Zusatzverantwortlichkeit nahezu immer und nur ausnahmsweise nicht neben der „eigentlichen" Verantwortlichkeit.

In der Literatur finden sich Erwägungen, warum der Gesetzgeber diesen Zweck normiert. Die Behauptung, die Zusatzhaftung beruhe auf der Erwägung, dass neben dem unmittelbaren Verursacher auch derjenige als Verantwortlicher zu betrachten ist, der die Gefahr auf Grund einer Weisung oder wegen man-

---

[405] *Berner/Köhler*, S. 76.
[406] *Gobrecht*, S. 73; *Niehörster*, S. 29.
[407] *Gobrecht*, S. 77.
[408] *Rhein*, S. 162.
[409] OVG NRW, OVGE 19, 103; *Bartholmes*, S. 67 mit Fn. 138; *Wagner*, Komm., § 4 Rdnr. 5.
[410] s. Kapitel 1 A III 1.

gelnder Aufsicht über eine Person mit Reifedefiziten (mit)veranlasst habe[411], ist unrichtig, weil eine Mitverursachung die Zusatzhaftung nicht entstehen lässt.

Weiter wird behauptet, der Grund für die gesetzliche Anordnung der Zusatzverantwortlichkeit bestehe darin, dass nicht nur der Verursacher selbst, sondern auch der Aufsichtspflichtige der Gefahr näher stehe als die Allgemeinheit. Diese Ansicht ist bereits als nicht haltbar zurückgewiesen worden.[412]

Die Verantwortung des Aufsichtspflichtigen für die seiner Obhut unterstehenden Personen lässt sich im deutschen Recht für eine sehr lange Zeit zurückverfolgen. Der moderne Gesetzgeber hat diese Rechtspflicht im Zivilrecht vorgefunden. Der Gesetzgeber des Gefahrenabwehrrechts hat sie im öffentlichen Recht ungeschrieben vorgefunden.[413] Indem der Gesetzgeber des Gefahrenabwehrrechts diese Verantwortlichkeit im Gefahrenabwehrrecht normiert, stellt er der Sache nach eine im gesamten Recht vorfindliche Pflicht ausdrücklich klar. Der Grund der Normierung einer Zusatzverantwortlichkeit besteht also darin, die als selbstverständlich vorausgesetzte (wohl eher) moralisch fundierte Verantwortung des Pflichtigen für die seiner Obhut unterstehenden Personen (auch) in öffentlich-rechtlicher Hinsicht zum Ausdruck zu bringen und durch die Anordnung von Rechtsfolgen bei Gefahrverursachung/Schadensentstehung das Bewusstsein des Verantwortlichen für seine Verantwortlichkeit zu stärken.

Die als selbstverständlich betrachtete (wohl eher) moralisch fundierte Verantwortung des Pflichtigen für die seiner Obhut unterstehenden Personen „erstarkt" durch die Zusatzverantwortlichkeit rechtlich zu dessen öffentlich-rechtlicher Garantiehaftung für dem Kind, dem Betreuten und dem Verrichtungsgehilfen als Verhaltensstörer zurechenbare Gefahren/Schäden.

5. Verfassungsmäßigkeit der unterschiedlichen Verantwortlichkeitstatbestände

Nicht nur beim Verhaltens- und Zustandsverantwortlichen, sondern auch beim Zusatzverantwortlichen stellt sich die Frage nach dem materiellen Rechtsgrund seiner Pflicht. Die Frage nach dem Rechtsgrund besitzt eine verfassungsrechtliche Dimension.[414]

Jede gesetzliche Regel muss in kompetenzieller und verfahrensmäßiger Hinsicht den relevanten verfassungsrechtlichen Vorgaben entsprechen. Es ist jedoch von vornherein festzustellen, dass das in Deutschland geltende Gefahrenabwehrrecht in kompetenzieller und verfahrensmäßiger Hinsicht keinen verfassungs-

---

[411] *Schäling*, S. 167 f.; *Steenbuck*, NVwZ 2005, 656.
[412] s. Kapitel 2 B II 1 a) (2).
[413] s. Kapitel 1 A I – III.
[414] *Lindner*, S. 24.

rechtlichen Bedenken unterliegt. Von dieser Auffassung ist das BVerfG ohne weiteres ausgegangen.[415] Untersuchungsgegenstand ist deshalb ausschließlich die materielle Verfassungsmäßigkeit der unterschiedlichen Verantwortlichkeitstatbestände.

Wie dargestellt[416], kann der Zusatzverantwortliche auf drei Ebenen in Anspruch genommen werden: Erstens kann er Adressat einer Grundverfügung sein, die ihm ein Handeln, Dulden oder Unterlassen auferlegt. Zweitens kann er Adressat einer Vollstreckungsmaßnahme sein. Drittens kann an ihn eine Kostenverfügung adressiert werden. Bei der Prüfung der materiellen Rechtmäßigkeit stellt sich die Frage, ob jede Möglichkeit der Inanspruchnahme einzeln zu untersuchen ist, m.a.W.: ob jede Maßnahme auf den einzelnen Ebenen auf ihre materielle Verfassungsmäßigkeit zu überprüfen ist. Die Verwaltungsvollstreckung umfasst die Ersatzvornahme, das Zwangsgeld bzw. die Ersatzzwangshaft und den unmittelbaren Zwang.[417] Die Ersatzzwangshaft und der unmittelbare Zwang greifen in den Schutzbereich der Freiheit der Person gem. Art. 2 Abs. 2 Satz 2 GG i. V. m. Art. 104 Abs. 1 Satz 1 GG ein.[418] Wird eine Vollstreckungsmaßnahme gegen den Aufsichtspflichtigen betrieben, ist diese auf die Grundverfügung zurückzuführen. Das BVerfG führt zur materiellen Rechtmäßigkeit der Zustandsverantwortlichkeit mit Recht aus, dass für die rechtliche Qualifikation dieser und der darauf gründenden Sanierungspflicht nicht das eingesetzte Zwangsmittel entscheidend sei, sondern die mit ihm durchgesetzte Pflicht.[419] Die Verfassungsmäßigkeit der Vollstreckungsmaßnahmen oder der Kostenverfügung hängt von der Verfassungsmäßigkeit des Grundverwaltungsakts ab. Von der Verfassungsmäßigkeit des Verwaltungsvollstreckungsrechts als solches ist auszugehen.[420] Zu prüfen ist ausschließlich die materielle Rechtmäßigkeit der Grundverfügung.

---

[415] BVerfGE 102, 1 (15f.).

[416] s. zuvor unter 1 a) dd)-ff).

[417] *Gusy*, Rdnr. 442.

[418] Art. 2 Abs. 2 Satz 2 GG i. V. m. Art. 104 Abs. 1 Satz 1 GG umfasst das Recht jeden beliebigen Ort aufzusuchen bzw. zu meiden; vgl. *Pieroth/Schlink*, Rdnr. 442. „Ein Eingriff in die Freiheit der Person liegt vor, wenn jemand durch Gebote oder Verbote daran gehindert oder für einen bestimmten Zeitpunkt dazu verpflichtet wird, einen Ort aufzusuchen oder sich an einem Ort aufzuhalten", s. *Pieroth/Schlink*, Rdnr. 445; vgl. BVerfGE 105, 239 (248). Die zur Durchsetzung ergriffenen Vollstreckungsmaßnahmen, insbesondere der unmittelbare Zwang, greifen in den Schutzbereich ein; so auch *Pieroth/Schlink*, Rdnr. 445.

[419] BVerfGE 102, 1 (14) = NJW 2000, 2573ff. (2574); vgl. BVerwGE 10, S. 282 (284f.), S. 285: „Die durch eine polizeiliche Maßnahme verursachten Kosten (Polizeikosten) sind nicht etwas Selbstständiges, für sich Bestehendes; sie stellen vielmehr lediglich die Folge des polizeilichen Aktes dar, ohne den sie nicht entstehen und nicht gedacht werden können. Aus der Gebundenheit solcher Kosten an die in Betracht kommende polizeiliche Handlung ergibt sich, daß jene im allgemeinen nach denselben rechtlichen Normen beurteilt werden müssen wie diese." Vgl. ferner PrOVGE 53, 357.

[420] *Lemke*, S. 61 ff.

B. Beantwortung der Fragen

Die materielle Grundverfügung setzt immer eine verfassungsmäßige Ermächtigungsgrundlage voraus. Bei den gefahrenabwehrrechtlichen Pflichten, also auch der Gefahrenabwehr-/Schadensbeseitigungspflicht des Zusatzverantwortlichen, handelt es sich um öffentlich-rechtliche Pflichten. Sie berühren Grundrechte und müssen vor diesen Bestand haben.[421] Entfällt die Berührung eines speziellen Grundrechts, ist die allgemeine Handlungsfreiheit beeinträchtigt; diese umfasst das Interesse, der Pflicht nicht nachzukommen.[422]

Im Folgenden ist zu untersuchen, ob die Anwendung der verschiedenen Verantwortlichkeitstatbestände verfassungsmäßig ist. Die Rechtmäßigkeit der materiellen Grundverfügung als solcher ist ein Einzelfallproblem. Den unendlich vielen denkbaren Einzelfallkonstellationen kann hier nicht nachgegangen werden.[423]

---

[421] *Lindner*, S. 26.

[422] Ebd., S. 26.

[423] Eine überraschende Lösung für die Frage der Verfassungsmäßigkeit der gefahrenabwehrrechtlichen Verantwortlichkeitstatbestände liefert die Lehre vom „Innehaben des Gegenmittels" (*Lindner*, passim). Obwohl die Lehre sich nicht durchgesetzt hat, sei sie hier kurz dargestellt. Ob ihr zu folgen ist, bleibe offen, da ihre Resultate sich letztlich nicht von denen unterscheiden, die auf der Grundlage der h. M. zu erzielen sind. – Zurechnen darf man eine Gefahr einer Person als Verhaltensstörer entsprechend der h. M. nach den Kriterien der Lehre vom Setzen des letzten Verursachungsbeitrags. Im Falle des Zustandsstörers ergibt sich die Zurechnung aus der Rechtsstellung einer Person; er muss Inhaber der tatsächlichen Gewalt/Eigentümer sein. Die Zurechnung erfolgt nicht einheitlich. Es gibt ferner Probleme, beispielsweise die sog. Opferproblematik bei der Zustandsverantwortlichkeit, die sich auf der Grundlage der zitierten Lehre nicht sicher lösen lassen (*Tollmann*, S. 97 ff.). Der Ausgangspunkt der neuen Lehre ist folgender: Öffentlich-rechtliche Pflichten sind in dreierlei Hinsicht zweckgebunden. Mit der Auferlegung einer Pflicht muss (1.) überhaupt ein Zweck verbunden sein; dieser Zweck muss (2.) legitimiert sein; der verfolgte Zweck muss (3.) über die Pflichterfüllung hinausweisen: spezifische Zweck-Mittel-Relation (S. 27). Die gefahrenabwehrrechtlichen Pflichten genügen diesen Kriterien (S. 40, 62). Zurechnen darf man die Gefahr einer Person dann, wenn diese Person „Inhaber des Gegenmittels" ist. Das „Innehaben des Gegenmittels" ist der materielle Rechtsgrund der gefahrenabwehrrechtlichen Verpflichtung einer Person. Der Begriff „Innehaben des Gegenmittels" wird wie folgt bestimmt: „Unter Innehaben des Gegenmittels versteht man die aus einer spezifischen tatsächlichen Position im gefahrenträchtigen Lebenssachverhalt folgende Fähigkeit einer Person, entweder durch eigenes Tun oder Unterlassen eine Gefahr ganz oder teilweise abzuwehren bzw. eine gefahrenträchtige Störung ganz oder teilweise zu unterbinden, oder ein entsprechendes Tun oder Unterlassen Dritter, sei es der Polizei, sei es eines anderen freiwillig oder aufgrund polizeilicher Verfügung handelnden Privaten, in rechtlicher oder auch tatsächlicher Hinsicht zu ermöglichen, zu dulden oder mindestens nicht zu beeinträchtigen." (S. 45).

Verfassungsrechtlich zulässig darf jede Person zur Gefahrenabwehr/Schadensbeseitigung herangezogen werden, wenn und soweit sie Inhaber des dazu geeigneten Gegenmittels ist. Das gilt auch für den Nichtstörer (S. 47). Umgekehrt darf eine Person, die nicht Inhaber eines geeigneten Gegenmittels ist, als Störer/Nichtstörer nicht in Anspruch genommen werden.

Die Pflicht zum Einsatz des Gegenmittels setzt voraus, dass die Gefahr dem Inhaber des Gegenmittels zugerechnet werden kann. Davon ist auszugehen, wenn das Interesse,

Kap. 2: Recht und Praxis der Zusatzverantwortlichkeit

a) Aufsichtsverantwortlichkeit

Für die Zusatzverantwortlichen im Bereich der Aufsicht ist unterschieden worden zwischen dem „Nur-Aufsichtspflichtigen" und dem Aufsichtspflichtigen/gesetzlichen Vertreter (= Sorgeberechtigten).[424]

Aufsichtspflichtiger ist immer eine natürliche Person.[425] Dieses folgt schon aus der gesetzlich (§§ 831 Abs. 1 Satz 2, 832 Abs. 1 Satz 2 BGB) vorgesehenen

---

zu dessen Verwirklichung oder Aufrechterhaltung das Gegenmittel eingesetzt werden soll, unmittelbaren oder mittelbaren verfassungsrechtlichen Schutz genießt (S. 62). Es geht um die Abwehr von Gefahren bzw. die Beseitigung von Schäden für das Schutzgut öffentliche Sicherheit. Dessen Elemente genießen verfassungsrechtlichen Schutz.

Die in den Gefahrenabwehrgesetzen enthaltenen Verantwortlichkeitstatbestände müssen als Folge ihrer verfassungsrechtlichen Dimension verfassungskonform in der Weise interpretiert werden, dass sie als ungeschriebenes Tatbestandsmerkmal das „Innehaben des Gegenmittels" enthalten (S. 164). Diese Folge gilt auch für die Zusatzverantwortlichkeit. Störer wie Nichtstörer sind deshalb nur dann gefahrenabwehrrechtlich verantwortlich, wenn sie Inhaber des Gegenmittels sind. Der Zusatzverantwortliche ist nach den zuvor gewonnenen Erkenntnissen ein Nichtstörer. Als solcher dürfte er in Anspruch genommen werden. Ist der Störer/Nichtstörer/Zusatzverantwortliche nicht Inhaber eines geeigneten Gegenmittels, entfällt verfassungsrechtlich ihre Verantwortlichkeit. Insoweit ist die Frage nach der verfassungsrechtlichen Zulässigkeit/Unzulässigkeit der Zusatzverantwortlichkeit beantwortet.

Der Zusatzverantwortliche ist wie dargelegt ein fiktiver Verhaltensstörer. Wird er in Anspruch genommen, entfallen für die Behörde die vorrangige Pflicht, zu prüfen, ob sie die Gefahr selbst beseitigen kann, sowie die eventuelle Pflicht zur Zahlung einer Entschädigung. Der Sache nach geht es darum, ob es zwei unterschiedliche gesetzliche Varianten von Nichtstörern geben darf. Verfassungsrechtlich muss es einen rechtfertigenden Grund für die Ungleichbehandlung geben.

Die zusatzverantwortliche Person steht in einer vollkommen anderen Relation zum potentiellen Störer als der „normale" Nichtstörer. Die relevanten Verhältnisse sind gesetzlich ausgestaltet mit einer Vielzahl von Rechten und Pflichten. Ein Verhältnis des Nichtstörers zum Störer ist nicht existent. Durch die Inanspruchnahme des Nichtstörers entsteht eine Rechtsbeziehung zur Gefahrenabwehrbehörde, aber nicht zum Störer. Schon aus diesem Grund fehlt eine Ähnlichkeit der beiden Relationen, die es erfordern könnte, sie gleich zu behandeln.

Ferner rechtfertigt sich die schärfere Haftung des Zusatzverantwortlichen aus der Erwägung, dass die Gesetzgeber die unwiderlegbare Vermutung aufgestellt haben, ein Kind/ ein Betreuter/ein Dienstnehmer befinde sich in dessen Verantwortungsbereich. Der Aufsichtspflichtige/der Betreuer/der Geschäftsherr haftet für Schäden des Kindes/des Betreuten/des Dienstnehmers, die dieses/dieser einem Dritten widerrechtlich zufügt, § 832 Abs. 1 Satz 1, § 831 Abs. 1 Satz 1 BGB. Die rechtliche Ausgestaltung der Verantwortung des Haftenden entspricht der Verfassung. In Gestalt der Zusatzverantwortlichkeit findet diese Verantwortung lediglich eine Fortsetzung im öffentlichen Recht. Unter dem hier geprüften Aspekt ist die Fortsetzung verfassungsgemäß.

[424] s. zuvor unter 1 a) cc) (2).

[425] Die Tatsache, dass bei der Geschäftsherrnverantwortlichkeit eine BGB-Gesellschaft Geschäftsherr sein kann, stellt nur scheinbar eine Ausnahme dar.

Möglichkeit, sich zu entlasten. Eine juristische Person als solche kann einen Entlastungsbeweis nicht führen. Dass ihr der Schaden einer natürlichen Person unter bestimmten Umständen zugerechnet werden kann (§ 31 BGB), lässt die getroffene Aussage nicht unrichtig werden.

An dieser Stelle interessiert zunächst der „Nur-Aufsichtspflichtige". Oben[426] sind drei Entstehungsweisen dieser Rechtsposition erarbeitet worden: kraft Gesetzes, kraft Vertrags, kraft Gewahrsamsübernahme. Die im Falle des „Nur-Aufsichtspflichtigen" einschlägigen Vorschriften sind an dem Grundrecht der allgemeinen Handlungsfreiheit gem. Art. 2 Abs. 1 Satz 1 GG zu messen, soweit nicht ein spezielles Grundrecht einschlägig ist.

Ein spezielles Grundrecht ist einschlägig in folgender Situation: Eine natürliche Person übernimmt vertraglich die Aufsicht als selbständiger Beruf oder als Mitarbeiter einer der Aufsicht dienenden Institution. Es kann sich z. B. um einen Kindergarten handeln. Die Zusatzverantwortlichkeit dieser Berufstätigen ist an Art. 12 Abs. 1 GG zu messen. Dieses Grundrecht erfasst die berufliche Tätigkeit von Selbständigen und von unselbständigen Arbeitnehmern.[427] Als Folge der selbständigen Ausübung des Berufs „Nur-Aufsichtspflichtiger" entsteht ein eingerichteter und ausgeübter Gewerbebetrieb.[428] Dieser kann auch als Kapitalgesellschaft betrieben werden (Ein-Mann-GmbH). Art. 12 Abs. 1 GG gilt nach Art. 19 Abs. 3 GG auch für inländische juristische Personen.[429]

Für den zuvor dargestellten Fall der selbständigen Ausübung des Berufs „Nur-Aufsichtspflichtiger" stellt sich das Problem der Abgrenzung zu Art. 14 Abs. 1 GG[430], weil als Ergebnis der Tätigkeit, wie zuvor schon festgestellt, ein eingerichteter und ausgeübter Gewerbebetrieb entsteht. Dieser unterfällt entweder als solcher dem Schutz des Art. 14 Abs. 1 GG[431] oder es werden die Sachen und Rechte geschützt, die seinen Bestand ausmachen.[432] Die Abgrenzung zu Art. 12 Abs. 1 GG erfolgt anhand der „Faustformel": Art. 14 GG schützt das Erworbene, das Ergebnis einer Tätigkeit; Art. 12 GG schützt den Erwerb, die Betätigung.[433] Damit im hier zu beurteilenden Fall Art. 14 GG einschlägig ist, muss die Haftungsverpflichtung des zusatzverantwortlichen „Nur-Aufsichtspflichtigen" in eine zum

---

[426] s. Kapitel 2 B II 1 a) aa).
[427] *Breuer*, in: Isensee/Kirchhof, Bd. VIII, S. 116.
[428] Ein Gewerbe i. S. d. GewO ist nicht Bedingung dafür, dass ein eingerichteter und ausgeübter Gewerbebetrieb vorhanden ist, vgl. BGHZ 45, 150 (154); *Glöckner*, S. 10ff.
[429] *Breuer*, in: Isensee/Kirchhof, Bd. VIII, S. 102.
[430] Vgl. grundsätzlich zur verfassungsrechtlichen Eigentumsdogmatik des Art. 14 GG *Bahnsen*, S. 95ff.
[431] BGHZ 111, 349 (356); BVerwGE 81, 49 (54); weitere Nachweise bei *Pieroth/Schlink*, Rdnr. 983 mit Fn. 8.
[432] BVerfGE 51, 193 (221); BVerfG, NVwZ 2009, 1426 (1428).
[433] BVerfGE 88, 366 (377).

eingerichteten und ausgeübten Gewerbebetrieb zählende vermögenswerte Position eingreifen. Die Normen über die Aufsichtsverantwortlichkeit könnten Enteignungsbestimmungen oder Inhalts- und Schrankenbestimmungen sein. Hilfreich ist insoweit ein Vergleich mit der Zustandsverantwortlichkeit. Die Verfassungsmäßigkeit der Zustandsverantwortlichkeit war vielfach Diskussionsgegenstand.[434] Das BVerfG hat im Grundsatz ihre Verfassungsmäßigkeit bejaht.[435] Ihre Regelung stellt eine Inhalts- und Schrankenbestimmung gem. Art. 14 Abs. 1 und 2 GG dar.[436] Die polizeirechtliche Verantwortlichkeit besitzt also durchaus einen Bezug zu Art. 14 GG. Die Haftung des realen oder fiktiven Verhaltensstörers als Eigentümer eines eingerichteten und ausgeübten Gewerbebetriebs setzt aber nicht an einem mit dem eingerichteten und ausgeübten Gewerbebetrieb verbundenen Recht an, sondern an einem Tun, Dulden oder Unterlassen des realen oder fiktiven Verhaltensstörers. Dieses Tun, Dulden oder Unterlassen ist keine vermögenswerte Position. Es hat deshalb keinen Bezug zu Art. 14 GG. Die Zusatzverantwortlichkeit des „Nur-Aufsichtspflichtigen ist nicht an Art. 14 GG zu messen.

aa) Verfassungsmäßigkeit der Haftung des „Nur-Aufsichtspflichtigen"

(1) Spezialfall Aufsicht als Beruf – Art. 12 Abs. 1 GG

„Beruf" ist jede erlaubte Tätigkeit, die auf Dauer berechnet ist und der Schaffung und Erhaltung einer Lebensgrundlage dient.[437] Es ist von der Rechtsordnung erlaubt, dass eine Person dauerhaft und mit dem Ziel Schaffung einer Lebensgrundlage Kinder beaufsichtigt. Diese Person übt einen „Beruf" aus.

Die Verpflichtung zur Haftung wie ein Verhaltensstörer (Pflicht zur Gefahrenabwehr/Schadensbeseitigung, Duldung der Vollstreckung, Geldzahlungspflichten) stellt einen Eingriff in die Freiheit der Berufsausübung dar. Sie ist ein Eingriff nach dem klassischen Eingriffsbegriff[438], weil die Verpflichtung zu einer

---

[434] *Breuer*, NVwZ 1987, 756; *Friauf*, in: Schmidt-Aßmann, Rdnr. 90b-93; *Knopp/Albrecht*, Rdnr. 99; *Papier*, in: FS Maurer, S. 47ff.; *ders.*, DVBl. 873ff.; *ders*, NVwZ 1986, 261; *Kirchhof*, DÖV 1976, 457; gegen diese Auffassung *Kränz*, 218ff.; *Müllensiefen*, S. 173ff.; *Spannowsky*, DVBl. 1994, 562f.; *Oerder*, DVBl. 1992, 694f.

[435] BVerfGE 102, 1 (17).

[436] Ebd. Literatur zu dieser Entscheidung: *Bickel*, NJW 2000, 2562f.; *Ginsky*, DVBl. 2003, 169ff.; *Huber/Unger*, VerwArch 2005, 139ff.; *Klüppel*, JURA 2001, 26ff.; *Knoche*, GewArch 2000, 448ff.; *Knopp*, BB 2000, 1373ff.; *Lepsius*, JZ 2001, 22ff.; *Müggenborg*, NVwZ 2001, 39ff.; *Papier*, in: FS Maurer, S. 255ff.; *Radke/Herrmann*, JA 2000, 925; *Sachs*, JuS 2000, 1219ff; *Scherer-Leydecker*, EWiR 2000, 655f.; *Schwartmann*, DStR 2000, 1364; *Spieth/von Oppen*, ZUR 2002, 257ff.; *Tollmann*, DVBl. 2008, 616ff.; *ders.*, S. 136.

[437] *Pieroth/Schlink*, Rdnr. 876 mit umfangreichen weiteren Nachweisen.

B. Beantwortung der Fragen

Reduktion der Handlungsoptionen führt.[439] Der Eingriff betrifft die Berufsausübung, weil die Gefahrenabwehr-/Schadensbeseitigungspflicht ersichtlich weder eine subjektive noch objektive Schranke hinsichtlich der Berufswahl bildet.

Der Eingriff bedarf der verfassungsrechtlichen Rechtfertigung. Nach der vom BVerfG[440] entwickelten Drei-Stufentheorie bzw. nach dem Grundsatz der Verhältnismäßigkeit muss der Eingriff einen legitimen Zweck verfolgen, zur Erreichung des Ziels geeignet, erforderlich und verhältnismäßig im engeren Sinne sein.

Ein legitimer Zeck im Sinne der ersten Stufe der Drei-Stufentheorie liegt vor, wenn „Gesichtspunkte der Zweckmäßigkeit" ihn verlangen. Dabei kann es mal mehr um die Allgemeinheit, der Gefahren oder Schäden drohen, und mal mehr um den Berufsstand, der gesichert und gefördert werden soll, gehen.[441] Es ist erarbeitet worden, dass der Zweck der Zusatzverantwortlichkeit darin besteht, den Behörden in bestimmten Fällen der Gefahrenabwehr eine verantwortliche Person zu verschaffen.[442] Diese Person hat eine sicherheitsrechtliche Garantenstellung inne. Die Schaffung einer sicherheitsrechtlichen Garantenstellung dient dem Ziel Gefahrenabwehr/Schadensbeseitigung zum Schutz der öffentlichen Sicherheit oder Ordnung. Die sicherheitsrechtliche Garantenstellung sichert die *Effektivität der Gefahrenabwehr*. Sie ist ein *legitimer Zweck* im Sinne der ersten Stufe der Drei-Stufentheorie. Die Regelung zur Zusatzverantwortlichkeit normiert einen weiteren Pflichtigen, der zur Erreichung des Ziels Sicherung der Effektivität der Gefahrenabwehr in Anspruch genommen werden kann. Das Mittel ist somit *geeignet*.

Die Zusatzhaftung des „Nur-Aufsichtspflichtigen" muss *erforderlich* für die Sicherung der Effektivität der Gefahrenabwehr sein.[443] Nach der Zusatzverantwortlichkeit kann eine Person neben dem „eigentlichen" Verantwortlichen in Anspruch genommen werden, um die Gefahr für die öffentliche Sicherheit oder Ordnung abzuwenden oder einen Schaden an diesen Schutzgütern zu beseitigen. Erforderlichkeit bedeutet, „dass es keinen anderen Zustand gibt, den der Staat ohne großen Aufwand ebenfalls schaffen kann, der für den Bürger weniger belastend ist und der mit dem Zustand, in dem der verfolgte Zweck als verwirklicht zu betrachten ist, ebenfalls in einem durch bewährte Hypothesen über die Wirklichkeit vermittelten Zusammenhang steht."[444] Eine Bestimmung ist nicht erforderlich, wenn ein milderes Mittel ausreicht[445] bzw. derselbe Erfolg mit einer weniger schweren Maßnahme zu erzielen wäre.[446] Die Möglichkeit, dass ein

---

[438] s. zu ihm *Peine*, in: Merten/Papier, Band III, S. 94 ff.
[439] Ebd., S. 96.
[440] BVerfGE 7, 377 ff.
[441] *Pieroth/Schlink*, Rdnr. 925.
[442] Kapitel 2 B II 4.
[443] BVerfGE 102, 1 (18) = NJW 2000, 2573 ff. (2575).
[444] *Pieroth/Schlink*, Rdnr. 295.

Mitarbeiter der zuständigen Behörde die Gefahr/den Schaden beseitigt, ist kein milderes Mittel. Fraglich ist, ob die Inanspruchnahme des „eigentlichen" Störers für die Gefahrenabwehr ausreicht. Es liegt auf der Hand, dass die Inanspruchnahme eines Säuglings oder eines Kleinkindes von vornherein insoweit keinen Erfolg verspricht. Weiterhin darf davon ausgegangen werden, dass die Verpflichtung eines Grundschülers keinen zuverlässigen Erfolg verspricht. Kinder oder Jugendliche besitzen erst ab einem bestimmten Alter die Reife, zuverlässig eine Maßnahme vorzunehmen. Die Zusatzverantwortlichkeit ist somit für diese Fälle erforderlich. Die Erforderlichkeit endet aber in dem Zeitpunkt, in dem das Kind die nötige Reife besitzt, um zuverlässig eine Gefahr zu verhindern oder einen Schaden zu beseitigen.

Die Gesetzgeber gehen von zwei unterschiedlichen Altersgrenzen aus. Überwiegend wird für den „eigentlichen" Störer die Altersgrenze von 14 Jahren vorgeschlagen. Es ist aber auch geltendes Recht die Altersgrenze von 16 Jahren.[447] Die beiden vorgeschlagenen Altersgrenzen sind je für sich auf ihre Erforderlichkeit hin zu untersuchen.

Zunächst ist zu analysieren, ob ein Jugendlicher im Alter von *unter 14 Jahren* in der Regel in der Lage ist, eigenverantwortlich eine Gefahr abzuwehren oder einen Schaden zu beseitigen. Ist dies nicht der Fall, ist die Altersgrenze von 14 Jahren als richtig zu betrachten und es ist erforderlich, solange einen Zusatzverantwortlichen „bereitzustellen", bis der Jugendliche das 13. Lebensjahr vollendet hat. Der MEPolG schlägt als Grenze für die Zusatzverantwortlichkeit das Erreichen des Alters von 14 Jahren vor. Dieses Ergebnis sei wegen der zunehmenden tatsächlichen und rechtlichen Verantwortlichkeit jugendlicher Personen gerechtfertigt.[448] Weiterhin spricht für 14 Jahre als Grenze, dass die Straf- und Religionsmündigkeit parallel normiert ist. Diese Argumente zeigen, dass erst ab dem Alter von 14 Jahren eine solche Selbständigkeit und Reife erreicht ist, dass davon auszugehen ist, dass ein Jugendlicher zuverlässig eine Gefahr abwehren oder einen Schaden beseitigen kann.[449] Zur Gewährleistung einer effektiven Gefahrenabwehr ist die Inanspruchnahme einer weiteren Person erforderlich.

Aus diesem Ergebnis ergibt sich zwangsläufig, dass ein Jugendlicher ab dem Alter von 14 Jahren soweit selbständig ist, dass er eigenverantwortlich einen Schaden beseitigen kann. Es ist somit hinreichend, ausschließlich den Jugend-

---

[445] *Badura*, C Rdnr. 28.
[446] Vgl. BVerfGE 25, 1 (18); 30, 292 (316); 33, 171 (187); 34, 71 (78); 36, 47 (63f.); 39, 210 (230); 40, 196 (223); 40, 371 (383), 41, 378 (396); 53, 135 (145); 63, 88 (115); 67, 157 (172, 176); 80, 1 (30); 81, 156 (192f.); 85, 360 (376); 90, 145 (172); 92, 262 (273); 117, 163 (189); 119, 309 (325ff.); 121, 317 (354); *Gentz*, NJW 1968, 1603.
[447] s. Kapitel 2 B I 1 a).
[448] s. Kapitel 1 B II.
[449] s. ebd.

lichen in Anspruch zu nehmen. Eine Inanspruchnahme des Zusatzverantwortlichem ist nicht erforderlich, wenn der Jugendliche 14 Jahre alt ist. Ein milderes Mittel als die Inanspruchnahme des Zusatzverantwortlichen ist existent. Die Altersgrenze von 16 Jahren widerspricht dem Grundsatz der Erforderlichkeit.

Wie dargelegt, ist einem Jugendlichen im Alter unter 14 Jahren in der Regel eine eigenverantwortliche Gefahrenabwehr bzw. Schadensbeseitigung nicht zuzutrauen. Deshalb ist es erforderlich, dass eine Person neben dem Jugendlichen in Anspruch genommen werden kann. Die Zusatzverantwortlichkeit des „Nur-Aufsichtsverantwortlichen" könnte nicht erforderlich sein, weil immer auch der Sorgeberechtigte zusatzverantwortlich ist. Das heißt, dass der zuständigen Behörde neben dem „eigentlichen" Störer immer zwei weitere Verpflichtete zur Verfügung stehen. Die Besonderheit wird hier in den meisten Fällen sein, dass der Sorgeberechtigte zur Zeit der Inanspruchnahme rein tatsächlich nicht die Aufsicht innehat, so dass es erforderlich ist, den „Nur-Aufsichtspflichtigen" in Anspruch zu nehmen, weil er anwesend ist. In den Fällen der Abwesenheit des Sorgeberechtigten kann die Effektivität der Gefahrenabwehr nur dadurch sichergestellt werden, dass eine andere zur Gefahrenabwehr/Schadensbeseitigung befähigte Person in Anspruch genommen werden kann. In den Fällen der Anwesenheit des Sorgeberechtigten ist es hinreichend, wenn ein Zusatzverantwortlicher in Anspruch genommen werden kann. Dieser sollte der Sorgeberechtigte sein, weil er seinem Kind näher steht als der „Nur-Aufsichtspflichtige". In diesem Fall entfällt die Erforderlichkeit der Inanspruchnahme des „Nur-Aufsichtspflichtige".

Die Regelung der Zusatzverantwortlichkeit müsste weiterhin *verhältnismäßig im engeren Sinn* sein. Das Interesse am Schutz der Effektivität der Gefahrenabwehr müsste das Interesse an der nicht durch die Zusatzverantwortlichkeit eingeschränkten Berufsausübung überwiegen. Das Sicherheitsinteresse der Allgemeinheit überwiegt das Gewinnerzielungsinteresse eines Einzelnen immer. Ferner muss derjenige, der einen Gewinn erzielen will, die mit der Gewinnerzielung verbundenen Nachteile tragen. Schließlich ist der Eingriff in die Berufsausübungsfreiheit gering und der Sicherheitsgewinn groß. Die Förderung der Gemeinwohlinteressen und der Eingriff in die Freiheit stehen in einem angemessen Verhältnis. Die Rechtsstellung des „Nur-Aufsichtspflichtigen" ist verhältnismäßig im engeren Sinn.

Die gesetzlichen Aussagen über die Verantwortlichkeit des gewerblich tätigen „Nur-Aufsichtspflichtigen" für die von der noch nicht 14 Jahre alten Person verursachten Gefahren/Schäden sowie bei Abwesenheit des Sorgeberechtigten sind mit Art. 12 Abs. 1 GG vereinbar.

(2) Normalfall der Zusatzhaftung des „Nur-Aufsichtspflichtigen" – Art. 2 Abs. 1 GG

Die allgemeine Handlungsfreiheit schützt nach h. M. jedes menschliche Verhalten in einem umfassenden, nicht durch qualitativ-wertende Merkmale eingegrenzten Sinn.[450] Betätigungen und Unterlassungen jedweder Art und Güte in jedem Lebensbereich gehören zum Schutzbereich des Art. 2 Abs. 1 GG.[451] Art. 2 Abs. 1 GG ist ein „Grundrecht des Bürgers, nur auf Grund solcher Vorschriften mit einem Nachteil belastet zu werden, die formell und materiell der Verfassung gemäß sind".[452] Die Normen, die (nicht nur)[453] die Zusatzverantwortlichkeit des „Nur-Aufsichtspflichtigen" festlegen, müssen der Schrankentrias des Art. 2 Abs. 1 Satz 2 GG entsprechen. Hier ist ausschließlich von Interesse die „verfassungsmäßige Ordnung". Das ist im Rahmen von Art. 2 Abs. 1 GG die gesamte Rechtsordnung, soweit sie ihrerseits mit der Verfassung in Einklang steht: in formeller und materieller Hinsicht.[454] Die Normen, die die Zusatzverantwortlichkeit regeln, sind kompetenziell und verfahrensmäßig korrekt erlassen.[455] Materiell sind sie mit Art. 12 Abs. 1 GG vereinbar. Weitere Normen, gegen die sie verstoßen könnten, sind nicht ersichtlich.[456]

Ihr legitimer Zweck ist es, die Effektivität der Gefahrenabwehr sicherzustellen. Die gesetzlichen Regelungen müssen dafür geeignet sein. Sie bestimmen den Aufsichtspflichtigen als in Anspruch zu nehmende Person, die die Gefahr oder den Schaden, die/der von dem zu beaufsichtigen Jugendlichen verursacht wurde, zu beseitigen hat. Die Bestimmung ist geeignet, die Effektivität der Ge-

---

[450] St. Rspr. seit BVerfGE 6, 32 (36): „nicht nur die Entfaltung innerhalb jenes Kernbereichs der Persönlichkeit [...], der das Wesen des Menschen als geistig-sittliche Person ausmacht"; BVerfGE 80, 137 (152): „Geschützt ist damit nicht nur ein begrenzter Bereich der Persönlichkeitsentfaltung, sondern jede Form menschlichen Handelns ohne Rücksicht darauf, welches Gewicht der Betätigung für die Persönlichkeitsentfaltung zukommt"; ebenso BVerfGE 90, 145 (171); 91, 355 (338); 95, 267 (303). Die Literatur stimmt überwiegend zu: *Badura*, C Rdnr. 108; *Burgi*, ZG 1994, 341 (357ff.); *Cornils*, in: Isensee/Kirchhof, Bd. VII, § 168 Rdnr. 1; *Degenhart*, JuS 1990, 161 (162f.); *Dreier*, in: Dreier, Art. 2 Rdnr. 27; *Erichsen*, in: Isensee/Kirchhof, Bd. VI, § 152 Rdnrn. 13ff.; *di Fabio*, in: Maunz/Dürig, Bd. I, Art. 2 Abs. 1 Rdnr. 12ff.; *Hillgruber*, in: Umbach/Clemens, Art. 2 I Rdnr. 35; *Höfling*, in: Friauf/Höfling, Art. 2 Rdnrn. 26ff.; *Kahl*, S. 16ff; *Murswiek*, in: Sachs, Art. 2 Rdnrn. 43ff.; *Pieroth*, AöR 1990, 33ff.; *Stein/Frank*, § 31 II 2d aa.

[451] *Dreier*, in: Dreier, Art. 2 Rdnr. 27; *Pieroth/Schlink*, Rdnr. 386.

[452] BVerfGE 29, 402 (408); 103, 29 (45).

[453] Die folgenden Ausführungen gelten nicht nur für den „Nur-Aufsichtspflichtigen", sondern auch für den Sorgeberechtigten.

[454] *Kunig*, in: von Münch/Kunig, Art. 2 Rdnr. 22.

[455] s. Kapitel 2 B II 5.

[456] Zu weiteren Prüfungspunkten für die Zusatzhaftung des Sorgeberechtigten s. u. unter bb).

fahrenabwehr sicherzustellen. Die Zusatzverantwortlichkeit ist für Jugendliche bis zum Alter von 14 Jahren sowie bei Abwesenheit des Sorgeberechtigten erforderlich.[457]

Die gesetzliche Bestimmung der Haftung des „Nur-Aufsichtspflichtigen" müsste verhältnismäßig im engeren Sinn sein. Diese Anforderung ist zu bejahen, wenn das Verhältnis von Eingriffsziel, die Effektivität der Gefahrenabwehr sicherzustellen, und Eingriffsmittel nicht unangemessen ist. Bei einer Gesamtabwägung zwischen der Schwere des Eingriffs und dem Gewicht der ihn rechtfertigenden Gründe muss die Grenze der Zumutbarkeit gewahrt sein.[458]

Als Grund für die Inanspruchnahme des „Nur-Aufsichtspflichtigen" spricht seine rechtliche Beziehung zum Beaufsichtigten. Der „Nur-Aufsichtspflichtige" übernimmt bewusst die Herrschaft über einen Gefahrenbereich, über die jugendliche Person unter 14 Jahren. Er „lässt" sich sozusagen auf die Haftung ein, vorausgesetzt, er kennt die Rechtslage. Der Aufsichtspflichtige trägt Verantwortung für die zu beaufsichtigende Person. Das ist mit der Aufsicht untrennbar verbunden. Er ist somit auch für die durch die Person verursachte Gefahr bzw. den verursachten Schaden selbst verantwortlich. Die Haftung ist verschuldensunabhängig, weil auch der „eigentliche" Störer verschuldensunabhängig haftet. Wie dargelegt[459], ist die Möglichkeit, sich durch einen Entlastungsbeweis zu entlasten, im Gefahrenabwehrrecht undenkbar.

Um dieses Ergebnis zu verdeutlichen, ist ein Vergleich mit der Sachherrschaft bei der Zustandsverantwortlichkeit hilfreich. Der Inhaber der tatsächlichen Sachherrschaft übt die tatsächliche Gewalt über die Sache aus, der Aufsichtspflichtige übt die tatsächliche Gewalt über den Jugendlichen aus. Der Grund für die Haftung des Sachwalters liegt darin, „dass jene Person die Sache und die von ihr ausgehenden Gefahren selbst beherrschen kann; wer die Sache für seine Zwecke rechtmäßig nutzen kann, muss gefährliche Nutzungen unterlassen. Es kommt also nicht auf ein konkretes – oder gar ‚unmittelbares' – Handeln einer Person an. Maßgeblich ist allein die Zuordnung der Sachherrschaft und die dadurch begründete Möglichkeit, auf die Sache einzuwirken."[460] Genau aus diesem Grund, an die Stelle der Sache tritt die Person, haftet der Aufsichtspflichtige als Zusatzverantwortlicher. Der Zustandsverantwortliche haftet verschuldensunabhängig. Die Entstehungsgeschichte der Zusatzverantwortlichkeit belegt, dass

---

[457] s. Kapitel 2 B II 5 a).
[458] BVerfGE 121, 317 (346); 120, 378 (428); 120, 274 (322); 120, 224 (241); 115, 320 (347); 115, 118 (163f.); 113, 348 (382); 113, 167 (260); 113, 29 (54); 112, 255 (263); 110, 141 (165); 109, 279 (349ff.); 106, 216 (220); 106, 181 (192); 104, 337 (349); 103, 1 (10); 102, 197 (220); 101, 331 (350); 100, 313 (391); 92, 277 (327); 90, 145 (173); 83, 1 (19); 76, 196 (207); 67, 157 (173, 178); s. auch E 61, 291 (312); 71, 162 (173).
[459] s. Kapitel 2 B II 1 a) bb).
[460] *Gusy*, Rdnr. 350.

beiden Haftungen derselbe Gedanke zu Grunde liegt. Deshalb haftet auch der Zusatzverantwortliche verschuldensunabhängig.[461]

Das Ergebnis wird noch plausibler, wenn man die unmittelbare Sachherrschaft über ein Tier betrachtet. Richtet das Tier einen Schaden an, haftet der Inhaber der tatsächlichen Sachherrschaft als Zustandsverantwortlicher, ohne dass es auf ein Verschulden des Inhabers der tatsächlichen Gewalt ankommt. Natürlich kann man das „Handeln" eines Tieres nicht mit dem „Handeln" eines Menschen vergleichen, aber dennoch kann man festhalten, dass bei der Zustandshaftung das Tier und bei der Zusatzhaftung der Mensch den Schaden durch „Handeln" angerichtet hat. Der Verantwortliche haftet in beiden Fällen für einen „Drittschaden durch ‚Handeln'". Beide Male kommen die gleichen Haftungsgrundsätze zur Anwendung.

Gegen die Inanspruchnahme des Nur-Aufsichtsverpflichteten spricht, dass der Vergleich mit der Zustandsverantwortlichkeit nicht überzeugt. Zwar ist die Entstehung der beiden Haftungstatbestände ähnlich und der haftungsbegründende Gedanke ist derselbe. Der Aufsichtspflichtige kann aber seinen Gefahrenbereich nicht in einer Weise beherrschen wie der Zustandsverantwortliche. Der Aufsichtspflichtige muss einen letztlich unbeherrschbaren Gefahrenbereich überwachen. Letztlich unbeherrschbar ist der Gefahrenbereich deshalb, weil der Aufsichtspflichtige seine Aufsicht mit der größtmöglichen Gewissenhaftigkeit durchführen kann, ohne dass er seine Inanspruchnahme als Folge unvermeidbarer Gefahren/ Schäden verhindern kann. Es entsteht für ihn ein unberechenbares Risiko. Seine Inanspruchnahme kann mit hohen Kosten verbunden sein.

Auch zieht der Aufsichtspflichtige in der Regel keinen Nutzen aus der Aufsicht im Gegensatz zum Zustandsverantwortlichen, der einen Nutzen aus seiner Sachherrschaft ziehen kann. (Eine Ausnahme stellt die gewerbliche Übernahme von Aufsichtspflichten gegen Zahlung von Geld dar. Diese Gewerbetreibenden ziehen einen Nutzen der Übernahme der Aufsichtspflicht.) Problematisch ist, dass das Gesetz nicht zwischen der Art und Weise bzw. dem Grund der Aufsichtspflichtübernahme differenziert. Der Gesetzgeber erfasst alle Arten der Begründung der Aufsichtspflicht und behandelt sie rechtlich gleich, obwohl sachliche Differenzen bestehen.

Weiterhin ist die rechtliche Bindung des Aufsichtspflichtigen nicht „stark" genug, um legitimerweise eine derart weitgehende Haftung auszulösen. Im Vergleich zum Sorgeberechtigten handelt es sich um ein Rechtsverhältnis, welches größtenteils von kurzer Dauer ist. Auch der Umfang der sich aus der Aufsichtspflicht ergebenen Pflichten ist wesentlich geringer als die Pflichten des Sorgeberechtigten es sind. Der preußische Gesetzgeber hat bewusst eine feste Grenze gezogen, um bestimmte Gebiete aus der Zusatzverantwortlichkeit aus-

---

[461] s. den ersten Vorentwurf des PrPVG, Kapitel 1 A IV 4 a) aa).

zugrenzen, das gilt für die Aufsichtpflicht. Um zu verdeutlichen, wie außergewöhnlich umfangreich die Haftung des Zusatzverantwortlichen ist, sei ein Vergleich mit der Haftung des Notstandspflichtigen vorgenommen. Der Notstandspflichtige „haftet" auch verschuldensunabhängig oder, besser gesagt, er wird verschuldensunabhängig in Anspruch genommen. Der Notstandspflichtige „wird zur Erfüllung einer öffentlichen, einer Gemeinwohlaufgabe in Pflicht genommen, obwohl weder er selbst noch die von ihm abhängigen Personen, für die er verantwortlich ist, die Gefahrenlage in irgendeiner Weise mitverursacht haben."[462] Der Notstandspflichtige stellt eine absolute Ausnahme im Bereich der Polizeipflichtigen dar. Der Unterschied zwischen dem Aufsichtspflichtigen als Zusatzverantwortlichen und dem Notstandspflichtigen besteht in Folgendem: Der Zusatzverantwortliche haftet für die Gefahr, welche Personen, für die er verantwortlich ist, verursachen. Der Notstandspflichtige, kann nur unter ganz bestimmten engen Voraussetzungen in Anspruch genommen werden: 1. Es muss eine gegenwärtige Gefahr abzuwehren oder eine bereits entstandene Störung abzuwehren sein. 2. Die Maßnahmen gegen den polizeilich Verantwortlichen sind nicht oder nicht rechtzeitig möglich oder sie versprechen keinen Erfolg. 3. Die Polizei kann die Gefahr oder die Störung nicht oder nicht rechtzeitig selbst oder durch einen Dritten abwehren bzw. beseitigen. 4. Der Notstandspflichtige muss die Verpflichtung ohne erhebliche eigene Gefährdung und ohne Verletzung eigener höherwertiger Pflichten nachkommen können.[463] Der Zusatzverantwortliche zahlt die ihm entstehenden Kosten, der Notstandsverpflichtete wird durch einen angemessenen Opferausgleich entschädigt.[464] Das Missverhältnis wird im direkten Vergleich deutlich sichtbar. Nur die tatsächliche Übernahme der Aufsicht löst diesen enormen rechtlichen Unterschied aus. Lediglich die erste Voraussetzung der Inanspruchnahme ist identisch. Die ordnungsrechtliche Verantwortlichkeit des „Nur-Aufsichtspflichtigen" ist ein rechtliches Konstrukt. Ihr fehlt im Tatsächlichen eine Basis, da es an einem Verursachungsbeitrag mangelt. Die Verantwortlichkeit des „Nur-Aufsichtspflichtigen" ist nicht angemessen und deshalb unverhältnismäßig im engeren Sinn.

Selbst wenn man der Ansicht folgt, dass der „Nur-Aufsichtspflichtige" aus eigenem Verschulden für seinen Gefahrenbereich haftet, stellt sich die Frage, ob auch dann der Eingriff die Rechte des Aufsichtspflichtigen zu stark beeinträchtigt. Wie dargestellt, ist der Umfang der Aufsichtspflicht nach seiner Dauer sehr gering und deshalb speziell rechtfertigungsbedürftig. Die praktische Bedeutung der Zusatzverantwortlichkeit ist sehr gering. Der Nutzen des Staats liegt darin, dass neben dem „eigentlichen" Störer bei Abwesenheit des Sorgeberechtigten noch ein Dritter aus eigener Verursachung verantwortlich ist. Es gibt eine „Dreifachhaftung". Gegen die Zusatzhaftung des Aufsichtspflichtigen bei An-

---

[462] *Denninger*, in: Lisken/Denninger, E Rdnr. 138.
[463] Zu den Voraussetzungen vgl. ebd., Rdnr. 141.
[464] Ebd., Rdnr. 138.

wesenheit des Sorgeberechtigten spricht, wie zuvor[465] dargelegt, dass sie nicht erforderlich ist.

Die Verantwortlichkeit des „Nur-Aufsichtspflichtigen" verstößt sowohl bei dem Fehlen als auch bei dem Vorhandensein eines eigenen Verursachungsbeitrags gegen den Grundsatz der Verhältnismäßigkeit und ist deshalb nicht verfassungskonform. Die Normen über die Aufsichtsverantwortlichkeit sind dem entsprechend verfassungskonform zu interpretieren.

(3) Zwischenergebnis

Die Verantwortlichkeit des gewerblich tätigen „Nur-Aufsichtspflichtigen" für die von der noch nicht 14 Jahre alten Person verursachten Gefahren/Schäden sowie bei Abwesenheit des Sorgeberechtigten ist mit Art. 12 Abs. 1 GG vereinbar. Die Altersgrenze von 16 Jahren sowie die Haftung bei Anwesenheit des Sorgeberechtigten widerspricht dem Grundsatz der Erforderlichkeit. Die Verantwortlichkeit des (nicht gewerblichen) „Nur-Aufsichtspflichtigen" verstößt gegen den Grundsatz der Verhältnismäßigkeit und ist deshalb nicht verfassungskonform. Die Normen über die Aufsichtsverantwortlichkeit sind dem entsprechend verfassungskonform zu interpretieren. Die Inanspruchnahme des (nicht gewerblichen) „Nur-Aufsichtspflichtigen" entfällt infolge ihrer Rechtswidrigkeit.

Im *Einzelfall* ist die Inanspruchnahme des „Nur-Aufsichtspflichtigen", soweit sie auf der Grundlage einer verfassungsmäßigen Norm zulässig ist, rechtswidrig, wenn sie nicht den Anforderungen des Grundsatzes der Verhältnismäßigkeit entspricht.

bb) Verfassungsmäßigkeit der Haftung des Sorgeberechtigten

Wie bei der Haftung des „Nur-Aufsichtspflichtigen" ist Prüfungsgegenstand auch hier nur die materielle Rechtmäßigkeit der Grundverfügung. Diese ist immer an eine natürliche Person als Sorgeberechtigte adressiert. Familienrechtliche Sorgeberechtigte sind für die folgenden Fälle nach dem BGB diese Personen:

- elterliche Sorge: § 1626 BGB Normalfall: die Eltern; § 1671 BGB Getrenntleben: beide Eltern oder ein Elternteil vollständig oder partiell; § 1680 BGB Tod eines Elternteils: der Überlebende; §§ 1673, 1674, 1675 1678 BGB Ruhen der elterlichen Sorge oder tatsächliche Verhinderung der Ausübung: der andere Elternteil;
- Adoption: § 1754 BGB: der oder die Adoptierende(n);

---

[465] s. o. bei (1).

- Vormundschaft: § 1793 BGB: der Vormund;
- Pflegschaft, soweit sie die Personensorge umfasst: der Pfleger, § 1909 BGB.

(1) Haftung der Eltern und Adoptiveltern als Sorgeberechtigte

(a) Art. 6 Abs. 2 Satz 1 GG

Art. 6 Abs. 2 Satz 1 GG schützt das Recht der Eltern auf Pflege und Erziehung ihrer Kinder und schützt die Eltern gegen staatliche Eingriffe, soweit diese nicht durch das „Wächteramt" gedeckt sind.[466] Die Norm fungiert als Abwehrrecht. Unter „Pflege" ist die Sorge für das körperliche Wohl des Kindes zu verstehen. „Erziehung" meint die Sorge für die seelisch-geistige Entwicklung.[467] Geschützt sind vor allem das Erziehungsziel, die Erziehungsmittel und die Erziehungsmethoden.[468] Die Ziele, Mittel und Methoden finden ihre Grenze in Art. 2 Abs. 1 GG.[469] Mit zunehmendem Alter des Kindes (mit dem Wechsel von „absoluter" zu „relativer" Unmündigkeit) kommt dem kindlichen Persönlichkeitsrecht mehr Bedeutung für die Bestimmung der Grenze zu.[470] Das Elternrecht ist in sich durch das Kindeswohl begrenzt.[471] Dieses ergibt sich aus der Zielsetzung der Norm: „Die elterliche Pflege und Erziehung soll dazu dienen, daß sich das des Schutzes und Hilfe bedürftige Kind zu einer eigenverantwortlichen Persönlichkeit innerhalb der sozialen Gemeinschaft entwickeln kann, wie es dem Menschenbild der Verfassung entspricht."[472] Die Fürsorge der Eltern greift nicht in die Rechte des Kindes (Art. 1 GG und Art. 2 Abs. 1 GG) ein, sondern hilft der Entfaltung dieser Rechte.[473] Der Staat hat gem. Art. 6 Abs. 2 Satz 2 GG die Aufgabe, darüber zu wachen, dass seine Organe und die Eltern das durch das Kindeswohl begrenzte Elternrecht nicht überschreiten.[474]

Die Haftung für Jugendliche unter 14 Jahren könnte in das elterliche Erziehungsrecht eingreifen. Die Zusatzverantwortlichkeit des Sorgeberechtigten ist in seiner Aufsichtspflicht begründet. Diese Aufsichtspflicht betrifft mehrere elterliche Pflichten[475]: z. B. die Verpflichtung zur unmittelbaren Aufsicht über das aktuelle Verhalten des Kindes sowie die Verpflichtung zur Beobachtung der Ge-

---

[466] BVerfGE 24, S. 199 ff. (138); *Badura*, in: Maunz/Dürig, Bd. II, Art. 6 Rdnr. 97.
[467] *Coester-Waltjen*, in: von Münch/Kunig, Art. 6 Rdnr. 63.
[468] Ebd., Rdnrn. 64 f.
[469] Ebd.
[470] *Schmitt-Kammler/von Coelln*, in: Dreier, Art. 6 Rdnr. 60.
[471] BVerfGE 80, S. 81 ff. (90); BVerfG, JZ 1999, S. 459 ff. (460).
[472] *Coester-Waltjen*, in: von Münch/Kunig, Art. 6 Rdnr. 81.
[473] Ebd.
[474] Ebd.
[475] *Haberstroh*, VersR 2000, 810.

wohnheiten des Kindes[476] und die Pflicht zur gefahrbezogenen Belehrung und Beeinflussung.[477] Das natürliche Recht der Eltern zur Erziehung und die damit verbundenen Mittel der erzieherischen Belehrung und Beeinflussung gem. Art. 6 Abs. 2 GG werden zum Anknüpfungspunkt der Zusatzverantwortlichkeit.[478] Die Zusatzverantwortlichkeit knüpft an die Aufsicht über das aktuelle Verhalten des Kindes an, jedoch sind Aufsichtspflicht und zeitlich übergreifende Beobachtung der Gewohnheiten des Kindes und eine gefahrbezogene Belehrung und Beeinflussung eng miteinander verknüpft.[479] Die Eltern sind verpflichtet, ihr Kind zu beaufsichtigen, um Dritte vor einem Schaden zu schützen. Diese Pflicht ist auch in § 832 BGB normiert. Die Reichweite der Aufsichtspflicht wird nach einer von der Rechtsprechung entwickelten Formel bestimmt: Der „Umfang der gebotenen Aufsichtspflicht ergebe sich aus Alter, Eigenart und Charakter des Kindes, und die Grenze der erforderlichen und den Eltern zumutbaren Maßnahmen bestimme sich danach, was verständige Eltern nach vernünftigen Anforderungen in der konkreten Situation tun müssen, um Schädigungen Dritter durch ihr Kind zu verhindern."[480] In diesem Zusammenhang wird auf den Wechselbeziehung zwischen Erziehungserfolg und Maß der anzuwendenden Aufsicht hingewiesen[481]: „Je geringer der Erziehungserfolg, umso intensiver muss die Aufsicht und Überwachung sein."[482] Weiterhin können Erziehung und Aufsicht nicht getrennt von einander gesehen werden. Die Frage, unter welchen Voraussetzungen die Eltern ihr Kind zeitweise aus ihrer unmittelbaren Aufsicht entlassen, ist eine Frage der Erziehung, insbesondere eine Frage des Erziehungsstils.[483] Die Erziehung beinhaltet auch das Schaffen von Freiräumen für das Kind, um selbst Verantwortung zu entwickeln. Dieser Umstand wurde in § 1626 Abs. 2 BGB festgehalten: „Bei der Pflege und Erziehung berücksichtigen die Eltern die wachsende Fähigkeit und das wachsende Bedürfnis des Kindes zu selbständigem verantwortungsbewusstem Handeln. Sie besprechen mit dem Kind, soweit es nach dessen Entwicklungsstand angezeigt ist, Fragen der elterlichen Sorge und streben Ein-

---

[476] BGH, VersR 1986, 1210 (1211).

[477] BGH, VersR 1969, 523; 1983, 734; 1984, 968 (969); 1986, 1210 (1211); 1990, 1123; 1993, 485 (486); OLG Schleswig, VersR 1999, 193; *Thomas*, in: Palandt, § 832 Rdnr. 8.

[478] *Haberstroh*, VersR 2000, 810.

[479] BGH, VersR 1969, 523; 1983, 734; 1984, 968 (969); 1986, 1210 (1211); 1990, 1123; 1993, 485 (486); OLG Schleswig, VersR 1999, 193; *Haberstroh*, VersR 2000, 810; *Thomas*, in: Palandt, § 832 Rdnr. 8.

[480] *Haberstroh*, VersR 2000, 810; vgl. weiter BGH, VersR 1980, 278 (279); 1984, 968 (969); 1990, 1123; 1993, 485 (486); OLG Köln, NJW-RR 1993; 1498 (1499) = VersR 1994, 1248L; OLG Schleswig, VersR 1999, 193.

[481] *Haberstroh*, VersR 2000, 810.

[482] Ebd.; vgl. weiter BGH, VersR 1965, 48; 1984, 968 (969); 1996, 586 (587); OLG Hamm, VersR 1990, 743 (744); OLG Düsseldorf, NJW-RR 1997, 343 = VersR 1997, 1283L; *Thomas*, in: Palandt, § 832 Rdnr. 8.

[483] *Haberstroh*, VersR 2000, 810.

vernehmen an." Das Schaffen von Freiräumen trägt dem Recht des Kindes aus Art. 6 Abs. 2 GG i. V. m. Art. 2 Abs. 1 GG und Art. 1 Abs. 1 GG Rechnung. Art. 6 Abs. 2 GG i. V. m. Art. 2 Abs. 1 und Art. 1 Abs. 1 GG enthält eine staatliche Pflicht zum Schutz des Kindes.[484] Diese begrenzt zum einen die Reichweite und Pflichtgebundenheit des Elternrechts und beinhaltet zum anderen eine dem Kind zugewandte persönlichkeitsrechtliche Subjektivierung der Elternverantwortung.[485] Die in der Zusatzverantwortlichkeit normierte Verkehrshaftung für den Bereich „Kind" entspricht einer dauerhaften Aufsichtspflicht. Die normierte dauerhafte Aufsichtspflicht begrenzt die Rechte der Eltern aus Art. 6 Abs. 2 Satz 1 GG. Ein Eingriff ist zu bejahen.

Art. 6 Abs. 2 Satz 2 GG setzt die staatliche Gemeinschaft zum Wächter über die Pflicht der Eltern zur Erziehung und Pflege der Kinder ein.[486] Die Vorschrift enthält einen qualifizierten Gesetzesvorbehalt. Die staatliche Gemeinschaft darf von dieser Ermächtigung nur durch Gesetz oder auf Grund eines Gesetzes Gebrauch machen.[487] Aus dem Zusammenhang ergibt sich, dass die staatliche Betätigung immer der Pflege und Erziehung des Kindes dienen muss. Es ist aber nicht ersichtlich, dass die Zusatzverantwortlichkeit des Sorgeberechtigten diesen Zwecken dient. Es kommt für die Zusatzverantwortlichkeit des Sorgeberechtigten somit nur eine Rechtfertigung aus kollidierendem Verfassungsrecht in Frage. Die Zusatzverantwortlichkeit dient dazu, die Effektivität der Gefahrenabwehr sicherzustellen, und damit dem Schutz der öffentlichen Sicherheit oder Ordnung. Die öffentliche Sicherheit oder Ordnung könnte kollidierendes Verfassungsrecht sein, wenn sie grundrechtsgleich ist. Das Bewahren der öffentlichen Sicherheit oder Ordnung ist eine grundlegende Staatsaufgabe[488] mit Verfassungsrang, die im Bereich der grundrechtlichen Schutzpflichten den Rang einer grundrechtlichen Gewährleistung und Rechtszuweisung erlangt.[489] „Die Sicherheit des Staates als verfasster Friedens- und Ordnungsmacht und die von ihm zu gewährleistende Sicherheit seiner Bevölkerung sind Verfassungswerte, die mit anderen im gleichen Rang stehen und unverzichtbar sind, weil die Institution Staat von ihnen die eigentliche und letzte Rechtfertigung herleitet."[490] Die Sicherheitsaufgabe ist somit Teil der Verfassungsordnung als ungeschriebenes Verfassungsrecht.[491] Die öffentliche Sicherheit oder Ordnung ist als Teil der Staatsaufgabe Sicherheit

---

[484] BVerfGE 37, 217 (252); 55, 171 (179, 181); 57, 361 (382); 99, 145 (157, 163) letzteres zur verfahrensrechtlichen Vorkehrung im familiengerichtlichen Verfahren.
[485] *Badura*, in: Maunz/Dürig, Bd. II, Art. 6 Rdnr. 135.
[486] *Pieroth/Schlink*, Rdnr. 707.
[487] BVerGE 107, 104 (120).
[488] *Möstl*, S. 1; *Grimm*, in: Grimm, S. 771/772 f.; *Badura*, A 1; *Sommermann*, S. 3.
[489] *Möstl*, S. 42 mit weiteren Nachweisen zur öffentlichen Sicherheit oder Ordnung als Staatsaufgabe S. 44 ff.
[490] BVerfGE 49, 24 (56f.); BVerwGE 49, 202 (209).
[491] *Möstl*, S. 48.

vom „Grundrecht auf Sicherheit"[492] umfasst.[493] Die Erhaltung der öffentlichen Sicherheit oder Ordnung begrenzt andere Verfassungsrechte. Sie kann somit als Recht im Sinne der praktischen Konkordanz gesehen werden. Die Zusatzverantwortlichkeit dient weiterhin dem Schutz der Rechte Dritter.

Die Haftung des Sorgeberechtigten müsste verhältnismäßig sein. Sie verfolgt einen legitimen Zweck, ist geeignet und erforderlich, soweit sie sich auf bis zu 14 Jahre alte Kinder bezieht.[494] Sie muss verhältnismäßig im engeren Sinn sein. Für die Angemessenheit der Haftung des Sorgeberechtigten spricht die Effektivität der Gefahrenabwehr.[495] Als weiteres Argument lässt sich anführen, dass der Sorgeberechtigte aus einer eigenen rechtlichen Verantwortlichkeit haftet. Der Sorgeberechtigte beherrscht einen Gefahrenbereich, ähnlich wie der Inhaber der tatsächlichen Gewalt einer Sache. Der Sorgeberechtigte hat im Gegensatz zum Aufsichtspflichtigen eine *rechtlich* viel engere Bindung zu dem Jugendlichen. Weiterhin hat der Sorgeberechtigte die Möglichkeit, auf den Jugendlichen einzuwirken, und zwar im Gegensatz zum Aufsichtspflichtigen über einen langfristigen Zeitraum. Die Eltern haben die Pflicht und die Möglichkeit, das Kind über Gefahren aufzuklären, so dass es erst gar nicht zu einer Gefahr oder einem Schaden kommt.[496] Zwischen dem Kind als „eigentlichem" Störer und dem Sorgeberechtigten als Zusatzverantwortlichem besteht auch *im Tatsächlichen* eine viel engere Bindung als zwischen dem Aufsichtspflichtigen und dem Kind. Die Eltern, die in der Regel Sorgeberechtigte sind, haben zumindest durch die Geburt des Kindes auch eine Ursache, wenn auch nicht eine kausale, für den Schaden gesetzt.

Gegen die Angemessenheit der Haftung spricht, dass die Eltern eine von dem Kind ausgehende Gefahr nicht immer ausschließen können, da es zu einer normalen Erziehung gehört, dem Kind auch Freiräume zu gewähren. Würden die Eltern versuchen, jede von dem Kind ausgehende Gefahr auszuschließen, müssten sie es rund um die Uhr überwachen. Eine solche Überwachung würde aber gegen die Rechte des Kindes aus Art. 2 Abs. 1 GG i. V. m. Art. 1 Abs. 1 GG verstoßen. Die Zusatzverantwortlichkeit des Sorgeberechtigten ist somit verfassungsrechtlich so auszulegen, dass sie in Einklang mit Art. 6 Abs. 2 Satz 1 und Art. 2 Abs. 1 GG i. V. m. Art. 1 Abs. 1 GG steht. Als die Zusatzverantwortlichkeit im PrPVG zum ersten Mal normiert wurde, stellten die in der WRV normierten Grundrechte kein übergeordnetes Recht dar, an dem die Aussagen

---

[492] Vgl. *Isensee*, insb. S. 27–55.

[493] *Möstl*, S. 84 ff.; zum Gegenstand der Garantie der öffentlichen Sicherheit vgl. *Möstl*, S. 119 ff.; vgl. weiterhin *Robbers*, S. 121–253 insb. zum Recht auf polizeilichen Schutz S. 228 ff.

[494] s. o. unter Kapitel 2 B II 5 a) aa) (1).

[495] s. ebd.

[496] Vgl. OLG Düsseldorf, VersR 1998, 721 f.

des PrPVG zu messen waren. In dieser Hinsicht stellten sich deshalb keine Probleme.[497] Wie gezeigt[498], galt das PrPVG in der Bundesrepublik weiter und die Regelungen der Zusatzverantwortlichkeit wurden in die Polizeigesetze des Bundes und der Länder übernommen. Im Zusammenhang der Gesetzgebung haben die beteiligten Personen die Frage der Verfassungskonformität nie gestellt. Das Elterngrundrecht darf aber nur insoweit eingeschränkt werden, wie es für den Schutz anderer Rechtsgüter vernünftigerweise erforderlich ist. Im Sinn einer verfassungskonformen Auslegung ist im Einzelfall zu prüfen, ob die Eltern sich so verhalten haben, wie „ideale Eltern" sich verhalten würden, das heißt, die Eltern haben dem Kind einen seinem Entwicklungsstand entsprechenden Freiraum eingeräumt und durch Aufklärung und notwendige Überwachung alles getan, damit das Kind keine Gefahr oder einen Schaden für die öffentliche Sicherheit oder Ordnung verursacht. Dieses „ideale Elternverhalten" wurde in § 832 BGB konkretisiert. Im Falle des § 832 BGB reduziert die Möglichkeit des Entlastungsbeweises die Elternhaftung.

Die Zusatzhaftung der Eltern als Sorgeberechtigte ist verfassungskonform in dem Umfang zu begrenzen, dass sie gefahrenabwehrrechtlich nur in dem Umfang haften, den § 832 BGB bestimmt.

(b) Art. 6 Abs. 1 GG

Aus dem Schutz des Art. 6 Abs. 1 GG für Ehe und Familie kann ein Verbot der Schlechterstellung von Ehe und Familie abgeleitet werden.[499] Zum Kernbereich des Art. 6 Abs. 1 GG gehört, dass Eltern nicht gegenüber kinderlosen Personen benachteiligt werden dürfen.[500] Weiterhin dürfen Verheiratete und Familienmitglieder gegenüber Nicht-Verheirateten und Nicht-Familienmitgliedern grundsätzlich nicht diskriminiert werden.[501] Art. 6 Abs. 1 GG enthält insofern einen besonderen Gleichheitssatz.[502] Dieser besondere Gleichheitssatz verbietet genau wie der allgemeine Gleichheitssatz jede staatliche Ungleichbehandlung, die nicht durch einen sachlichen Grund gerechtfertigt ist.[503]

Die Zusatzverantwortlichkeit des Sorgeberechtigten könnte gegen den Gleichheitssatz des Art. 6 Abs. 1 GG verstoßen. Ein Eingriff könnte darin gesehen werden, dass Eltern gegenüber Nichteltern nachteilig behandelt werden. Verur-

---

[497] Vgl. *Sodan/Ziekow*, § 20 Rdnr. 9.
[498] s. z. B. Kapitel 1 B I 2 c).
[499] *Coester-Waltjen*, in: von Münch/Kunig, Art. 6 Rdnr. 37.
[500] *Haberstroh*, VersR 2000, 812.
[501] BVerfGE 99, 216 (232) = FamRZ 1999, 285 (287, 288); BVerfG, FamRZ 1999, 291 (293).
[502] BVerfGE 82, 80; 87, 37; BVerfG, JZ 1999, 723 ff. (724).
[503] BVerfGE 55, 88; 65, 112; 76, 329; 84, 35; *Rüfner*, in: Dolzer/Waldhoff/Graßhoff, Art. 3 Rdnr. 5.

sacht ein Kind unter 14 Jahren eine Gefahr für die öffentliche Sicherheit, so haften die Eltern dafür auch dann, wenn kein eigener Verursachungsbeitrag vorliegt. Nach dem übrigen Polizeirecht kann eine Person zur Gefahrenabwehr in Anspruch genommen werden, wenn sie einen Schaden verursacht hat.[504] Diese unterschiedliche Behandlung von Eltern und Nichteltern verstößt gegen den besonderen Gleichheitssatz des Art. 6 Abs. 1 GG.

Zunächst ist die Intensität der Ungleichbehandlung festzustellen. In diesem Fall liegt eine größere Intensität vor, da die Ungleichbehandlung personengruppenbezogen ist. Es muss somit ein gewichtiger sachlicher Grund vorliegen, damit eine Rechtfertigung greift. Als Grund dient hier der Schutz der öffentlichen Sicherheit oder Ordnung. Dieser sachliche Grund ist ohne Frage gewichtig, da er das Zusammenleben der Menschen und das Funktionieren des Staats betrifft.

Die Ungleichbehandlung muss verhältnismäßig sein. Als Argumente für die Angemessenheit der Zusatzverantwortlichkeit des Sorgeberechtigten sind auch hier die aufgeführten Argumente anzubringen.[505] Andererseits ist zu berücksichtigen, dass der Grund für die Ungleichbehandlung für jedermann gilt und nicht nur für Familien. Damit besteht die ungleiche Behandlung fort. Hier ist wie zuvor die Haftung des Sorgeberechtigten verfassungskonform zu interpretieren.

(c) Art. 2 Abs. 1 GG

Art. 6 Abs. 1 und 2 enthält gegenüber der allgemeinen Handlungsfreiheit das speziellere Recht. Für die Anwendung des Auffanggrundrechts Art. 2 Abs. 1 GG ist deshalb kein Raum.

(d) Art. 2 Abs. 1 GG i. V. m. Art. 1 Abs. 1 GG

Die verfassungskonforme Auslegung der Haftung des Sorgeberechtigten berührt das allgemeine Persönlichkeitsrecht des Jugendlichen nicht.

(2) Haftung der übrigen Sorgeberechtigten

Die übrigen Sorgeberechtigten schützt Art. 2 Abs. 1 GG. Ihre Zusatzhaftung muss verhältnismäßig sein. Mit Blick auf die Zusatzhaftung der Eltern ist erarbeitet worden, dass ihre Haftung verfassungskonform zu interpretieren ist. Das bedeutet, dass sie gefahrenabwehrrechtlich nur in dem Umfang haften, den § 832 BGB bestimmt. Dieser Gedanke muss auch für die übrigen Sorgeberechtigten gelten. Dafür spricht, dass durch die Verwirklichung dieses Gedankens

---

[504] Vgl. zu der parallelen Situation im Zivilrecht durch § 832 BGB *Haberstroh*, VersR 2000, 812.

[505] s. Kapitel 2 B II 5 a) aa) (1) (a).

ein einheitlicher Haftungsumfang aller Sorgeberechtigten hergestellt wird und nicht solche Personen, die freiwillig Sorgeverpflichtungen übernehmen, mit einem gegenüber den Eltern verschärften Haftungsrisiko belastet werden. Es ist verhältnismäßig, wenn die Haftung in diesem Umfang reduziert wird.

(3) Zwischenergebnis

Die Zusatzhaftung der Eltern als Sorgeberechtigte ist verfassungskonform in dem Umfang zu begrenzen, dass sie gefahrenabwehrrechtlich nur in dem Umfang haften, den § 832 BGB bestimmt. Dieses Ergebnis gilt auch für die übrigen Sorgeberechtigten.

Im *Einzelfall* ist die Inanspruchnahme des Sorgeberechtigten, soweit sie auf der Grundlage einer verfassungsmäßigen Norm zulässig ist, rechtswidrig, wenn sie nicht den Anforderungen des Grundsatzes der Verhältnismäßigkeit entspricht.

b) Betreuerverantwortlichkeit

Der Betreuer übernimmt sein Amt freiwillig. Teilweise wird es als Beruf ausgeübt (Berufsbetreuer), teilweise aus Anstand und Verantwortung für bestimmte vertraute Personen. Mit Blick auf die berufsmäßigen Betreuer darf auf die Ausführungen oben zu Art. 12 Abs. 1 GG und Art. 14 GG verwiesen werden.

Den nicht berufsmäßigen Betreuer schützt das Grundrecht aus Art. 2 Abs. 1 GG. Seine Zusatzhaftung muss verhältnismäßig sein. Mit Blick auf die Zusatzhaftung der Eltern ist erarbeitet worden, dass ihre Haftung verfassungskonform in der Weise zu interpretieren ist, dass sie gefahrenabwehrrechtlich nur in dem Umfang haften, den § 832 BGB bestimmt. Diese Haftungsreduktion war auch für die übrigen Sorgeberechtigten angenommen worden.

Für den nicht berufsmäßigen Betreuer sollte parallel zu den vorangegangenen Ausführungen gelten, dass auch seine Haftung reduziert ist, und zwar in dem Umfang, der sich aus § 832 BGB ergibt. Es ist unverhältnismäßig, wenn ein aus Anstand und Verantwortung tätiger Betreuer einem nicht kalkulierbaren Haftungsrisiko ausgesetzt ist.

Im *Einzelfall* ist die Inanspruchnahme des Betreuers, soweit sie auf der Grundlage einer verfassungsmäßigen Norm zulässig ist, verfassungswidrig, wenn sie nicht den Anforderungen des Grundsatzes der Verhältnismäßigkeit entspricht.

c) Geschäftsherrnverantwortlichkeit

Die Tätigkeit eines Geschäftsherrn ist im Normalfall die Ausübung eines Berufs. Seine Zusatzverantwortlichkeit ist deshalb ein Fall des Art. 12 Abs. 1

GG. Auf die obigen Ausführungen zu Art. 12 Abs. 1 GG und Art. 14 GG darf verwiesen werden.

Daneben gibt es noch die Relation Geschäftsherr-Verrichtungsgehilfe in der Familie. Da nach dem zuvor Ausgeführten ersichtlich Art. 6 Abs. 1 und 2 GG nicht berührt ist, ist dieser Fall ein solcher des Art. 2 Abs. 1 GG.

Die Normierung der Zusatzhaftung des Geschäftsherrn ist eine Berufsausübungsregel i. S. d. Art. 12 Abs. 1 GG. Daran besteht kein vernünftiger Zweifel. Diese müsste verhältnismäßig sein. Die Zusatzhaftung verfolgt den legitimen Zweck, die Effektivität der Gefahrenabwehr sicherzustellen.[506] Sie ist dafür geeignet. Fraglich ist, ob sie erforderlich ist. Dagegen könnte sprechen, dass der Verrichtungsgehilfe selbst in der Lage ist, den Schaden zu beseitigen. Zu bedenken ist aber, dass die Schäden, die bei einer beruflichen Tätigkeit entstehen können, nicht selten ein größeres Ausmaß haben werden als Schäden außerhalb der Arbeitswelt. Dieses Ergebnis bestätigt die Rechtsprechung. Die durch eine betriebliche Tätigkeit entstandenen Schäden müssen meist durch Dritte beseitigt werden, wodurch hohe Kosten entstehen. Diese Kosten kann ein normaler Arbeitnehmer regelmäßig nicht aufbringen. Es ist insofern erforderlich, den Geschäftsherrn mit zu verpflichten, weil dieser eher als ein Verrichtungsgehilfe in der Lage sein wird, den Schaden auszugleichen. Die Haftung müsste verhältnismäßig im engeren Sinn, also nicht unangemessen sein. Dafür spricht, dass der Geschäftsherr den Verrichtungshilfen zu seinem Nutzen einsetzt. Der Verrichtungsgehilfe nimmt die Verrichtung für den Geschäftsherrn vor und nicht für sich selbst. Der Verrichtungsgehilfe ist der verlängerte Arm des Geschäftsherrn. Wer Vorteile aus der Handlung eines anderen zieht, muss genauso die denkbaren Nachteile der Handlung tragen. Gegen die Angemessenheit der Haftung spricht, dass der Geschäftsherr keine Möglichkeit hat, sich vor dem Risiko der Haftung zu schützen. Im Zivilrecht gibt es gem. § 831 Abs. 1 Satz 2 BGB die Möglichkeit des Entlastungsbeweises, wenn der Geschäftsherr beweist, dass er entweder bei der Auswahl der bestellten Person oder, sofern er Vorrichtungen oder Gerätschaften zu beschaffen oder die Ausführung der Verrichtung zu leiten hat, bei der Beschaffung und der Leitung die im Verkehr erforderliche Sorgfalt beachtet hat oder wenn der Schaden auch bei Anwendung dieser Sorgfalt entstanden sein würde. Es gehört aber immer zum Betriebsrisiko, dass Gefahren oder Schäden auftreten können. Bestimmte Risiken sind schon in der Tätigkeit an sich begründet. Der Umgang mit Chemikalien oder anderen umweltgefährdenden Stoffen enthält i. d. R. die erhöhte Wahrscheinlichkeit eines Schadenseintritts. Dieses Betriebsrisiko ist dem Arbeitgeber/Geschäftsherrn zuzurechnen. Wer aus einer mit erhöhtem Risiko verbundenen Tätigkeit Nutzen zieht, muss auch die Nachteile dieser Tätigkeit tragen. Es erscheint angemessen, dass der Geschäftsherr die Kosten für einen Schaden seines Verrichtungsgehilfen ersetzt, wenn dieses gefordert

---

[506] s. o. a) aa) (1).

wird. Die Zusatzhaftung des Geschäftsherrn ist angemessen i. S. d. Grundsatzes der Verhältnismäßigkeit.

Die Zusatzhaftung des nicht berufsmäßigen Geschäftsherrn greift in Art. 2 Abs. 1 GG ein, wenn der Schutzbereich des Art. 12 Abs. 1 GG nicht berührt ist. Der Eingriff in Art. 2 Abs. 1 GG ist nach den vorigen Ausführungen zur Verhältnismäßigkeit, die auch hier gelten, angemessen.

Im *Einzelfall* ist die Inanspruchnahme des Geschäftsherrn, soweit sie auf der Grundlage einer verfassungsmäßigen Norm zulässig ist, rechtswidrig, wenn sie nicht den Anforderungen des Grundsatzes der Verhältnismäßigkeit entspricht.

d) Ergebnis

Die Verantwortlichkeit des gewerblich tätigen „Nur-Aufsichtspflichtigen" für die von der noch nicht 14 Jahre alten Person verursachten Gefahren / Schäden sowie bei Abwesenheit des Sorgeberechtigten ist mit Art. 12 Abs. 1 GG vereinbar. Die Altersgrenze von 16 Jahren sowie die Haftung bei Anwesenheit des Sorgeberechtigten widerspricht dem Grundsatz der Erforderlichkeit. Die Verantwortlichkeit des (nicht gewerblichen) „Nur-Aufsichtspflichtigen" ist unangemessen i. S. d. Grundsatzes der Verhältnismäßigkeit und deshalb nicht verfassungskonform. Die Normen über die Aufsichtsverantwortlichkeit sind entsprechend verfassungskonform zu interpretieren. Die Inanspruchnahme des (nicht gewerblichen) „Nur-Aufsichtspflichtigen" entfällt infolge ihrer Rechtswidrigkeit. Die Zusatzhaftung der Eltern als Sorgeberechtigte ist verfassungskonform in dem Umfang zu begrenzen, dass sie gefahrenabwehrrechtlich nur in dem Umfang haften, den § 832 BGB bestimmt. Für die übrigen Sorgeberechtigten gilt dieses Ergebnis. Der berufsmäßige Betreuer haftet wie ein berufsmäßiger „Nur-Aufsichtspflichtiger". Der „normale" Betreuer haftet reduziert entsprechend § 832 BGB. Die Zusatzhaftung des berufsmäßigen Geschäftsherrn ist mit Art. 12 Abs. 1 GG vereinbar. Die Zusatzhaftung des nicht berufsmäßigen Geschäftsherrn ist angemessen.

6. Zusammenfassende Bewertung der Dogmatik

Es ist eine große Zahl von Aussagen für jeden einzelnen Tatbestand der Zusatzverantwortlichkeit erarbeitet worden. Die Zusatzverantwortlichkeit ist eine kraft Gesetzes bestehende selbständige Verantwortlichkeit. Die Gesetze erweitern den Kreis der Verantwortlichen in einer Weise, die sich nicht aus der Unmittelbarkeitstheorie ableiten lässt. Nach Sinn und Zweck der Gesetze darf ein unmittelbarer Ursachenzusammenhang zwischen Gefahr und Verantwortlichkeit nicht vorliegen. Der Zusatzverantwortliche ist deshalb ein Nichtstörer. Die gesetzlichen Regeln der Zusatzverantwortlichkeit behandeln den Zusatzverantwortlichen aber nicht wie einen Nichtstörer, sondern wie einen Störer. Sie knüpfen an den Tatbestand Nichtstörer die Rechtsfolgen des Tatbestands Verhaltensstörer. Der Zusatzverantwortliche ist ein fiktiver Verhaltensstörer.

Bei der Zustandsverantwortlichkeit kann es keine Zusatzverantwortlichkeit geben. Die Zusatzverantwortlichkeit existiert als ungeschriebenes Recht nicht. Ihr Zweck besteht in der Bereitstellung einer Garantiehaftung. Teilweise ist sie verfassungswidrig und muss verfassungskonform interpretiert werden. Auf diese Weise wird ein Gleichlauf der Haftung des Sorgeverpflichteten und des „ehrenamtlich" tätigen Betreuers erreicht.

Im Ergebnis ist die Haftung der Zusatzverantwortlichen, soweit sie nicht gewerblich tätig sind, in dem Umfang reduziert, den das BGB für die zivilrechtliche Haftung des Aufsichtspflichtigen oder Betreuers vorschreibt. Der Haftungsumfang ist deshalb nach öffentlichem und nach privatem Recht gleich. Dieses dürfte die Bereitschaft, „ehrenamtlich" als Aufsichtsperson oder als Betreuer tätig zu werden, stärken.

III. Praxis

Eine Erklärung dafür, warum Teile der Literatur die Zusatzverantwortung nicht oder nur sehr knapp behandeln, ist darin zu finden, dass es in der Entscheidungsfreiheit eines Autors liegt, zu bestimmen, ob, und wenn ja, wie intensiv er sich einem Regelungsgegenstand widmet. Warum ein Autor eine bestimmte Entscheidung fällt, lässt sich nicht ergründen.

1. Aufsichtsverantwortlichkeit

Im Kapitel 1 ist die Feststellung getroffen worden, dass es zur Aufsichtsverantwortlichkeit keine veröffentlichten Gerichtsentscheidungen und keine erkennbare Verwaltungspraxis gibt. Die Gründe für dieses – soweit erkennbar – Fehlen einer praktischen Bedeutung sind zu suchen.

Für die *nicht geschäftsfähigen Kinder* ist festzuhalten: Sie werden nach menschlichem Ermessen nicht unbeaufsichtigt gelassen. Wenn sie beispielsweise infolge einer Unachtsamkeit oder ihrem Spieltrieb folgend einen privatrechtlichen Schaden verursachen, dann wird die Aufsichtsperson aus Gründen des Anstands diesen Schaden beseitigen oder, wenn eine Naturalrestitution nicht möglich ist, Schadensersatz leisten. Wenn das nicht geschieht, wird die Ordnungsbehörde nicht eingreifen. Denn eine solche Situation ist keine durch das Ordnungsrecht zu regelnde. Dieses ist gegenüber dem Zivilrecht subsidiär. Statt auf viele Normen sei auf § 1 Abs. 2 BbgPolG hingewiesen. Der Polizei (bzw. der Ordnungsbehörde) obliegt der Schutz privater Rechte nur dann, wenn gerichtlicher Schutz nicht rechtzeitig zu erlangen ist und wenn ohne polizeiliche (ordnungsbehördliche) Hilfe die Verwirklichung des Rechts vereitelt oder wesentlich erschwert würde (Grundsatz der Subsidiarität des Polizei- bzw. Ordnungsbehördenrechts). Im Beispielsfall ist gerichtlicher Schutz zu erreichen. Wenn das Kind für den Schaden nicht verantwortlich ist (§ 828 Abs. 1 BGB), wird kein Recht vereitelt oder wesentlich erschwert: es existiert nicht.

Verursacht ein Kleinkind einen Schaden für die öffentliche Sicherheit oder Ordnung, wird der Aufsichtspflichtige es als moralische Pflicht ansehen, diesen Schaden zu beseitigen. Selbst wenn die zuständige Behörde den Aufsichtspflichtigen als Zusatzverantwortlichen in Anspruch nehmen sollte, erscheint es unwahrscheinlich, dass es der Aufsichtspflichtige zu einem Rechtsstreit kommen lässt. Unabhängig davon wird man feststellen müssen, dass die Polizei jedenfalls höchst selten dort anwesend sein wird, wo sich nicht geschäftsfähige Kinder aufhalten. Sie hat deshalb nicht die tatsächliche Möglichkeit, zum Zwecke der Gefahrenabwehr einzugreifen. Ein präventives Eingreifen entfällt. Das gilt auch für die Ordnungsbehörde, die nur sehr selten Außendienstmitarbeiter hat. Diese sind regelmäßig nur für spezielle Aufgaben zuständig (z. B. Überwachung des ruhenden Verkehrs).

Es sind demnach praktische wie rechtliche Gründe, die erklären, warum die Verhaltensverantwortlichkeit in diesem Segment praktisch leerläuft.

Für die privatrechtlichen Schäden der Kinder, die *sieben Jahre, aber nicht älter als 14 Jahre* sind, gilt der Grundsatz der Subsidiarität des Polizeirechts. Für die Schäden für die öffentliche Sicherheit oder Ordnung gilt das oben Gesagte. Schließlich werden die Mitarbeiter der Behörden nicht vor Ort sein, wenn ein Schaden verursacht wird. Vorstellbar erscheint der Fall, dass ein Minderjähriger für eine Gefahr verantwortlich ist oder einen Schaden verursacht, die/der eine Ersatzvornahme der Ordnungsbehörde erforderlich macht. In diesen Fällen muss sich die zuständige Behörde an die gesetzlichen Vertreter des Minderjährigen halten. Diese Fälle erscheinen indes konstruiert.

Es sind demnach ebenfalls praktische wie rechtliche Gründe, die erklären, warum die Verhaltensverantwortlichkeit in diesem Segment praktisch leerläuft.

2. Betreuerverantwortlichkeit

Im Kapitel 1 ist die Feststellung getroffen worden, dass es auch zur Betreuerverantwortlichkeit keine veröffentlichten Gerichtsentscheidungen und keine erkennbare Verwaltungspraxis gibt. Die Gründe für dieses – soweit erkennbar – Fehlen einer praktischen Bedeutung sind zu suchen.

Wenn ein Betreuter einen Schaden verursacht, gelten die zuvor angestellten Erwägungen in abgewandelter Form. Insbesondere wenn ein Betreuer sich in einer Einrichtung aufhält, die speziell für betreute Personen besteht, ist weder ein Polizeibeamter noch ein Mitarbeiter einer Ordnungsbehörde anwesend, der eingreifen und Verfügungen erlassen könnte. Ebenso wie bei der Gruppe der Minderjährigen erscheint der Fall vorstellbar, dass ein Betreuer für eine Gefahr verantwortlich ist oder einen Schaden verursacht, die/der eine Ersatzvornahme der Ordnungsbehörde erforderlich macht. In diesen Fällen muss sich die zuständige Behörde an den Betreuer halten. Diese Fälle erscheinen indes konstruiert.

Aus praktischen wie rechtlichen Gründen läuft die Betreuerverantwortlichkeit leer.

3. Geschäftsherrnverantwortlichkeit

Die Geschäftsherrnverantwortlichkeit spielt in der Praxis die dargestellte Rolle, die nicht unbeträchtlich zu sein scheint. Insbesondere Fälle der Ersatzvornahme kommen vor. Zur Häufigkeit lassen sich Aussagen nicht treffen, weil die Verwaltungspraxis nicht bekannt ist. Insbesondere kommt es nicht in jedem Fall zum Rechtsstreit. Aus der Zahl der gerichtlichen Entscheidungen lässt sich deshalb auf die praktische Bedeutung dieses Verantwortlichkeitstatbestands nicht schließen.

4. Zusammenfassende Bewertung der Praxis

Aus praktischen und rechtlichen Gründen laufen die Aufsichtsverantwortlichkeit und die Betreuerverantwortlichkeit leer. Die rechtlichen Gründe, die einer größeren Bedeutung dieser Tatbestände entgegenstehen, lassen sich nur schwer ändern. Im Gegensatz dazu besitzt die Geschäftsherrnverantwortlichkeit die dargestellte Bedeutung. Insoweit dürfte das Gesetz die mit ihm verbundenen Erwartungen erfüllen.

C. Gesamtergebnis

Die Bestandsaufnahme des Rechts und der Praxis der Zusatzverantwortlichkeit ergab eine Vielzahl von Fragen. Ihre Beantwortung erfolgte insoweit strukturiert, als die Darstellung nach den Fragen betreffend die Gesetze, die Dogmatik und der Praxis trennte.

Die Analyse der sehr differenzierten Gesetzgebung führt alles in allem dazu, vorzuschlagen, diese zu vereinheitlichen. Die Vereinheitlichung beseitigt Ungereimtheiten, korrigiert offensichtliche Fehler und führt die Zusatzverantwortlichkeit auf ein Maß zurück, welches in der Tradition des Preußischen Gesetzgebers in Ansehung der Haftungsreduktion steht. Regelungslücken entstehen nicht. Ri-

C. Gesamtergebnis

siken, die mit der Übernahme von Aufsichts- und Betreuerverantwortlichkeit verbunden sind, werden reduziert. Insgesamt erscheint es möglich, die Zusatzhaftung zu entschärfen.

Nach Sinn und Zweck der Gesetze darf ein unmittelbarer Ursachenzusammenhang zwischen Gefahr und Verantwortlichkeit nicht vorliegen. Der Zusatzverantwortliche ist deshalb ein Nichtstörer. Die gesetzlichen Regeln der Zusatzverantwortlichkeit behandeln den Zusatzverantwortlichen aber nicht wie einen Nichtstörer, sondern wie einen Störer. Sie knüpfen an den Tatbestand Nichtstörer die Rechtsfolgen des Tatbestands Verhaltensstörer. Der Zusatzverantwortliche ist ein fiktiver Verhaltensstörer. Im Ergebnis ist seine Haftung, soweit er nicht gewerblich tätig ist und mit Ausnahme der Geschäftsherrnverantwortlichkeit, in dem Umfang reduziert, den das BGB für die zivilrechtliche Haftung des Aufsichtspflichtigen oder Betreuers vorschreibt. Der Haftungsumfang ist insoweit nach öffentlichem und nach privatem Recht gleich.

Aus praktischen und rechtlichen Gründen laufen die Aufsichtsverantwortlichkeit und die Betreuerverantwortlichkeit leer. Im Gegensatz dazu besitzt die Geschäftsherrnverantwortlichkeit die dargestellte Bedeutung. Insoweit dürfte das Gesetz die mit ihm verbundenen Erwartungen erfüllen.

Kapitel 3

Zusammenfassendes Ergebnis und Schlussbetrachtung

Die Einzelergebnisse der Untersuchung lassen sich wie folgt zusammenfassen:

1. Die Zusatzverantwortlichkeit im Gefahrenabwehrrecht bildet einen Fall der „Doppelverantwortlichkeit". Zwei Personen sind nebeneinander verhaltensverantwortlich für eine bestimmte Gefahr. Es gibt drei Fälle der gesetzlich geregelten Zusatzverantwortlichkeit im Polizei- und Ordnungsrecht:

- die Verantwortlichkeit einer Aufsichtsperson über einen Minderjährigen bis zu einem bestimmten Alter (= Aufsichtsverantwortlichkeit),
- die Verantwortlichkeit des Betreuers für einen Betreuten (= Betreuerverantwortlichkeit),
- die Verantwortlichkeit des Geschäftsherrn für den Verrichtungsgehilfen (= Geschäftsherrnverantwortlichkeit)

für die Gefahren oder Schäden, die der Minderjährige, der Betreute oder der Verrichtungsgehilfe verursacht hat.

2. Mit Blick auf die Arten der „Doppelverantwortlichkeit" lassen sich drei Fallgruppen unterscheiden:

- Fallgruppe 1: Der „eigentlich" Verantwortliche und der Dritte haften nebeneinander; hier sind zwei Untergruppen vorhanden: der Dritte haftet aufgrund eines haftungsbegründenden Tatbestands – Fallgruppe 1a –, oder aufgrund eines haftungszuweisenden Tatbestands – Fallgruppe 1b –.
- Fallgruppe 2: Der „eigentlich" Verantwortliche haftet allein.
- Fallgruppe 3: Der Dritte haftet allein.

3. Das Preußische Allgemeine Landrecht von 1794 kennt eine zivilrechtliche und eine strafrechtliche Zusatzverantwortlichkeit. Entgegen guten Gründen für die Normierung einer polizeirechtlichen Zusatzverantwortlichkeit fehlt aber dessen Festlegung. Die Entwicklung des Polizeibegriffs bzw. der Polizeiwissenschaft ist noch nicht in einer Weise fortgeschritten, die es nahe legt, die Erkenntnisse des Zivilrechts bzw. des Strafrechts zur Zusatzverantwortlichkeit auf das Polizeirecht zu übertragen.

Kap. 3: Zusammenfassendes Ergebnis und Schlussbetrachtung 297

4. Die Bestimmungen des BayPolStGB und des BaPolStGB kennen keine Zusatzverantwortlichkeit auf dem Gebiet des Strafrechts. Die *polizeirechtliche* Zusatzverantwortlichkeit wird in den Süddeutschen Polizeistrafgesetzbüchern nicht ausdrücklich geregelt. Es lassen sich aber einige Aussagen des BayPolStGB im Sinn einer Normierung der *polizeirechtlichen* Zusatzverantwortlichkeit verstehen.

5. Die im BGB konkretisierten Fälle der Zusatzverantwortlichkeit gleichen den Fällen der Zusatzverantwortlichkeit, die wir aus dem heutigen Polizeirecht kennen. Dieser Umstand ist kein Zufall. Der Gedanke, den die unterschiedlichen Gesetze zum Ausdruck bringen, ist derselbe: Eine Person ist für einen bestimmten Gefahrenkreis verantwortlich und haftet für Schäden, die aus diesem Kreis anderen zugefügt werden. Das BGB kennt die Doppelhaftung: Der Dritte haftet als Folge der Zurechnung fremden Verschuldens ohne eigenes Verschulden (Fallgruppe 1b) oder kraft Mitverschuldens (Fallgruppe 1a); das BGB kennt die Alleinhaftung des Dritten: Er haftet anstelle einer anderen Person (Fallgruppe 3).

6. Eine gesetzliche Regelung der Polizeipflichtigkeit, also der polizeirechtlich verantwortlichen Personen, gab es um die Jahrhundertwende nicht. Die Aufgabe, die Polizeipflichtigkeit zu bestimmen, kam der Rechtsprechung und der Polizeirechtsliteratur zu. Die Rechtsprechung spielte in gewisser Weise eine Vorreiterrolle. Viele der von ihr aufgestellten Grundsätze fanden in der Polizeirechtsliteratur eine vertiefende Betrachtung oder lösten eine juristische Diskussion aus. Die von ihr getroffenen Entscheidungen waren für das gesamte Polizeirecht prägend und haben es fortgebildet.

7. In der Rechtsprechung existiert die polizeirechtliche Zusatzverantwortlichkeit als solche und ihre Anwendung im Einzelfall. Die Frage, wer zusätzlich für das Verhalten einer anderen Person haftet, wird in der Weise beantwortet, dass eine zivilrechtliche Beziehung zwischen der „primär" haftenden Person und dem Zusatzverantwortlichen bestehen muss. Mit Blick auf diese zivilrechtlichen Beziehungen lässt sich eine begrenzende Aussage nicht treffen; es kann gesagt werden, dass jede denkbare Beziehung eine Zusatzhaftung zur Folge haben kann.

8. In der polizeirechtlichen Literatur wird die Zusatzverantwortlichkeit partiell nicht anerkannt. Es werden Auffassungen vertreten, die der Fallgruppe 2 zuzuordnen sind. In der polizeirechtlichen Literatur wird die Zusatzverantwortlichkeit weitgehend in dem Sinn anerkannt, dass eine Person für das Tun, Dulden oder Unterlassen einer anderen Person haftet. Dabei wird nicht immer klar, ob eine Person – der Dritte – neben dem eigentlichen Störer haftet, dieses wäre eine „Doppelhaftung" (erster Fall), oder ob der Dritte nur dann haftet, wenn der eigentliche Störer nicht haftet (zweiter Fall, hier Zusatzhaftung im weiteren Sinn genannt). Mit Blick auf den ersten Fall muss man noch dahingehend differenzieren, ob der Dritte einen eigenen kausalen Beitrag zum Haftungsfall zu leisten hat, damit er haftet, das wäre dann ein Fall des „Doppelstörers", oder ob der

Dritte davon unabhängig haftet, das wäre der Fall der Haftungszuweisung. Es lässt sich feststellen, dass sich in der Literatur alle Varianten von Zusatzhaftung finden. Der letzte zuvor dargestellte Fall der Haftungszuweisung findet sich nur einmal erwähnt.

9. Den Umfang der Zusatzhaftung in personeller Hinsicht bestimmen die Autoren höchst unterschiedlich. Hinter allen verwendeten Begründungen steht ein gemeinsamer Grundgedanke. Dieser Grundgedanke ist die eigene Haftung für Personen, für die man verantwortlich ist. Es ist die Feststellung zulässig, dass jeder als Zusatzverantwortlicher in Anspruch genommen werden kann, soweit er aus irgendeiner Beziehung für jemanden verantwortlich ist. Dieses führt im Ergebnis zu ausufernden und abstrusen Ergebnissen. Dass eine solche Rechtslage problematisch ist, liegt auf der Hand: Sie führt zu vollständiger Rechtsunsicherheit.

10. § 33 ThürLVO stellt die erste Normierung der polizeipflichtigen Personen und somit auch der Zusatzverantwortlichkeit dar. § 33 Abs. 2 ThürLVO stellt aber nicht eindeutig fest, für welche Personen ein Dritter verantwortlich ist. Zur Klärung der Frage, wer für eine andere Person verantwortlich ist, müssen die von der Rechtsprechung und der Literatur entwickelten Grundsätze herangezogen werden. Es ist somit eine Neuerung oder eine Rechtsänderung betreffend die Zusatzverantwortlichkeit nicht eingetreten.

11. § 19 PrPVG normiert eine „echte" Zusatzverantwortlichkeit entsprechend der obigen Fallgruppe 1. Es handelt sich um einen haftungsbegründenden Tatbestand im Sinn der Nr. 1 a. Die vor der Kodifikation bestehende Zusatzverantwortlichkeit für alle abhängigen Personen wird abgeschafft. Die Zusatzverantwortlichkeit wird „entschärft". Die Ausgestaltung der Zusatzverantwortlichkeit im PrPVG ist als eine Haftungsbegrenzung und nicht als eine Haftungserweiterung zu verstehen. Störer und Zusatzverantwortlicher sind nebeneinander verantwortlich. Dieses Ergebnis ist aus der Sicht der effizienten Gefahrenabwehr notwendig. Die geschaffene Regelung ist als gelungen und effizient zu bezeichnen. Sie dürfte Rechtssicherheit geschaffen haben.

12. Nach Gründung der Bundesrepublik erließen der Bund und die Länder Polizei- bzw. Ordnungsbehördengesetze. Der Rechtszustand ist bis auf wenige materielle Änderungen derselbe wie der am 1.6.1931, als das PrPVG in Kraft trat.

13. § 4 MEPolG übernimmt den Aufbau des § 19 PrPVG. Materiell-rechtlich unterscheiden sich die Vorschriften durch zwei Änderungen. Die beiden Änderungen enthalten eindeutig eine *Haftungserweiterung*.

14. In der Zeit nach der Veröffentlichung des Musterentwurfs eines einheitlichen Polizeigesetzes ist ein einheitliches Recht der Zusatzverantwortlichkeit weder in formaler noch in materieller Hinsicht entstanden. Die heutige Rechts-

lage der Zusatzverantwortlichkeit lässt sich wie folgt beschreiben: Der *erste Absatz* der die Zusatzverantwortlichkeit betreffenden Norm behandelt immer die Verhaltensverantwortlichkeit. Materiell-rechtlich bestehen an dieser Stelle keine Unterschiede zwischen den verschiedenen Vorschriften. – Der *zweite Absatz* der Normen bestimmt immer die Zusatzverantwortlichkeit für *Jugendliche* und *Betreute*. Die Zusatzhaftung für *Jugendliche*: Die *Altersgrenze* der Haftung für Jugendliche legen alle Gesetzgeber bis auf den Baden-Württembergischen auf 14 Jahre fest. In Baden-Württemberg gilt eine Altersgrenze von 16 Jahren. Auch für die *haftende Person* gibt es unterschiedliche Aussagen. Für das Verhalten dieser Jugendlichen ist der Aufsichtspflichtige in der Regel zusatzverantwortlich. In den Ländern Baden-Württemberg, Mecklenburg-Vorpommern, Sachsen und Schleswig-Holstein ist der Sorgerechtsverpflichtete Zusatzverantwortlicher für Jugendliche. Die Zusatzhaftung für *Betreute*: Die *Haftung des Betreuers* ist unterschiedlich geregelt: 1. Der Betreuer haftet für den Betreuten: Das BGSG/BPolG, das BaWüPolG, das BbgOBG, das BerlASOG, das HessSOG, das SOG M-V, das NdsSOG, das SaarlPolG, das SächsPolG, das LSA SOG, das S-HLVwG, das ThürOBG bestimmen die Haftung des Betreuers im Rahmen seines Aufgabenbereichs. Das BbgPolG erweitert die Haftung des Betreuers auch auf die Fälle, in denen der Aufgabenkreis des Betreuers die in § 1896 Abs. 4 und § 1905 BGB bezeichneten Angelegenheiten nicht erfasst. Das HmbSOG konkretisiert die Haftung des Betreuers für die Aufgabenkreise Personensorge, Aufsicht über die Person oder den Bereich, auf den die Maßnahme gerichtet ist. 2. Der Aufsichtspflichtige haftet für den Betreuten: Der Bayerische Gesetzgeber bestimmt die Haftung des Aufsichtspflichtigen für Personen, für die wegen einer psychischen Krankheit oder einer geistigen oder seelischen Behinderung zur Besorgung aller ihrer Angelegenheiten ein Betreuer bestellt wurde. Dies gilt auch, wenn der Aufgabenkreis des Betreuers die in § 1896 Abs. 4 und § 1905 BGB bezeichneten Angelegenheiten nicht erfasst. Der Nordrhein-Westfälische Gesetzgeber normiert die Haftung des Aufsichtspflichtigen im OBG NRW und im PolG NRW auch für Personen, für die zur Besorgung aller ihrer Angelegenheiten ein Betreuer bestellt wurde. Dies gilt auch, wenn der Aufgabenkreis des Betreuers die in § 1896 Abs. 4 und § 1905 BGB bezeichneten Angelegenheiten nicht erfasst. Der Bremische und der Thüringische (ThürPAG) Gesetzgeber bestimmen die Haftung des Aufsichtspflichtigen auch für Personen, für die ein Betreuer bestellt ist. In diesen Fällen muss der Betreuer aufsichtspflichtig sein. 3. Keine Haftung für den Betreuten: Der Rheinland-Pfälzische Gesetzgeber hat die gefahrenrechtliche Verantwortlichkeit des Betreuers für Betreute abgeschafft. – Der *dritte Absatz* regelt die Haftung des Geschäftsherrn für den Verrichtungsgehilfen. Zwischen den unterschiedlichen Wortfassungen der Normen bestehen keine inhaltlichen Unterschiede.

15. Es gibt nur wenig Rechtsprechung zur Zusatzverantwortlichkeit. Die Literatur zur Zusatzverantwortlichkeit ist unbefriedigend. Die Probleme, die sich aus der Zusatzverantwortlichkeit ergeben, sind in der Literatur weitestgehend

unerforscht. In den polizeirechtlichen Lehrbüchern und den einschlägigen Kommentaren finden sich regelmäßig nur knappe Bemerkungen. Die Ausführungen enthalten keine Hinweise auf historische Quellen. Die Darstellung der Zusatzverantwortlichkeit in der heutigen Literatur beginnt erst mit der Darstellung des Rechts, das seit der Entstehung der Bundesrepublik gilt.

16. Es besteht ein wissenschaftliches Bedürfnis an der Beantwortung folgender Fragen: Sind die in den Gesetzen vorhandenen Unterschiede sachlich gerechtfertigt oder sollte eine Rechtsvereinheitlichung vorgeschlagen werden? Lässt sich eine Dogmatik der Zusatzverantwortlichkeit entwickeln? Gibt es Gründe dafür, warum die drei Verantwortungstatbestände in der Praxis relativ selten zum Einsatz gelangen und gibt es insoweit veränderbare Ursachen, die zu einem verstärkten Einsatz der Zusatzverantwortlichkeit führen können?

17. Die in der Gesetzgebung vorgefundenen Differenzen bezüglich der Aufsichtsverantwortlichkeit lassen sich sachlich nicht rechtfertigen. Es wird rechtspolitisch folgende Gesetzesformulierung vorgeschlagen: „Ist die Person noch nicht 14 Jahre alt, können Maßnahmen auch gegen denjenigen gerichtet werden, der für die Person zu sorgen hat, soweit die Aufsicht betroffen ist."

18. Für die Betreuerverantwortlichkeit wird rechtspolitisch folgender Vorschlag unterbreitet: „Ist für eine Person wegen einer psychischen Krankheit oder einer geistigen oder seelischen Behinderung zur Besorgung aller ihrer Angelegenheiten ein Betreuer bestellt, können Maßnahmen, die die Aufsicht über den Betreuten betreffen, auch gegen den Betreuer gerichtet werden."

19. Die *Dogmatik des Tatbestands „Aufsichtsverantwortlichkeit"* enthält diese Elemente: An dem Rechtsverhältnis „Aufsichtsverantwortlichkeit" sind als Personen beteiligt die beaufsichtigte Person und die Aufsichtsperson. Beaufsichtigte Person ist ein Jugendlicher, der das 14. Lebensjahr noch nicht erreicht hat – von Baden-Württemberg abgesehen, dessen Gesetze das 16. Lebensjahr bestimmen. Für die Aufsichtsperson ist abzustellen einerseits auf die Aufsichtsperson kraft Gesetzes, anderseits auf die kraft Vertrags und drittens auf die kraft Gewahrsamsübernahme. Die Verantwortlichkeit entfällt, wenn die Inanspruchnahme des Kindes oder des Jugendlichen oder des Zusatzverantwortlichen im Einzelfall rechtswidrig ist. Es geht in diesem Zusammenhang nicht darum, dass der objektive Tatbestand einer speziellen „Haftungsnorm" oder der polizeilichen Generalklausel nicht erfüllt ist. Es geht darum, dass der Grundsatz der Geeignetheit einer Maßnahme als Teil des Grundsatzes der Verhältnismäßigkeit auch hier Anwendung finden muss, weil dieser Grundsatz der Ausübung der Staatsgewalt zu jeder Zeit und unter allen denkbaren Umständen eine Grenze setzt. Der Zusatzverantwortliche kann auch dann in Anspruch genommen werden, wenn der „eigentliche" Störer die Gefahr nur verursacht hat, aber selbst nicht verantworten muss. Bei Forderung einer unvertretbaren Handlung vom „eigentlichen" Verursacher entfällt eine Verantwortlichkeit des Zusatzverantwortlichen, aber nur insoweit,

Kap. 3: Zusammenfassendes Ergebnis und Schlussbetrachtung   301

als die unvertretbare Handlung betroffen ist. Vom Zusatzverantwortlichen kann verlangt werden, in bestimmter Weise auf den Beaufsichtigten einzuwirken. Zusatzverantwortlich ist ein Aufsichtspflichtiger nur dann, wenn er keinen eigenen Beitrag zur Gefahr-/Schadensentstehung geleistet hat. Zusatzhaftender sind der Aufsichtspflichtige/gesetzliche Vertreter, und der „Nur-Aufsichtspflichtige", soweit sie Rechtspflichten, die eine Verursacherhaftung begründen, nicht verletzt haben. Die Gefahrenabwehrbehörde ist bei der Auswahl, ob sie den „eigentlichen" Störer oder den Zusatzverantwortlichen in Anspruch nimmt, nicht an den Grundsatz der Subsidiarität gebunden. Sie kann den „eigentlichen" Störer und den Zusatzverantwortlichen gemeinsam in Anspruch nehmen. Die beaufsichtige Person ist niemals direkter/unmittelbarer Adressat einer rechtmäßigen Gefahrenabwehrverfügung. Voraussetzung für eine sie betreffende rechtmäßige Gefahrenabwehrverfügung ist, dass sie an die beaufsichtigte Person, vertreten durch ihren gesetzlichen Vertreter, gerichtet ist. Ein direkt/unmittelbar an die beaufsichtige Person gerichteter Verwaltungsakt ist unwirksam. Dieser kann deshalb nicht mit Zwangsmitteln durchgesetzt werden. Sollte gegen die beaufsichtige Person ein Zwangsmittel angedroht, festgesetzt und angewendet werden, kann diese Person die zulässigen Rechtsschutzmittel gegen diese Maßnahmen ergreifen. Sie ist prozessfähig. Rechtmäßig sind Maßnahmen gegen die beaufsichtige Person im Wege des Sofortvollzugs/der unmittelbaren Ausführung, z. B. eine Ingewahrsamnahme einer hilflosen Person, die der Aufsicht unterliegt. Der gesetzliche Vertreter muss Maßnahmen der Verwaltungsvollstreckung gegen den Vertretenen erfüllen. Kommt er dem nicht nach, kann nicht ersatzweise gegen den Vertretenen vorgegangen werden. Geschieht dieses gleichwohl, besitzt der Vertretene alle statthaften Rechtsschutzmöglichkeiten. Ist gegen den Zusatzverantwortlichen eine wirksame Grundverfügung erlassen worden und erfüllt der Zusatzverantwortliche die ihm auferlegte Pflicht nicht, so können gegen ihn die gesetzlich vorgesehenen Maßnahmen der Verwaltungsvollstreckung ergriffen werden. Die beaufsichtigte Person kann nur dann rechtmäßig wegen Zahlung von Kosten in Anspruch genommen werden, wenn gegen sie eine rechtmäßige Verwaltungsvollstreckungsmaßnahme angeordnet wurde und der Kostenbescheid an sie, vertreten durch den gesetzlichen Vertreter, adressiert ist. Der Zusatzverantwortliche haftet für Kosten entsprechend den allgemein geltenden Regeln. Der „eigentliche" Störer und der Zusatzverantwortliche haften als Gesamtschuldner, wenn gegen beide eine auf dasselbe Ziel gerichtete Grundverfügung erlassen wurde.

20. Die *Dogmatik des Tatbestands „Betreuerverantwortlichkeit"* enthält diese Aussagen: Betreuter ist eine volljährige Person, für die das Betreuungsgericht einen Betreuer bestellt hat. Betreuer ist eine Person, die das Betreuungsgericht als Betreuer für eine andere Person bestellt hat. Entscheidend ist ausschließlich der gerichtliche Bestellungsakt. Neben der Zusatzverantwortlichkeit des Betreuers kann ohne weiteres eine Aufsichtsverantwortlichkeit von Aufsichtspersonen bestehen. Jede Gefahr, die der Betreute in dem Bereich, für den die Betreuung angeordnet ist, verursacht, ist eine Ursache, die die Betreuerverantwortlichkeit

entstehen lässt. Soweit die Betreuung angeordnet ist, ist jede in der Person des Betreuten liegende persönliche Eigenschaft bedeutungslos. Soweit der Aufgabenkreis des Betreuers tangiert ist, vertritt der Betreuer den Betreuten. Die Vertretung ist unabhängig von einer bestehenden Geschäftsfähigkeit bzw. Geschäftsunfähigkeit. In diesem Fall sind die Verfügungen an den Betreuten, vertreten durch den Betreuer, zu richten. Der Betreuer darf in Anspruch genommen werden bei einer höchstpersönlichen Maßnahme, die der Betreute zu erfüllen hat, wenn zu seinem Aufgabenkreis Maßnahmen höchstpersönlicher Art zählen, z. B. den Aufenthalt des Betreuten zu bestimmen. Im Übrigen gelten die zum Recht der Aufsichtsverantwortlichkeit erarbeiteten Aussagen.

21. Die *Dogmatik des Tatbestands „Geschäftsherrnverantwortlichkeit"* enthält diese Feststellungen: *Geschäftsherr* ist diejenige Person, die das Direktionsrecht in Bezug auf das Verhalten des Gehilfen besitzt. *Verrichtungsgehilfe* ist diejenige Person, die vom Geschäftsherrn abhängig und weisungsgebunden ist. Entscheidend ist, dass das Direktionsrecht des Prinzipals faktisch besteht. Es ist ohne Bedeutung, ob das Direktionsrecht auf einem Rechtsverhältnis beruht und ob dieses Rechtsverhältnis wirksam ist. Verrichtungsgehilfe ist insbesondere der Arbeitnehmer. Verrichtungsgehilfenbeziehungen können auch in der Familie oder in einem Haus bestehen. In diesen Fällen liegt eine Gehilfenstellung nur dann vor, wenn die Person in den Organisationskreis des Geschäftsherrn eingegliedert ist, also in das Unternehmen oder den Haushalt des Geschäftsherrn. Der Geschäftsherr haftet für das Verhalten des Verrichtungsgehilfen, wenn die Schädigung „in Ausführung der Verrichtung" erfolgt. Davon zu trennen ist ein Handeln bloß bei Gelegenheit der Verrichtung. Für die Haftung ist nicht nur Kausalität, sondern auch ein qualifizierter, innerer Zusammenhang zwischen dem übertragenen Aufgabenkreis und der Schadenszufügung erforderlich. Jede Gefahr, die der Verrichtungsgehilfe in Ausübung der Verrichtung widerrechtlich verursacht, ist eine Ursache, die die Geschäftsherrnverantwortlichkeit entstehen lässt. Die voraussetzungslose Haftung des Geschäftsherrn entspricht seiner Zusatzhaftung nach Gefahrenabwehrrecht. Der Geschäftsherr leistet keinen eigenen Tatbeitrag. Voraussetzung dafür ist, dass der Entlastungsbeweis gelingt. Im Übrigen darf auf das Recht der Aufsichtsverantwortlichkeit verwiesen werden.

22. Bei der Zustandsverantwortlichkeit kann erstens auf die Normierung eines Zusatzverantwortlichen verzichtet werden. Durch die bereits jetzt nach den Gefahrenabwehrgesetzen im engeren Sinn vorhandene Möglichkeit, den Inhaber der tatsächlichen Gewalt, den Eigentümer und häufig zusätzlich erwähnte andere Berechtige in Anspruch zu nehmen, sind alle Personen erfasst, die auf die gefährliche Sache zur Gefahrenabwehr sinnvoll einwirken können. Bei der Zustandsverantwortlichkeit gibt es zweitens keine Zusatzverantwortlichkeit.

23. Die Zusatzverantwortlichkeit als ungeschriebenes Recht gibt es aus einer Vielzahl von Gründen nicht. Die in Rechtsprechung und Literatur vorgefundenen Begründungsversuche sind nicht tragfähig. Letztlich scheitert die Zusatzverant-

wortlichkeit am Analogieverbot. Ob es im Gefahrenabwehrrecht „Restbefunde" gibt, für die das Analogieverbot nicht gilt, lässt sich nicht überblicken.

24. Zum Zweck der Zusatzhaftung lässt sich festhalten: Die als selbstverständlich betrachtete (wohl eher) moralisch fundierte Verantwortung des Pflichtigen für die seiner Obhut unterstehenden Personen „erstarkt" durch die Zusatzverantwortlichkeit rechtlich zu dessen öffentlich-rechtlicher Garantiehaftung für dem Kind, dem Betreuten und dem Verrichtungsgehilfen als Verhaltensstörer zurechenbare Gefahren/Schäden.

25. Die Verantwortlichkeit des gewerblich tätigen „Nur-Aufsichtspflichtigen" für die von der noch nicht 14 Jahre alten Person verursachten Gefahren/Schäden sowie bei Abwesenheit des Sorgeberechtigten ist mit Art. 12 Abs. 1 GG vereinbar. Die Verantwortlichkeit des (nicht gewerblichen) „Nur-Aufsichtspflichtigen" ist unangemessen i. S. d. Grundsatzes der Verhältnismäßigkeit und deshalb nicht verfassungskonform. Die Normen über die Aufsichtsverantwortlichkeit sind dem entsprechend verfassungskonform zu interpretieren. Die Inanspruchnahme des (nicht gewerblichen) „Nur-Aufsichtspflichtigen" entfällt infolge ihrer Rechtswidrigkeit. Die Zusatzhaftung der Eltern als Sorgeberechtigte ist verfassungskonform in dem Umfang zu begrenzen, dass sie gefahrenabwehrrechtlich nur in dem Umfang haften, den § 832 BGB bestimmt. Dieses Ergebnis gilt auch für die übrigen Sorgeberechtigten. Mit Blick auf die berufsmäßigen Betreuer darf auf die Ausführungen zu Art. 12 Abs. 1 GG verwiesen werden. Für die übrigen Betreuer sollte parallel zu den vorangegangenen Ausführungen gelten, dass auch ihre Haftung reduziert ist, und zwar in dem Umfang, der sich aus § 832 BGB ergibt. Dieser Haftungsumfang ist verhältnismäßig. Die Zusatzhaftung des berufsmäßigen Geschäftsherrn ist mit Art. 12 Abs. 1 GG vereinbar und angemessen i. S. d. Grundsatzes der Verhältnismäßigkeit. Die Zusatzhaftung des nicht berufsmäßigen Geschäftsherrn ist angemessen.

26. Praktische wie rechtliche Gründe erklären, warum die Aufsichtsverantwortlichkeit und die Betreuerverantwortlichkeit praktisch leer laufen. Die Geschäftsherrnverantwortlichkeit spielt in der Praxis die dargestellte Rolle, die nicht unbeträchtlich zu sein scheint. Insbesondere Fälle der Ersatzvornahme kommen vor. Zur Häufigkeit lassen sich Aussagen nicht treffen, weil die Verwaltungspraxis nicht bekannt ist.

Die Arbeit legt *alles in allem* die Entstehungsgeschichte und die Regelungsvielfalt des Tatbestands „Zusatzverantwortlichkeit" in den Gesetzen des Bundes und der Länder offen. In Kapitel 2 sind die Probleme und Fragen aufgelistet worden, die Rechtsprechung und Literatur heute mit dem Institut Zusatzverantwortlichkeit verbinden. Auf dieser Bestandsaufnahme aufbauend sind alle ersichtlichen Probleme und Fragen, die weit über die vorgefundene Darstellung hinausreichen, einer Antwort zugeführt worden. Die Gesetze zur Zusatzverantwortlichkeit sind analysiert worden. Eine umfassende Dogmatik der Zusatzverantwortlichkeit ist erarbeitet worden. Die Gründe für die geringe praktische Bedeutung der Zusatzverantwortlichkeit sind herausgestellt worden. Alles in allem liegt nunmehr eine Vielzahl von Aussagen zur Zusatzverantwortlichkeit vor, die bislang unbekannt waren.

Die Arbeit erfüllt ihren praktischen Anspruch, indem sie alle ersichtlichen Fragen zum Tatbestand beantwortet. Damit kann sie einen Beitrag zur Rechtssicherheit leisten. Wenn ihr Vorhaben, ein bislang wenig beachtetes Rechtsinstitut „auszuleuchten", erfüllt sein sollte, hätte sie auch einen wissenschaftlichen Beitrag erbracht.

Es wird *rechtspolitisch* angeregt die Zusatzverantwortlichkeit hinsichtlich der Beaufsichtigung Minderjähriger und Betreuter in den Gesetzen des Bundes und der Länder einheitlich zu regeln. Als Mustertext wird vorgeschlagen:

„Ist die Person noch nicht 14 Jahre alt, können Maßnahmen auch gegen denjenigen gerichtet werden, der für die Person zu sorgen hat, soweit die Aufsicht betroffen ist. Ist für eine Person wegen einer psychischen Krankheit oder einer geistigen oder seelischen Behinderung zur Besorgung aller ihrer Angelegenheiten ein Betreuer bestellt, können Maßnahmen, die die Aufsicht über den Betreuten betreffen, auch gegen den Betreuer gerichtet werden."

Der in den Gesetzen vorhandene Text betreffend die Geschäftsherrnverantwortlichkeit bleibt unverändert.

Zu hoffen ist, das der Bundesgesetzgeber und die Gesetzgeber der Länder durch diese Arbeit auf die Regelungsvielfalt zur Zusatzverantwortlichkeit für Minderjährige und Betreute aufmerksam werden und die Rechtsunsicherheit durch die existierenden unterschiedlichen Bestimmungen erkennen.

Es ist nicht von vornherein ausgeschlossen, dass die veränderte Norm in größerem Umfang zur Anwendung gelangt.

Literaturverzeichnis

Hinweise zur Zitierweise: Autoren, die mit nur einem Werk (Monographie oder Beitrag in einem Sammelwerk) in der Arbeit zitiert werden, werden in den Anmerkungen nur mit ihrem Namen genannt; Beispiel: *Meier*, S. 20. Autoren, die mit mehreren Monographien/Beiträgen in Sammelwerken zitiert werden, werden in der Weise zitiert, dass das zitierte Werk mit einer Kurzbezeichnung, die sich aus dem Literaturverzeichnis ergibt, benannt wird; Beispiel: *Müller*, Soziale Marktwirtschaft, S. 10. Aufsätze in Fachzeitschriften werden mit Autorennamen und Fundstelle zitiert; Beispiel: *Schulz*, NJW 1960, 120f.

A. Unveröffentlichte Quellen

Geheimes Staatsarchiv Preußischer Kulturbesitz (GStA)

1. Preußisches Ministerium des Inneren

I. HA. Rep. 77, Tit. 598, Nr. 24, Bd. 1: Entwurf eines preußischen Polizeigesetzes (26.09.1919–10.05.1929)

I. HA. Rep. 77, Tit. 598, Nr. 24, Bd. 2: Polizeiverwaltungsgesetz (11.05.1929–5.11.1930)

I. HA. Rep. 77, Tit. 598, Nr. 24, Beiheft 2 Bd. 1: Sammlung der Berichte zum preußischen Polizeiverwaltungsgesetz (August 1929)

I. HA. Rep. 77, Tit. 598, Nr. 24a, Bd. 1: Stellungnahmen der übrigen Ressorts usw. zum Polizeiverwaltungsgesetz vom 1. Juni 1931 (19.10.1929–3.9.1931)

2. Preußisches Ministerium der Justiz

I. HA. Rep. 84a Nr. 3741: Polizeiverwaltungsgesetz (1930–30.06.1931)

3. Nachlaß Bill Arnold Drews (NL Drews)

VI. HA. Rep. 92 Nr. 115, Bd. 2: Das preußische Polizeigesetz, auch Schaffung eines Reichskriminalamtes und von Landeskriminalpolizeibehörden (1921–1928)

4. Preußisches Oberverwaltungsgericht

I. HA. Rep. 184 Präsidial-Registratur Nr. 792: Entwurf eines preußischen Polizeiverwaltungsgesetzes (17.7.1929–30.5.1931)

B. Veröffentlichte Quellen

Achenbach, Hans/*Ransiek*, Andreas (Hrsg.), Handbuch Wirtschaftsstrafrecht (HWSt), 2. Aufl., Heidelberg 2008, Zitat: *Autor*, in: Achenbach/Ransiek.

Achterberg, Norbert, „Öffentliche Ordnung" im pluralistischen Staat: Analytische Bemerkungen zu einem Grundbegriff des Polizei- und Ordnungsrechts, in: Achterberg, Norbert (Hrsg.), Öffentliches Recht und Politik, FS für Ulrich Scupin, Berlin 1973, S. 9.

Achterberg, Norbert/*Püttner*, Günter/*Würtenberger*, Thomas (Hrsg.), Besonderes Verwaltungsrecht Bd. II, 2. Aufl., Heidelberg 2000, Zitat: *Autor*, in: Achterberg/Püttner/Würtenberger.

AEPolG, Arbeitskreis Polizei, Denninger, Erhard u. a., Alternativentwurf einheitlicher Polizeigesetze des Bundes und der Länder, Darmstadt 1979.

Alberts, Hans/*Merten*, Karlhein/*Rogasch*, Josef Konrad, Gesetz zum Schutz der öffentlichen Sicherheit und Ordnung (SOG), Hamburg 1996.

Alberts, Hans-Wilhelm/*Merten*, Karlheinz, Gesetz über die Datenverarbeitung der Polizei, Komm., 3. Aufl., Hamburg 2002.

Albrecht, Eike, Die Kostenkonzeption des Bundes-Bodenschutzgesetzes unter besonderer Berücksichtigung der Altlastenthematik, Frankfurt am Main 2003.

Altschaffel, Thomas, Allgemeines Polizei- und Ordnungsrecht für Nordrhein-Westfalen, 2. Aufl., Hilden 2000.

Anschütz, Gerhard, Allgemeine Begriffe und Lehren des Verwaltungsrechts nach der Rechtsprechung des Oberverwaltungsgerichts, DVBl.1985, 156 (= PrVBl. 1900/01 [Bd. 22], 83).

– Die im Jahre 1897 veröffentlichte Rechtsprechung des königlich preußischen Oberverwaltungsgerichts, VerwArch 1898, 593.

Antweiler, Clemens, Sanierungsverantwortlichkeit für Altlasten im Konzern, BB 2002, 1278.

Arnstedt, Oskar von, Das Preußische Polizeirecht, Erster Band, Berlin 1905.

Badura, Peter, Staatsrecht, 4. Aufl., München 2010.

Bahnsen, Kai, Der Bestandsschutz im öffentlichen Baurecht, Baden-Baden 2011.

Baldus, Manfred (Hrsg.), Polizeirecht des Bundes mit zwischen- und überstaatlichen Rechtsquellen, 3. Aufl., Heidelberg 2005.

Bamberger, Heinz Georg/*Roth*, Herbert (Hrsg.), BGB Beck'scher Online-Kommentar, Edition: 16, München 2010, Zitat: *Autor*, in: Bamberger/Roth.

Barth, Karl, Das Polizeistrafgesetzbuch für das Königreich Bayern, Landshut 1862.

Bartholmes, Thomas, Umweltrechtliche Verantwortlichkeit als mittelbarer Verursacher von Umwelteinwirkungen, Berlin 2006.

Barzen, Carola, Die Entstehung des „Entwurf(s) eines allgemeinen Gesetzbuchs für die Preußischen Staaten" von 1780 bis 1788, Konstanz 1999.

Bauer, Axel/*Knieper*, Judith, Haftung des Betreuers wegen Verletzung der Aufsichtspflicht über einen drittschädigenden Betreuten, BtPrax 1998, 123.

Baumann, Anne, Rückkehr zur „Öffentlichen Ordnung" – Ein Beitrag zur Diskussion über die Wiederaufnahme eines problematischen Schutzgutes in das Polizeigesetz des Landes Nordrhein-Westfalen, Bonn 2008.

– Die öffentliche Ordnung im Polizei- und Ordnungsrecht, DVP 2008, 450.

Baumann, Jürgen/*Weber*, Ulrich/*Mitsch*, Wolfgang, Strafrecht – Allgemeiner Teil, 11. Aufl., Bielefeld 2003.

Beaucamp, Guy, Zum Analogieverbot im öffentlichen Recht, AöR 2009, 83.

– Grundfälle zum Allgemeinen Polizei- und Ordnungsrecht, JA 2009, 279.

Beaucamp, Guy/*Ettemeyer*, Ulrich/*Rogosch*, Josef/*Stammer*, Jens, Hamburger Sicherheits- und Ordnungsrecht SOG/PolDVG; 2. Aufl., Stuttgart 2009.

Becker, Bernd, Bundes-Bodenschutzgesetz – Komm., Loseblattsammlung Stand Januar 2010, Starnberg 2010, Zitat: Komm.

– Das Neue Umweltschadensgesetz und das Artikelgesetz zur Umsetzung der Richtlinie über die Umwelthaftung zur Vermeidung und Sanierung von Umweltschäden, NVwZ 2007, 1105.

– Einführung in die Richtlinie über Umwelthaftung zur Vermeidung und Sanierung von Umweltschäden, NVwZ 2005, 371.

– Zur Verantwortung für fremdes Handeln im öffentlichen Recht am Beispiel des Bundes-Bodenschutzgesetzes, NuR 2003, 513.

Becker, Ulrich/*Heckmann*, Dirk/*Kempen*, Bernhard/*Manssen*, Gerrit (Hrsg.), Öffentliches Recht in Bayern, 4. Aufl., München 2008, Zitat: *Autor*, in: Becker/Heckmann/Kempen/Manssen.

Beital, Norbert/*Führing*, Thorsten/*Petersen-Thrö*, Ulf/*Robrecht*, Michael, Polizeirecht – Fälle und Lösungen, Landesrecht Sachsen-Anhalt, Baden-Baden 2003.

Belz, Reiner/*Elzermann*, Hartwig, Polizeigesetz des Freistaates Sachsen, 4. Aufl., Stuttgart 2009.

Belz, Reiner/*Mußmann*, Eike, Polizeigesetz für Baden-Württemberg, 7. Aufl., Stuttgart 2009.

Berg, Wilfried/*Knemeyer*, Franz-Ludwig/*Papier*, Hans-Jürgen/*Steiner*, Udo (Hrsg.), Staats- und Verwaltungsrecht in Bayern, 6. Aufl., Stuttgart 1996, Zitat: *Autor*, in: Berg/Knemeyer/Papier/Steiner.

Berner, Georg/*Köhler*, Gerd Michael, Polizeiaufgabengesetz, 19. Aufl., München 2008.

Bernet, Peter C./*Groß*, Rolf/*Mende* Wolfgang, Polizeirecht in Hessen, Komm., Loseblattsammlung Stand 1995, Wiesbaden 1995.

Bethge, Herbert, Der Grundrechtseingriff, in: VVDStRL 57, Berlin 1998.

Bickel, Christian, Bundes-Bodenschutzgesetz, Komm., 4. Aufl., Köln 2004.

– Verdrängung von Landesrecht durch das Bundes-Bodenschutzgesetz, NVwZ 2000, 1133.

- Entscheidungsbesprechung, NJW 2000, 2562.

Bienwald, Werner/*Sonnenfeld*, Susanne/*Hoffmann*, Birgit, Betreuungsrecht, 4. Aufl., Bielefeld 2005.

Bleckmann, Albert/*Eckhoff*, Rolf, Der „mittelbare" Grundrechtseingriff, DVBl. 1988, 373.

Blümel, Karl-Heinz/*Drewes*, Michael/*Malmberg*, Karl Magnus/*Walter*, Bernd, Bundespolizeigesetz, 3. Aufl., Stuttgart 2006.

Bornhak, Conrad, Preußische Staats- und Rechtsgeschichte, Berlin 1903 (Unveränderter Nachdruck, München 1979).

Borsdorff, Anke, Polizei- und Ordnungsrecht der neuen Bundesländer, Hilden 1993.

Bosch, Nikolaus, Garantenpflicht eines Betreuers zur Verhinderung von Straftaten – Anmerkung zu OLG Celle (2. Strafsenat), Urteil vom 21.11.2007 – 32 Ss 99/07, JA 2008, 471.

Bott, Pia, Die Verantwortlichkeit wegen des Verhaltens Dritter im Allgemeinen Sicherheits- und Polizeirecht, Diss. Würzburg 1986.

Brandt, Dietmar/*Schlabach*, Erhard, Polizeirecht, Recht der Gefahrenabwehr in Baden-Württemberg, Stuttgart 1987.

Brandt, Edmund/*Schinkel*, Manfred Carl (Hrsg.), Staats- und Verwaltungsrecht für Niedersachsen, Baden-Baden 2002, Zitat: *Autor*, in: Brandt/Schinkel.

Brauchitsch, Max von, Die Preußischen Verwaltungsgesetze, herausgegeben von Drews, Bill/Lassar, Gerhard, Erster Band, 23. Aufl., Zehnte Bearbeitung, Berlin 1925, Zitat: Drews/Lassar, in: Brauchitsch, 23. Aufl.

- Die neuen Preußischen Verwaltungsgesetze, herausgegeben von Studt/von Braunbehrens, Erster Band, 20. Aufl., Siebte Bearbeitung, Berlin 1906, Zitat: Studt/Braunbehrens, in: Brauchitsch, 20. Aufl.

Bretzinger, Otto N. (Hrsg.), Staats- und Verwaltungsrecht für Baden-Württemberg, Baden-Baden 1991, Zitat: *Autor*, in: Bretzinger.

Breuer, Rüdiger, Rechtsprobleme der Altlasten, NVwZ 1987, 751.

- Umweltschutz und Gefahrenabwehr bei Anscheins- und Verdachtslagen, in: Peter Selmer/Ingo von Münch (Hrsg.), GS für Wolfgang Martens, Berlin 1987, S. 317.

Brünneck, Alexander von/*Peine*, Franz-Joseph (Hrsg.), Staats- und Verwaltungsrecht für Brandenburg, Baden-Baden 2004, Zitat: *Autor*, in: von Brünneck/Peine.

Brunner, Otto/*Conze*, Werner/*Koselleck*, Reinhart (Hrsg.), Geschichtliche Grundbegriffe, Historisches Lexikon zur politisch-sozialen Sprache in Deutschland, Bd. 4, 2. Aufl., Stuttgart 1997, Zitat: *Autor*, in: Brunner/Cunze/Koselleck.

Burgi, Martin, Das Grundrecht der freien Persönlichkeitsentfaltung durch einfaches Gesetz, ZG 1994, 341.

Caspar, Johannes, Der fiktive Verwaltungsakt – Zur Systematisierung eines aktuellen verwaltungsrechtlichen Instituts, AöR 2000, 131.

Chemnitz, Uwe, Polizeirecht in Nordrhein-Westfalen, 5. Aufl., Wuppertal 1996.

B. Veröffentlichte Quellen

Clark, Christopher, Preußen – Aufstieg und Niedergang 1600–1947, 7. Aufl., München 2007.

Clerck, Hans de / *Schmidt*, Hermann-Walter / *Pitzer*, Harald, Polizei- und Ordnungsbehördengesetz Rheinland-Pfalz, Loseblattsammlung Stand 2008, Siegburg 2008.

Cosack, Tilmann / *Enders*, Rainald, Das Umweltschadensgesetz im System des Umweltrechts, DVBl. 2008, 405.

Czeczatka, Sieghart, Der Einfluss privatrechtlicher Rechtsverhältnisse auf Erlass und Inhalt polizeilicher Hoheitsakte, Frankfurt am Main 1978.

Damrau, Jürgen / *Zimmermann*, Walter, Betreuungsrecht, Komm., 3. Aufl., Stuttgart 2001.

Degenhart, Christoph, Die allgemeine Handlungsfreiheit des Art. 2 I GG, JuS 1990, 161.

Deinert, Horst / *Lütgens*, Kay / *Meier*, Sybille, Die Haftung des Betreuers, Köln 2004.

Denninger, Erhard u. a., Alternativentwurf einheitlicher Polizeigesetze des Bundes und der Länder, Darmstadt 1979.

Deutsch, Erwin / *Ahrens*, Hans-Jürgen, Deliktsrecht, 5. Aufl., Köln 2009.

Deutsche Polizeigewerkschaft (Hrsg.), Polizeigesetz des Freistaates Sachsen, Wuppertal 1999.

Diederichsen, Lars, Grundfragen zum neuen Umweltschadensgesetz, NJW 2007, 3377.

Diederichsen, Uwe, Zivilrechtliche Haftungsverhältnisse im Betreuungsrecht, in: Ahrens, Hans-Jürgen / Bar, Christin von / Fischer, Gerfried / Spickhoff, Andreas / Taupitz, Jochen (Hrsg.), FS für Erwin Deutsch, Köln 1999, S. 131.

Dietel, Alfred / *Gintzel*, Kurt, Allgemeines Verwaltungs- und Polizeirecht für Nordrhein-Westfalen, 11. Aufl., Hilden 1984.

Dörner, Heinrich / *Ebert*, Ina / *Jörn*, Eckert / *Hoeren*, Thomas / *Kemper*, Rainer / *Schulze*, Reiner / *Staudinger*, Ansgar, Bürgerliches Gesetzbuch, Handkommentar, Baden-Baden 2001, Zitat: *Autor*, in: Dörner u. a.

Dolzer, Rudolf / *Waldhoff*, Christian / *Graßhoff*, Karin (Hrsg.), Bonner Kommentar zum Grundgesetz, Stand April 2010, Heidelberg 2010, Zitat: *Autor*, in: Dolzer / Waldhoff / Graßhoff.

Dreier, Horst, Grundgesetz, Komm., Bd. 1, 2. Aufl., Tübingen 2004, Zitat: *Autor*, in: Dreier.

– Grundgesetz, Komm., Bd. 2, 2. Aufl., Tübingen 2006, Zitat: *Autor*, in: Dreier.

Drews, Bill, Preußisches Polizeirecht – Allgemeiner Teil – Ein Leitfaden für Verwaltungsbeamte, Berlin 1927.

– Der Entwurf eines preußischen Polizeiverwaltungsgesetzes, RuPrVBl. 1931, 2.

Drews, Bill / *Wacke*, Gerhard, Allgemeines Polizeirecht, 6. Aufl., Berlin 1955.

Drews, Bill / *Wacke*, Gerhard / *Vogel*, Klaus / *Martens*, Wolfgang, Gefahrenabwehr. Allgemeines Polizeirecht (Ordnungsrecht) des Bundes und der Länder, 9. Aufl., Köln 1986.

Duesmann, Lars, Die Verantwortlichkeit für schädliche Bodenveränderungen und Altlasten nach dem Bundes-Bodenschutzgesetz, Frankfurt am Main 2003.

Duikers, Jan, Die Umwelthaftungsrichtlinie der EG – Analyse der Richtlinie und ihre Auswirkungen auf das deutsche Recht, Berlin 2006.

– EG-Umwelthaftungsrichtlinie und deutsches Recht, NuR 2006, 623.

Ebenroth, Carsten Thomas/*Boujong*, Karlheinz/*Joost*, Detlev (Hrsg.), Handelsgesetzbuch, Bd. 2, München 2001, Zitat: *Autor*, in: Ebenroth/Boujong/Joost.

Ebert, Frank/*Honnacker*, Heinz/*Seel*, Lothar, Thüringer Gesetz über die Aufgaben und Befugnisse der Polizei – PAG –, 5. Aufl., Stuttgart 2009.

Ehlers, Dirk, Verwaltung in Privatrechtsform, Berlin 1984.

Ehlers, Dirk/*Schoch*, Friedrich (Hrsg.), Rechtsschutz im öffentlichen Recht, Berlin 2009, Zitat: *Autor*, in: Ehlers/Schoch.

Emmerig, Ernst, Bayerisches Polizeiorganisationsrecht: Polizeiorganisationsgesetz, 2. Aufl., München 1979, zugleich 8. Aufl. des Werks *Emmerig*, Bayerisches Polizeiorganisationsgesetz.

– Bayerisches Polizeiorganisationsgesetz, 7. Aufl., München 1976.

Erbel, Günter, Öffentliche Sicherheit und Ordnung, DVBl. 2001, 1714.

– Der Streit um die „öffentliche Ordnung" als polizeirechtliches Schutzgut, DVBl. 1972, 475.

Erbguth, Wilfried/*Stollmann*, Frank, Zum Anwendungsbereich des Bundes-Bodenschutzgesetz, NuR 2001, 241.

– Einzelfragen der Sanierung und des Altlastenmanagements im Bundes-Bodenschutzgesetz, NuR 1999, 127.

Erler, Adalbert/*Kaufmann*, Ekkehard, Handwörterbuch zur Deutschen Rechtsgeschichte, Vierter Band, Berlin 1990, Zitat: *Autor*, in: Erler/Kaufmann.

Erler, Adalbert/*Kaufmann*, Ekkehard/*Werkmüller*, Dieter, Handwörterbuch zur Deutschen Rechtsgeschichte, Fünfter Band, Berlin 1998, Zitat: *Autor*, in: Erler/Kaufmann/Werkmüller.

Erman, Walter (Begr.)/*Westermann*, Harm Peter (Hrsg.), Bürgerliches Gesetzbuch, Bd. 2, 11. Aufl., Köln 2004, Zitat: *Autor*, in: Erman.

Faber, Heiko/*Schneider*, Hans-Peter (Hrsg.), Niedersächsisches Staats- und Verwaltungsrecht, Frankfurt am Main 1985, Zitat: *Autor*, in: Faber/Schneider.

Fechner, Frank, „Öffentliche Ordnung" – Renaissance eines Begriffs?, JuS 2003, 734.

Feil, Marcus, Auswirkungen des Bundes-Bodenschutzgesetzes auf die Landesbodenschutzgesetze und den Ländern verbleibende Gesetzgebungsspielräume, Frankfurt am Main 2000.

Finke, Ferdinand/*Messer*, Wilhelm, Das allgemeine Polizeirecht Thüringens. Systematisch dargestellt zum Gebrauch für Behörden, Polizei- und Gendarmeriebeamte – Lehrbuch für den Unterricht, Berlin 1928.

B. Veröffentlichte Quellen

Fischer, Gerhard, Allgemeines Polizei- und Ordnungsrecht des Bundes: Lehrbuch für Vollzugsbeamte im BGS, Stuttgart 1982.

Fischer, Gerhard/*Hitz*, Fredi/*Walter*, Bernd, Bundesgrenzschutzgesetz, Zwangsanwendung nach Bundesrecht, Stuttgart 1987.

Fischer, Thomas, Strafgesetzbuch und Nebengesetze, 57. Aufl., München 2010.

Fluck, Jürgen (Hrsg.), Kreislaufwirtschafts-, Abfall- und Bodenschutzrecht – KrW-/ AbfG, AbfVerbrG, EG-AbfVerbrVO, BBodSchG Komm., Bd. 1, Loseblattsammlung Stand April 2010, Heidelberg 2010, Zitat: *Autor*, in: Fluck, Bd. 1.

– Kreislaufwirtschafts-, Abfall- und Bodenschutzrecht – KrW-/AbfG, AbfVerbrG, EG-AbfVerbrVO, BBodSchG Komm., Bd. 4, Loseblattsammlung Stand April 2010, Heidelberg 2010, Zitat: *Autor*, in: Fluck, Bd. 4.

– Kreislaufwirtschafts-, Abfall- und Bodenschutzrecht – KrW-/AbfG, AbfVerbrG, EG-AbfVerbrVO, BBodSchG Komm., Bd. 7, Loseblattsammlung Stand April 2010, Heidelberg 2010, Zitat: *Autor*, in: Fluck, Bd. 7.

Förster, German/*Friedersen*, Gerd-Harald/*Rohde*, Martin/*Albert*, Peter/*Mann*, Anja/ *Fischer*, Peter/*Knieß*, Rüdiger/*Martens*, Helgo, Allgemeines Verwaltungsgesetz für das Land Schleswig-Holsein, Loseblattsammlung Stand 2009, Wiesbaden 2009.

Forsthoff, Ernst, Lehrbuch des Verwaltungsrechts Erster Band: Allgemeiner Teil, 10. Aufl., München 1973.

Franz, Georg, Die Sanierungsverantwortlichkeit nach dem Bundes-Bodenschutzgesetz, Berlin 2007.

Franzen, Wilhelm, Lehrkommentar zum Preußischen Polizeiverwaltungsgesetz, Greifswald 1932.

Frege, o.V., Anmerkung zum Urteil des OVG Lüneburg vom 15.08.1951 – II OVG. A 632/50 – DVBl. 1951, 733, DVBl. 1951, 735.

Frenz, Walter, Bundes-Bodenschutzgesetz, Komm., München 2007.

Friauf, Karl Heinrich (Hrsg.), Handbuch für die Öffentliche Verwaltung, Bd. 2: Besonderes Verwaltungsrecht, Neuwied 1984, Zitat: *Autor*, in: Friauf.

– Zur Problematik des Rechtsgrundes und der Grenzen der polizeilichen Zustandshaftung, in: Vogel, Klaus/Tipke, Klaus (Hrsg.), FS für Gerhard Wacke, Köln 1972, S. 293.

– /*Höfling*, Wolfram (Hrsg.), Berliner Kommentar zum Grundgesetz, Bd. 1, Berlin 2010, Zitat: *Autor*, in: Friauf/Höfling.

Friedrichs, Karl, Das Polizeigesetz – Gesetz vom 11. März 1850 über die Polizeiverwaltung, Berlin 1911, Zitat: PG.

– Polizeiverwaltungsgesetz vom 1. Juni 1931, 2. Aufl. des Kommentars zum Polizeigesetz vom 11. März 1850, Berlin 1932, Zitat: PVG.

Frings, Wolfgang, Das Recht der Gefahrenabwehr im Land Brandenburg, 2. Aufl., Potsdam 1997.

Frings, Wolfgang/*Spahlholz*, Lothar, Das Recht der Gefahrenabwehr in Nordrhein-Westfalen, 2. Aufl., Hamburg 2002.

Frister, Helmut, Strafrecht Allgemeiner Teil, 4. Aufl., München 2009.

Fuchs, Albrecht, Studien zur elterlichen Aufsichtspflicht – Grundlagen und Dogmatik des § 832 BGB, Bielefeld 1996.

Führ, Martin, Eigen-Verantwortung im Rechtsstaat, Berlin 2003.

Gallwas, Hans-Ulrich, Faktische Beeinträchtigungen im Bereich der Grundrechte: ein Beitrag zum Begriff der Nebenwirkungen, Berlin 1970.

Gallwas, Hans-Ulrich/*Mößle*, Wilhelm/*Wolff*, Heinrich Amadeus, Bayerisches Polizei- und Sicherheitsrecht, 3. Aufl., Stuttgart 2004, Zitat: *Autor*, in: Gallwas/Mößle/Wolff.

Geißler, Michael/*Haase*, Florian/*Subatzus*, Ulrich, Polizei- und Ordnungsrecht in Hamburg, Stuttgart 2001.

Gentz, Manfred, Zur Verhältnismäßigkeit von Grundrechtseingriffen, NJW 1968, 1600.

Gerecke, Heinz/*Schenke*, Wolf Rüdiger, Polizeirecht, Textsammlung Baden-Württemberg mit einer Einführung, 3. Aufl., Heidelberg 1994.

Gern, Alfons, Analogie im Verwaltungsrecht, DÖV 1985, 558.

Gesetz-Sammlung für die königlich preußischen Staaten 1848, Berlin 1848.

Giese, Friedrich/*Neuwiem*, Erhard/*Cahn*, Ernst, Deutsches Verwaltungsrecht, Berlin 1930.

Ginsky, Harald, Sanierungsverantwortung nach den BBodSchG – Rechtsprechungsbericht, DVBl. 2003, 169.

Glöckner, Sefan, Eigentumsrechtlicher Schutz von Unternehmen: eine rechtsvergleichende Studie zum deutschen Recht, zum Recht der EMRK und zum Europarecht, Hamburg 2005.

Gnant, Wolfgang/*Gnant*, Sebastian, Polizeigesetz des Freistaates Sachsen, 3. Aufl., Stuttgart 1999.

Gobrecht, Werner, Polizeirecht (Ordnungsrecht) des Landes Berlin, 6. Aufl., Hilden 1974.

Götz, Volkmar, Allgemeines Polizei- und Ordnungsrecht, 14. Aufl., München 2008.

– Die Entwicklung des allgemeinen Polizei- und Ordnungsrechts (1990–1993) NVwZ 1994, 652.

– Vor 60 Jahren – Preußisches Polizeiverwaltungsgesetz, JuS 1991, 805.

– Die Entwicklung des allgemeinen Polizei- und Ordnungsrechts (1981–1983), NVwZ 1984, 211.

Gornig, Gilbert/*Hakema*, Grit, Störerauswahl – VGH München, NVwZ 2001, 458 –, JuS 2002, 21.

Gornig, Gilbert-Hanno/*Jahn*, Ralf, Fälle zum Polizei- und Ordnungsrecht, 3. Aufl., München 2006.

Grimm, Dieter (Hrsg.), Staatsaufgaben, Baden-Baden 1994, Zitat: *Autor*, in: Grimm.

Grimm, Dieter/*Papier*, Hans-Jürgen (Hrsg.), Nordrhein-westfälisches Staats- und Verwaltungsrecht, Frankfurt am Main 1986, Zitat: *Autor*, in: Grimm/Papier.

Groeben, Klaus von der/*Knack*, Hans-Joachim, Allgemeines Verwaltungsgesetz für das Land Schleswig-Holstein, Komm., Loseblattsammlung Stand 1968, Kiel 1968.

Gröpl, Christoph/*Guckelberger*, Anette/*Wohlfahrt*, Jürgen, Landesrecht Saarland, Baden-Baden 2009, Zitat: *Autor*, in: Gröpl/Guckelberger/Wohlfahrt.

Grotefend, G. A./*Cretschmar*, C., Preussisch-deutsche Gesetz-Sammlung 1806–1904, Bd. I, 1 Verfassungsrecht, 4. Aufl., Düsseldorf 1904.

– Preussisch-deutsche Gesetz-Sammlung 1806–1904, Bd. II Die Verwaltung, 4. Aufl., Düsseldorf 1904.

Guckelberger, Anette, Die Verjährung im öffentlichen Recht, Tübingen 2004.

Gusy, Christoph, Polizei- und Ordnungsrecht, 7. Aufl., Tübingen 2009.

– Richterrecht und Grundgesetz, DÖV 1992, 461.

Habermehl, Kai, Polizei- und Ordnungsrecht, 2. Aufl., Baden-Baden 1993.

Haberstroh, Dieter, Haftungsrisiko Kind – Eigenhaftung des Kindes und elterliche Aufsichtspflicht, VersR 2000, 806.

Hatschek, Julius, Lehrbuch des deutschen und preußischen Verwaltungsrechts, 5. und 6. Aufl., herausgegeben von Kurtzig, Paul, Leipzig 1927, Zitat: Lehrbuch.

– Institutionen des deutschen und preußischen Verwaltungsrechts, Leipzig 1919, Zitat: Institutionen.

Hattstein, Ulrich, Verwaltungsrechtliche Betreuungspflichten, Stuttgart 1999.

Haurand, Günter, Allgemeines Polizei- und Ordnungsrecht in Nordrhein-Westfalen, 4. Aufl., Wiesbaden 2004.

Haus, Klaus-Ludwig/*Wohlfarth*, Jürgen, Allgemeines Polizei- und Ordnungsrecht, Baden-Baden 1997.

Heesen, Dietrich/*Hönle*, Jürgen/*Peilert*, Andreas, Bundesgrenzschutzgesetz, Verwaltungsvollstreckungsgesetz, Gesetz über den unmittelbaren Zwang, Komm., 4. Aufl., Hilden 2002.

Heintschel von Heinegg, Wolff/*Pallas*, Nadine, Grundrechte, Neuwied 2001.

Heise, Gerd/*Riegel*, Reinhard, Musterentwurf eines einheitlichen Polizeigesetzes, 2. Aufl., Stuttgart 1978.

Heise, Gerd/*Tegtmeyer*, Henning/*Braun*, Karl Heinz, Polizeigesetz Nordrhein-Westfalen, 7. Aufl., Stuttgart 1990.

Hellmann, Uwe/*Beckemper*, Katharina, Wirtschaftsstrafrecht, 2. Aufl., Stuttgart 2008.

Helmers, Bernfried/*Waldhausen*, Hubertus, Ordnungsbehördengesetz des Landes Brandenburg, Potsdam 1994.

Hendler, Reinhard/*Hufen*, Friedhelm/*Jutzi*, Siegfried (Hrsg.), Staats- und Verwaltungsrecht Rheinland-Pfalz, 5. Aufl., Baden-Baden 2009, Zitat: *Autor*, in: Hendler/Hufen/Jutzi.

Herbert, Georg, Zehn Jahre Kreislaufwirtschafts- und Abfallgesetz, NVwZ 2007, 617.

Hermes, Georg/*Groß*, Thomas (Hrsg.), Landesrecht Hessen, 6. Aufl., Baden-Baden 2008, Zitat: *Autor*, in: Hermes/Groß.

Hipp, Ludwig/*Rech*, Burghard/*Turian*, Günther, Das Bundes-Bodenschutzgesetz mit Bodenschutz- und Altlastenverordnung, München 2000, Zitat: *Autor*, in: Hipp/Rech/Turian.

Höinghaus, R., Gewerbeordnung für das Deutsche Reich in der Fassung des Gesetzes von 1896. (Nebst dem Gesetz zur Bekämpfung des unlauteren Wettbewerbes vom 27. Mai 1896 und dem Gesetz zum Schutze der Warenzeichnungen.) – Ergänzt und erläutert durch die amtlichen Materialen der Gesetzgebung, 11. Aufl., Berlin 1896.

Höltje, Björn, Die Verhaltensverantwortlichkeit nach dem Bundes-Bodenschutzgesetz, Marburg 2005.

Hoffmann, Gero/*Thumann*, Harald, Polizeirecht in Thüringen, Erfurt 1992.

Hoffmann-Riem, Wolfgang/*Koch*, Hans-Joachim, Hamburgisches Staats- und Verwaltungsrecht, 3. Aufl., Baden-Baden 2006, Zitat: *Autor*, in: Hoffmann-Riem/Koch.

Hollands, Martin, Gefahrenzurechnung im Polizeirecht, Berlin 2005.

Holtzmann, Ernst, Die polizeiliche Verantwortlichkeit für das Handeln anderer, DVBl. 1964, 420.

Holzwarth, Fritz/*Radtke*, Hans Jörg/*Hilger*, Bernd/*Bachmann*, Günther, Bundes-Bodenschutzgesetz/Bundesbodenschutz- und Altlastenverordnung, Handkommentar, 2. Aufl., Berlin 2000, Zitat: *Autor*, in: Holzwarth/Radtke/Hilger/Bachmann.

Honnacker, Heinz/*Beinhofer*, Paul, Polizeiaufgabengesetz – PAG –, Gesetz über die Aufgaben und Befugnisse der Bayerischen Staatlichen Polizei, 19. Aufl., Stuttgart 2009.

Hornmann, Gerhard, Hessisches Gesetz über die öffentliche Sicherheit und Ordnung (HSOG), Komm., München 1997.

Huber, Ernst Rudolf, Wirtschaftsverwaltungsrecht, Bd. 2, 2. Aufl., Tübingen 1954.

Huber, Peter Michael/*Unger*, Sebastian, Grundlagen und Grenzen der Zustandsverantwortlichkeit des Grundeigentümers im Umweltrecht, VerwArch 2005, 139.

Hurst, Werner, Zur Problematik der polizeirechtlichen Handlungshaftung, AöR 1958, 43.

– Zur Rechtsgrundlage der Polizei und ordnungsbehördlichen Haftung, Die Polizei 1961, 15.

Ipsen, Jörn, Niedersächsisches Polizei- und Ordnungsrecht, 3. Aufl., Stuttgart 2004.

Isensee, Josef, Das Grundrecht auf Sicherheit – Zu den Schutzpflichten des freiheitlichen Verfassungsstaates, Berlin 1983.

Isensee, Josef/*Kirchhof*, Paul (Hrsg.), Handbuch des Staatsrechts, Bd. VI, 2. Aufl., Heidelberg 2001, Zitat: *Autor*, in: Isensee/Kirchhof, Bd. VI.

– Handbuch des Staatsrecht, Bd. VII, 3. Aufl., Heidelberg 2009, Zitat: *Autor*, in: Isensee/Kirchhof, Bd. VII.

- Handbuch des Staatsrechts, Bd. VIII, 3. Aufl. Heidelberg 2010, *Zitat*: Autor, in: Isensee/Kirchhof, Bd. VIII..

Jahrbücher des Königlich Sächsischen Oberverwaltungsgerichts, 1905.

Jarass, Hans D./*Pieroth*, Bodo, Grundgesetz für die Bundesrepublik Deutschland, Komm., 10. Aufl., München 2009.

Jellinek, Walter, Verwaltungsrecht, 2. Aufl., Berlin 1929, Zitat: Verwaltungsrecht.

- Gesetz, Gesetzanwendung und Zweckmässigkeitserwägung – zugleich ein System der Ungültigkeitsgründe von Polizeiverordnungen und –verfügungen, Tübingen 1913, Zitat: Gesetz.
- Kritische Bemerkung zum Entwurf eines preußischen Polizeiverwaltungsgesetzes, RuPrVBl. 1931, 121.

Jeserich, Kurt G. A./*Pohl*, Hans/*Unruh*, Georg-Christoph von, Deutsche Verwaltungsgeschichte, Bd. 1: Vom Spätmittelalter bis zum Ende des Reiches, Stuttgart 1983, Zitat: *Autor*, in: Jeserich/Pohl/von Unruh, Bd. 1.

- Deutsche Verwaltungsgeschichte, Bd. 2: Vom Reichsdeputationshauptschluß bis zur Auflösung des Deutschen Reiches, Stuttgart 1983, Zitat: *Autor*, in: Jeserich/Pohl/von Unruh, Bd. 2.

Jochum, Heike, Neues zum europäischen Bodenschutz und Abfallrecht, NVwZ 2005, 140.

Jochum, Theo/*Rühle*, Dietrich, Polizei- und Ordnungsrecht (Rheinland-Pfälzisches Landesrecht), 2. Aufl., Baden-Baden 2000.

Jolly, J., Das Polizeistrafgesetzbuch und das Gesetz über die Gerichtsbarkeit und das Verfahren in Polizeistrafsachen für das Großherzogtum Baden – mit Erläuterungen, Heidelberg 1864.

Jürgens, Andreas (Hrsg.), Betreuungsrecht – Kommentar zum materiellen Betreuungsrecht, zum Verfahrensrecht und zum Betreuungsbehördengesetz, 4. Aufl., München 2009.

Jürgens, Andreas/*Kröger*, Detlef/*Marschner*, Rolf/*Winterstein*, Peter, Betreuungsrecht kompakt, 6. Aufl., München 2007.

Kahl, Wolfgang, Die Schutzergänzungsfunktion von Art. 2 Abs. 1 Grundgesetz: zugleich ein Beitrag zur Lehre der Grundrechtskonkurrenzen, Tübingen 2000.

Karnop, Stefan, Recht der Gefahrenabwehr, Baden-Baden 1998.

Kay, Wolfgang, Allgemeines Verwaltungs- und Eingriffsrecht im Polizeidienst, Bd. I – Grundlagen, 8. Aufl., Witten 2009.

Kay, Wolfgang/*Böcking*, Reinhold, Polizeirecht Nordrhein-Westfalen, München 1992.

Keller, Christoph, Fallsammlung zum Eingriffsrecht Nordrhein-Westfalen, 3. Aufl., Stuttgart 2009.

Kellner, Martin, Auswirkungen der Schuldrechtsreform auf die Verjährung im Staatshaftungsrecht, NVwZ 2002, 395.

Kerstiens, o. V., Zur Kritik des Entwurfes eines Polizeiverwaltungsgesetzes, RuPrVBl. 1931, 310.

Kilian, Michael/*Oehlerking*, Jürgen, Landesrecht Sachsen-Anhalt, 9. Aufl., Baden-Baden 2003.

Kirchhof, Paul, Sicherungsauftrag und Handlungsvollmachten der Polizei, DÖV 1976, 449.

– Grundfälle zum Polizeirecht, JuS 1975, 378.

Klapper, Norbert, Polizeigesetz Nordrhein-Westfalen, 2. Aufl., Lübeck 1980.

Klappstein, Walter/*Unruh*, Georg von, Rechtsstaatliche Verwaltung durch Gesetzgebung, Heidelberg 1987.

Klausener, Erich/*Kerstiens*, Christian/*Kempner*, Robert, Kommentar zum Preußischen Polizeiverwaltungsgesetz, 2. Aufl., Berlin 1932.

Klein, Hans, Zur Auslegung des Rechtsbegriffs der „Öffentlichen Sicherheit und Ordnung", DVBl. 1971, 233.

Kloepfer, Michael, Umweltrecht, 3. Aufl., München 2004.

Kloepfer, Michael/*Thull*, Rüdiger, Der Lastenausgleich unter mehreren polizei- und ordnungsrechtlich Verantwortlichen, DVBl. 1989, 1121.

Klüppel, Vera, Zustandsstörerhaftung bei der Altlastensanierung, JURA 2001, 26.

Knack, Hans Joachim (Hrsg.), Verwaltungsverfahrensgesetz, 9. Aufl., Köln 2009.

Knape, Michael/*Kiworr*, Ulrich, Allgemeines Polizei- und Ordnungsrecht für Berlin – Komm. für Ausbildung und Praxis, 10. Aufl., Hilden 2009.

Knauth, Rudolf, Die Neuordnung der Verwaltung in Thüringen, AöR 1928, 79.

Knauth, Rudolf/*Wagner*, Kurt, Landesverwaltungsordnung für Thüringen, Weimar 1927.

Knemeyer, Franz-Ludwig, Polizei- und Ordnungsrecht, Studium und Praxis, 11. Aufl., München 2007.

– Polizei- und Ordnungsrecht, Prüfe dein Wissen, 3. Aufl., München 2003.

– Deutsches Polizeirecht, DÖV 1975, 34.

– Polizeibegriffe in den Gesetzen des 15. bis 18. Jahrhunderts. Kritische Anmerkungen zur Literatur über die Entwicklung des Polizeibegriffs, AöR 1967, 165.

Kniesel, Michael, Polizeirecht in den neuen Bundesländern, München 1991.

Knoche, Joachim, Der Anfang vom Ende der privaten Sanierungsverantwortlichkeit, GewArch 2000, 448.

Knopp, Lothar, Neues Umweltschadensgesetz – verspätet aber zum 14.11.2007 in Kraft –, UPR 2007, 414.

– EG-Umwelthaftungsrichtlinie und deutsches Umweltschadensgesetz, UPR 2005, 361.

– Bundes-Bodenschutzgesetz und erste Rechtsprechung, DÖV 2001, 441.

– Urteilsanmerkung, BB 2000, 1373.

– /*Albrecht*, Eike, Altlastenrecht in der Praxis. Unter Berücksichtigung des Bundes-Bodenschutzgesetzes, 2. Aufl., Herne/Berlin 1998.

B. Veröffentlichte Quellen

- /*Löhr*, Dirk, Bundes-Bodenschutzgesetz in der betrieblichen und steuerlichen Praxis, Heidelberg 2000, Zitat: *Autor*, in: Knopp/Löhr.

- /*Wiegleb*, Gerhard, Biodiversitätsschäden und Umweltschadensgesetz – rechtliche und ökologische Haftungsdimension, Berlin 2008.

- /*Wiegleb*, Gerhard/*Piroch*, Ingmar, Die (neue) Haftung für Schäden an der Biodiversität – zum Tatbestandsmerkmal der „erheblichen nachteiligen Auswirkungen" –, NuR 2008, 745.

König, Hans-Günther, Bayerisches Polizeirecht, 2. Aufl., Köln 1985.

König, Josef/*Gnant*, Wolfgang, Eingriffsrecht Sachsen: Maßnahmen der Polizei nach der Strafprozessordnung und dem Polizeigesetz des Freistaats Sachsen, Stuttgart 2004.

Konzak, Olaf, Analogie im Verwaltungsrecht, NVwZ 1997, 872.

Kopp, Ferdinand 0./*Ramsauer*, Ulrich, Verwaltungsverfahrensgesetz, 11. Aufl., München 2010.

Kränz, Joachim, Zustandsverantwortlichkeit im Recht der Gefahrenabwehr, München 1990.

Kramer, Urs, Hessisches Polizei- und Ordnungsrecht – Systematische Darstellung examensrelevanten Wissens, Stuttgart 2004.

Krech, Joachim/*Roes*, Hans-Günther, Sicherheits- und Ordnungsrecht des Landes Mecklenburg-Vorpommern, Komm., Starnberg 1998.

Krey, Volker, Deutsches Strafrecht – Allgemeiner Teil Bd. 2, 2. Aufl., Stuttgart 2005.

Krey, Volker/*Heinrich*, Manfred, Strafrecht Besonderer Teil, Bd. 1, 13. Aufl., Stuttgart 2005.

Krumrey, Stephen/*Schwan*, Hartmut, Thüringer Ordnungsbehördengesetz, Erfurt 1996.

Kubink, Michael, Die Reichweite strafrechtlicher Garantenstellungen von Lehrern bei Gewalt an Schulen, RdJB 2002, 94.

Kühl, Kristian, Strafrecht – Allgemeiner Teil, 6. Aufl., München 2008.

Kugelmann, Dieter, Polizei- und Ordnungsrecht, Berlin 2006.

Kunig, Philip/*Schwermer*, Gerfried/*Versteyl*, Ludger-Anselm, Abfallgesetz – AbfG, München 1988.

Kunkel, Claudia/*Pausch*, Wolfgang/*Prillwitz*, Gunther, Hessisches Gesetz über die Öffentliche Sicherheit und Ordnung, Kommentar für die Praxis, Mainz-Kostheim 1991.

Landel, Christoph/*Vogg*, Reiner/*Wüterich*, Christoph, Bundes-Bodenschutzgesetz, Stuttgart 2000, Zitat: *Autor*, in: Landel/Vogg/Wüterich.

Landmann, Robert von/*Rohmer*, Gustav (Hrsg.), Umweltrecht Bd. III, Komm., Loseblattsammlung, Stand 1.3.2010, München 2010, Zitat: *Autor*, in: Landmann/Rohmer.

Landscheidt, Christoph, Zur Problematik der Garantenpflichten aus verantwortlicher Stellung in bestimmten Räumlichkeiten – Zugleich ein Beitrag zur Gefahrenquellenverantwortlichkeit im Rahmen der unechten Unterlassungsdelikte, Berlin 1985.

Landshut, Siegfried (Hrsg.), Alexis de Tocqueville, Das Zeitalter der Gleichheit – Eine Auswahl aus dem Gesamtwerk, Stuttgart 1954.

Lange, Hans-Jürgen (Hrsg.), Wörterbuch zur Inneren Sicherheit, Wiesbaden 2006.

Langkeit, Jochen, Garantenpflicht der Mitglieder des Holding-Vorstandes auf Unterbindung von Straftaten der Geschäftsführer von Tochtergesellschaften?, in: Dannecker, Gerhard/Langer, Winrich/Ranft, Otfried/Schmitz, Roland/Brammsen, Joerg (Hrsg.), FS für Harro Otto – zum 70. Geburtstag am 1. April 2007, Köln 2007, S. 649.

Lassar, Gerhard, Das Polizeiverwaltungsgesetz, RuPrVBl. 1931, 585.

Laufhütte, Heinrich Wilhelm/*Rissing-van Saan*, Ruth/*Tiedemann*, Klaus, Strafgesetzbuch – Leipziger Komm., 12. Aufl., Berlin 2007, Zitat: *Autor*, in: Laufhütte/Rissing van Saan/Tiedemann.

Laux, Alfons/*Kaesehagen*, Hans-Georg, Polizeiverwaltungsgesetz Rheinland-Pfalz, 6. Aufl., Mainz 1988.

Lemke, Hanno-Dirk, Verwaltungsvollstreckungsrecht des Bundes und der Länder, Baden-Baden 1997.

Lepsius, Oliver, Zu den Grenzen der Zustandshaftung des Grundeigentümers, JZ 2001, 22.

Ley, Richard (Hrsg.), Staats- und Verwaltungsrecht für Rheinland-Pfalz, 3. Aufl., Baden-Baden 1992, Zitat: *Autor*, in: Ley.

Ley, Richard/*Jutzi*, Siegfried (Hrsg.), Staats- und Verwaltungsrecht für Rheinland-Pfalz, 4. Aufl., Baden-Baden 2005, Zitat: *Autor*, in: Ley/Jutzi.

Lindner, Josef Franz, Die verfassungsrechtliche Dimension der allgemeinen polizeirechtlichen Adressatenpflichten: zugleich ein Beitrag zur Entwicklung einer funktionalen Adressatendogmatik, München 1997.

Lisken, Hans/*Denninger*, Erhard (Hrsg.), Handbuch des Polizeirechts, 4. Aufl., München 2007, Zitat: *Autor*, in: Lisken/Denninger.

Lübbe-Wolff, Gertrude, Die Grundrechte als Eingriffsabwehrrechte, Baden-Baden 1988.

Lukes, Rudolf (Hrsg.), Reformüberlegungen zum Atomrecht, Köln 1991, Zitat: *Autor*, in: Lukes.

Maier, Hans, Die ältere deutsche Staats- und Verwaltungslehre, Neuwied 1966.

Mandelartz, Herbert/*Sauer*, Helmut/*Strube*, Bernhard, Saarländisches Polizeigesetz, Komm., Hilden 2002.

Mangoldt, Hermann von/*Klein*, Friedrich/*Starck*, Christian, Grundgesetz, Komm., Bd. 1, 5. Aufl., München 2005, Zitat: *Autor*, in: von Mangoldt/Klein/Starck.

Maunz, Theodor/*Dürig*, Günter, Grundgesetz, Komm., Bd. I, Loseblatt, 56. Aufl., München 2009, Zitat: *Autor*, in: Maunz/Dürig, Bd. I.

– Grundgesetz, Komm., Bd. II, Loseblatt, 57. Aufl., München 2010, Zitat: *Autor*, in: Maunz/Dürig, Bd. II.

Maurer, Hartmut/*Hendler*, Reinhard (Hrsg.), Baden-Württembergisches Staats- und Verwaltungsrecht, Frankfurt am Main 1990, Zitat: *Autor*, in: Maurer/Hendler.

B. Veröffentlichte Quellen

Mayer, Franz/*Ule*, Herrmann/*Duppré*, Fritz/*Stich*, Rudolf, Staats- und Verwaltungsrecht in Rheinland-Pfalz, Stuttgart 1969, Zitat: *Autor*, in: Mayer/Ule.

Mayer, Otto, Deutsches Verwaltungsrecht, Erster Band, 1. Aufl., Leipzig 1895.

Meder, Stephan, Rechtsgeschichte, 2. Aufl., Köln 2005.

Meier, Sybille, Handbuch Betreuungsrecht, 2. Aufl., Heidelberg 2010.

Meixner, Kurt, Hessisches Gesetz über die öffentliche Sicherheit und Ordnung (HSOG), 8. Aufl., Stuttgart 1998.

Meixner, Kurt/*Fredrich*, Dirk, Hessisches Gesetz über die Öffentliche Sicherheit und Ordnung (HSOG), Komm., 10. Aufl., Stuttgart 2005.

Meixner, Kurt/*Martell*, Jörg-Michael, Gesetz über die Öffentliche Sicherheit und Ordnung des Landes Sachsen-Anhalt, SOG LSA, 3. Aufl., Stuttgart 2001.

Merten, Detlef/*Papier*, Hans-Jürgen (Hrsg.), Handbuch der Grundrechte in Deutschland und Europa – Band III – Grundrechte in Deutschland, Allgemeine Lehren II, Heidelberg 2009, Zitat: *Autor*, in: Merten/Papier.

Merten, Karlheinz/*Merten*, Heike, Hamburgisches Polizei- und Ordnungsrecht, Stuttgart 2007.

Meyer, Cornel-Rupert, Die Stellung des Minderjährigen im öffentlichen Recht, Berlin 1988.

Meyer, Hans/*Borgs-Maciejewski*, Hermann, Verwaltungsverfahrensgesetz, 2. Aufl., Frankfurt am Main 1982.

Meyer, Hans/*Stolleis*, Michael (Hrsg.), Staats- und Verwaltungsrecht für Hessen, 5. Aufl., Baden-Baden 2000, Zitat: *Autor*, in: Meyer/Stolleis.

Meyer, Michael A./(unter Mitwirkung von) *Brenner*, Michael (Hrsg.), Deutsch-jüdische Geschichte in der Neuzeit, Bd. I, Tradition und Aufklärung 1600–1780, München 1996, Zitat: *Autor*, in: Meyer/Brenner.

Möller, Manfred/*Wilhelm*, Jürgen, Allgemeines Polizei- und Ordnungsrecht, 5. Aufl., Stuttgart 2003.

Möllers, Martin/*Kastner*, Martin (Hrsg.), Wörterbuch der Polizei, München 2001.

Möstl, Markus, Die staatliche Garantie für die öffentliche Sicherheit und Ordnung – Sicherheitsgewährleistung im Verfassungsstaat, im Bundesstaat und in der Europäischen Union, Tübingen 2002.

Muckel, Stefan, Klausurenkurs zum besonderen Verwaltungsrecht, 4. Aufl., Neuwied 2010.

Müggenborg, Hans-Jürgen, Das Verhältnis des Umweltschadensgesetzes zum Boden- und Gewässerschutz, NVwZ 2009, 12.

– Entscheidungsbesprechung, NVwZ 2001, 39.

Mühl, Lothar/*Leggereit*, Rainer/*Hausmann*, Winfried, Polizei- und Ordnungsrecht für Hessen, 2. Aufl., Baden-Baden 2008.

Müllensiefen, Wolfgang, Gefahrenabwehr und Gefahrerforschung durch den Grundeigentümer, Frankfurt am Main 1997.

Müller, Klaus, Ordnungsbehördengesetz für das Land Thüringen, Köln 1994.

– Ordnungsbehördengesetz Nordrhein-Westfalen, Köln 1993.

– Polizeigesetz des Freistaates Sachsen, Komm., Köln 1992.

Münch, Ingo von/*Kunig*, Philip, Grundgesetz, Komm., Bd. 1, 5. Aufl., München 2000, Zitat: *Autor*, in: von Münch/Kunig.

Mußnug, Reinhard, Die öffentliche Ordnung: Plädoyer für einen unzeitgemäßen Rechtsbe-griff, in: Murswiek, Dietrich/Storost, Ulrich/Wolff, Heinrich A. (Hrsg.), Staat Souveränität Verfassung, FS für Helmut Quaritsch zum 70. Geburtstag, Berlin 2000, 349.

Mußmann, Eike, Allgemeines Polizeirecht in Baden-Württemberg, 4. Aufl., Stuttgart 1994.

Muth, Wofgang/*Heinze*, Anke, Umwelthaftung und Risikomanagement – Neue Aufgaben für die Unternehmen, UPR 2005, 367.

Mutius, Albert von, Der Störer im Polizei- und Ordnungsrecht, JURA 1983, 298.

Mutius, Albert von/*Nolte*, Martin, Die Rechtsnachfolge im Bundes-Bodenschutzgesetz – Zu ausgewählten Fragen des § 4 Abs. 3 S. 1 Var. 2 BBodSchG im System öffentlich-rechtlichen Pflichtenübergangs –, DÖV 2000, 1.

Naas, Stefan, Die Entstehung des Preußischen Polizeiverwaltungsgesetzes von 1931, Tübingen 2003.

Neukamp, Ernst, Die polizeilichen Verfügungen zur Verhütung strafbarer Handlungen (oder Unterlassungen) und deren Durchführung nach preußischem Recht, VerwArch 1895, 1.

Niehörster, Frank, Brandenburgisches Polizeigesetz – Erläuterungen für Praxis und Ausbildung, 2. Aufl., Stuttgart 2003.

Niehörster, Frank/*Benedens*, Niels-Peter, Polizei- und Ordnungsrecht in Brandenburg, 2. Aufl., Vieselbach/Erfurt 1997.

Nitsche, Walter/*Schmutterer*, Willi, Polizeiaufgabengesetz (PAG), München 1978.

Nolte, Martin, Erste Rechtsprechung zum Bundes-Bodenschutzgesetz – Anmerkung zum Beschluß des VG Frankfurt am Main vom 23. 07. 1999, NuR 2000, 258.

– Gesamtrechtsnachfolge in die abstrakte Verhaltenspflicht bei Altlasten vor und nach In-Kraft-Treten des § 4 III 1 Alt. 2 BBodSchG, NVwZ 2000, 1135.

– Renaissance der öffentlichen Ordnung ? – Zur Wiedereinführung der öffentlichen Ordnung im allgemeinen Polizeirecht, NordÖR 1999, 52.

Oehler, Helmut/*Albrecht*, Wilhelm, Preußisches Allgemeines Polizeirecht, 1.–6. Aufl., Leipzig 1930.

Oerder, Michael, Altlasten in der anwaltlichen Praxis, DVBl. 1992, 691.

Oerder, Michael/*Numberger*, Ulrich/*Schönfeld*, Thomas, Bundes-Bodenschutzgesetz, Stuttgart 1999, Zitat: *Autor*, in: Oerder/Numberger/Schönfeld.

B. Veröffentlichte Quellen

Oldiges, Martin/*Degenhart,* Christoph/*Enders,* Alfred/*Köck,* Wolfgang (Hrsg.), Umwelthaftung vor der Neugestaltung, Erwartungen und Anforderungen aufgrund des künftigen Umweltrechts, Baden-Baden 2004.

Otto, Harro, Grundkurs Strafrecht – Allgemeine Strafrechtslehre, 7. Aufl., Berlin 2004.

Palandt, Otto, Bürgerliches Gesetzbuch, 69. Aufl., München 2010, Zitat: *Autor,* in: Palandt.

Papier, Hans-Jürgen, Altlasten und polizeiliche Störerhaftung, Köln 1985.

– Die Zustandshaftung und die grundgesetzliche Eigentumsgarantie, in: Geis, Max-Emanuel/Lorenz, Dieter (Hrsg.), FS für Hartmut Maurer zum 70. Geburtstag, 2001, 255.

– Die Verantwortlichkeit für Altlasten im öffentlichen Recht, NVwZ 1986, 256.

– Altlasten und polizeiliche Störerhaftung, DVBl. 1985, 873.

– Urteilsanmerkung, JZ 1983, 766.

Pardey, Karl-Dieter, Betreuungs- und Unterbringungsrecht, 4. Aufl., Baden-Baden 2009.

Pausch, Wolfgang, Fälle und Lösungen zum Polizei- und Ordnungsrecht in Hessen, 2. Aufl., Stuttgart 2003.

Pausch, Wolfgang/*Prillwitz,* Günther, Polizei- und Ordnungsrecht in Hessen. Systematische Darstellung, 4. Aufl., Stuttgart 2005.

Peine, Franz-Joseph, Allgemeines Verwaltungsrecht, 9. Aufl., Heidelberg 2008, Zitat: Verwaltungsrecht.

– Klausurenkurs im Verwaltungsrecht, 3. Aufl., Heidelberg 2008, Zitat: Klausurenkurs.

– Öffentliches Baurecht, 4. Aufl., Tübingen 2003, Zitat: Öffentliches Baurecht.

– Die Bundesrepublik als Sanierungspflichtige einer Rüstungsaltlast, NuR 2005, 151.

– Die Rechtsnachfolge in öffentlich-rechtliche Rechte und Pflichten, DVBl. 1980 941.

– Öffentliche Ordnung als polizeirechtliches Schutzgut, Die Verwaltung 1979, 25.

Petersen, Frank, Die Novelle der Abfallrahmenrichtlinie, AbfallR 2008, 154.

Petersen, Frank/*Lorenz,* Melanie, Das „Van de Walle"-Urteil des EuGH – Sanierung von Altlasten nach Abfallrecht?, NVwZ 2005, 257.

Petersen-Thrö, Ulf/*Robrecht,* Michael/*Elzermann,* Hartwig, Polizeirecht für Sachsen: Fälle und Lösungen, 2. Aufl., Baden-Baden 2004.

Pieroth, Bodo, Der Wert der Auffangfunktion des Art. 2 Abs. 1 GG. Zu einem bundesverfassungsgerichtsinternen Streit um die allgemeine Handlungsfreiheit, AöR 1990, 33.

Pieroth, Bodo/*Schlink,* Bernhard, Grundrechte – Staatsrecht II, 26. Aufl., Heidelberg 2010.

Pieroth, Bodo/*Schlink,* Bernhard/*Kniesel,* Michael, Polizei- und Ordnungsrecht, 5. Aufl., München 2008.

Poscher, Ralf, Die gefahrenabwehrrechtliche Verantwortlichkeit, JURA 2007, 801.

– Gefahrenabwehr – Eine dogmatische Rekonstruktion, Berlin 1999.

Preu, Peter, Polizeibegriff und Staatszwecklehre – Die Entwicklung des Polizeibegriffs durch die Rechts- und Staatswissenschaften des 18. Jahrhunderts, Göttingen 1983.

Prümm, Hans Paul / *Stubenrauch*, Hubert, Polizeiverwaltungsgesetz von Rheinland-Pfalz, Wiesbaden 1986.

– Lehrkommentar zum Polizeiverwaltungsgesetz von Rheinland-Pfalz, 2. Aufl., Nörtershausen 1984.

Prümm, Hans Paul / *Sigrist*, Hans, Allgemeines Sicherheits- und Ordnungsrecht, 2. Aufl., München 2003.

Prümm, Hans Paul / *Thieß*, Uwe, Allgemeines Polizei- und Ordnungsrecht – Fälle mit Lösungen, 2. Aufl., Neuwied 2004.

Pütter, Johann Stephan, Litteratur des teutschen Staatsrechts, Göttingen 1776–1783.

Quaritsch, Helmut, Eigentum und Polizei, DVBl. 1959, 455.

Radke, Wolfram / *Herrmann*, Nadine, Entscheidungsbesprechung, JA 2000, 925.

Rädert, Bernd / *Ruder*, Kark-Heinz / *Fröhler*, Oliver, Polizeirecht, 5. Aufl. Baden-Baden.

Ransiek, Andreas, Unternehmensstrafrecht, Heidelberg 1996.

Rasch, Ernst, Allgemeines Polizei- und Ordnungsrecht, 2. Aufl., Köln 1982.

– Polizei und Polizeiorganisation, 2. Aufl., Stuttgart 1980.

Rasch, Ernst / *Schulze*, Hartmut / *Pehlker*, Johannes / *Hola*, Andreas / *Burkhard*, Gerald, Hessisches Gesetz über die Öffentliche Sicherheit und Ordnung, Loseblattsammlung Stand 2008, Wiesbaden 2008.

Rebmann, Kurt / *Säcker*, Franz Jürgen (Hrsg.), Münchener Komm. zum Bürgerlichen Gesetzbuch, Bd. 5, Schuldrecht – Besonderer Teil §§ 705–853, 3. Aufl., München 1997, Zitat: *Autor*, in: Rebmann / Säcker.

Reichert, Bernd / *Ruder*, Karl-Heinz / *Fröhler*, Oliver, Polizeirecht, 5. Aufl., Baden-Baden 1997.

Reiff, Hermann / *Wöhrle*, Günter / *Wolf*, Heinz, Polizeigesetz für Baden-Württemberg, 3. Aufl., Stuttgart 1983.

Reiff, Hermann / *Wöhrle*, Günter / *Wolf*, Heinz / *Stephan*, Ulrich, Polizeigesetz für Baden-Württemberg, 5. Aufl., Stuttgart 1999.

Rengeling, Hans-Werner (Hrsg.), Handbuch zum europäischen und deutschem Umweltrecht, Bd. 2 Besonderes Umweltrecht (1.Teilband), 2. Aufl., Köln 2003, Zitat: *Autor*, in: Rengeling.

Reus, Andreas / *Vogel*, Hansjörg, Zur Garantenstellung des Wohnungsinhabers – mit systematischer Übersicht der Literatur und Rechtsprechung, MDR 1990, 869.

Rhein, Kay-Uwe, Gesetz über Aufbau und Befugnisse der Ordnungsbehörden – Ordnungsbehördengesetz (OBG NRW), Stuttgart 2004.

Riegel, Reinhard, Bundespolizeirecht, München 1985, Zitat: Bundespolizeirecht.

- Polizei- und Ordnungsrecht des Landes Schleswig-Holstein, Köln u.a. 1984, Zitat: POR.

Rietdorf, Fritz/*Heise*, Gerd/*Böckenförde*, Dieter/*Strehlau*, Bert, Handbuch des Ordnungs- und Polizeirechts Nordrhein-Westfalen, 7. Aufl., Stuttgart 1981.

Robbers, Gerhard, Sicherheit als Menschenrecht – Aspekte der Geschichte, der Begründung und Wirkung einer Grundrechtsfunktion, Baden-Baden 1987.

- Partielle Handlungsfähigkeit Minderjähriger im öffentlichen Recht, DVBl. 1987, 709.

Roggan, Frederik/*Kutscha*, Martin (Hrsg.), Handbuch zum Recht der Inneren Sicherheit, 2. Aufl., Berlin 2006.

Rommelfanger, Ulrich/*Rimmele*, Peter, Polizeigesetz des Freistaates Sachsen, Stuttgart 2000.

Roos, Jürgen, Polizei- und Ordnungsbehördengesetz Rheinland-Pfalz, 3, Aufl., Stuttgart 2004.

Roxin, Claus, Strafrecht Allgemeiner Teil, Bd. 1, 4. Aufl., München 2006.

- Strafrecht Allgemeiner Teil, Bd. 2, München 2003.

Ruder, Karl/*Schmitt*, Steffen, Polizeirecht Baden-Württemberg, 6. Aufl., Baden-Baden 2005.

Rudolphi, Hans-Joachim/*Horn*, Eckhard, Systematischer Komm. zum Strafgesetzbuch, 7., teilweise 8. neu bearbeitete Aufl. (Stand: 116. Lieferung [November 2008]), Köln 2009, Zitat: *Autor*, in: Rudolphi/Horn.

Rücker, Norbert, Ordnungsbehördengesetz Thüringen, Komm., Loseblattsammlung Stand April 2004, Wiesbaden 2004.

Rühle, Dietrich, Polizei- und Ordnungsrecht für Rheinland-Pfalz, 4. Aufl., Baden-Baden 2007.

Rühle, Dietrich/*Suhr*, Hans-Jürgen, Polizei- und Ordnungsbehördengesetz Rheinland-Pfalz, 4. Aufl., Hilden 2009.

Rupprecht, Reinhard (Hrsg.), Polizei-Lexikon, Heidelberg 1986.

Sachs, Michael, Grundgesetz, Komm., 5. Aufl., München 2009, Zitat: *Autor*, in: Sachs.

- Entscheidungsbesprechung, JuS 2000, 1219.

Sadler, Gerhard, Ordnungs- und Polizeieingriffsrecht (ASOG, Bundes- und Länderrecht), Berlin 1980.

Säcker, Franz Jürgen/*Rixecker*, Roland (Hrsg.), Münchener Komm. zum Bürgerlichen Gesetzbuch, Bd. 2, Schuldrecht – Allgemeiner Teil §§ 241–432, 5. Aufl., München 2007, Zitat: *Autor*, in: Säcker/Rixecker.

- Münchener Komm. zum Bürgerlichen Gesetzbuch, Bd. 5, Schuldrecht – Besonderer Teil III §§ 705–853, 5. Aufl., München 2009, Zitat: *Autor*, in: Säcker/Rixecker.

Saipa, Axel, Niedersächsisches Gesetz über die öffentliche Sicherheit und Ordnung, Loseblattsammlung Stand 2008, Wiesbaden 2008.

Sanden, Joachim/*Schoeneck*, Stefan, Bundes-Bodenschutzgesetz, Komm., Heidelberg 1998, Zitat: *Autor*, in: Sanden/Schoeneck.

Sander, Hilmar, Wiederkehrthema: Die öffentliche Ordnung – das verkannte Schutzgut? NVwZ 2002, 831.

Schäfer, Kurt, Zur Subsidiarität des Bundes-Bodenschutzgesetz, UPR 2001, 325.

Schaeffer, Carl/*Albrecht*, Wilhelm, Allgemeines Polizeirecht in Deutschland, 1.–7. Aufl., Leipzig 1929.

Schäling, Yorck, Grenzen der Sanierungsverantwortlichkeit nach dem Bundes-Bodenschutzgesetz, Baden-Baden 2008.

Schall, Hero, Grund und Grenzen der strafrechtlichen Geschäftsherrenhaftung, in: Rogall, Klaus/Puppe, Ingeborg/Stein, Ulrich/Wolter, Jürgen (Hrsg.), FS für Hans-Joachim Rudolphi zum 70. Geburtstag, Neuwied 2004, S. 267.

Schenke, Wolf-Rüdiger, Polizei- und Ordnungsrecht, 6. Aufl., Heidelberg 2009.

– Gefahrverdacht und polizeiliche Verantwortlichkeit, in: Wendt, Rudolf (Hrsg.), FS für Karl Heinrich Friauf, Heidelberg 1996, S. 455.

Scherer-Leydecker, Christian, Entscheidungsbesprechung, EWiR 2000, 655.

Schiedermair, J., Das Polizeistrafgesetzbuch für Bayern, 2. Aufl., München 1931.

Schiedermair, Rudolf/*König*, Hans-Günther, Gesetz über das Landesstrafrecht und das Verordnungsrecht auf dem Gebiet der öffentlichen Sicherheit und Ordnung, Komm., in: Praxis der Gemeindeverwaltung, Landesausgabe Bayern, Loseblattsammlung Stand 2009, Wiesbaden 2009.

Schink, Alexander, Verantwortlichkeit für die Gefahrenabwehr und die Sanierung schädlicher Bodenveränderungen nach dem Bundesbodenschutzgesetz, DÖV 1999, 797.

– Wasserrechtliche Probleme der Sanierung von Altlasten, DVBl. 1986, 161.

Schipper, Dieter (Hrsg.), Polizei- und Ordnungsrecht in Schleswig-Holstein unter Berücksichtigung des Allgemeinen Verwaltungsrechts und des Vollzugsrechts, 5. Aufl., Stuttgart 2010.

Schipper, Dieter/*Bock*, Klaus/*Kobza*, Jürgen/*Kripgans*, Harald/*Schneider*, Wolfgang, Polizei- und Ordnungsrecht in Schleswig-Holstein, 3. Aufl., Stuttgart 1994.

Schlabach, Erhard/*Heck*, Matthias, Verhaltensverantwortlichkeit nach dem BBodSchG, VBlBW 2001, 46.

– Bodenschutz- und Altlastenrecht – Rechtsprechungsübersicht, VBlBW 2005, 214.

Schloer, Bernhard, Vom Preußischen Polizeirecht zum Bayerischen Sicherheitsrecht, Stuttgart 1990.

– Die Begriffe der öffentlichen Sicherheit und Ordnung im bayerischen Polizei- und Sicherheitsrecht, BayVBl. 1991, 257.

Schlosser, Hans, Grundzüge der Neueren Privatrechtsgeschichte – Rechtsentwicklung im europäischen Kontext, 9. Aufl., Heidelberg 2005.

Schlüter, Wilfried, BGB-Familienrecht, 13. Aufl., Heidelberg 2009.

Schmidbauer, Wilhelm/*Steiner*, Udo/*Roese*, Eberhard, Bayerisches Polizeiaufgabengesetz, 2. Aufl., München 2006, Zitat: *Autor*, in: Schmidbauer/Steiner/Roese.

Schmidt, Holger, Neue Haftungsrisiken für Organmitglieder im Umweltbereich, NVwZ 2006, 635.

Schmidt, Reiner/*Kahl*, Wolfgang, Umweltrecht, 8. Aufl., München 2010.

Schmidt, Rolf, Bremisches Polizeigesetz – Studien- und Praxiskommentar, Grasberg bei Bremen 2006, Zitat: POR.

– Besonderes Verwaltungsrecht Teil II, 12. Aufl., Bremen 2008, Zitat: BesVR.

Schmidt, Thorsten Ingo, Die Analogie im Verwaltungsrecht, VerwArch 2006, 155.

Schmidt-Aßmann, Eberhard (Hrsg.), Besonderes Verwaltungsrecht, 11. Aufl., Berlin 1999, Zitat: *Autor*, in: Schmidt-Aßmann.

Schmidt-Aßmann, Eberhard/*Schoch*, Friedrich (Hrsg.), Besonderes Verwaltungsrecht, 14. Aufl., Berlin 2008, Zitat: *Autor*, in Schmidt-Aßmann/Schoch.

Schmidt-Bleibtreu, Bruno/*Klein*, Franz/*Hofmann*, Hans/*Hopfauf*, Axel (Hrsg.), GG, Komm. zum Grundgesetz, 12. Aufl., Köln 2010, Zitat: *Autor*, in: Schmidt-Bleibtreu/Klein.

Schmitz, Stefan, Gefahrenabwehrrecht und psychisch Kranke – Zur Rechtmäßigkeit gefahrenabwehrrechtlicher Maßnahmen gegenüber psychisch Kranke unter besonderer Berücksichtigung des Schutzes vor selbstgefährdenden Handlungen, Baden-Baden 2006.

Schoch, Friedrich, Grundfälle zum Polizei- und Ordnungsrecht – 6. Teil, Polizei- und ordnungsrechtliche Verantwortlichkeit, JuS 1994, 1026.

Schönke, Adolf/*Schröder*, Horst, Strafgesetzbuch – Komm., 28. Aufl., München 2010, Zitat: *Autor*, in: Schönke/Schröder.

Scholler, Heinrich/*Broß*, Siegfried, Neue Akzente im Polizeirecht durch den Musterentwurf eines einheitlichen Polizeigesetzes?, ZRP 1976, 270.

Scholler, Heinrich/*Schloer*, Bernhard, Grundzüge des Polizei- und Ordnungsrechts in der Bundesrepublik Deutschland, 4. Aufl., Heidelberg 1993.

Scholz, Georg/*Decker*, Andreas, Bayerisches Sicherheits- und Polizeirecht, 7. Aufl., München 1994.

Scholz-Forni, Otto, Über die Verantwortlichkeit des Urhebers eines polizeiwidrigen Zustandes und über den Ausschluß der Verantwortlichkeit im Falle der Ausübung eines Rechtes, VerwArch 1925, 11.

Schütz, Hans-Joachim/*Claasen*, Dieter (Hrsg.), Landesrecht Mecklenburg-Vorpommern, 2. Aufl., Baden-Baden 2009.

Schütz, Rudolf, Polizeiverwaltungsgesetz von Rheinland-Pfalz, 4. Aufl., Hilden 1987.

Schultzenstein, Maximilian, Polizeiwidriges Handeln und Vertretung, VerwArch 1906, 1.

Schumann, Karl-Heinz, Grundriss des Polizei- und Ordnungsrechts, Berlin 1978.

Schwabe, Jürgen, Lastenverteilung bei mehreren Umweltstörern, UPR 1984, 7.

Schwartmann, Rolf, Entscheidungsbesprechung, DStR 2000, 1364.

Schwarz-Schier, Christian, Das neue Bundes-Bodenschutzgesetz, Köln 2000.

Scupin, Hans-Harald, Die Entwicklung des Polizeibegriffs und seine Verwendung in den neuen deutschen Polizeigesetzen, Diss. Marburg, 1970.

Seibert, Max-Jürgen, Gesamtschuld und Gesamtschuldnerausgleich im öffentlichen Recht, DÖV1983, 964.

Seidel, Achim/*Reimer*, Ekkehart/*Möstl*, Markus, Besonderes Verwaltungsrecht, 3. Aufl., München 2009.

Selmer, Peter, Der Begriff der Verursachung im allgemeinen Polizei- und Ordnungsrecht, JuS 1992, 97.

– Gedanken zur polizeilichen Verhaltensverantwortlichkeit, in: Selmer, Peter/Münch, Ingo von (Hrsg.), GS für Wolfgang Martens, 1987, S. 483.

Sodan, Helge/*Ziekow*, Jan, Verwaltungsgerichtsordnung, 3. Aufl., Baden-Baden 2010, Zitat: *Autor*, in: Sodan/Ziekow.

– Grundkurs öffentliches Recht, 4. Aufl., München 2010.

Soergel, Hs. Th. (Begr.)/*Siebert*, W. (Hrsg.), Bürgerliches Gesetzbuch mit Einführung und Nebengesetzen – Kohlhammer-Komm., Bd. 20, 13. Aufl., Stuttgart 2000, Zitat: *Autor*, in: Soergel, 13. Aufl., Bd. 20.

– Bürgerliches Gesetzbuch mit Einführung und Nebengesetzen – Kohlhammer-Komm., Bd. 8, 12. Aufl., Stuttgart 1987, Zitat: *Autor*, in: Soergel, 12. Aufl., Bd. 8.

Sommermann, Karl-Peter, Staatsziele und Staatszielbestimmungen, Tübingen 1997.

Spannowsky, Willy, Das Prinzip gerechter Lastenverteilung und die Kostentragungslast des Zustandsstörers, DVBl. 1994, 560.

Sparwasser, Reinhard/*Engel*, Rüdiger/*Vosskuhle*, Andreas, Umweltrecht – Grundzüge des öffentlichen Umweltschutzrechts, 5. Aufl., Heidelberg 2003.

Spieth, Wolf Friedrich/*Oppen*, Matthias von, Begrenzung der Sanierungsverantwortung für Altlasten – Konsequenzen aus dem Beschluss des BVerfG vom 16. Februar 2000 und neuerer Entscheidungen der Obergerichte, ZUR 2002, 257.

Spieth, Wolf Friedrich/*Wolfers*, Benedikt, Die neuen Störer: Zur Ausdehnung der Altlastenhaftung in § 4 BBodSchG, NVwZ 1999, 355.

Stark, Sebastian C., Der Abfallbegriff im europäischen und im deutschen Umweltrecht, Frankfurt am Main 2009.

Staudinger, Julius von (Begr.), Polizeistrafgesetzbuch für Bayern – Textausgabe mit Erläuterungen, neu bearbeitet von Herrmann Schmitt, 6. Aufl., München 1921.

Steenbuck, Michael, Lücken in der Sanierungsverantwortlichkeit für Altlasten, NvwZ 2005, 656.

– Die Sanierungs- und Kostenverantwortlichkeit nach dem Bundes-Bodenschutzgesetz, Hamburg 2004.

Stein, Ekkehart/*Frank*, Götz, Staatsrecht, 20. Aufl., Thübingen 2007.

Stein, Volker, Fälle und Erläuterungen zum Polizei- und Ordnungsrecht Rheinland-Pfalz, 2. Aufl., München 2004.

Stein, Volker/*Paintner*, Thomas, Fälle und Erläuterungen zum Polizei- und Ordnungsrecht, 2. Aufl., München 2004.

Steiner, Udo (Hrsg.), Besonderes Verwaltungsrecht, 8. Aufl., Heidelberg 2006, Zitat: *Autor*, in: Steiner.

Stelkens, Paul/*Bonk*, Heinz Joachim/*Sachs*, Michael, Verwaltungsverfahrensgesetz, 8. Aufl., München 2010.

Stengel, Karl Freiherr von (Begr.)/*Fleischmann*, Max (Hrsg.), Wörterbuch des Deutschen Staats- und Verwaltungsrechts, Dritter Band O bis Z, 2. Aufl., Tübingen 1914, Zitat: *Autor*, in: Stengel/Fleischmann.

Stephan, Ulrich/*Deger*, Johannes, Polizeigesetz für Baden-Württemberg, 6. Aufl., Stuttgart 2009.

Stern, Klaus, Das Staatsrecht der Bundesrepublik Deutschland, Bd. II, 1980.

Stobbe, Otto, Geschichte der Deutschen Rechtsquellen, Bd. 2, Aalen 1965 (Neudruck der Ausgabe Braunschweig 1864).

Störmer, Rainer, Renaissance der öffentlichen Ordnung? Die Verwaltung 1997, 233.

Stolleis, Michael, Geschichte des öffentlichen Rechts in Deutschland – Zweiter Band: Staatsrechtslehre und Verwaltungswissenschaft 1800–1914, München 1992.

Stratenwerth, Günter/*Kuhlen*, Lothar, Strafrecht Allgemeiner Teil I – Die Straftat, 5. Aufl., Köln 2004.

Stuttmann, Martin, Der Rechtsbegriff „Abfall", NVwZ 2006, 401.

Suckow, Horst/*Hoge*, Andreas, Niedersächsisches Gefahrenabwehrrecht – Grundriß für die Ausbildung und Fortbildung, 12. Aufl., Köln 1999.

– Niedersächsisches Gefahrenabwehrrecht, 11. Aufl., Köln 1999.

Suttner, Carl August von, Dr. Freiherrn von Riedel's Kommentar zum Polizeistrafgesetzbuch für das Königreich Bayern vom 26. Dezember 1871, 6. Aufl., München 1903.

Tegtmeyer, Henning/*Vahle*, Jürgen, Polizeigesetz Nordrhein-Westfalen, 9. Aufl., Stuttgart 2004.

Tettinger, Peter Josef/*Erbguth*, Wilfried/*Mann*, Thomas (Hrsg.), Besonderes Verwaltungsrecht: Kommunalrecht, Polizei- und Ordnungsrecht, Baurecht, 10. Aufl., Heidelberg 2009, Zitat: *Autor*, in: Tettinger/Erbguth/Mann.

Thiele, Christoph, Plastinierte „Körperwelten", Bestattungszwang und Menschenwürde, ZRP 1979, 7.

Thoma, Richard, Der Polizeibefehl im badischen Recht, Tübingen 1906.

Tiedemann, Michael, Die Einstandsverantwortlichkeit nach dem Bundes-Bodenschutzgesetz, Aachen 2003.

Tollmann, Claus, Die Opferfälle: Eine unendliche Geschichte – Zum Rechtsgrund und zur Reichweite der Zustandsverantwortlichkeit im Bodenschutzrecht, DVBl. 2008, 616.

Ule, Carl Herrmann, Jenas Beitrag zur Entwicklung des Rechtsstaatsgedankens, LKV 1991, 189.

Umbach, Dieter C./*Clemens*, Thomas (Hrsg.), Grundgesetz, Komm., Heidelberg 2002, Zitat: *Autor*, in: Umbach/Clemens.

Unger, Christoph/*Siefken*, Peter, Niedersächsisches Gesetz über die öffentliche Sicherheit und Ordnung, 8. Aufl., Pinkvoss 2005.

Unruh, Georg-Christoph von, Die Kodifizierung des Polizeibegriffs in § 10 II 17 ALR als Grundlage der geltenden polizeilichen Generalklausel, DVP 1981, 239.

Unruh, Peter, Religionsverfassungsrecht, Baden-Baden 2009.

Versteyl, Ludger-Anselm, Altlast = Abfall – vom Ende des beweglichen Abfallbegriffs?, NVwZ 2004, 1297.

Versteyl, Ludger-Anselm/*Sondermann*, Wolf Dieter, Bundesbodenschutzgesetz Komm., 2 Aufl., München 2005, Zitat: *Autor*, in: Versteyl/Sondermann, BBodSchG.

Vierhaus, Hans-Peter, Das Bundes-Bodenschutzgesetz, NJW 1998, 1262.

Vierhaus, Rudolf, Das Allgemeine Landrecht für die Preußischen Staaten als Verfassungsersatz?, in: Dölemeyer, Barbara/Mohnhaupt, Heinz (Hrsg.), 200 Jahre Allgemeines Landrecht für die preußischen Staaten, Frankfurt am Main 1995.

Vieth, Willi, Rechtsgrundlagen der Polizei- und Ordnungspflicht, Berlin 1974.

Volksausgabe bayerischer Gesetze No. 8, Polizeistrafgesetzbuch für das Königreich Bayern – Gesetz vom 26. Dezember 1871.

Waechter, Kay, Polizei- und Ordnungsrecht, Baden-Baden 2000.

– Die Schutzgüter des Polizeirechts, NVwZ 1997, 729.

Wagner, Erwin/*Ruder*, Karl-Heinz, Polizeirecht, Baden-Baden 1999.

Wagner, Heinz, Komm. zum Polizeigesetz von Nordrhein-Westfalen und zum Musterentwurf eines einheitlichen Polizeigesetzes des Bundes und der Länder, Neuwied 1987, Zitat: Komm.

– Polizeirecht, 2. Aufl., Berlin 1985, Zitat: Polizeirecht.

Wallerath, Maximilian, Allgemeines Verwaltungsrecht, 6. Aufl., Berlin 2009.

Wassermann, Rudolf, Reihe Alternativ Kommentare, Komm. zum Bürgerlichen Gesetzbuch, Bd. 1 – Allgemeiner Teil, Neuwied 1987.

Wehr, Matthias, Examens-Repetitorium Polizeirecht – Allgemeines Gefahrenabwehrrecht, Heidelberg 2008.

Wessels, Johannes/*Beulke*, Werner, Strafrecht Allgemeiner Teil, 39. Aufl., Heidelberg 2009.

Wieacker, Franz, Privatrechtsgeschichte der Neuzeit – unter besonderer Berücksichtigung der deutschen Entwicklung, 2. Aufl., Göttingen 1967.

Wiegand, Günter/*Heider*, Leonhard/*Geyer*, Klaus, Ordnungsbehördengesetz Nordrhein-Westfalen, 9. Aufl., Köln 2001.

Wöhrle, Günther/*Belz*, Reiner/*Lang*, Wolfgang, Polizeigesetz für Baden-Württemberg, 4. Aufl., Stuttgart 1985.

Wolf, Heinz/*Stephan*, Ulrich, Polizeigesetz für Baden-Württemberg, Komm., 5. Aufl., Stuttgart 1999.

Wolff, Hans Julius, Verwaltungsrecht III (Ordnungs-, Leistungs- und Verwaltungsverfahrensrecht), 3. Aufl., München 1973.

Wolff, Hans Julius/*Bachof*, Otto, Verwaltungsrecht I, 9. Aufl., München 1974, Zitat: *Wolff*/*Bachof* I.

– Verwaltungsrecht III (Ordnungs-, Leistungs- und Verwaltungsverfahrensrecht), 4. Aufl., München 1978, Zitat: *Wolff*/*Bachof* III.

Wolff, Heinrich Amadeus, Ungeschriebenes Verfassungsrecht unter dem Grundgesetz, Tübingen 2000.

Wolfgang, Hans-Michael/*Hendricks*, Michael/*Merz*, Matthias, Polizei- und Ordnungsrecht Nordrhein-Westfalen, 2. Aufl., München 2004.

Wolzendorff, Kurt, Der Polizeigedanke des modernen Staats, Breslau 1918.

Würtenberger, Thomas/*Heckmann*, Dirk, Polizeirecht in Baden-Württemberg, 6. Aufl., Heidelberg 2005.

Würz, Karl, Polizeiaufgaben und Datenschutz für Baden-Württemberg, Stuttgart 1993.

Zaczyk, Rainer, Zur Garantenstellung von Amtsträgern, in: Rogall, Klaus/Puppe, Ingeborg/Stein, Ulrich/Wolter, Jürgen (Hrsg.), FS für Hans-Joachim Rudolphi zum 70. Geburtstag, Neuwied 2004, S. 361.

Zeitler, Stefan, Allgemeines Verwaltungsrecht für die Polizei, 3. Aufl., Köln 2004.

– Allgemeines und besonderes Polizeirecht für Baden-Württemberg, Stuttgart 1998.

Zimmermann, Reinhard, The law of obligations – Roman Foundations of the Civilian Tradition, München 1993.

Personen- und Sachregister

Abhängige Personen 66 ff., 103 f., 108 f., 112, 123, 130, 281

Adoption 282 ff.

Adressat 88 f., 110 f., 134, 230 ff., 243, 245, 254, 268

Albrecht, Wilhelm 108 f., 109 f., 111 f.

Allgemeine Untertanenpflicht 80 f., 111

Allgemeine Verursacherhaftung 255 ff.

Allgemeines Gesetz zum Schutz der öffentlichen Sicherheit und Ordnung in Berlin (BerlASOG) v. 11. 2. 1975 138 f., 141, 151, 156, 180

Analog anwendbares Recht 261 ff.

Analogieverbot 264 f.

Angestellter *siehe auch Arbeitnehmer* 41 ff., 77, 79, 86 f., 89, 94, 96, 100, 103, 109, 113, 117, 124, 183, 195

Anscheinsstörer 235

Anscheinszusatzverantwortlicher 235

Anschütz, Gerhard 82 ff., 90, 92, 111

Äquivalenztheorie 27 f.

Arbeiter/Arbeitnehmer *siehe auch Angestellter* 67 f., 78, 89, 91, 100, 117, 126, 194 f., 229, 252, 258, 290

Arbeitgeber *siehe auch Geschäftsherr* 67, 89, 91, 103, 105, 108 f., 112, 117, 121, 123, 125 ff., 129, 194, 290

Arnstedt, Oskar von 83 f., 111

Aufsicht/Aufsichtspflichtiger *siehe auch Nur-Aufsichtspflichtiger* 32 ff., 36 f. 39, 49, 53 ff., 59 ff., 75, 88, 94, 97 f., 100, 117, 122, 130, 134, 137 ff., 148, 150, 151, 153, 155, 160, 162 ff., 171 ff., 180 f., 191, *199 ff.*, 244, 246, 256, 262, 265 f., 268 ff., 272 ff., 291 ff., 295

– Adressat 235 ff.

– kraft Gesetzes 214 f., 217, 242, 273
– kraft Gewahrsamsübernahme 199 ff., 207, 214, 216 ff., 229, 242, 273
– durch Vertrag 201 ff., 207, 214 ff., 229, 242, 244, 273

Aufsichtshaftung *siehe Aufsichtsverantwortlichkeit*

Aufsichtsperson 97 f., 133, 151, 167, 188 f., 198 f., 292

Aufsichtspflichtverletzung 201, 204, 229

Aufsichtsverantwortlicher 192

Aufsichtsverantwortlichkeit 32, 154, 160, 162, 182, 186, 189, 195, *197 ff.*, *206 ff.*, 244, 246, 249, 251, 267, *272 ff.*, 291, 292 f., 294 f.

– Altersgrenze 276 f.
– Lebensalter *197 ff.*
– Praxis *292 ff.*
– Verfassungsmäßigkeit *272 ff.*
– Verpflichtete *199 ff.*

Auswahlermessen 235 ff.

Baden 57 f.

Baden-Württemberg 135 f., 148 ff., 156, 163, 176 ff., 180, 197, 214, 242

Baden-Württembergisches Polizeigesetz (BaWüPolG) v. 21. 11. 1955 135 f., 147, 156, 180, 199

Bayerisches Polizeiaufgabengesetz (BayPAG) v. 16. 10. 1954 136 ff., 141, 151, 153 f., 156

Bayern 53 ff., 136 ff., 148, 149, 150, 153, 154, 156, 163 f., 176, 180, 206 ff.

Becker, Bernd 43, 261

BerlASOG *siehe Allgemeines Gesetz zum Schutz der öffentlichen Sicherheit und Ordnung in Berlin*

Berlin 138 f., 148, 149, 150, 156, 158, 160, 165, 176
Beruf 274 ff., 289
Beschränkt/Vermindert geschäftsfähig 124 f., 225, 231 ff.
Betreuer/Betreuung *siehe auch Vollbetreuung* 32, *160 ff.*, 180, 182, 189, 191 f., 194, 195, *203 ff.*, *244 ff.*, 256, 261, 265 ff., 289, 291 ff.
- Aufsichtspflicht 203 ff., 207, 209, 211 ff.
- Erfolgsbeitrag 222 ff.
Betreuerhaftung, *siehe Betreuerverantwortlichkeit*
Betreuerverantwortlichkeit 32, 160, 162, 186, 189, 197, *203 ff.*, *244 ff.*, 292 f., 295
- Praxis *292 f.*
- Verfassungsmäßigkeit 289
Betreuter 32, 160, 164 ff., 172, 178, 180 f., 192, 194, 204 ff., 208, 228, 244 ff., 256, 265 ff., 269
Betreuungsgesetz v. 1.1.1992 153, *161 ff.*, *170 ff.*, 203
Betreuungsrecht 160, 162, 168 f., 171, 176 ff., 210
Bickel, Christian 260 f.
Brandenburg 157 f., 160, 165 ff.
Brandenburgisches Ordnungsbehördengesetz *siehe Gesetz über Aufbau und Befugnisse der Ordnungsbehörden*
Brandenburgisches Polizeigesetz *siehe Gesetz über die Aufgaben und Befugnisse der Polizei im Land Brandenburg*
Braunbehrens, Otto von 83 ff., 87
Bremen 139 f., 153 f., 157, 167 f., 176, 180
Bremisches Gesetz zur Ausführung des BtG und zur Anpassung des Landesrechts v. 18.12.1992 157
Bremisches Polizeigesetz (BremPolG) 139 f., 153, 175
Bund/Bundesrepublik (gemeint Bundesgesetzgeber) 148 ff., 156, 158, 160 ff., 176 f., 180, 254, 263

Bundes-Bodenschutzgesetz 40 f., 255 ff.
Bundesgesetzgeber *siehe Bund*
Bundespolizeigesetz (BPolG) 156, 163, 165 ff., 171, 173 ff., 180, 210
Bürgerliches Gesetzbuch v. 1.1.1900 31, 58 ff., 122, 129 ff., 134, 137, 150, 178, 224, 292, 295

Cahn, Ernst 110 f.
Conditio-sine-qua-non-Formel 27 f.

Deliktsfähigkeit 38
Deliktsunfähiger 96 f., 100, 103, 219
Deutsche Polizeiverwaltungsgesetze 124 ff.
Dienstherr 78 f., 86 ff., 94, 117, 121, 123, 125 ff., 129, 137
Dienstverpflichteter *siehe Angestellter*
Dogmatik 291 ff.
Drews, Bill 101 ff., 109, 111 f., 120, 123, 143, 179, 257
Drittes Gesetz zur Änderung des Verwaltungsverfahrensgesetzes für das Land Nordrhein-Westfalen und zur Änderung anderer verwaltungsrechtlicher Vorschriften v. 24.11.1992 157

Effektivität der Gefahrenabwehr 198, 201, 216, 219 f., 225 ff., 236 f., 242, 266, 275 ff., 285 f., 290
Eigentum/Eigentümer 41 f., 69, 72 ff., 77 f., 83 ff., 89 ff., 92, 94 f., 97, 100 ff., 107, 113, 121, 123 ff., 184, 186, 192, 252 f., 262 ff., 274
Eingerichteter und ausgeübter Gewerbebetrieb 273 f.
Eltern 36, 38 f., 41 ff., 48 f., 53, 57 f., 61, 79, 88, 90, 94, 103, 105, 108 ff., 113, 117, 123 ff., 134, 137, 189, 191, 193 ff., 199 ff., 208, 215, 217, 249, 282 ff., 291
Elternrecht (Art. 6 Abs. 2 S. 1 GG) 283 ff.
Entlastungsbeweis *siehe Exkulpation*
Entmündigt/Entmündigung 127 ff., 133 ff., 137 ff., 146 f., 149 ff., 154 f., 160, 162, 164, 166, 172, 175 ff., 209

Erfüllungsgehilfe 184, 192, 248, 258, 260
Erziehung 283 ff.
Exkulpation 37, 61, 138, 170, 189, 219, 249 ff., 273, 279, 287, 290

Feste Begrenzung 122, 132, 150, 179, 202, 280
Finke, Ferdinand 104 ff., 111
Friedrichs, Karl 86 ff.

Garantenstellung 36, 191, 267, 275
Garantiehaftung 62, 267, 269, 292
Gastwirt 37, 57 f., 69 f., 74 ff., 89, 94, 103, 107 f., 113, 117, 125, 184, 191, 195, 249
Gebrechlichkeitspflegschaft 161, 166, 178
Gefahrenbereich 286
Gefangenenführer 117
Gehilfe 34, 61, 99 ff., 103, 112, 137, 139, 152, 155 f., 167, 175, 247, 250, 252
Geisteskranker 26, 55, 101, 103, 105 f., 113, 127 ff., 135, 137 ff., 143 ff., 150 ff., 154 f., 161, 177, 194
Geisteskrankheit *siehe Geisteskranker*
Geistesschwäche 129 ff., 135, 137 ff., 143 f., 146 ff., 150 ff., 154 f., 161, 177
Gesamtschuldnerschaft 241 ff., 253
Geschäftsfähigkeit 188, 219, 246
Geschäftsherr 32 f., 37, 41 ff., 59 ff., 99 f., 110, 139, 152, 155 f., 167, 170, 175, 178, 181, 183 ff., 189, 194 f., 202, 229, *246 ff.*, 256 ff., 261, 265 ff., 290 f.
– Definition 170
Geschäftsherrnhaftung *siehe Geschäftsherrnverantwortlichkeit*
Geschäftsherrnverantwortlichkeit 129, 152, 159 f., 167, 175, 185 ff., 195, 202, *246 ff.*, 260 ff., *289 ff.*, 294 f.
– Praxis 294
– Verfassungsmäßigkeit 289 ff.
Geschäftsunfähiger 87 f., 96 f., 100 f., 103, 124 f., 225, 231 f., 245 f., 292 f.
Gesetz Nr. 1252 zur Neuordnung des Saarländischen Polizeirechts v. 8. 11. 1989 153

Gesetz über Aufbau und Befugnisse der Ordnungsbehörden – Ordnungsbehördengesetz (BbgOBG) v. 13. 12. 1991 157, 180
Gesetz über den Bundesgrenzschutz (Bundesgrenzschutzgesetz – BGSG) v. 18. 8. 1972 133, 137, 141, 151, 163, 165 ff., 173 ff., 178, 180, 210
Gesetz über den Bundesgrenzschutz und die Einrichtung von Bundesgrenzschutzbehörden v. 16. 3. 1951 133
Gesetz über die Aufgaben und Befugnisse der Polizei im Land Brandenburg – Brandenburgisches Polizeigesetz (BbgPolG) v. 19. 3. 1996 157, 180
Gesetz über die öffentliche Sicherheit und Ordnung des Landes Sachsen-Anhalt (LSA SOG) v. 19. 12. 1991 158, 180
Gesetz über die öffentliche Sicherheit und Ordnung von Mecklenburg-Vorpommern (Sicherheits- und Ordnungsgesetz – SOG M-V) *siehe Sicherheits- und Ordnungsgesetz von Mecklenburg-Vorpommern (SOG M-V)*
Gesetz über die Organisation und die Zuständigkeit der Polizei im Land Nordrhein-Westfalen v. 11. 8. 1953 144 f.
Gesetz über die Polizei für Mecklenburg-Strelitz (Polizeiverwaltungsgesetz) v. 8. 3. 1930 114, 118 f.
Gesetz über die Polizeiverwaltung für Lippe v. 4. 4. 1930 114, 119 f.
Gesetz über die Polizeiverwaltung v. 11. 3. 1850 52
Gesetz zum Schutz der persönlichen Freiheit v. 24. 9. 1848 51 f.
Gesetz zum Schutze der persönlichen Freiheit v. 12. 2. 1850 52
Gesetz zur Änderung des Gesetzes über die Organisation und die Zuständigkeit der Polizei im Land Nordrhein-Westfalen v. 8. 7. 1969 145
Gesetz zur Änderung des Polizeigesetzes v. 22. 10. 1991 156

Personen- und Sachregister 333

Gesetz zur Ausführung des BtG und zur Anpassung des Hamburgischen Landesrechts an das BtG v. 1.1.1993 157
Gesetz zur Ausführung des Gesetzes zur Reform des Rechts der Vormundschaft und Pflege für Volljährige in Bayern v. 27.12.1991 156
Gesetz zur Neuordnung des Polizei-, Ordnungs-, Verwaltungsvollstreckungs- und Melderechts in Nordrhein-Westfalen v. 25.3.1980 153, 155
Gesetz zur Neuordnung des Polizeirechts im Land Brandenburg 157
Gesetz zur Neuregelung der Vorschriften über den Bundesgrenzschutz (Bundesgrenzschutzneuregelungsgesetz – BGS-NeuRegG) v. 19.10.1994 156
Gesetzlicher Vertreter 34, 85, 87 f., 91, 96 f., 100 f., 217, 224 ff., 231 ff., 235 ff. 240 f., 243, 272, 293
Gewalthaber/Gewalthaberschaft 88 f., 93 f., 106 f., 111 f., 127, 150
Gewaltunterworfener 88
Gewohnheitsrecht/gewohnheitsrechtlich 100, 104, 108 f., 111 f., 119, 135, 258 f.
Giese, Friedrich 110 f.
Gleichheitssatz 287 f.

Haftungsbegrenzung/Haftungsbeschränkung 130, 132
Haftungslücke 267 f.
Hamburg 140 f., 157, 168 f., 176, 209 f.
Hamburgisches Gesetz zum Schutz der öffentlichen Sicherheit und Ordnung (HmbSOG) v. 14.3.1966 140 f., 180
Handlungsfähig 85
Handlungsfähigkeit 38, 231 ff., 245
Handlungshaftung 103, 108, 112, 140
Handlungsstörer 71, 107, 167, 175, 184 ff., 192, 219, 264
Handlungsunfähiger 191, 245
Hatschek, Julius 92 ff., 111 f.,
Hausrecht/-pflicht 89 f., 94, 107

Hessen 141 ff., 148 ff., 153 f., 157, 169, 176
Hessisches Gesetz über die öffentliche Sicherheit und Ordnung (HessSOG) v. 12.12.1964 142 f.
Hessisches Gesetz über die öffentliche Sicherheit und Ordnung (HessSOG) v. 26.6.1990 153, 155, 180
Hessisches Gesetz zur Ausführung des BtG und zur Anpassung des hessischen Landesrechts an das BtG v. 5.2.1992 157
Hessisches Polizeigesetz (HessPolG) v. 10.11.1954 141 f.

Inhaber der störenden Sache 105, 110 f.
Inhaber der tatsächlichen Gewalt 41 f., 192, 252 f., 263, 280, 286

Jellinek, Walter 88 ff., 90, 94, 106 ff., 111 f.

Kammergericht 63, 77 ff., 93
Kind 39, 41 f., 48 f., 53, 56, 58 f., 61, 65, 69 f., 73, 79, 88, 90, 94, 101, 103, 107 f., 113 f., 121, 123 ff., 127, 130, 134 f., 137, 139, 141 ff., 146, 191, 200 f., 208, 212, 215 ff., 219, 228 ff., 249, 256, 265 ff., 269, 276 f., 283 ff., 292 f.
Knauth, Rudolf 117
Kollidierendes Verfassungsrecht 285
Königlich Sächsisches Oberverwaltungsgericht 63, 74 ff., 79 f.
Konkursverwalter 64, 77, 79, 85, 87 f.

Landesverwaltungsgesetz (LVwG) v. 18.4.1967 147 f., 180
Landesverwaltungsordnung für den Freistaat Thüringen v. 10.6.1926 104 ff., 111, 114 ff., 121, 131, 179
Lassar, Gerhard 101 f., 111 f.
Latenter Störer 223
Lebenskreis 81 f., 90, 95, 101 f., 111 f., 117, 268
Lehrer 117

Lokalinhaber *siehe Gastwirt*

Mayer, Otto 80 ff., 82 ff., 90, 92, 95, 102, 111 f.

Mecklenburgisches Sicherheits- und Ordnungsgesetz *siehe Sicherheits- und Ordnungsgesetz von Mecklenburg-Vorpommern (SOG M-V)*

Mecklenburg-Vorpommern 157, 159, 170, 176, 177, 180

Messer, Wilhelm 104 ff., 111

Minderjähriger 32 f., 36, 41 ff., 59, 109, 130 f., 142 f., 174, 182, 216 ff., 231 ff., 236, 293 f.

Mittelbare Verursachung 145

Mittelbarer Störer 109 f., 222 f., 228 f.

Mittelbarer Verhaltensstörer 31, 229

Miturheber 98

Mündel 53 f., 88, 94

Musterentwurf eines einheitlichen Polizeigesetzes (MEPolG) 132, 151 f., 153 f., 156, 158 f., 162 ff., 166 ff., 173 ff., 177 ff., 197, 199 f., 210, 276

Mutter *siehe Eltern*

Neuwiem, Erhard 110 f.

Nichtstörer 29, 237, 266, 281, 291 f., 295

Nichtverantwortlicher *siehe Nichtstörer*

Niedersachsen 143 f., 153 f., 157, 171, 176

Niedersächsisches Gesetz über die öffentliche Sicherheit und Ordnung (NdsSOG) v. 21. 3. 1951 144 f.

Niedersächsisches Gesetz über die öffentliche Sicherheit und Ordnung (NdsSOG) v. 17. 11. 1981 153, 180

Niedersächsisches Gesetz zur Anpassung des Landesrechts an das BtG v. 17. 12. 1991 157

Nordrhein-Westfalen 144 ff., 153 f., 157, 165, 171 f., 176, 180, 207 ff., 222 f.

Nordrhein-Westfälisches Ordnungsbehördengesetz *siehe Ordnungsbehördengesetz von Nordrhein-Westfalen (OBG NRW)*

Nordrhein-Westfälisches Polizeigesetz *siehe Polizeigesetz von Nordrhein-Westfalen (PolG NRW)*

Notstandspflichtiger *siehe Nichtstörer*

Noxalhaftung 38

Nur-Aufsichtspflichtiger 225, 228, 235, 237 f., 272 ff., 291

Oehler, Helmut 109 f.

Ordnungsbehördengesetz von Nordrhein-Westfalen (OBG NRW) v. 16. 10. 1956 144 f.

Ordnungsbehördengesetz von Nordrhein-Westfalen (OBG NRW) v. 25. 3. 1980 153 f., 172, 180, 207

Personensorge 141, 168 ff., 180 f., 204 ff., 215

Persönlichkeitsrecht 283, 288

Pflegebefohlener 88, 94

Pfleger 69, 88, 94, 103, 105, 117, 161, 189, 193

Pflegschaft 283

Polizeigesetz von Nordrhein-Westfalen (PolG NRW) v. 28. 10. 1969 145 f., 172

Polizeigesetz von Nordrhein-Westfalen (PolG NRW) v. 25. 3. 1980 153 f., 180, 207

Polizeimäßigkeit des Eigentums 90

Polizeipflicht des Bürgers 223

Polizeipflichtiger 86 f., 89, 101, 103 f.

Polizeistrafgesetzbuch für das Großherzogtum Baden v. 31. 10. 1863 57 f., 135

Polizeistrafgesetzbuch für das Königreich Bayern v. 26. 12. 1871 53 ff.

Polizeistrafgesetzbuch für das Königreich Württemberg v. 27. 12. 1871 / 4. 6. 1898 135

Polizeiverwaltungsgesetz von Rheinland-Pfalz (RLPPVG) v. 26. 3. 1954 146

Polizeiverwaltungsgesetz von Rheinland-Pfalz (RLPPVG) v. 1. 8. 1981 153

Polizeiwidrigkeit 103

Poscher, Ralf 232

Preußisches Allgemeines Landrecht v. 1.6.1794 45 ff., 58, 62, 115, 119, 122, 178

Preußisches Oberverwaltungsgericht 63 ff., 75, 78 ff., 92, 111, 131, 141

Preußisches Polizeiverwaltungsgesetz v. 1.6.1931 114, 120 ff., 135, 138, 144, 149 f., 160, 178 f., 220, 236, 250, 256 f., 266, 286 f.
- abgeänderter Referentenentwurf 127 f.
- letzter Entwurf 129 f.
- Referentenentwurf 121 ff.
- Vorentwurf 120 f., 220
- weiterer Entwurf 128 f.

Rechtsgrundsatz 259 f.
Rechtswidrigkeitslehre 223
Reichsgericht 63, 76 f., 79 f.
Religionsmündigkeit 198, 276
Rheinland-Pfalz 146, 148, 153 ff., 157, 172 f., 176 ff., 180, 203 ff., 263
Rheinland-Pfälzisches Polizeiverwaltungsgesetz *siehe Polizeiverwaltungsgesetz von Rheinland-Pfalz (RLPPVG)*
Rosin, Heinrich 90 f., 92, 111

Saarland 146, 153 f., 158, 173, 176
Saarländisches Gesetz Nr. 1293 zur Ausführung des Gesetzes zur Reform des Rechts der Vormundschaft und Pflege für Volljährige (AG-BtG) und zur Änderung landesrechtlicher Vorschriften v. 15.7.1992 157
Saarländisches Polizeigesetz (SaarPolG) v. 8.11.1989 153 f., 155, 180
Sachherrschaft 279 f.
Sachsen 158, 173, 176 f., 180
Sachsen-Anhalt 158, 174
Sachsen-Anhaltisches Gesetz über die öffentliche Sicherheit und Ordnung *siehe Gesetz über die öffentliche Sicherheit und Ordnung des Landes Sachsen-Anhalt*

Sächsisches Oberverwaltungsgericht *siehe Königlich Sächsisches Oberverwaltungsgericht*
Sächsisches Polizeigesetz (SächsPolG) v. 30.6.1991 158, 180
Sachwalter 279
Schaeffer, Carl 108 f., 111 f.
Schäling, Yorck 255 ff.
Schankwirt *siehe Gastwirt*
Schleswig-Holstein 147 ff., 158, 174 f., 176 f., 180
Schleswig-Holsteinisches Gesetz zur Änderung des Landesverwaltungsgesetzes v. 30.1.1992 158
Schleswig-Holsteinisches Polizeigesetz *siehe Landesverwaltungsgesetz*
Scholz-Forni, Otto 95 ff., 111
Schuld *siehe Verschulden*
Schultzenstein, Maximilian 85 f., 87, 92
Schutzbefohlener 192
Sechstes Landesgesetz zur Änderung des Polizeiverwaltungsgesetzes von Rheinland-Pfalz v. 8.6.1993 157 f.
Sicherheits- und Ordnungsgesetz von Mecklenburg-Vorpommern (SOG M-V) 157, 180
Sohn 38, 191, 194 f., 249
Sorge/Sorgeberechtigter 104, 113, 121, 123 f., 127, 129 f., 133 ff., 137 ff., 140 ff., 144 ff., 150 ff., 155, 163, 167 f., 170, 173 f., 176 f., 180 f., 189, 198 f., 203, 206 ff., 212, 215, 218, 226, 228, 235, 238, 258 f., 261, 265 f., 272, 277, 279 ff., *282 ff.*, 291 f.
- Verfassungsmäßigkeit *282 ff.*

Störer 27, 32, 38 f., 57, 63, 69, 71, 74 f., 78, 80, 82, 86 f., 91 ff., 101 ff., 108, 112, 115 ff., 122, 124 f., 129 ff., 137, 148, 152, 155, 166 f., 178 f., 191, 197 f., 200, 202, 220 ff., 230, 235 ff., 241, 243, 266 ff., 276 f., 281, 286, 291, 295
Strafmündigkeit 38 f., 152, 170, 175 f., 198, 219, 228, 276

Strafrechtlich unverantwortliche Person 103, 121, 123 f., 127, 130, 131, 133 f., 137, 144, 146
Strafrechtliche Schuldunfähigkeit *siehe Strafmündigkeit*
Strafunmündiger *siehe strafrechtlich unverantwortliche Person*
Strafunmündiges Kind *siehe strafrechtlich unverantwortliche Person*
Studt, Heinrich 83 ff., 87
Subsidiarität/Subsidiär 191, 236 f., 243, 293
Süddeutsche Polizeistrafgesetzbücher 51, 53 ff., 62, 178

Tanzunterhaltungen/-vergnügen 53 f., 72, 103
Theorie der unmittelbaren Verursachung 28, 220, 223, 228, 230, 250, 266, 291
Thüringen 158, 160, 175 f., 180
Thüringer Gesetz über die Aufgaben und Befugnisse der Ordnungsbehörden (Ordnungsbehördengesetz – ThürOBG) v. 18. 6. 1993 158, 180
Thüringer Gesetz über die Aufgaben und Befugnisse der Polizei (Polizeiaufgabengesetz – ThürPAG) v. 4. 6. 1992 158, 180

Überwachungsgarant 35 ff.
Ungeschriebener Grundsatz 111
Ungeschriebenes Recht *254 ff.*, 292
Unmittelbarkeitslehre 223
Unternehmer *siehe Arbeitgeber*
Unvertretbare Handlung 191, 221 f., 243
Urheber 67 f., 83, 85, 95 f., 98 ff., 111
Urheberverantwortlichkeit 83 f., 85 f., 95 f., 99 f., 111

Vater *siehe Eltern*
Verantwortlichkeit
– Amtspflicht 105 f.
– Einwirkung unterstehender Personen 136
– gesetzliche Bestimmungen 105 f., 110
– Gewaltverhältnis 88 f., 93 f., 117
– Obhut 123 f., 269
– Rechtsgeschäft 105 f., 110
– sozial 91, 111
– Vertrag 105 f.
– vorangegangenes Tun 105 f., 110
Verantwortlichkeit des Urhebers *siehe Urheberverantwortlichkeit*
Verhaltensstörer 29, 41, 84, 91, 102, 106, 112, 201, 220, 250, 262, 266, 269, 274, 292, 295
Verhaltensverantwortlicher 107, 148, 182, 183, 189, 191
Verhaltensverantwortlichkeit/-haftung 81 f., 91 ff., 148, 180, 223 f., 228, 253, 269
Verrichtung/Verrichtungsgehilfe 32 f., 59 ff., 110, 113, 122, 129, 130, 133 ff., 137, 139 ff., 144 ff., 151, 155 f., 159 f., 167, 170, 175, 181, 183 ff., 189, 191 f., 194 f., 202, *246 ff.*, 256 ff., 261 f., 265 ff., 269, 290
– Definition 172
Verschulden 30, 37 f., 54, 56 f., 62, 96, 102, 249, 251, 261 f., 279, 281
Vertreter/Vertretung 85 f., 92 f., 999 f., 224
Vertreter juristischer Personen 87, 105
Verursacher 41, 67, 87, 106 f., 255 f., 224, 250, 255, 263, 268 f.
Verursacherhaftung 63, 84, 86 f., 255 f.
Verursacherprinzip 27, 29, 32
Verwaltungsvollstreckungsmaßnahmen 238 ff., 243
Vollbetreuung 208 ff., 211
Volljährigkeit 198
Vormund/Vormundschaft 90, 94, 103, 105, 108, 110, 117, 124, 129 ff., 133 f., 137 ff., 146 ff., 151, 161 f., 172, 189, 193, 215, 283

Wagner, Kurt 117
Weimarer Reichsverfassung 286

Weisungsabhängiger 192
Willensunfähiger 97
Wirt *siehe Gastwirt*
Wirtshäuser 54, 57
Wolzendorff, Kurt 91 f., 111
Württembergisches Polizeistrafgesetzbuch *siehe Polizeistrafgesetzbuch für das Königreich Württemberg*

Zivilrechtlich unverantwortliche Person *siehe Deliktsunfähiger*
Zusatzhafter 31
Zusatzhaftung 29 ff., 224
Zusatzverantwortlichkeit
– Begriff 29 ff.

– Haftung anstelle 122 f., 125 ff., 220, 268
– Haftung neben 122, 124 f., 127, 129, 148, 189, 191, 220 f., 236, 254, 268
– Zweck 130, 149, 178, 252, *266 ff.*, 275, 292
Zustandshaftung 63, 84, 86, 103, 108, 112
Zustandsstörer 29, 91, 102, 106, 112, 201
Zustandsverantwortlicher 107
Zustandsverantwortlichkeit 81 f., 89 ff., 107, 223, 252 ff., 269, 279 f., 292
Zwangsverwalter/-verwaltung 64, 68 f., 85, 87 f.
Zweckveranlasser 223, 228, 249

Gebühren für Gefahrenabwehr

Die Legitimität der Erhebung von Gebühren im Lichte der Staatsaufgabenlehre des freiheitlichen Verfassungsstaates

Von

Stefan Habermann

Schriften zum Öffentlichen Recht, Band 1176
396 S. 2011
Print: ⟨978-3-428-13463-2⟩ € 88,–
E-Book: ⟨978-3-428-53463-0⟩ € 80,–
Print & E-Book: ⟨978-3-428-83463-1⟩ € 106,–

Staatliches Handeln muss dem Gemeinwohl dienen. Verstößt der Staat gegen dieses Ziel, wenn er für die Erfüllung von Aufgaben, die nur er erfüllen kann und muss, vom Bürger eine besondere Geldleistung verlangt? Sehr bedeutsam ist diese Frage auf dem Gebiet des Gefahrenabwehrrechts, da die Gewährung von Sicherheit die physische Existenz des Bürgers betrifft und damit Voraussetzung für die Ausübung aller weiteren Rechte und Freiheiten ist.

Duncker & Humblot · Berlin

Schriften zum Öffentlichen Recht

1180 **Der Kernbereich der privaten Lebensgestaltung.** Zum Menschenwürde- und Wesensgehaltsschutz im Bereich der Freiheitsgrundrechte. Von I. Dammann. 308 S. 2011 ⟨978-3-428-13488-5⟩ € 76,– E-BOOK

1181 **Die Konkurrenzen der Gesetzgebungskompetenzen von Bund und Ländern.** Von R. Wagner. 319 S. 2011 ⟨978-3-428-13485-4⟩ € 78,– E-BOOK

1182 **Die Schuldenbremse im Grundgesetz.** Untersuchung zur nachhaltigen Begrenzung der Staatsverschuldung unter polit-ökonomischen und bundesstaatlichen Gesichtspunkten. Von C. Ryczewski. 261 S. 2011 ⟨978-3-428-13576-9⟩ € 58,– E-BOOK

1183 **Rechtswidrige Beamtenernennungen, bei denen der Rechtsschutz eines Mitbewerbers vereitelt wird – Wege der Kompensation.** Ein Beitrag zu den Grundlagen und Folgen des Grundsatzes der Ämterstabilität unter besonderer Betrachtung des neuen beamtenrechtlichen Anspruchs auf Wiederherstellung. Von Ş. Özfirat-Skubinn. 611 S. 2011 ⟨978-3-428-13467-0⟩ € 98,– E-BOOK

1184 **Die Zweistufentheorie.** Von B. Tanneberg. 327 S. 2011 ⟨978-3-428-13540-0⟩ € 58,– E-BOOK

1185 **Aufarbeitung versus Allgemeines Persönlichkeitsrecht.** §§ 32, 34 Stasi-Unterlagen-Gesetz. Von J. Drohla. 430 S. 2011 ⟨978-3-428-13199-0⟩ € 98,– E-BOOK

1186 **Der sogenannte Justizverwaltungsakt.** Von S. Conrad. 278 S. 2011 ⟨978-3-428-13243-0⟩ € 68,– E-BOOK

1187 **Öffentliches Recht im offenen Staat.** Festschrift für Rainer Wahl zum 70. Geburtstag. Hrsg. von I. Appel, G. Hermes, C. Schönberger. Frontispiz; 885 S. 2011 ⟨978-3-428-13382-6⟩ Lw. € 148,– E-BOOK

1188 **Die Sicherung des Rechtsstaatsgebotes im modernen europäischen Recht – anhand von Garantien im Recht der Europäischen Union sowie in Russland und Deutschland.** Hrsg. von H. Scholler. 128 S. 2011 ⟨978-3-428-13640-7⟩ € 78,– E-BOOK

1189 **Gemeindewirtschaft im Wettbewerb.** Zu den wettbewerbsrelevanten Tätigkeitsfeldern kommunaler Unternehmen einschließlich ihrer historischen Dimension und zum konkurrentenschützenden Gehalt der gemeindewirtschaftsrechtlichen Subsidiaritätsklauseln im Lichte von Schutznormlehre und Verfassung. Von M. Schmidt-Leithoff. 396 S. 2011 ⟨978-3-428-13145-7⟩ € 86,– E-BOOK

1190 **Verfassungsgerichtliche Übergangsfristen im Mehrebenensystem.** Am Beispiel der Sportwetten. Von C. Willers. 218 S. 2011 ⟨978-3-428-13604-9⟩ € 46,– E-BOOK

1191 **Muslimische Kultstätten im öffentlichen Baurecht.** Der Bau von Moscheen im Spannungsfeld von Religionsfreiheit und einfachem Recht. Von D. Gaudernack. 298 S. 2011 ⟨978-3-428-13473-1⟩ € 65,80 E-BOOK

1192 **Persönlichkeitsschutz durch präventive Kontrolle.** Richtervorbehalte und nichtrichterliche Kontrollorgane als Ausprägungen des Prinzips der Informationsoptimierung bei Grundrechtseingriffen. Von L. Wildhagen. 218 S. 2011 ⟨978-3-428-13587-5⟩ € 68,– E-BOOK

1193 **Verwaltungsmodernisierung in Mecklenburg-Vorpommern.** Grundlagen, Entwicklungen, Perspektiven. Von H. Biermann. 749 S. 2011 ⟨978-3-428-13562-2⟩ € 98,– E-BOOK